LEE CARROLL · TOM KENYON
JAMES TYBERONN · JUDI SION

Neue ZEIT

KRYON · METATRON
HATHOREN
MARIA MAGDALENA

MIT EINEM BEITRAG VON PATRICIA CORI
HERAUSGEGEBEN VON MARTINE VALLÉE

AUS DEM AMERIKANISCHEN VON
SARAH HEIDELBERGER UND THOMAS GÖRDEN

AMRA

Titel der anglokanadischen Buchausgabe:
THE GREAT GATHERING. THE EMERGENCE OF A NEW WORLD

Copyright © 2011 by Martine Vallée

Besuchen Sie uns im Internet:
www.AmraVerlag.de

Deutsche Ausgabe:
Copyright © 2012 by AMRA Verlag
Auf der Reitbahn 8, D-63452 Hanau
Telefon: + 49 (0) 61 81 – 18 93 92
Kontakt: Info@AmraVerlag.de

Published under Arrangement with Éditions Ciel et Terre Inc. /
Heaven and Earth Publications Inc., Outremond, Quebec, Canada

Die Übersetzung erfolgte auf der Grundlage der anglokanadischen
Ausgabe bei Ariane Éditions Inc. Die Kapitel 27 und 28 mit
Botschaften der Hathoren übersetzte Thomas Görden.

Herausgeber & Lektor	Michael Nagula
Umschlag	FranklDesign
Layout & Satz	nimatypografik
Druck	CPI Moravia Books

ISBN 978-3-939373-76-6

Inhalt

Vorwort: Teilen wir unseren Wohlstand, unsere Kultur
und unsere Macht – und geben wir Kraft   7

Tribut an Lee Carroll und Kryon   13

Teil eins – Kryon

Einführung von Lee Carroll   19
Kryon spricht   20

  1 Das Ende der Geschichte   23
  2 Die Neue Welt kündigt sich an   30
  3 Der Quantenmensch lernt den Quantenkörper kennen   38
  4 Das Verschwinden von Mineralstoffen und Impfungen   51
  5 Dehydrierung und Körperintelligenz   56
  6 Die Aktivierung der DNS-Stränge   59
  7 Antworten auf Eure Fragen   69
  8 Das große Potenzial für Einheit auf der Welt   75
  9 Lehren aus den aktuellen Ereignissen   86
 10 Das Jahr vor der Zeitenwende   98
 11 Die Neue Zeit   111

Teil zwei – Metatron

Metatron spricht   129

 12 Auf der neunten Bewusstseinswelle reiten   135
 13 Was geschieht mit den Tieren?   159
 14 Heilige Geometrie, heilige Stätten
     und Kraftknotenpunkte   164
 15 Die Dreifachdatumstore   194
 16 Bevorstehende neue Entdeckungen   198

17 Das Potenzial von Sonneneruptionen
und Sonnenwinden 201
18 Ölpest, Erdbeben und die veralteten Kriege 209
19 Ein Bewusstsein für unsere Parallelleben entwickeln 215
20 Loslassen 223
21 Was danach kommt 225

Teil drei – Die Hathoren und Maria Magdalena

»Wie ich es von hier aus sehe« von Judi Sion 233

Einführung von Tom Kenyon 249
Maria Magdalena spricht 252

22 Ein Bewusstseinsexperiment 255
23 Selbstveränderung durch Klang 274
24 Seelenklang und Medizin 284
25 Energie entsenden, um die Erde zu heilen 287
26 Der Golf von Mexiko und Erdveränderungen 290
27 Die Kunst, Zeitlinien zu springen 296
28 Heilung und Schutz bei radioaktiver Strahlung 316
29 Verwandlung durch das Weibliche 326

Nachwort des Hohen Rates vom Sirius 357

Über die Channelmedien 361
Über die Herausgeberin 365

Vorwort

Teilen wir unseren Wohlstand, unsere Kultur und unsere Macht – und geben wir Kraft

Der Mensch ist ein Teil des Ganzen, das wir Universum nennen – ein in Raum und Zeit begrenzter Teil. Wir erfahren uns, unsere Gedanken und Gefühle als etwas vom Rest Getrenntes – eine Art optischer Täuschung des Bewusstseins. Diese Täuschung ist für uns eine Art Gefängnis, die uns auf unsere persönlichen Wünsche und auf die Gefühle für die wenigen Personen reduziert, die uns am nächsten sind. Unser Ziel muss es sein, uns aus diesem Gefängnis zu befreien, indem wir den Kreis unserer Nächstenliebe so erweitern, dass er alle lebenden Wesen und das Ganze der Natur in ihrer Schönheit einschließt. Der wahre Wert eines menschlichen Wesens wird bezeichnet durch das Maß und den Sinn, in dem es Befreiung vom Selbst erlangt hat. Wir werden eine grundlegend neue Art des Denkens notwendig haben, wenn die Menschheit überleben soll.«

Albert Einstein (1879–1955)

Für jeden von Ihnen wird *Neue Zeit* eine andere Bedeutung haben. Kryon meint damit die Wiederkehr der Eigenschaften der lemurischen Energie. Für mich bedeutet dieser Begriff vor allem die Entstehung einer Neuen Erde, die auch eine neue Gemeinschaft von Männern und Frauen mit sich bringt, die nicht nur ein besseres Verständnis für die Probleme haben, die der

Menschheit bevorstehen, sondern die diese Probleme auch mit einem höheren Bewusstsein lösen, indem sie die Auswirkungen auf alle Beteiligten berücksichtigen. Wenn ich mir die Situation auf dem Planeten ansehe, glaube ich, dass die Menschheit in Sachen Ausbeutung der Bevölkerung und der Umwelt einen neuen Höhepunkt erreicht hat.

Wir befinden uns am Ende eines langen Evolutionszyklus. Wir sind Tausende von Jahren gereist und haben Hunderte von Leben gelebt, um an genau diesen Punkt zu gelangen. Jetzt sind wir bereit, in das nächste Stadium einzutreten, das darin besteht, dass jeder Einzelne von uns die Rolle akzeptiert, die er im großen Plan der Dinge zu spielen hat. Wir müssen uns engagieren, damit *Die Große Veränderung* funktionieren und der Prozess zum Abschluss gebracht werden kann. Der Zeitenwechsel ist nur ein Indikator dafür, dass wir an einer wichtigen Stelle angelangt sind. Heute gilt es abzuschätzen, welche Maßnahmen ergriffen werden müssen, um diesen Prozess zu beschleunigen.

Was ich mit Sicherheit weiß, ist, dass jedem einzelnen Leser dieses Buchs genug Wissen, Erfahrung und Verständnis von großen Lehrern und Meistern zugetragen wurde, um seine eigene Macht und sein eigenes Potenzial zu erkennen. Brauchen wir wirklich einen weiteren Zyklus der Lehren und Seminare, ehe wir glauben können, dass wir die Anführer der Zukunft sind oder dass wir wenigstens in unseren eigenen Gemeinschaften Anführer sein können? Ich sage Nein. Ich sage, dass wir unsere Studien mit Auszeichnung abgeschlossen haben und dass es für uns an der Zeit ist, zur Meisterschaft aufzusteigen. Ich sage Ihnen, dass wir all die Werkzeuge haben, die notwendig sind, um einen Unterschied zu machen. Doch dafür müssen wir die Angst eliminieren, die wir noch immer in uns tragen und die den Rhythmus unseres Begreifens und unserer Evolution verlangsamt. Ich meine damit die Tatsache, dass wir noch immer viele Leute sagen hören: »Ich muss erst an mir selber arbeiten« oder »Eigentlich habe ich gar keine Zeit«. Nun ja, ich möchte Ihnen sagen, dass diese Überzeugungen überholt sind und die alte Energie des New-Age-Denkens widerspiegeln. In Wahrheit sind sie meiner Meinung nach nichts weiter als Ausreden, um sich nicht einbringen zu müssen. Arbeiten wir nicht sowieso an uns selber ... jede Minute des Tages?

Die *Neue Zeit* bringt die unvermeidliche Allianz zwischen einer neuen Art von Zukunftsarchitekten, sozialen Unternehmern, inspirierten Künstlern, visionären Schaffenden, humanitären Aktivisten und Pionieren neuer Ideen. Alle diese Menschen haben eines gemeinsam – das tiefgreifende Verständnis, dass das Wohlergehen dieser Gemeinschaft in unmittelbarem Zusammenhang mit dem Wohlergehen steht, das sie jeder für sich erlangt haben, und damit, dass sie dieses bemerkenswerte Potenzial zu teilen bereit sind. Diese Individuen sind die Agenten der kommenden Veränderung. Sie repräsentieren die Dynamik und die revolutionären Qualitäten fortgeschrittener Seelen, die bereit sind, die Dinge in die Tat umzusetzen. Die Lichtgeschöpfe sind einhellig, und Erzengel Michael sagt es in diesem Buch ganz deutlich: »Wir bitten euch, Leuchttürme des Lichts zu werden und der Welt zu dienen. Das ist es, was im Augenblick gebraucht wird.«

Bill Fagey, der ehemalige Direktor des Carter Centers, drückte es in weiser Voraussicht folgendermaßen aus: »Zukünftige Generationen werden uns anhand des Mitgefühls beurteilen, das wir für jene hatten, die am weitesten von der Macht entfernt sind. Wahres Mitgefühl besteht darin, dass wir alle lebenden Geschöpfe auf diesem Planeten mit demselben Mitgefühl betrachten können wie die Person direkt vor uns. Es ist viel schwerer, sieben Milliarden Menschen zu berücksichtigen, als nur einen.«[*]

---

[*] Der ehemalige US-Präsident Jimmy Carter gründete 1982 zusammen mit seiner Ehefrau Rosalyn als Non-Profit-Organisation das Carter Center. Zwanzig Jahre später erhielt er »für seinen unermüdlichen Aufwand zum Finden friedlicher Lösungen von internationalen Konflikten, für die Verbreitung von Demokratie und Menschenrechten und das Vorantreiben von ökonomischer und sozialer Entwicklung« den Friedensnobelpreis. – *Der Verlag*

Ich denke, dass es letzten Endes unser Gerechtigkeitssinn sein wird, der uns vereint, weil wir nicht länger stumme Zeugen all dieser Ungerechtigkeiten bleiben können. Gewalt gleich welcher Form ist schlichtweg inakzeptabel, und doch scheinen wir sie ständig zu rechtfertigen. Dabei ist Gewalt an und für sich das größte Hindernis für positive Veränderung. Es ist undenkbar, an die Zukunft eines Landes zu glauben, wenn die halbe Bevölkerung in die Knie gezwungen wurde oder die Kinder verhungern und keinen Zugang zu Bildung und Gesundheitswesen haben. Heutzutage sind alle Formen von Gewalt so selbstverständlich, dass wir nicht einmal mehr wütend werden, wenn wir davon hören. Um daran etwas zu ändern, müssen wir jetzt teilhaben, jeder Einzelne von uns auf seine eigene Weise.

In unseren Herzen wissen wir, dass das wahr ist.

Meine Gäste in diesem Buch gehören zu den glaubwürdigsten Channelmedien unserer Zeit:

Lee Carroll mit Kryon
Er ist der einzige Autor, der in allen von mir herausgegebenen Anthologiebänden vertreten war. Gegenüber Kryon und Lee empfinde ich eine solche Dankbarkeit, dass ich sie durch ein paar eigens an sie gerichtete Worte ausdrücken wollte. Dieser Text beginnt auf Seite 13 des vorliegenden Buches.

James Tyberonn mit Metatron
Die Grande Dame des New Age, Ronna Herman, spricht schon seit einer ganzen Weile von James und seiner Arbeit.* Was mir

---

* Von Ronna Herman liegen auf Deutsch zwei Bücher vor, die leider beide vergriffen sind. 1999 erschien *Auf Schwingen des Lichts* bei Turmalin in Gütersloh, im September 2002 folgten unter dem Titel *Das Goldene Versprechen* in der Melo Edition, München, weitere Botschaften von Erzengel Michael.

an dem, was Metatron uns mitteilt, am besten gefällt, sind die unglaublichen Informationen über all die Heiligen Stätten. Diese Machtknotenpunkte können uns auf vielfache Weise nützlich sein, wenn wir es zulassen oder einfach nur ihre Macht anerkennen. James hat in den USA zwei faszinierende Bücher veröffentlicht: *The Earth Keeper Chronicles*. In dieser Fortsetzung können Sie einen flüchtigen Blick auf Gaias immense Macht erhaschen und etwas darüber erfahren, wie wir unsere eigene Transformation beschleunigen können, wenn wir diese Macht verstehen. Ich freue mich wirklich sehr, dass James und der große Metatron sich im vorliegenden Buch über die Neue Zeit äußern.

Tom Kenyon und Judi Sion mit den Hathoren und Maria Magdalena Was für eine Ehre, dieses bemerkenswerte Ehepaar und die von ihnen übermittelten Wesenheiten wieder in einem Buch vertreten zu sehen, welches ich herausgeben darf. Sie waren auch Teil des ersten deutschen Bandes in dieser Anthologiereihe, der unter dem Titel *Die Große Veränderung* herauskam, und jetzt sind sie für *Neue Zeit* zurückgekehrt – diesmal mit dem Unterschied, dass Tom selber entschieden hat, was er mit den Lesern teilen möchte und was nicht. Außerdem war er so freundlich, einige Fragen zu beantworten.

Darüber hinaus habe ich es mir nicht nehmen lassen, noch ein ganz besonderes Ereignis einzubinden, das im Juni 2010 in Südfrankreich stattfand und mir so wichtig erscheint, dass ich es Ihnen unbedingt vorlegen wollte. Es geht um die Wiederkehr der göttlichen Weiblichkeit. Ich habe Judi, Maria Magdalena und Tom gebeten, ihre jeweilige Meinung zu äußern, was bei diesem ausgesprochen ungewöhnlichen Erlebnis eigentlich vor sich ging. Es ist wirklich sehr kraftvoll. Lesen Sie alles darüber ab Seite 326. Viel Vergnügen!

Von James Tyberonn wurde bisher kein Buch ins Deutsche übersetzt. Dafür finden Sie auf seiner Website www.earth-keeper.com eine ganze Anzahl seiner Channelings auch in deutscher Übersetzung. – *Der Verlag*

Bedenken Sie bitte stets eines: Der Zeitenwechsel und alles, was jetzt kommt, ist nur *eine* Möglichkeit für einen Neuanfang. Er verkündet die Botschaft, dass Sie selbst der Meister Ihres Lebens sind. Er bringt ein neues Abenteuer – dieses Abenteuer kann alles sein, was Sie möchten. Und wenn Sie dann bereit sind, Ihren Wohlstand, Ihr Wissen und Ihre Macht zu teilen ... Ihre Brüder und Schwestern auf diesem Planeten zu ermächtigen ... könnte es noch viel unglaublicher werden! Mitgefühl ist einheitsstiftend, und Einheit ist das, was im Augenblick dringend erforderlich ist, damit dieser Planet funktionieren kann.

Leben wir nicht in einer großartigen Zeit? Wo auch immer Sie wohnen, was für einer Religion Sie auch angehören, in welche Kultur Sie auch hineingeboren wurden ... Denken Sie einfach daran, dass wir alle Brüder und Schwestern sind. Wenn wir tief in unseren Herzen daran glauben, werden wir damit alles ändern und die Grenzen niederreißen.

Ich wünsche Ihnen nichts mehr, als dass Ihr Leben Ihre verrücktesten Träume widerspiegelt. Seien Sie mit sich selbst im Reinen, und bitte suchen Sie sich Menschen, die Sie inspirieren und Ihnen wünschen, dass Sie immer die höchste Version dessen sind, was Sie sein können. Und noch mehr als das: Leben Sie mit Leidenschaft, denn Leidenschaft ist der Motor hinter aller Kreativität und das »Sprungbrett« in Ihr Schicksal.

Voller Dankbarkeit
Martine Vallée

Tribut an Lee Carroll und Kryon

Ein einfaches Dankeschön an den Lieblingsautor
einer Verlegerin

M an hat mir gesagt, dass ein Tribut kurz und pointiert sein
muss. Da dies mein erster Tribut ist, wird er vermutlich
etwas länger ausfallen und einige Umwege machen.

Ganz ehrlich, wie dankt man jemandem, der einen solchen
Einfluss auf den eigenen spirituellen Weg hatte und der eigenen Arbeit über achtzehn Jahre hinweg so viel Glaubwürdigkeit
verliehen hat? In meinen letzten fast zwanzig Jahren als Verlegerin hatte ich das große Privileg, viele bemerkenswerte Autoren
kennenzulernen. Ich habe jedes einzelne Buch geliebt, das ich
herausgegeben habe, und ich habe aus jedem davon eine Menge
gelernt. Ich erinnere mich noch ganz genau, dass ich, als ich das
erste Mal *Jetzt! Die Kraft der Gegenwart* von Eckhart Tolle durchsah,
schon nach dem ersten Kapitel wusste, dass dieses Buch mein
Leben völlig verändern würde. Ein weiteres Buch, das tief in mir
widerhallt, ist *Dialogue on Awakening* von Tom und Linda Carpen-
ter. Es steht ganz weit oben auf meiner Top-Ten-Liste, und das
kürzlich erschienene *The Keys of Evolution* von Jill Mara, deren
bisher einzige Botschaft auf Deutsch ich präsentieren durfte,* ist

---

* Das Buch *Spirituelles Erwachen 2013*, herausgegeben von Martine Vallée, 272
Seiten, das 2011 im Amra Verlag erschien, enthält neben Texten von Lee Carroll auch ein faszinierendes Nachwort von Simion, dem evolutionären Kollektiv
von Lichtwesen, das Jill Mara seit mehr als sechs Jahren channelt. – *Der Verlag*

ebenfalls einer meiner großen Lieblinge. Und was ist mit dem großartigen Team, das Tom Kenyon und Judi Sion bilden? Nichts lässt sich mit Toms Klängen vergleichen. Ich bewundere noch immer zutiefst, was er tut ... Zweifellos ist es lebensverändernd; meiner Meinung nach ist Klang die Zukunft der Information. Ich könnte noch über viele weitere Autoren sprechen, die mein Leben stark beeinflusst und mir aufrichtige Freude bereitet haben, wenn ich las, was sie zu sagen hatten. Aber kein Werk hat mein Leben so sehr beeinflusst wie das des bemerkenswerten Mannes, der Kryons Informationen channelt. Falls »Liebe auf den ersten Blick« im Verlagswesen überhaupt existiert, hat sie für mich die Form seiner Schriften angenommen.

Lee und Kryon habe ich es auch zu verdanken, dass ich mich auf die Reise zu mir selbst machte. Selbst wenn es nicht immer einfach war, habe ich mich stets auf ihre Lehren bezogen. Nichts sonst verlieh mir ein so tiefes Verständnis dessen, was vor sich geht, und die Sicherheit, dass die Dinge sich bessern würden ... und das taten sie auch. Ich entdeckte mich selbst und begriff die Macht, die ich hatte. Kryon ermuntert uns, ohne zu urteilen, über unsere Überzeugungen und Ängste hinauszugehen, dorthin, wo das Herz ist, und zeigt uns, wie wir Frieden in uns selbst finden können, wenn wir von Chaos umgeben sind.

Was Lee betrifft, kenne ich ihn schon fast so lange, wie ich Verlegerin bin. Ich bin schon mehrfach mit ihm gereist, und ich wurde persönlich Zeugin seiner Integrität und aufrichtigen Hingabe an jene, die seine Seminare besuchen. Einen ganz besonderen Moment werde ich niemals vergessen. Das war 1998, und es war das erste Mal, dass wir nach Frankreich flogen. Über tausend Teilnehmer aus ganz Europa waren angereist, und es wurde ein ganz erstaunlicher Event. Am Ende, als alles vorbei war, bleiben viele einfach sitzen. Es war einfach ein magischer Augenblick, als befänden wir uns in dieser Energieblase, die wir nicht zum Platzen bringen wollten. Alle dieser wundervollen Menschen hatten so lange darauf gewartet, dass er kam, und jetzt wollten sie nicht, dass er wieder ging, und sie drückten das aus, indem sie einfach auf ihren Stühlen sitzenblieben. Also fing Lee an, Bücher zu signieren und mit den Leuten zu sprechen ... einem nach dem anderen, bis ein Uhr morgens! Er ging erst, als jede Person, die ihn sehen oder ein signiertes Buch haben wollte, ihre Chance bekommen hatte. Das ist die Art von Hingabe, die ich so oft beobachtet habe.

Ich kann mir vorstellen, wie schwer es manchmal sein muss, im Licht der Öffentlichkeit zu stehen, ständig auf Reisen und weit weg von seiner Familie zu sein. Ich kann mir auch vorstellen, wie hart es sein muss, sich der Kritik derjenigen zu stellen, die doch angeblich auf derselben Seite stehen wie man selbst, in den Medien bloßgestellt und von einem Großteil der Bevölkerung nicht ernst genommen zu werden. Trotz allem beschloss er einfach, voranzuschreiten und darauf zu vertrauen, dass er am richtigen Ort war und das tat, was er tun sollte. Weil er diese Aufgabe annahm, haben wir heute das große Vergnügen, Kryons Lehren und Weisheit zu hören. Für sich genommen ist Lee meiner Meinung nach einer der interessantesten Vortragsredner, die derzeit unterwegs sind, und ich lerne jedes Mal viel, indem ich ihm einfach zuhöre. Zusammen mit Kryon ... Nun ja, gemeinsam erleben wir sie als bemerkenswertes Team, das einen beträchtlichen Anteil daran hatte, die Menschheit in einen Zustand größeren Wissens und höheren Bewusstseins zu bringen.

Lee mag es nicht, wenn wir viel Aufhebens um ihn machen ... Tja, genau das habe ich gerade getan. Und ich bin froh, dass ich es getan habe, und ich bin sicher, dass ich für Tausende von Menschen auf der ganzen Welt spreche, die das Privileg hatten, ihn reden zu hören.

Also, Lee ... Ich wollte dieses Buch nicht beginnen, ohne zum Ausdruck zu bringen, wie viel Freude es mir bereitet, deine Arbeit zu verbreiten, wie viel Spaß ich beim gemeinsamen Reisen mit dir habe und wie geehrt ich mich durch deine Freundschaft fühle. Danke, dass du immer verfügbar warst und mir auch bei den Anthologiebänden vertraut hast. Ob *Die Große Veränderung,*

Das Bewusstsein der Neuen Zeit oder *Spirituelles Erwachen* ... Sie sind auch deshalb so erfolgreich, weil du an jedem einzelnen Band mitgewirkt hast.

An Kryon ... Ich danke dir. Durch deine Weisheit habe ich das Gefühl, stets und für alle Ewigkeit Wind in meinem Segel zu haben. Ich habe gelernt, auf meine Träume zuzusteuern, indem ich meinem Herzen folge. Jetzt vertraue ich wahrlich auf die Zukunft, darauf, dass ich immer am rechten Ort sein werde und zur richtigen Zeit das tue, was ich tun soll, weil ich die Schöpferin meiner eigenen Zukunft bin.

An euch beide ... Im Verlauf der Jahre habe ich vieles gelernt, aber die wichtigste eurer Lehren wird mit einfachen und schönen Worten von dem visionären Denker Tarthang Tulku ausgedrückt:

Jenseits der Glaubenssätze irgendeiner Religion gibt es die Wahrheit der menschlichen Seele.
Jenseits der Macht der Nationen gibt es die Macht des menschlichen Herzens.
Jenseits des gewöhnlichen Verstands gibt es die Macht der Weisheit, Liebe und heilenden Energie, die im Universum am Werke ist.
Wenn wir Frieden in unserem Herz finden können, nehmen wir Kontakt zu diesen universellen Mächten auf.

Ich danke euch beiden!
Martine

EINS

KRYON

Einführung von Lee Carroll

Es vollzieht sich gerade eine enorme Zusammenballung von Bewusstsein, die Martine Vallée gern als »Große Versammlung« bezeichnet. Wenn Sie möchten, können Sie es auch eine Verschiebung nennen, im Sinne der *Großen Veränderung*, von der wir seit einigen Jahren sprechen. Dabei ist Verschiebung lediglich ein anderes Wort für Wandel. Wenn wir jedoch von einer Zusammenballung sprechen, meinen wir damit, dass sich etwas neu zusammenfügt, und wir meinen damit keine einmalige Begebenheit.

Ein Wandel kann sich vollziehen, ohne dass jemand etwas tut. Aber eine Zusammenballung setzt das Bewusstsein von Einheit voraus, und das ist laut Kryon einer der Schlüssel zu unserem Überleben und zum Frieden auf der Welt. Das Paradigma der Realität verändert sich weiter, unaufhaltsam, und damit stehen wir alle in der Verantwortung, zu einer komplexeren Auseinandersetzung mit uns selbst fortzuschreiten – endlich die Rolle zu verstehen, die die DNS in unserem Körper spielt, die Göttlichkeit in uns als etwas anzuerkennen, mit dem wir wirklich arbeiten können, und multidimensionaler zu werden, weniger befangen im dreidimensionalen Überleben. Es geschieht weitaus mehr, weitaus Größeres ...

Das ist das *Bewusstsein der Neuen Zeit* – das ist die *Neue Zeit*.

Wenn Ihnen diese Dinge eigenartig erscheinen, dann lesen Sie das richtige Buch!

Kryon spricht

Seid gegrüßt, meine Lieben. Ich bin Kryon vom magnetischen Dienst.

Ich möchte Euch ein Axiom mitteilen, eine Eigenschaft jener, deren Blick auf die Worte und Botschaften gerichtet sind, die im vorliegenden Buch präsentiert werden: *Dies ist ein Buch für alte Seelen.* Möglicherweise ist es sogar das erste, das die Große Versammlung thematisiert, die Euch bevorsteht. Jedenfalls bestätigt es, dass Euch etwas bevorsteht, was über alles hinausgeht, worauf Ihr innerlich vorbereitet wart.

Mein Partner hat recht. Euch steht eine Zusammenkunft von Bewusstsein bevor, aber stellt sie Euch nicht wie eine Versammlung im körperlichen Sinne vor. Denkt einen Augenblick lang darüber nach: Wohin auch immer die Autoren dieses Buches gehen, es warten dort Menschen darauf, ihre Botschaften zu vernehmen. Tatsächlich war mein Partner, als er anfing, die ganze Welt zu bereisen, bestürzt über die großen Menschenmengen. Als Martine durch ihre Veröffentlichungen Kryon auch nach Frankreich brachte, füllten die Veranstaltungen große Vortragssäle mit Menschen, die »Kryon erwarteten« und spürten, dass die Energie auf dem Planeten angefangen hatte, sich zu verschieben. Auf einer gewissen Ebene wussten sie, dass ich ihnen als Botschafter geschickt worden war.

Über die Jahre vollzieht sich seitdem ein nicht-lineares Bewusst-
seinsereignis: Ohne einen Propheten, eine zentrale Schrift, eine
zentrale Organisation, eine Doktrin oder weltweites Marketing
erwachen alte Seelen auf der ganzen Welt. Mein Partner bereist
nun regelmäßig über dreißig Länder. Moskau in Russland und
Astana in Kasachstan zählen zu den am weitesten entfernten.
Aber selbst in diesen (für jemanden aus dem Westen) scheinbar
abgelegenen Orten füllen sich die Vortragssäle mit Menschen, die
für die Botschaften dieser neuen Zusammenkunft von Energie
bereit sind. Sie alle fragen:

1. Was geschieht da im Augenblick?
2. Was kann ich tun, um sicherzugehen, dass ich es nicht
   verpasse?
3. Wie kann ich mich den anderen anschließen, die dasselbe glauben wie ich?

Und mein Partner stellt sich staunend die Frage: Wie können
Hunderttausende von Menschen um derselben Sache willen zusammenkommen, wenn es keinen zentralen organisierenden Kern
gibt? Was veranlasst sie dazu, wo sie doch keinen Propheten aus
der Vergangenheit haben, dem sie folgen können, keine Organi-
sationsinstanz, nicht einmal eine zentrale Doktrin? Woher rührt
ihr Interesse? Wie können sie ohne ein dreidimensionales System,
das die Informationen verbreitet, überhaupt davon erfahren?

Das alte Paradigma des menschlichen Bewusstseins braucht
einen Anführer, ein Buch, eine Doktrin, eine nachweisbare Mit-
gliedschaft und Millionen, die für evangelikale Methoden der
»Aufmerksamkeitserzeugung« ausgegeben werden. Doch nicht
so bei dieser Versammlung. Sie verläuft fast so, als seien all diese
Mechanismen zwar vorhanden, aber unsichtbar. Wenn es das
ist, was Ihr denkt, dann liegt Ihr richtig! Es findet tatsächlich
ein multidimensionales Erwachen statt, und die alten Seelen des
Planeten spüren es intuitiv.

Jenseits jeglicher logischer 3D findet eine Versammlung alter Seelen statt. Der Grund? Dies sind die Energie und der Zeitpunkt, die für eine Versammlung all jener Seelen vorhergesagt wurden, die dabei helfen werden, den Planeten über diesen »Punkt der Entscheidung« hinwegzuhieven und den Samen für anhaltenden Frieden auf der Erde zu pflanzen.

Wenn Ihr Euch von diesen Informationen oder den Prozessen, die in diesem Buch beschrieben werden, angezogen fühlt, dann seid Ihr tatsächlich am richtigen Ort!

Tretet ein in die *Neue Zeit*. Lasst die Versammlung beginnen.

I

Das Ende der Geschichte

Die Botschaft, mit der ich dieses Buch eröffnen möchte, hat viele Facetten und ist eine Botschaft der Kraft – und es gibt viele, die sie gerade lesen. Ich kenne das Potenzial der Blicke, die auf dieser Seite ruhen. Es ist eine Botschaft der Geschichte, und über die Worte hinaus, die hier geschrieben stehen, *kann vieles in sie hineingelesen werden.*

Wenn Ihr den Titel aus Quantensicht betrachtet, sagen wir damit, dass *das Ende der historischen Energie* gekommen ist. Auf dem Planeten vollzieht sich eine Verschiebung, und zu genau dieser Aussage werden wir am Ende der Botschaft zurückkehren. Wenn ich das hier korrekt und angemessen tun will, werde ich wegen der historischen Energie, die einigen von Euch innewohnt, weil Ihr auf eine bestimmte Weise erzogen wurdet, vielleicht manche verletzen. Deshalb bitte ich Euch, geduldig zu sein mit meiner Botschaft und beim Lesen eine Verbindung zu mir entstehen zu lassen.

Ich möchte mit Euch zurückgehen und Euch einiges erklären, ein Bild von historischen Zeiten malen. Ich möchte zu Abraham zurückgehen, dem Vater des Monotheismus. Abraham wird gern als der Ursprung dessen betrachtet, was Ihr wohl als modernen spirituellen Glauben bezeichnen würdet, denn das ist die Art, wie die Welt denkt. Dabei gab es viele vor ihm. Manche von Euch sind

Lemurer: Ihr wisst, was ich meine. Aber Abraham repräsentiert für die Erde das, was Ihr als den Vater der Hauptreligionen auf dem Planeten bezeichnen würdet. Also will ich Euch die Geschichte dessen erzählen, was geschehen ist, und ich möchte auch, dass Ihr es Euch gründlich anseht.

Abraham, Vater der Juden

Ich will Abraham ehren, der einst Abram genannt wurde, geboren in Ur, das heute Teil des modernen Iraks ist, und ich will seine Söhne ehren, die nicht alle von Sara geboren wurden. Der, über den ich sprechen möchte, ist Ismael. Abraham ist jüdisch ... der große jüdische Prophet. Ismael ist sein Sohn. Man kann in keinerlei Hinsicht behaupten, dass Ismael nicht jüdisch sei, und er ist es sogar bis heute. Ismael wurde in Hebron geboren. Zusätzlich ist er also sehr israelisch. Ismael ist ein Jude.

Manche würden jetzt widersprechen wegen der Art und Weise, wie die jüdische Abstammung von Männern errechnet wird, nämlich über die mütterliche Linie. Aber Spirit betrachtet die DNS und die Akasha-Abstammung, also ist Ismael spirituell gesehen ein Jude. Er kam, um Teil der Ahnenlinie der Juden zu sein.

Selbst beim jüdischen Volk fiel er aus politischen Gründen in Ungnade. Dann wurde Ismael zum Vorfahren aller Araber ... der Vater Arabiens. Deshalb könnte man sagen, dass die Araber jüdisches Blut in sich tragen, dass Abraham durch ihre Adern fließt. Aber schon früh verstießen die Juden Ismael. Obwohl man also den einen Gott und den Monotheismus hatte und auch das Prinzip der Liebe und der Einheit Gottes, kam es zu einer Trennung. Die Wahrheit wurde mit Unwahrheiten vermengt, und bis heute würde eine Milliarde Menschen behaupten, dass es Ismael war und nicht Isaak, der auf dem Tempelberg fast geopfert worden wäre. Außerdem würden sie behaupten, dass er kein Jude ist.

Was ist demnach die Wahrheit? Die Menschen waren nicht dazu *geschaffen*, sich zu vereinen. Es gibt eine ältere Energie auf dem Planeten, die aus jener Zeit stammt – und auch aus der Zeit, in der Ihr geboren wurdet. Sie lastet auf Euch und sorgt dafür, dass Ihr trennt und nicht vereint. Und aus diesem Grund nennen wir sie die *alte Energie*. Nun, es gab weise Männer und Frauen, die es besser wussten, aber es ist diese alte Energie, die trennt und teilt, und es ist diese alte Energie, die Trennungen des Hasses zwischen Millionen von Menschen verursacht hat, die eigentlich »alle Juden« sind.

Mohammeds wunderschöne Botschaft der Einigkeit

Lasst mich Euch von Mohammed, dem Propheten, erzählen. Mohammed stammt aus der Ahnenlinie Ismaels, der der Ahnenlinie Abrahams entstammt. Deshalb trägt Mohammed jüdisches Blut in sich, wodurch das Judentum seine Abstammung, aber nicht notwendigerweise seine Kultur war. Seine Akasha-Abstammung geht jedoch zurück auf Abraham. [Abraham ist laut Koran der Gründer des Islam. – Martine]

Mohammed hatte mehr als eine wunderschöne Begegnung mit einer engelhaften Präsenz. Damals sprachen die Engel grundsätzlich auf dreidimensionale Weise mit der Menschheit. Aber wie viele von Euch haben bemerkt, dass die meisten Engel, die in der damaligen Zeit mit Menschen sprachen, mit solchen aus der jüdischen Abstammungslinie sprachen? Wie Mohammed, wie Moses, wie Jesus, wie Abraham. Das war Teil einer historischen Konstellation, Teil dessen, was die jüdische Abstammungslinie wichtig macht für das Kern-Akasha der Menschheit. Wir sagten es bereits: »Wie es den Juden ergeht, so ergeht es der Erde.« Darin liegt etwas Wichtiges, das man sich genauer ansehen sollte und das sich bald ändern wird. Denn in unseren Augen sind »Juden« all jene im Nahen Osten.

Die Information, die Mohammed von dem Engel erhielt, lautete: »Vereine die Araber und schenke ihnen den Gott Israels.« Und das tat er! Die Informationen, die er erhielt, waren wunderschön und wurden später für seine Anhänger niedergeschrieben. Sie handelten durch und durch von der unglaublichen Liebe Gottes und der Einigkeit der Menschen. Mohammed, der Prophet, war ein Einheitsstifter, kein Separatist.

Lange vor Mohammed war Jesus gekommen – Jesus, der Jude. Er war verantwortlich für das, was Ihr heute als Christentum bezeichnen würdet. All seine Schüler waren Juden. Der »Stein«, Petrus, der Fischer, der die christliche Kirche gründete, war Jude. Und wir erzählen Euch diese Dinge, um Euch daran zu erinnern, dass es dort Einheit gibt. Vielleicht gibt es einen Grund dafür, meine Lieben, dass die zwölf Stränge der DNS hebräische Namen tragen? Ihr dürft uns glauben: Es geschah zu Ehren der Meister und der Ahnenlinie, inklusive der von Mohammed, von Ismael, von Isaak, von Abraham und von Jesus. Sie alle sind Teil der *ursprünglichen spirituellen Sprache* – des Hebräischen.

»Oh«, könntet Ihr nun einwenden, »*aber da war doch noch das Sumerische, und zuvor das Lemurische. Es gab Sanskrit und Tamil und viele andere ältere Sprachen.*« Das ist richtig, aber wir meinen eine aktuelle Sprache – eine, mit der Ihr Euch identifizieren könnt, die Macht hat und die heute von der reinen Ahnenlinie der Meister gesprochen wird, die auf diesem Planeten gewandelt sind.

Und was haben die Menschen daraus gemacht? Was haben sie mit all den heiligen Informationen der jüdischen Meister getan? Sie sind in den Krieg gezogen, weil die Menschen Dinge voneinander trennen. Sie fügen sie nicht zusammen. Und da sitzen wir nun, mit einem wunderschönen Gott, dem Schöpfer von Allem-was-ist, und Millionen, die genau daran glauben, aber trotzdem gegeneinander in den Krieg ziehen wegen ideologischer Fragen darüber, was Gott gesagt hat, welcher Prophet der beste war und welche Gruppierung in Gottes Gunst steht. Das ist alte

Geschichte, Tausende von Jahren alt. Aber es zeigt genau, worum es bei der alten Energie wirklich geht.

Die menschliche Natur

Jetzt würden manche vielleicht sagen: »*Das liegt in der menschlichen Natur.*« Aus diesem Grund geschieht all das mit den Menschen, und es wird sich immer wiederholen, das ist die Energie der Geschichte, getränkt in der *Suppe* der menschlichen Natur, die sich manchen Menschen zufolge niemals ändern wird. Deshalb, sagen sie, wird es wieder und wieder und wieder passieren.

Ich bin hier, um Euch zu sagen, meine Lieben, dass das nicht der Fall ist, weil auf diesem Planeten etwas geschieht, das die Geschichte beenden wird. Es wird *die alte Energie der Geschichte* beenden. Es wird *die alte menschliche Natur* beenden, denn es handelt sich um etwas Evolutionäres.

Von Geburt an zum Hass erzogen

Viele Menschen auf dieser Erde, die in Israel geboren werden, erzieht man heute von Geburt an dazu, alle um sich herum abzulehnen und ihnen mit Misstrauen zu begegnen. An diesem Punkt der Erdgeschichte erzieht man jene in ihrer Umgebung von Geburt an dazu, die Juden zu hassen. Man lehrt es sie sehr sorgfältig. Gegen alle Wahrscheinlichkeit sind sie stolz auf diese Unterteilung, denn es geht dabei um die Ahnenlinie ihrer Vorfahren, und sie wollen dem historischen Protokoll folgen. Sie wollen getrennt bleiben.

Aber ich will Euch sagen, dass sich genau das ändert. Es ändert sich wirklich! Es ändert sich an den Orten, an denen man es am wenigsten erwartet. Es ändert sich in Jerusalem. Es ändert sich im Iran. Und die Kinder erwachen und sagen: »*Erklär mir noch*

*einmal: Warum genau soll ich sie hassen? Sie haben was genau getan,
und wann? Das waren nicht sie. Es waren ihre Vorfahren. Die Menschen
von heute haben nicht an der Vergangenheit teilgenommen. Erkläre es
mir noch mal, denn ich fühle es nicht.«*

Die Eltern schütteln die Köpfe und entgegnen: »*Tu, was wir dir
sagen, denn die Tradition und die Geschichte sagen uns, dass sie unser
Feind sind und immer sein werden.*« Und die Kinder entgegnen:
»*Nein. Das werde ich nicht tun, und auch die Menschen um mich herum
nicht.*« Langsam bewirkt das etwas auf dem Planeten, etwas, das
nicht aufgezeichnet wird. Denn Eure weltweit agierenden Medien
haben keine Ahnung, was sie mit dieser neuen Energie anfangen
sollen; in ihren Augen handelt es sich nicht einmal um etwas
von Nachrichtenwert. Sie stecken noch immer tief in der alten
menschlichen Natur, in der trennende Vorgänge Nachrichtenwert
haben, einheitsstiftende aber nicht.

Und doch besteht darin eine der größten Energien, die dieser
Planet im Augenblick kennt. Ich bin hier, um Euch zu sagen,
dass sie real ist und dass sie sich, wie Ihr sagen würdet, *unter dem
Mantel des Verbogenen* vollzieht.

Oh, aber es gibt noch andere Dinge, von denen ich Euch erzählen will.

DER WEISE KÖNIG

Ich möchte Euch in die Zeit Salomons zurückführen, eines sehr
weisen Königs. Es gibt eine berühmte Geschichte, in der zwei
Mütter dasselbe Kind für sich beanspruchen. Beide flehten Salomon an, ihnen das Baby zu geben, und ihm fiel die Aufgabe zu,
das Problem zu lösen. Der weise König, der das Ergebnis schon
kannte, noch bevor er seine Entscheidung traf, ordnete an, das
Kind in zwei Hälften zu schneiden. Jede Frau sollte ein halbes
Kind erhalten. Er wusste, was geschehen würde, und so war es
auch. Eine Mutter erbleichte sofort und sagte: »*Gib der anderen*

Frau das Kind.« Da wusste Salomon, zu wem das Kind gehörte – zu derjenigen, die das Kind aufzugeben bereit war. Sie war die wahre Mutter. Woher er das wusste? Weil nichts auf diesem Planeten so weise ist wie Mitgefühl, das von Lösungsmöglichkeiten und Einheit erfüllt ist. Das Mitgefühl der weisen, göttlichen, weiblichen Mutter reinigt diese Erde, und ihre Kundalini bewegt sich buchstäblich von einem Kontinent zum nächsten, während die Erde die Veränderung spürt.

Manche von Euch fühlen sich in diesem Prozess entsetzlich allein und verstehen nicht, was vor sich geht. Stellt Euch einen Computer mit Bewusstsein vor. Wie würde er sich wohl fühlen, wenn Ihr ihn ausschaltet und dann wieder neu startet? Er würde seine Erinnerung an alles vorher Geschehene verlieren. Und dasselbe geschieht gerade mit dem menschlichen Bewusstsein, das einen Neustart in einem anderen Paradigma durchlebt, in dem nicht die Geschichte kontrolliert, was als Nächstes geschieht.

Das ist es, was Ihr fühlt – Ihr fühlt Euch alleingelassen mit einem potentiellen Neustart in ein Paradigma, das keinerlei Geschichte der *menschlichen Natur* in sich trägt.

2

Die Neue Welt
kündigt sich an

Ich glaube, dass das größte Wissen, das ich mir in den letzten Jahren meiner Zusammenarbeit mit dir, Kryon, angeeignet habe, nicht nur in einem besseren Verständnis der Quantenmenschen besteht, sondern auch in der Einsicht, dass wir alles in uns tragen, was wir brauchen, um diesen Sprung zu wagen. Deshalb glaube ich, dass ein Quantenmensch zu werden bedeutet, aus der »Beobachterposition« in der alten Welt in die Position des »Teilnehmenden« in der Neuen Welt zu wechseln.

Wenn wir reine »Beobachter« bleiben, hat vieles keine Bedeutung, und das erzeugt Angst ... aber wenn wir »multidimensional« werden, wird die Bedeutung des Sehens immer unwichtiger, und das erlöst uns von der Furcht und ermöglicht es uns, auf unser Schicksal zu vertrauen und auf die Stimme in uns zu hören. Das ist ein großer Unterschied.

Ist mein Verständnis vom Quantenmenschen korrekt?

Du benutzt verschiedene Worte für dieselbe Eigenschaft, aber es ist viel komplexer, und es steckt mehr dahinter als in deiner Definition. Man könnte sagen, dass man von einem, der »das Bewusstsein benutzt«, zu einem wird, der »es programmiert«. Einfach nur das Vorhandene zu benutzen ist dasselbe, wie in einem Auto auf dem Beifahrersitz mitzufahren. Durch das Programmieren kommen neue Werkzeuge hinzu und die Fähigkeit, das Auto selbst zu steuern und so gut wie alles zu manifestieren.

Lasst uns am Anfang beginnen und nutzt diese erste Antwort als Leitfaden für einige der Fragen und Antworten, die folgen werden. Mit anderen Worten, nutzt die in der ersten Antwort enthaltenen Informationen als Referenz für die vielen Antworten.

Physik und ihre »wissenschaftlichen Gesetze«

Physik ist die Wissenschaft von Materie und Energie, und sie untersucht die möglichen Eigenschaften von *Allem-was-ist*. Doch aus Eurer einzeldimensionalen, singulär gefärbten Perspektive heraus habt Ihr beschlossen, dass es nur eine Art von Physik gibt. Sie muss konsistent sein, deshalb soll sie nur ein einziges Set von Gesetzen oder Regeln für alle Materie und Energie enthalten.

Das klingt nach einer hervorragenden Prämisse, denn so ergibt alles, was Ihr um Euch herum seht, einen logischen Sinn, und das Konzept »wissenschaftlicher Gesetze« hat Euch und Eurem Überleben die gesamte Menschheitsgeschichte hindurch große Dienste geleistet. Deshalb ist es wenig überraschend, wie tief Ihr in der Schublade der Dreidimensionalität steckt.

Die Wahrheit lautet, dass Physik nicht absolut oder empirisch ist. Sie ist veränderlich. Dabei variieren Materie und Energie in Abhängigkeit von zwei Hauptfaktoren: Größe und Ort. Eure Annahmen über Physik gründen auf einer sehr beschränkten Realität mit drei Dimensionen – Eurer Realität. Sie spiegeln Eure Erwartungen wider. Selbst die Klügsten unter Euch klammern sich immer noch an die Theorie des »einzelnen Gesetzes«. Das ist keine große Überraschung, denn alles um Euch herum erweckt den Anschein, als verhielte es sich nach einer gegebenen Menge an Gesetzen ... allerdings nur, bis Eure Technologie offenlegen wird, dass es ganz anders ist.

Lasst uns für einen Moment ein Szenario heraufbeschwören: Ihr verbringt Eure gesamte Existenz an einer Rennstrecke. Ihr seid Lebewesen, aber keine Menschen. Doch Ihr lebt in einer modernen Gesellschaft, die die Phänomene in Eurer Umgebung und ihre Funktionsweise untersucht. In dieser »Rennstrecken«-Realität würdet Ihr in der Überzeugung aufwachsen, dass große, laute, stinkende Automobile immer nur rechtsherum fahren, und zwar stets im Kreis und in einer Gruppe. Sie scheinen auch nur zu manchen Zeiten aufzutauchen. Das ist Eure Realität. Wenn Ihr aber der Rennstrecke entfliehen würdet, müsstet Ihr feststellen, dass Autos auch linksherum fahren können und dass es in verschiedenen Ländern verschiedene Gesetze gibt, die darüber bestimmen, wie sich die Autos verhalten ... und (huch!) dass sie nicht nur zu bestimmten Zeiten auftauchen! Aha! Sie haben die freie Wahl, wann und wie sie fahren wollen! Sehr zur Enttäuschung Eurer Autotheoretiker gibt es offenbar keine Gesetze, die ihre Handlungsweise bestimmen! Vielmehr scheinen sie alle eine freie Wahl zu haben! Es ist kompliziert, wenn man die Rennstrecke verlässt! Die Physik ähnelt diesem Beispiel sehr. Wenn man nicht die Möglichkeit hat, einen anderen Ort, beispielsweise eine andere Realität, aufzusuchen, sieht sie so aus, als wäre sie singulär.

Und jetzt stellt Euch noch etwas vor: Diesmal seid Ihr wieder Menschen. Sagen wir, ein magisches Kind ist in Eure Sphäre gekommen, es wurde gerade erst geboren. Es kann fließend sprechen und befragt Euch über Eure irdische Realität. Beantwortet die folgenden Fragen über das Leben im Allgemeinen so, wie es Eurer Wahrnehmung entspricht:

1. Kann ein Objekt an zwei Orten gleichzeitig sein?
2. Was ist die längste Euch bekannte Distanz, über die hinweg »Kommunikation« zwischen zwei Objekten möglich ist?
3. Kann man Vergangenes ändern?

Wenn Ihr diese Fragen im Rahmen Eurer dreidimensionalen Logik und Eurer Annahmen über die Realität beantwortet, werden die Antworten vermutlich völlig falsch ausfallen, aber gleichzeitig sind sie vielleicht absolut »rennstreckenrichtig«. Universelle Physik, die multidimensional funktioniert, würde diese Fragen wie folgt beantworten:

1. Ja.
2. Es gibt keine Distanz- oder Geschwindigkeitsbegrenzung für Kommunikation, solange die kommunizierenden Objekte »miteinander verwoben« sind.
3. Die Zeit ist ein Kreis, also ist die Vergangenheit auch Eure Zukunft.

»Quantenverhalten« ist die Bezeichnung Eurer Wissenschaftler für das »merkwürdige« Verhalten von Materie in einem sehr kleinen Bereich, auf einer Mikroebene, die scheinbar anderen Gesetzen unterliegt. Unsere Bitte an Euch, *quantenorientierter* zu werden, dient nur als Metapher dafür, ein anderes dimensionales Attribut anzustreben und endlich anzufangen, einige nicht dreidimensionale Erkenntnisse zu gewinnen:

- Eure DNS ist dafür geeignet, als biologisches Quantenteilchen zu fungieren.
- Euer gesamtes Bewusstsein und Eure menschliche Blaupause liegen in den nicht dreidimensional kodierten neunzig Prozent der DNS.
- Deshalb funktioniert Eure Biologie im Wesentlichen auf Quantenebene, oder besser gesagt: Sie ist multidimensional.
- Ihr tragt damit viel mehr in Euch als nur die »Rennstrecken«-Realität, die Ihr für die einzige Realität haltet.

Quantenorientierter zu werden bedeutet zu begreifen, dass Eure Realität multidimensional werden kann und dass es an der Zeit ist, den Entdeckungsprozess einzuleiten, herauszufinden, was das faktisch für Euch bedeutet.

EURE MULTIDIMENSIONALE SCHÖPFERENERGIE

Wenn in Euch eine multidimensionale Schöpferenergie steckt, die mit Eurer Quanten-DNS-Energie erfüllt ist, führt das zu einer weiteren Frage: Glaubt Ihr fest daran, dass Gott in Euch ist, und versteht Ihr, was das bedeutet? Versteht Ihr, dass Eure Seelenenergie und alles, was Ihr jemals gewesen seid und was in Eurer Akasha-Chronik verzeichnet ist, ebenfalls existiert? Wenn Ihr das versteht, dann aktiviert für einen Augenblick Eure dreidimensionale Logik und stellt Euch selbst einige Fragen:

1. Wenn ich wirklich multidimensional bin, kann ich die Dreidimensionalität verlassen und einen Teil des Mysteriums und der scheinbaren Magie dieser Realität anzapfen?
2. Ist mein spirituelles Leben Teil von alledem?
3. Was kann ich mit dieser Multidimensionalität bewirken, das sich von meiner dreidimensionalen Realität unterscheidet?

Hier sind die Antworten auf diese Fragen:

1. Ja. Es ist an der Zeit.
2. Ja.
3. Ihr könnt alles tun, was die Meister dieser Erde Euch gesagt haben: Ihr könnt anfangen, korrigierende Maßnahmen in Eurem Körper zu manifestieren, indem Ihr die DNS-Informationen kontrolliert. Die Informationen stecken in den nicht-kodierten Teilen der DNS, die zufällig und chaotisch wirken. Dabei sind sie Teil eines eleganten Quantensystems multidimensionaler Energien, die als informationshaltiges Set von Anweisungen für die Chemie des menschlichen Körpers ge-

dacht sind. UND ... zum ersten Mal könnt Ihr auch alles andere tun, was die Meister getan haben und was Ihr laut den Meistern ebenfalls tun könnt – Ihr könnt alles kontrollieren!

Der menschliche Körper ist vollständig. Er besitzt dieselbe Anzahl dimensionaler Realitäten wie das Universum. Es fehlt also nichts. Doch das Universum nutzt andere dimensionale Eigenschaften, die im Zusammenhang mit vielen Konzepten stehen, von denen Eure Wissenschaft derzeit noch keine Vorstellung hat. Das bedeutet aber nicht, dass Ihr nicht bereits anfangen könntet zu lernen, einige dieser neuen Eigenschaften in Eurem Körper zu kontrollieren. Die neue Energie beginnt, das zu unterstützen!

DAS ERREICHEN DER QUANTENEBENE

Vielleicht fragt Ihr Euch nun, worin dann für den Menschen das größte Hindernis im Verständnis für sein multidimensionales Selbst besteht. Ganz einfach: im Glauben.

Stellt Euch einen Augenblick lang vor, wie Ihr versucht, den »Rennstrecken«-Geschöpfen von Automobilen zu erzählen, die in einem nicht strukturierten Gebiet unabhängig von festen Zeiten in jede Richtung fahren können, wann immer sie das wollen. Sie werden Euch nicht glauben! Denn die Rennstreckenrealität ist alles, was diese Geschöpfe kennen. Ihr könnt ihnen keinen Vorwurf daraus machen. Es ist das Einzige, was sie jemals gesehen und womit sie Erfahrung haben.

Das menschliche Gehirn funktioniert ganz ähnlich, denn es ist auf die Dinge programmiert, die ihm beim Überleben helfen. Das Gehirn will die »Regeln« der Realität verstehen, um Liebe, Nahrung und Wärme zu erhalten und zu überleben. Nachdem es ein Leben lang mit dieser Realität gearbeitet hat, hat es einen enormen Widerstand gegen alles andere entwickelt. Wenn Ihr also jemandem erzählt, dass es andere Realitäten und Attribute jenseits dessen gibt, was er gesehen und gelernt hat, wird er Euch nicht glauben.

Selbst wenn Ihr es glauben wollt, wird Euch Eure Realität des dreidimensionalen Überlebens – die Euch gute Dienste geleistet hat – im Weg stehen. Deshalb betonen wir immer wieder, dass Ihr damit anfangen solltet zu glauben, dass diese Dinge wirklich so existieren, wie wir sie schildern, um den Teil des Gehirns anzuregen, der für Euer intuitives Höheres Selbst steht. Euer bewusster Verstand wird es Euch dann langsam ermöglichen, die Glaubensmuster anzunehmen, die Euch den Beweis dafür liefern, dass es funktioniert, und Euch gestatten, diese Sachverhalte in Eure »Das ist real«-Tüte zu stecken. Andernfalls sind es nur merkwürdige Informationen, die sich nicht auf Euch anwenden lassen.

Doch kehren wir zurück zur ersten Frage (eine Struktur zu überspringen ist ein bisschen quantenhaft) ... [Kryon Lächeln]. Die Quantenebene zu erreichen bedeutet nicht, seine Beobachterposition aufzugeben. Ihr behaltet sie bei, aber Ihr werdet auch eins mit Eurer Position als Teilnehmer an multidimensionalen Vorgängen. Es ist also kein Übergang von einem Zustand zum anderen. Es ist eine *Erweiterung* des vorhandenen!

Eure Kultur ist judäisch/christlich. Lasst uns daher über Jesus, den Juden, sprechen. Verhielt er sich so merkwürdig, dass ihm alle aus dem Weg gingen? Schwebte er ständig herum? Wandelte er permanent auf dem Wasser? Sah er normal aus? Er zählt (laut Euren irdischen historischen Aufzeichnungen) zu Euren multidimensionalsten Lehrern, aber trotzdem lebte er in der dreidimensionalen Welt und aß und schlief, genauso wie Ihr. In seinem Leben gab es sogar körperliche Liebe, worüber nicht berichtet worden ist. Seine ganze Existenz war der Verschmelzung von Drei- und Multidimensionalität gewidmet. Er zeigte Euch, wie ein Mensch diese Brücke überqueren und Erstaunliches bewirken kann. Er manipulierte die Materie, was ein weiteres Beispiel dafür ist, was Menschen erreichen können, wenn sie ein spirituell aktiviertes

DNS-Feld aufweisen. Doch die Menschen taten kaum etwas anderes damit, als es zu fürchten oder anzubeten. Kaum einer sagte: »Lasst uns das genauso machen!«

Betrachtet das *Erreichen der Quantenebene* also als etwas, das die Meister gelehrt haben, als etwas, das Euch auch die Physik lehrt. Es ist an der Zeit, den Prozess ins Rollen zu bringen und die Versammlung ist eine Zusammenkunft der Attribute der aufkommenden *Gefühle* alter Seelen in dieser neuen Energie.

3

Der Quantenmensch lernt den Quantenkörper kennen

»Der menschliche Körper ist das beste Miniaturporträt des Universums. Was im menschlichen Körper nicht existiert, gibt es im Universum nicht, und was auch immer im Universum existiert, ist im menschlichen Körper vorhanden.«

Mahatma Gandhi (1869–1949)

Bei der Großen Veränderung geht es darum, ein multidimensionaler Mensch zu werden, aber es scheint einen großen Mangel an Verständigung zwischen unserem multidimensionalen Aspekt und unserem Körper zu geben. Dieser Mangel an Verbindung scheint einem falschen Verständnis des bemerkenswert intelligenten Designs zu entstammen, das unser Körper ist. Man hat uns beigebracht, unseren Körper für etwas rein Mechanisches zu halten und dass das Mechanische und das Spirituelle keine Verbindung eingehen können.

Liege ich richtig, wenn ich sage, dass wir, um unser Quantenpotenzial zu entfalten und eine Verbindung zu unserer inneren Weisheit aufzubauen, damit anfangen müssen, unseren Mikrokosmos, also die Schwingung auf zellularer Ebene, die bei jedem von uns einzigartig ist, auf den Makrokosmos, also die Welt um uns herum, abzustimmen?

So kann man es sagen, aber davor müsst Ihr das, was Ihr in Euch tragt und dessen Ihr Euch nur ansatzweise bewusst seid, vereinen. Danach könnt Ihr anfangen, mit der Welt um Euch herum und der Essenz von Gaia, Eurer Mutter Erde, zu verschmelzen. Lasst Euch hierzu von mir erneut an einen ganz besonderen Ort führen. Im Alten Testament Eurer berühmten Heiligen Schrift gibt es einen bekannten historischen Bericht über die Himmelfahrt des großen Propheten Elia. Lasst uns einen Blick darauf werfen.

Im Zweiten Buch der Könige weicht Elischa, Elias Stellvertreter, diesem niemals von der Seite. Als der Meister das Gefühl hatte, dass seine Arbeit auf Erden getan war, erklärte er Elischa, dass er physisch in den Himmel auffahren werde ... nicht sterben, sondern fortgehen, ohne dass der Tod eintritt. Elia wollte, dass Elischa das Ereignis für die Geschichte aufzeichnete, was dieser auch tat.

Dafür stellte er eine Bedingung, eine Belohnung, denn Elia versprach, Elischa seinen »Mantel« zu geben. Dieses Wort repräsentiert Elias spirituelle »Einbindung«, seine Weisheit. Später wurde aufgezeichnet, dass Elischa nach Elias Himmelfahrt große und wundervolle Dinge bewirkte, dass er den Geist Elias und seine Meisterschaft mehr oder minder fortführte.

Elia betrat also das Feld, das um ihn herum entstand, und wurde im Wesentlichen multidimensional. Alle dimensionalen Attribute, die in der Physik, der Natur und dem Universum existieren, wurden freigelegt. Als Elias dreidimensionaler Körper verschwand, glaubte Elischa, eine Lichtkugel zu sehen. Es ist wichtig, einen genauen Blick darauf zu werfen, denn es herrscht das Missverständnis, dass eine Art Triumphwagen kam, um Elia abzuholen. Doch so war es nicht. Nein, die Lichtkugel entstand auf dem Erdboden, genau dort, wo sich Elia befand. Das ist der Beweis dafür, dass Elia nur seine eigene menschliche Energie nutzte und sie als das offenbarte, was sie wirklich war. Es kam nicht plötzlich der *Himmel,* um ihn abzuholen. Stattdessen *verwandelte* er sich in den Himmel!

Das ist die Lehre daraus: Elischa konnte keine multidimensionale Energie sehen. Deshalb beschrieb er das, was er sah, als drei voneinander getrennte Energien, die es Elia offenbar ermöglichten, »aufzufahren«, um Gott zu begegnen. Sein »Wagen« wurde von drei Energien »gezogen«, die Elischa als drei weiße Pferde beschrieb. Das Beste, was Elischa tun konnte, bestand darin, eine Quantenerfahrung in dreidimensionaler Weise zu beschreiben. Er bezeichnete das Fahrzeug, das Elia nutzte, als »Merkaba« – wir nennen häufig Euer DNS-Feld bei diesem Wort; auf Hebräisch bedeutet es »fahren«.

Es ist wichtig zu wissen, was Elischa wirklich sah, denn der Mensch ist in drei Teile geteilt, was die Kryon-Lehre bald beschreiben wird. Die drei Teile sind:

1. der dreidimensionale menschliche Verstand,
2. das Höhere Selbst, definiert als das spirituelle Bewusstsein des Menschen, und
3. der immanente Körperverstand – etwas, von dessen Vorhandensein Ihr wisst, dem Ihr aber noch keinen Namen gegeben habt.

Über Nummer eins und zwei wisst Ihr schon Bescheid, also lasst mich Euch Nummer drei erklären: Es gibt eine in Eurer multidimensionalen DNS verankerte, angeborene Intelligenz, die absolut nichts mit Eurem Gehirn zu tun hat. Sie arbeitet auf Quantenebene und befindet sich somit nicht an einem spezifischen Ort. Vielmehr ist sie von einem Feld umgeben und repräsentiert die gesammelte Intelligenz der über einhundert Billionen Moleküle Eurer individuellen DNS.

Lasst mich Euch folgende Frage stellen: Habt Ihr schon einmal von einfacher Kinesiologie gehört, den Muskeltests? Dabei befragt Ihr Euren Körper zu etwas, von dem Ihr noch nichts wisst. Vielleicht haltet Ihr etwas in der Hand, und ein anderer Mensch drückt Euren Arm nach unten. Wenn der Muskel schwach ist, sagt er Euch damit, dass der Körper die Substanz, die Ihr haltet, nicht mag. Diese Methode wird mittlerweile sogar in Krankenhäusern angewandt, um in Notfallsituationen schnell Allergien identifizieren zu können. Die Europäer nutzen sie bereits seit dreihundert Jahren ganz offen. Aber was für eine Art von Prozess ist das, bei dem Eure Zellen etwas über Euren Körper wissen, was Euer Verstand nicht weiß? Darauf wollen wir hinaus. Nun, dahinter steckt etwas unendlich Großes.

Dieses *Immanente* ist auch über all das informiert, was Eure DNS enthält, inklusive Eurer Akasha-Chronik, Eurem Lebenszweck und dem Höheren Selbst. Deshalb ist dieser Teil von Euch der vermutlich weiseste, wichtigste Teil des Menschen, den es gibt. DAS ist der Bestandteil, mit dem die Meister der Erde verschmelzen konnten. DAS ist es, womit auch Ihr langsam verschmelzt. DAS ist es, was Euch in diese Lernerfahrung versetzt, die alles in eine Schublade stecken und untersuchen will, es aber nicht kann. Denn das *Immanente* ist auch Teil des Höheren Selbst und des dreidimensionalen bewussten Selbst. In gewissem Sinne ist es sich der Verschmelzung also bereits bewusst. Das sind gute Neuigkeiten, denn nun braucht Ihr Euch nur noch einzuklinken und könnt behaupten: »Es erledigt den Rest!«

Die Hauptantwort auf Eure Frage lautet folglich, dass es Euch erst gelingen muss, mit Eurer gesamten potentiellen Energie zu verschmelzen, ehe Ihr irgendetwas Äußerliches bewirken könnt. Der spaßige Teil kommt aber noch ... Wir werden später bei einer anderen Frage noch darauf kommen. Stellt Euch einstweilen vor, wie Ihr mit diesen Teilen verschmelzt, die »glühen wie die Sonne«, wie Elischa es in seinen Schriften beschrieben hat.

Müssen wir für diese Arbeit einen Zustand des Gleichgewichts mit der Erde, unseren Körpern und dem Universum erreichen?

Nein. Ihr müsst einfach nur eine Verschmelzung mit Euch selbst herbeiführen. Der (versprochene) spaßige Teil besteht darin, dass Ihr beim Verschmelzen mit Euch selbst automatisch eine Brücke zu Gaia schlagt, denn Gaia ist bereits mit Eurem *Immanenten* und dem Universum verbunden. So funktioniert spirituelle Physik. Ihr denkt auf lineare Weise – erster Schritt, zweiter Schritt, dritter Schritt: Ich baue eine Verbindung mit dem Ersten auf, dann schreite ich fort und gehe zum Nächsten weiter. Eine häufige Wahrheit über die Funktionsweise von Quantenenergie lautet, dass sie mit *allem* verknüpft ist. Deshalb kann man sagen: Wenn Ihr Eure eigene dreidimensionale Welt auf Eure eigene multidimensionale Welt ausrichtet, werdet Ihr automatisch eins mit dem Universum.

Die besten Köche der Welt haben das fertige Produkt vor Augen. Sie sehen und schmecken im Geiste die fertige Suppe und verschwenden keine Gedanken an die Zutaten. Man könnte sagen, dass sie »die Suppe schmecken«, ehe sie überhaupt mit dem Kochen anfangen. Ihr seid eingeladen, »die Verschmelzung zu schmecken«, ehe Ihr überhaupt den Prozess in Gang setzt, den ich als Nächstes beschreiben werde.

Dies, meine Lieben, ist der Grund dafür, warum die Meister eine solche Kontrolle über die Materie, ja selbst über die Tiere hatten. Begreift Ihr? Das Universum und Gaia sahen ihre innere Verschmelzung. Aber was werdet Ihr damit anfangen? Für einen Menschen gibt es nichts Schwereres, als »das Selbst zu offenbaren«. Ihr wisst ja nicht einmal, wo Ihr anfangen sollt. Und nicht nur das: Ihr verwendet »das Werkzeug, um das Werkzeug zu untersuchen«. Eurem bewussten Verstand fällt es schwer, Wissen über sich selbst zu erlangen. Häufig hüllt er sich in die Regeln seiner eigenen, selbst erschaffenen Ignoranz und Angst ein.

Wie wäre es also damit? Nutzt das Beste Eures dreidimensionalen Verstandes wie folgt:

1. Meditiert – atmet – versetzt Euch an einen neutralen, friedlichen Ort.
2. Ruft Euer *Immanentes* an! Betrachtet es als einen wichtigen Faktor Eurer Biologie, einen, der viel mehr über Euch weiß als Ihr selbst. Beobachtet, wie sich

der bewusste Verstand und das *Immanente* annähern, und visualisiert diesen Prozess so, wie es Euch am meisten liegt.

3. Fordert Euer Höheres Selbst auf, als Klebstoff zu dienen, und lasst diesen Vorgang zu, wenn er gerade Platz in Eurem Leben hat. Das *Immanente* spricht durch – Überraschung! – Eure *Intuition* zu Euch.

Stellt Euch das Ganze als den ultimativen Muskeltest vor. Wir werden später noch ein wenig ausführlicher über Intuition sprechen. [Kryon Lächeln]

DER EINFLUSS DER PLANETEN AUF UNSERE KÖRPER

Ohne dass wir es bemerken oder den Grund dafür verstehen würden, nehmen unsere Körper auf zellularer Ebene alle Veränderungen in der Erde und unserem Planetensystem wahr. Ich glaube, dass wir uns keine Vorstellung von der Wichtigkeit machen, die diese planetaren Einflüsse für uns haben. Ist das einfach eine schwierige und angsteinflößende Situation, oder können wir lernen, sie mit Leichtigkeit und Freude zu steuern, wenn wir das nötige Wissen und die nötige Weisheit dafür besitzen?

Da wir das Universum sind, werden wir direkt von ihm beeinflusst. Wir alle wissen, dass der Mond einen starken Einfluss auf die Gewässer der Erde hat. Wir wissen auch, dass wir zu siebzig Prozent aus Wasser bestehen. Da kann man leicht erkennen, welche große Wirkung der Mond auf unsere Gefühle hat. Ich habe zudem erfahren, dass der Mars unsere Leber energetisch stark beeinflusst.

Besonders faszinierend erscheint mir die Information, dass die Leber neben anderen Faktoren einen körperlichen Zusammenhang mit Kopfschmerzen aufweist, und wenn der Mars zu uns in einer bestimmten Ausrichtung steht ... nun ja, dann haben viele Menschen häufiger Migräne als sonst. Jeder Planet hat Einfluss auf ein Organ und bestimmte Mineralien in unseren Körpern.

Wäre es dir wohl möglich, uns die einzigartige Verbindung zwischen den Planeten unseres Sonnensystems und unserem Körper und den Einfluss, den sie auf unseren Körper haben, zu erklären?

So etwas nennt man Astrologie! Außerdem besteht eine Verbindung zur alten tibetischen Numerologie. Wir haben die Gründe dafür bereits wissenschaftlich beschrieben, werden das gleich aber noch einmal tun. Deine Frage dreht sich um einen bekannten Themenbereich und ziemlich alte Informationen. Es existiert in dieser Hinsicht viel gute Weisheit, und ich bin sicher nicht der Richtige, das mit Euch gemeinsam durchzugehen. Ihr könnt jedoch davon ausgehen: Jeder Planet hat nicht nur einen spezifischen Einfluss auf die Wissenschaft Eurer Geburtsattribute, sondern auch einen allgemeinen Einfluss auf bestimmte Organe und sogar – wie der Mond – einen globalen Einfluss auf das menschliche Bewusstsein.

Nehmt etwa den Planeten Merkur. Wenn seine Umlaufbahn sich in bestimmter Weise auf die Umlaufbahn der Erde ausrichtet, würde ein Teleskop zeigen, dass er sich scheinbar rückwärtsbewegt! Das tut er zwar überhaupt nicht, aber die Beobachtung verrät, dass Ihr Euch gerade in einer Phase befindet, in der »Merkur rückläufig ist«. Das beeinflusst die Kommunikation auf Eurem Planeten ... Es handelt sich um einen globalen Einfluss auf Euch alle. Wie könnte ein kleiner Planet wie der Merkur *Euch* beeinflussen? Die Antwort lautet, dass er es gar nicht tut. Was Einfluss hat, ist der Abdruck, den der Merkur bei seinem kreisförmigen, rückläufigen Tanz auf der Sonne hinterlässt.

Ich werde diese Möglichkeit nutzen, um Euch die Physik hinter etwas zu erklären, das Ihr für sehr geheimnisvoll haltet. Aber sie muss vorsichtig enthüllt werden. Martine, Du hast eine sehr tiefgehende Frage über die Beziehung des Körpers zu den Planeten gestellt, also werde ich Dir auch eine sehr ausführliche Antwort geben.

Dadurch wird eine der ältesten Wissenschaften auf dem Planeten, die Astrologie, nicht etwa entmystifiziert. Vielmehr werdet

Ihr, so hoffe ich wenigstens, eine sehr starke Botschaft darüber erhalten, dass der Schöpfer in allen Dingen ist und Ihr selbst bezüglich spiritueller Zusammenhänge ausgesprochen elegante Antworten erwarten dürft. Denn Gott ist Physik ... die Regeln, nach denen sich alle Materie richtet.

DIE WISSENSCHAFT DAVON, WARUM PLANETEN MENSCHEN BEEINFLUSSEN

Ich möchte Euch bitten, einmal in die Rolle des Fachmanns für Multidimensionalität zu schlüpfen. Überall um Euch herum wirken Kräfte, die Euch beeinflussen, die Eure dreidimensionale Physik aber nicht erklären kann. Trotzdem wisst Ihr ganz genau, dass sie Euch beeinflussen. Eine dieser Kräfte ist der Magnetismus, eine andere, die noch weniger verstanden wird, ist das Licht. Das magnetische Gitternetz ist notwendig für Euer Leben auf der Erde. Erst kürzlich haben einige Quantenbiologen das erkannt und erklärt, dass Ihr das Gitternetz brauchen werdet, um bei langen Reisen durchs All das »Leben zu erhalten«. Wenn Ihr beispielsweise eine monatelange Reise zum Mars unternehmen wolltet, müsstet Ihr irgendwie das magnetische Umfeld der Erde nachbilden.

Vielleicht versteht Ihr jetzt besser, dass Magnetismus einen Einfluss auf die menschliche zellulare Lebenskraft hat. Ihr versteht zwar noch immer nicht, wie oder warum, aber das gestehen auch Eure Biologen offen ein. Also lasst uns nun einen Blick auf Magnetismus und Schwerkraft werfen. Diese beiden interdimensionalen Kräfte sind Partner in einem sehr eng verwobenen Quantentanz, den Eure derzeitige Physik bislang nicht verstehen kann. Dieser Tanz ist ein außerordentlich wichtiges Rätsel, denn er ändert sich mit dem sehr Großen und dem sehr Kleinen und variiert in unterschiedlichen Teilen des Universums. Daher kann man diese beiden sehr eng miteinander verbundenen Kräfte nicht trennen.

Eure Sonne strahlt ununterbrochen eine sehr mächtige magnetische Kraft aus. Eure Wissenschaft bezeichnet sie als »Sonnenwind« oder die »Heliosphäre« Eures Gestirns. Es handelt sich dabei einfach um eine gewaltige magnetische Kraft, die tagtäglich wie ein Sturm gegen die Erde prallt. Wichtig für unsere Erörterung sind die in diesem Wind enthaltenen *Informationen* und was geschieht, wenn sie die Erde erreichen.

Die Sonne ist die Drehachse Eures Sonnensystems. Stellt sie Euch als die Mitte eines Seils vor, mit dem Seilziehen gespielt wird, denn indem die Planeten an der Schwerkraft der Sonne zerren, ringen sie um ihre Aufmerksamkeit. Bei ihrer Umkreisung der Sonne zerren die Planeten auf sich ständig ändernde Weise an ihr; große Asteroiden beeinflussen die Sonne ebenfalls. Alles, was an ihrer Schwerkraft zieht, verändert das Muster. Und, nebenbei bemerkt, der Sonne ist es vollkommen egal, ob Ihr etwas als »Planet« bezeichnet oder nicht [Kryon Zwinkern]. Denn es beeinflusst das Muster genauso.

Wenn Ihr dieses interdimensionale Muster sehen könntet, gliche es einem komplexen, wunderschönen Leinwandwechsel. Wir wollen das Muster als *Schwerkraftgemälde* bezeichnen. Daran ist überhaupt nichts Geheimnisvolles. Es ist reine Physik, die nur noch nicht beobachtet werden kann, deren Wahrscheinlichkeit aber akzeptiert ist. Die Prämisse, dass die Sonne von den Planeten aufgrund ihrer Größe und ihrer Kreisbahnbeziehungen ständig verändert wird – das komplexe Seilziehen also – ist eine Tatsache.

Dieses einzigartige und ständigem Wandel unterliegende *Schwerkraftgemälde* ist ebenfalls Teil des Magnetfelds der Sonne. Vergesst nicht, dass Schwerkraft und Magnetismus Partner sind, also sind der Sonnenmagnetismus und das *Schwerkraftgemälde* der Sonne sehr eng miteinander verwandt. Deshalb – und diese Information ist wichtig – ist dieses dynamische *Schwerkraftgemälde*, das mit Informationen über den Verlauf des »Seilziehens« angefüllt ist, auch in die Heliosphäre beziehungsweise den Sonnenwind eingeprägt.

Dem konstanten Sonnenwind, den die Sonne abstrahlt, ist die Erde immer im Weg. Teil Eures »Schutzes« vor dem Sonnenfeld ist das der Erde eigene magnetische Feld, das einer Blase aus Magnetismus gleicht, welche die Erde umgibt. Doch wirklich magisch ist das, was geschieht, wenn das magnetische Sonnenfeld, das das *Schwerkraftgemälde* enthält, auf das magnetische Erdfeld prallt. Es entstehen Funken!

Die Grundlagen der Elektronik zeigen Euch, dass immer dann, wenn ein magnetisches Feld ein anderes abfängt, ein sehr reales System erschaffen wird, das als *Induktivität* bezeichnet wird. Ingenieure nutzen es für viele Zwecke, aber die Hauptverwendung ist die Übertragung von Informationen und elektrischen Eigenschaften von einem Ort zum anderen, wobei sie innerhalb dieses Felds verändert werden können. All das vollzieht sich drahtlos.

Induktivität ist eine magische, interdimensionale Suppe, die Signalübertragungen bereinigen, sie verstärken und auch gefahrlos verringern kann. Es handelt sich dabei um das vermutlich am wenigsten verstandene Attribut in der Elektronik, das aber gleichzeitig am häufigsten genutzt wird. Ihr bezeichnet die Geräte, die Induktivität nutzen, als Transformatoren.

Habt Ihr jemals die *Aurora borealis* gesehen, das Nordlicht? Das sind die »Funken«, die durch das Aufeinandertreffen des magnetischen Sonnenfelds und der Erde erzeugt werden. Aufgrund der Form des Tanzes der beiden magnetischen Felder könnt Ihr diesen Effekt in der Nähe der Erdspitze beobachten. Aber eigentlich seht Ihr die Induktivität wirken, und Ihr seht die »Informationen« des Schwerkraftgemäldes, die in das magnetische Feld der Erde übertragen werden. Deshalb befinden sich diese Informationen nun im Erdfeld. Könnt Ihr mir folgen? Das rätselhafte Muster des Seilziehens um die Sonne wird nun an die Erde weitergegeben. Dieser Prozess findet ständig statt, 24 Stunden am Tag, sieben Tage die Woche. Man könnte also zu Recht behaupten, dass die Erde das *Schwerkraftgemälde* der Sonne immer auch in ihrem eigenen magnetischen Feld trägt.

Vor Kurzem haben Biologen nun entdeckt, dass der kleinste Teil des Informationssystems in Eurem Körper, die DNS, ein winziges Magnetfeld aufweist. Das DNS-Molekül ist kein Faden, sondern eine Schlaufe. Die Telomere Eures Lebenssystems sind miteinander verbunden und erschaffen dadurch diese Schlaufe. Durch diese Schlaufe verläuft eine Strömung, ähnlich der Strömung in den Synapsen des Gehirns und in vielen anderen Systemen des menschlichen Körpers. Daran ist überhaupt nichts Besonderes. Aber im Fall der DNS erschafft die Schlaufe einen Kreis, und die Strömung fließt in dieser Schlaufe. Die DNS weist dadurch ein ganz kleines Magnetfeld auf.

Wenn Ihr diese wissenschaftliche Darlegung verfolgt habt, wisst Ihr jetzt auch, worauf ich hinaus will: Ihr lebt innerhalb des irdischen Magnetfelds. Ihr haltet Euch ununterbrochen darin auf, und es ist – wie besprochen – notwendig für Euer Überleben. Wir hatten uns bereits darauf geeinigt, dass dieses Magnetfeld das *Schwerkraftgemälde* enthält, in dem das Seilziehen der Planeten in Eurem Sonnensystem und ihr Einfluss auf die Sonne abgebildet sind. Der nächste Schritt sollte offensichtlich sein, denn wenn Eure DNS ebenfalls ein Magnetfeld aufweist, geht noch ein weiterer Induktivitätsprozess vor sich. Eure DNS empfängt durch sehr kleine und konstante Induktivitätsreaktionen ununterbrochen Informationen vom Magnetfeld der Erde, da sich das Magnetfeld der Erde und das Eurer DNS überlappen. Von den Planeten – zur Sonne – zur Erde – zu Eurer DNS. Ziemlich elegant, findet Ihr nicht? Es ist ein multidimensionales Übertragungssystem der Informationen, geboren aus dem Seilziehen aller Körper, die Eure Sonne umkreisen, direkt in Eure Biologie.

Bei Eurer Geburt entsteht durch Nutzung des *Schwerkraftgemäldes* ein Abdruck in Eurer DNS. Diesen Abdruck bezeichnet Ihr als »Euer Sternzeichen«. Nennt es, wie Ihr wollt, aber so bauen das Sonnensystem und das *Schwerkraftgemälde* eine Verbindung mit Eurer Biologie auf, wenn Ihr auf dem Planeten eintrefft und Euren ersten Atemzug tut. Dieser Abdruck ist in den nicht kodierten neunzig

Prozent Eurer DNS enthalten, die keine Proteine aufweisen. Dies repräsentiert die große Menge an Körper- und Lebensinformationen, die jedes Mal mit den Stammzellen spricht, wenn sich in Eurem Körper eine Zelle teilt. Es wird zu einem Teil der Blaupause dessen, was Ihr Euer Leben lang sein werdet.

Während Eures Lebens auf der Erde arbeitet es weiter, und deshalb könnt Ihr die Rückläufigkeit des Merkurs spüren oder vielleicht, wo sich der Jupiter und der Mond gerade aufhalten. Jetzt versteht Ihr den Einfluss der Planeten auf den menschlichen Körper, nicht wahr? Im nächsten Schritt sollte man sich ansehen, was für Wechselwirkungen mit einigen Körperorganen dadurch entstehen könnten. Denn der »Tanz« multidimensionaler Muster des *Schwerkraftgemäldes* wird sogar noch konkreter, wenn Ihr erkennt, wie bestimmte Körperorgane durch bestimmte Astralkörper beeinflusst werden. Die Wissenschaft dieses geheimnisvollen Systems ist eines der ältesten auf dem Planeten.

Wir dürfen darauf hinweisen, dass viele Karten erhältlich sind, die zeigen, welche Organe von welchen Planeten beeinflusst werden.

Wie können wir lernen, besser damit umzugehen?

Zunächst solltet Ihr es verstehen – wissen, dass es existiert, und damit arbeiten. Es dient ja nicht dazu, Euch zu irritieren! Es soll Euch vielmehr auf tiefgreifende, schöne Weise »ans Universum binden«. Denkt einfach: Ihr seid Teil des Planeten- und Sonnensystems!

Diese Attribute binden Euch auch an Gaia, denn sie entspringen direkt dem magnetischen Feld des Planeten. Die Menschen verstehen die Erdverbindung oft nicht, aber sie wurde von all den alten Völkern gelehrt und ist Teil ihrer spirituellen Systeme. Sie ehren den Planeten bei all ihren Zeremonien und bringen Gaia stets Geschenke dar. Dabei handelt es sich nicht um heidnische Zeremonien, sondern um ein tiefes Verstehen des Systems von Nehmen und Geben, das Gaia nutzt. Es existiert noch heute.

Dass das System Eurer Biologie an die orbitale Mechanik Eures Sonnensystems gebunden ist, soll Euch bei Eurem Leben auf dem Planeten helfen. Wenn Ihr eine Straßenkarte hättet, welche die Schlaglöcher vor Euch zeigt, wäre das doch eine gute Sache! Stellt Euch diese Systeme genauso vor. Denn die Energien, die vom *Schwerkraftgemälde* erzeugt werden, sind bekannt und können deshalb auch dargestellt werden. Vielleicht ist es ja an der Zeit, einen richtig guten Astrologen aufzusuchen? [Kryon Zwinkern]

Die Veränderung der Erdmagneten und der Magneten im Sonnensystem ist die Evolution des »Tanzes« von Schwerkraft und Magnetismus im Sonnensystem. Aus der oben stehenden Erklärung könnt Ihr ersehen, dass alles, was mit Magnetismus und Schwerkraft geschieht, direkt in Eure multidimensionale DNS übertragen wird! Also vollziehen sich die Veränderungen im Magnetfeld der Erde genau im richtigen Augenblick, um Euch bei Eurer Bewusstseinsveränderung zu unterstützen, damit Ihr dieser Veränderung mit erweitertem Denken, erweiterten Geschenken und Werkzeugen begegnen könnt.

4

Das Verschwinden von Mineralstoffen und Impfungen

*E*s ist eine Tatsache, dass die intensive Landwirtschaft und die landwirtschaftliche Nutzung von Chemikalien den Boden vieler Mineralstoffe beraubt haben. Diese Mineralstoffe spielen eine zentrale Rolle für unsere Gesundheit. Ich glaube, dass Unternehmen wie Monsanto, die die Landwirtschaft kontrollieren wollen, indem sie die Bauern dazu zwingen, ihre Samen zu nutzen und genetisch veränderte Organismen zu produzieren, die Hauptverantwortlichen für diesen Umstand sind.

In energetischer Hinsicht ist Magnesium ein Mineral mit lindernder Wirkung, weshalb es auch wichtig für unser allgemeines Wohlergehen ist. Ich habe den Eindruck, dass Menschen, die an Magnesiummangel leiden, dazu neigen, diesen Mangel mit anderen Dingen zu kompensieren, um sich besser zu fühlen – und zwar häufig durch Chemikalien und sehr hohen Zuckerkonsum.

Wie wichtig sind Mineralien für unsere Fähigkeit, uns auf zellularer Ebene zu reinigen und ins Gleichgewicht zu bringen?

Nicht ansatzweise so wichtig, wie Ihr denkt. Diese Thematik sollte Euch keine großen Sorgen bereiten. In Eurer Umwelt verändert sich vieles, und Teile dieser Veränderungen wurden von Menschen verursacht. Stellt Untersuchungen dazu an und führt alle Veränderungen durch, die nötig sind, um Euch daran anzupassen. Ja, Magnesium ist wichtig, und wenn Ihr durch Eure Lebensweise nicht genug davon bekommt, könnt Ihr Euren Konsum durch Ergänzungsmittel entsprechend erhöhen.

Nahrungsergänzungsmittel helfen Euch schon lange bei diesen Problemen. Begreift, was vor sich geht, und nutzt die Hilfe der Wissenschaft. Wenn das Ungleichgewicht weiterbesteht, kann es außerdem passieren, dass im Laufe der Zeit immer mehr Kinder auf die Welt kommen, die vergrößerte Lebern aufweisen oder mit anderen vergrößerten Organen geboren werden. So können sie größere Mengen bestimmter Chemikalien produzieren und ihr Blut besser reinigen als Ihr. Man bezeichnet diesen Prozess als Evolution, und er ist etwas ganz Normales.

Impfungen sind zu einem ziemlich kontroversen und verwirrenden Thema geworden. Die Eltern wissen nicht, ob sie ihre Kinder impfen lassen sollen oder nicht. Im Westen haben viele Kinder vor ihrem zweiten Geburtstag schon über zwei Dutzend Impfungen hinter sich. Heute gibt es einen Impfstoff für alles und jeden – manche sind voller Schadstoffe, andere hingegen vermutlich durchaus nützlich. Der Zweck, der anfangs mit dem Impfen verfolgt wurde, ist heute wohl nicht mehr derselbe. Dass Impfungen zu den lukrativsten Bereichen der Pharmaindustrie zählen, spielt bei der Produktion bestimmt eine wichtige Rolle.

Eine Impfung ist eine körperliche Resonanz auf eine bestimmte Krankheit. Doch wie steht es mit dem Einfluss der Ahnenlinie auf Zellebene? Wenn beispielsweise einer unserer Vorfahren Tuberkulose hatte, dann tragen unsere Zellen noch immer den Abdruck dieser Krankheit in sich. Würde eine Impfung in diesem Fall nicht eher ein Ungleichgewicht oder die Krankheit auslösen, anstatt sie zu verhindern?

Zunächst einmal solltet Ihr wissen, dass in Euren Körpern ein System existiert, das wir das *Immanente* nennen und das klüger ist als Euer logisches Bewusstsein. Der Körper weiß auch dann, was gerade passiert, wenn Ihr selbst es nicht wisst. Entsprechend gehen in Euch Prozesse vor sich, die die Energie von Krankheiten, an denen Eure Ahnen litten, von aktuellen Krankheiten fernhalten.

Mit anderen Worten: Wenn es in Eurer Familie oder in einem lange vergangenen Leben Fälle von Tuberkulose gab, dann handelt es sich dabei nicht um einen »aktuellen« Abdruck. Also müsst Ihr Euch keine Sorgen machen, dass Ihr die Krankheit durch eine Impfung aktiviert ... Das wird niemals geschehen.

Eigentlich hast Du Deine eigene Frage über Impfungen schon selbst beantwortet. Du hast vorhin gesagt: »*Der Zweck, der anfangs mit dem Impfen verfolgt wurde, ist heute wohl nicht mehr derselbe.*« Das ist zutreffend. Eltern sollten nach der »Originalrezeptur« der Impfungen fragen, mit denen sie selbst behandelt wurden, und nicht nach dem Cocktail, der heute angeboten wird. Aus den Gründen, die Du schon genannt hast, ist er nicht notwendigerweise besser, nur weil er komplexer zu sein scheint. In dieser Hinsicht ist Euch am meisten damit geholfen, wenn Ihr zu dem zurückkehrt, was Ihr früher hattet.

Die Wissenschaft des Impfens wurde Euch geschenkt, um Euch beim Überleben zu helfen und zu verhindern, dass Ihr pandemischem Stress ausgesetzt werdet, also dem Stress durch die länderübergreifende Ausbreitung von Krankheiten. Impfungen sind wirksam, und sie haben so manche Krankheit auf Eurem Planeten vollständig ausgelöscht. Die Behauptungen der Wahrsager, dass die eliminierten Pocken in mutierter Form wiederkehren und noch einmal genauso viele Menschen auslöschen würden wie damals, ist nicht eingetreten. Sie stellten es so dar, als würde Gaia die menschliche Bevölkerung systematisch kontrollieren, ohne dass die Menschen etwas dagegen tun könnten. Das ist reine Mythologie.

Ich möchte, dass Ihr etwas versteht: Gaia ist in der neuen Energie Eure Partnerin, und ihr ist genauso bewusst wie Euch, dass Euch eine Veränderung bevorsteht. Deshalb befindet sich Gaia im äußersten »Menschenschutzmodus«. Das betrifft auch das Wetter und den Lebenszyklus in den Meeren. Beides verändert sich auf vollkommen unerwartete Weise. Diese Prozesse dienen Eurem Schutz und der Erneuerung einiger Nahrungsquellen.

Ist Euch aufgefallen, dass die potentiellen pandemischen »Katastrophenfälle«, die in den letzten beiden Jahren aufgetreten sind, einfach wieder verschwunden sind? Ihre Entwicklung verlief nicht einmal ansatzweise so, wie es Eure Schwarzseher prophezeit hatten. Dank Eurer Wissenschaft und Gaias Unterstützung braucht Ihr nicht zu befürchten, dass eine Krankheit kommen wird, die den Großteil der Menschheit auslöscht. Aufgrund der dieser großen Veränderung eigenen Partnerschaft zwischen Euch und Gaia würde so ein Ereignis auch keinen Sinn ergeben.

Sind »angeborene Veranlagungen« in Wahrheit nicht dasselbe wie die Ahnenlinie?

Ihr erbt die Veranlagungen, das ist richtig. Aber sie sind nichts weiter als Informationen in Eurer DNS. Eine Veranlagung zu einer Krankheit ist nur ein Potenzial, nichts, das mit Sicherheit eintreten wird. Es gibt auch das Akasha-Erbe, aber dabei geht es vor allem um Bewusstsein und Weisheit, nicht um Chemie. Selbst wenn ein Mensch dazu in der Lage ist, sich selbst zu heilen, indem er »das Akasha anzapft«, wird die Heilung herbeigeführt, indem der DNS Informationen mitgeteilt werden, die *die Stammzellen während der Zellteilung ändern*, also die Blaupause so abwandeln, dass sie der Blaupause im reinen Akasha ähnlicher wird. Ihr seht also: Es geht weniger um Veranlagung als um Informationen.

Seid Ihr jetzt verwirrt? Dieses Thema ist sehr komplex, weshalb ich Euch einen Überblick verschaffen will: Ihr seid eine Mischung aus dreidimensionalen und Quanteninformationen, die beide aus Eurer biologischen Ahnenlinie und Eurem Akasha-Erbe aus vergangenen Leben stammen. Dieses Puzzle ist ausgesprochen vielschichtig. Aber letztlich sind all das einfach nur Informationen, die in die veränderbaren neunzig Prozent Eurer DNS eingeschrieben sind. Eine Veranlagung ist ein Potenzial, das das Risiko erhöht. Und eine Impfung ist eigentlich nichts weiter als eine Möglichkeit, diese Informationen chemisch zu verändern und die Informationen darüber, dass eine Veranlagung zu einer Krankheit vorhanden ist, zu reduzieren. Eines Tages werdet Ihr dazu in der Lage sein, all das ohne den Einsatz von Chemie zu erreichen. Das dem Körper *immanente* System, das Ihr bislang noch nicht entdeckt habt, hilft Euch, Eure Veranlagungsinformationen zu reduzieren.

Die Wirkung von Impfstoffen ist untersucht und sorgfältig getestet geworden. Deshalb haben Impfungen der Menschheit viele Jahre lang so gute Dienste geleistet. Wäre die Wirkungsweise der Impfungen mangelhaft gewesen, dann wären all die Krankheiten zurückgekehrt. Das sind sie aber nicht.

Die Fragen, die Ihr Euch wirklich stellen solltet, lauten:

- Hat die Wissenschaft begriffen, dass kombinierte Impfstoffe andere Wirkungen zeigen als die Summe der Originalrezepturen, die Tests unterzogen wurden?
- Ist es möglich, dass der Körper auf eine neu zusammengestellte Mixtur von Impfstoffen auf eine nicht bekannte Weise reagiert?
- Ist die Anzahl der Impfstoffe, die der Körper aufnehmen kann, ohne dass es zu negativen Nebenwirkungen kommt, begrenzt?

Die Wissenschaft nimmt an, dass der Körper auch eine erhöhte Anzahl von Impfstoffen, also einen Cocktail, einfach aufnimmt und genauso verarbeitet wie die Originalrezepturen. Aber das stimmt nicht, denn auch die Zusammensetzung hat einen Einfluss auf den Körper. Sie verursacht einen Zusammenfluss von Energien, was der Medizin bislang allerdings noch nicht bewusst ist.

Nutzt eine Weile lang die alte Rezeptur. Lasst Eure Biologen untersuchen, wie genau der Körper mit dem Impfprozess umgeht und was für Folgen zu viele »Inputs« haben könnten.

5

Dehydrierung und Körperintelligenz

Durch die Arbeit von Dr. Masaru Emoto* haben wir erkannt, dass Wasser nicht nur stark schwingt, sondern auch, dass es als Bewusstseinsträger fungiert. Entsprechend liegt die Weisheit des Universums möglicherweise darin, dass es seine Botschaft durch das Wasser in unsere Körper transportiert, und zwar zunächst in die Zellmembran, von wo aus sie dann in die Zelle gelangt. Aber das ist nur möglich, wenn unsere Körper gut mit Flüssigkeit versorgt sind. Nur dann können die Elektrolyte – Natrium, Kalium, Kalzium und Magnesium – das Wasser in uns und damit unseren Körper aufladen.

Von Kaffee über Limonaden bis hin zu Alkohol nehmen wir eine Menge Flüssigkeit zu uns, aber das meiste davon enthält Chemikalien und tonnenweise Zucker. Es scheint so, als ob unser Körper förmlich nach mehr Wasser schreit.

Stimmt es, dass die Weisheit des Universums durch Wasser in unsere Zellen übertragen werden kann?

---

* Dr. Emoto wurde durch seine Arbeit mit Wasserkristallen bekannt, die sich je nach energetischem Einfluss durch Emotionen wie Liebe, Hass, Gier etc. in Form von Klängen, Bildern oder Gedanken auf unterschiedliche Weise anordnen. So bewies er beispielsweise die Kraft von Gebeten für unser Wohlergehen und die Funktionsweise von Wunscherfüllung. Sein zentrales Werk *Die Botschaft des Wassers* mit Fotos gefrorener Wasserkristalle liegt seit 2010 im Koha Verlag, Burgrain, als Taschenbuch vor. – *Der Verlag*

Ja. Aber nur, weil Dr. Emoto das Wasser untersucht hat, solltet Ihr die Wirkung nicht darauf beschränken. Derselbe Prozess kann auch durch Nahrung erfolgen. Alles, was der Körper aufnimmt, kann abhängig von den *energetischen Einflüssen*, die es in sich trägt, Weisheit aus dem Universum transportieren. Ein Beispiel für diese Einflüsse ist die äußerst wirksame menschliche Intention.

Kann man sagen, dass die Zellmembran eine Art Möglichkeit ist, so etwas wie »die Tür«, während die Zelle als Potenzial dient?

Nein. Der Emoto-Effekt ist keine chemische Reaktion. Es handelt sich vielmehr um eine multidimensionale Reaktion, die durch die *immanente* Körperintelligenz verursacht wird, welche die bewussten Absichten der Menschen als ein *Set von Anweisungen* sieht, das die Informationen im Wasser verändert hat. Es verändert die »Sicht« und Reaktion des Körpers auf eine Substanz. Dieser Prozess ist weitaus eleganter und komplexer, als es den Anschein hat, und geht weit über die Ebene der Zellmembranen hinaus. Deshalb kristallisiert sich das Wasser auch anders, nachdem es von der Intention erfahren hat. Es nimmt Anweisungen auf, die die multidimensionale Strukturierung ändern. Diese Anweisungen werden dann an Eure Zellstruktur weitergegeben, allerdings nicht in chemischer Form, sondern in Form von Informationen.

Außerdem solltet Ihr die Chemie nicht in dieselbe Schublade wie den Quanteneffekt multidimensionaler Zusammenflüsse stopfen. Es stimmt, dass Chemikalien, die Ihr trinkt, Euren Körper verändern. Aber nur in chemischer Hinsicht. Sie verändern nicht Eure Weisheit. Sie können Störungen in Eurer Logik und Eurem Gleichgewicht verursachen, die dann wiederum Eure Entscheidungsprozesse verändern. Aber sie sind keine multidimensionalen Auslöser.

Ist Zucker der größte Feind unserer Körper? Verhindert er, dass wir in uns gehen, indem er uns abhängig von äußeren Faktoren macht?

Nein. Zucker ist der größte Feind der körperlichen Gesundheit und Ausgewogenheit. Doch einige der größten Denker der Menschheit waren fett und befanden sich nicht im chemischen Gleichgewicht [Kryon Lächeln]. Die meisten Gurus der alten Zeiten lebten sehr ungesund ... Sie waren ziemlich dick und saßen viel herum. Sie waren weise, erleuchtet und fett.

Zucker ist keine multidimensionale Substanz, obwohl mein Partner glaubt, dass Donuts vom Himmel geschickt wurden.

6

Die Aktivierung der DNS-Stränge

*I*n deinem Buch Die zwölf Stränge der DNA: Neue Dimensionen des Wissens entdecken* *sprichst du davon, dass die DNS als Energie einfach nur vorhanden ist, bis man sie benutzt. Du sagst auch, dass kein Strang wertvoller oder wichtiger wäre als die anderen. Sie arbeiten alle gleichermaßen zusammen, um unser Potenzial zu bilden. Aber was, wenn ein Strang vor dem Rest »geweckt« wird? Du hast beispielsweise davon gesprochen, wie Papst Johannes Paul II. alias Karol Józéf Wojtła seinen elften DNS-Strang auf der höchsten Ebene aktivierte. Auch ich habe das Gefühl, dass es bei meiner Arbeit teilweise darum geht, das Männliche und das Weibliche ins Gleichgewicht zu bringen.*

Kann es passieren, das sich ein Strang stärker ausdrückt als andere, oder ist es nicht vielmehr so, dass alle Schichten gleichzeitig aktiviert werden, unsere Interessen und Talente oder unsere Lebensaufgabe aber abhängig von der Akasha-Chronik einen bestimmten Aspekt davon »an die Spitze« stellen?

---

* In diesem wichtigen Werk, das 2011 als zehnter Band von Kryons amerikanischer Buchreihe im Koha Verlag erschien, werden die zwölf Schichten oder Energien der DNS enthüllt. Es enthält gechannelte farbige Abbildungen des Künstlers Elan Dubro-Cohan sowie ein Vorwort des DNS-Forschers Dr. Todd Ovokaitys. Wir möchten dieses sehr aufschlussreiche Buch unseren Lesern wärmstens ans Herz legen. – Der Verlag

Stellt Euch vor, dass Ihr eine Suppe esst. Aha! Der Geschmack hat sich verändert, nicht wahr? Die *Suppe* schmeckt irgendwie anders. Aber nur der Koch kann die dafür verantwortliche Zutat – das, was Ihr für den Bestandteil »an der Spitze« haltet – identifizieren. »An der Spitze« ist ein linearer Ausdruck für eine Quantenwirkung. War es Zutat elf plus eine Prise von der Sechs? Ihr wisst es nicht, weil Ihr Eurem Körper nicht den Auftrag erteilt habt, die Unterschiede zu identifizieren. Der Körper reagiert auf Anweisungen des menschlichen Bewusstseins und aktiviert die Quantenteile der DNS, die ihre Arbeitsweise ändern müssen, um das gewünschte Ergebnis herbeizuführen.

Wir haben Euch von Karol erzählt, um Euch zu zeigen, dass das multidimensional angeborene Bewusstsein des Körpers in seinem Fall eine Anpassung seines Höheren Selbst vollzogen hat. Strang elf war am stärksten betroffen. Aber Karols *Suppe* hat nur ihren Geschmack verändert. *Alle* DNS-Stränge sind interaktiv, also haben sich alle verändert, als sich Nummer elf verschoben hat. Nummer elf fungierte nur als Katalysator.

Deine Fragen zeigen, dass Du versuchst, die Dinge auf der Quantenebene zu unterteilen. Stell es Dir besser folgendermaßen vor:

Die DNS-Stränge sind nur dann Stränge, wenn Ihr sie untersucht. Wenn sie sich in einem lebenden Menschen befinden, haben sie *niemals* die Form von Strängen. Vielmehr sind sie Teil der Quanten-*Suppe*.

Deshalb kann die DNS-*Suppe* im *lebenden Menschen* niemals mit Hilfe von dreidimensionalen Maßnahmen analysiert und in ihre Bestandteile zerlegt werden. Attribute können nicht isoliert und einzelne Stränge können auch nicht für sich genommen herausgegriffen werden.

Wie in unserem Buch erklärt, könnt Ihr nicht mit einer einzelnen Farbe des Regenbogens spielen. Es geht um alles oder nichts, selbst wenn Euch das Blau am besten gefällt und Ihr es gern häufiger sehen würdet: Ihr müsst immer den Regenbogen als Ganzes nehmen. Der Regenbogen ist interaktiv.

Du hast auch gesagt, dass Karols Strang »auf der höchsten Ebene akti-
viert« wurde. Geschah das, weil Karol sein Leben über Jahre hinweg dem
Weiblichen und Maria geweiht hatte?

Lass uns folgendermaßen darauf antworten: Je ausgeglichener
ein Mensch wird, desto höher ist der Aktivierungsprozentsatz
in seiner DNS. Ein zu hundert Prozent aktivierter Mensch wäre
ein Meister. Er würde nicht in den Himmel aufsteigen. In den
Himmel aufzusteigen ist ein Prozess, keine Aktivierungsebene.
Die DNS-*Suppe* der Meister auf diesem Planeten war vollständig
aktiviert. Sie waren im Gleichgewicht mit sich selbst, mit Spirit,
mit Gaia und mit allen Naturelementen. Man kann eine multidimensionale Energie genauso wenig »zählen« wie den Geschmack
in der Suppe. Man weiß einfach, dass sie besser schmeckt.

Karols elfter Strang hatte eine sehr hohe Schwingung, und das
verlieh ihm nicht nur die Weisheit eines ausgeglichenen Verstands.
Er empfand auch dieselbe Sorge wie Frauen, die ihre Kinder im
Krieg verlieren. Genauso ist es mit der gesamten DNS. Sie verändert sich in einem Stück – und zwar umgehend. Sie wird zu einer
Gruppe multidimensionalen Zusammenflusses verknüpft. Alle
DNS-Moleküle sind identisch, und wenn die Informationen darin
verändert werden, verändern sich Billionen von Molekülen auf
einmal. Das vollzieht sich nicht auf lineare Weise, auch nicht über
einen längeren Zeitraum hinweg. Ihr solltet verstehen: *Quantenin-*
formationen verändern sich schlagartig. Aber diese Informationen in
eine Form linearen Gewahrseins der Zellen zu verwandeln, dauert
Monate über Monate, in denen sich die Zellen teilen und ihre
neuen Anweisungen erhalten. So manifestieren sich im physischen
Körper dreidimensionale Ergebnisse von DNS-Verschiebungen.

Karol war ein Papst – Papst Johannes Paul II. Er hat unglaublich
viel Zeit mit Beten und Meditation verbracht, und ja ... Er liebte
die Mutter Christi sehr. Haben wir schon davon gesprochen, wie
sehr er sich sorgte? Er sah sich um und erkannte ein archaisches
System, für das er verantwortlich war! Sein zweites Gesicht war

einfach beeindruckend. Er hatte ein Bewusstsein dafür, wie die Dinge auf dem Planeten eigentlich sein sollten und was man tun müsste, um Frieden auf der Erde zu schaffen. Wenn er noch zwanzig Jahre länger gesund geblieben wäre, hättet Ihr die ersten Frauen im Priesteramt erlebt, was es bislang noch nicht gegeben hat. Das aktuelle System spiegelt eine sehr alte Zeitenergie wider, in der Weisheit und Spiritualität von einem einzigen Geschlecht dominiert werden. Ja, Karol trug das göttliche Weibliche in sich, und er wusste ganz genau, woran es seiner Kirche und dem ganzen Planeten mangelte.

In seinen späteren Lebensjahren zeichnete sich der Kummer deutlich erkennbar auf seinem Gesicht ab. Er war gefangen in einem Glaskäfig sehr hoher »Kenntnis«. Er konnte nichts tun, um die Probleme, die er so deutlich sah, zu beseitigen. Wenn er etwas dazu sagte, belächelte man ihn. Er galt als »der alte Mann mit seinen Traumvorstellungen«. Die Kardinäle verstanden seine Visionen nicht. Wenn er heftig drängte, verbot ihm der Kardinal, der für den Erhalt der »alten Vorgehensweisen und Gesetze« verantwortlich war, den Mund und tat seine Ideen einfach ab. Dieser Verantwortliche war Ratzinger. Erwartet nichts Nennenswertes vom aktuellen Papst. Seine gesamte Herrschaft wird von dem Versuch geprägt sein, ein uraltes System zu retten, das in Sachen Moral und Effizienz versagt. Dieser Papst wird als »der Verteidiger« in die Geschichte eingehen. Der nächste wird anders sein.

Karol hingegen zapfte sein Akasha an, wobei die vielen Leben, die er als Mutter verbracht hat, zutage kamen. Er identifizierte sich voll und ganz mit Mutter Maria und weinte mit ihr um all die Kinder, die im Krieg ihr Leben ließen.

Müssen erst Hunderttausende von elften Strängen aktiviert werden, damit es zu einem spürbaren Unterschied für die Frauen dieser Welt kommt?

Aha, jetzt kommen wir zur Sache, nicht wahr? Die aktuelle Energie kann Menschen hervorbringen, die ausgeglichen sind, weil sie es sein wollen. Sie gehen in sich und bitten das *Immanente*, ihnen das zu geben, was sie für ihr Leben brauchen, indem es das Akasha anzapft. Alte Seelen erwachen. Die Männer entwickeln ein wenig mehr Mitgefühl, wodurch sich ihre Gedanken über die Menschen in ihrer Umgebung verändern. Sie werden etwas weicher, wodurch das göttliche Weibliche seinen Platz in ihnen einnehmen kann. Sie erinnern sich an ihre Leben als Mütter. Die Frauen werden stärker, sie entwickeln ein Verständnis für die männliche Energie, das so weit geht, dass sie sich sogar erinnern können, als Krieger auf einem Schlachtfeld gestanden oder für die Familie gejagt zu haben. Sie integrieren dieses Wissen, so dass sie nicht mehr »die Rolle der Frau spielen«. Stattdessen nehmen sie die »Rolle des Lichtarbeiters« an. Männer und Frauen fangen an, besser miteinander zurechtzukommen, weil sich die Geschlechterunterschiede verringern und weniger darum gekämpft wird. Männer hören besser zu, und Frauen fangen an, sich von ihren Gefühlen leiten zu lassen, anstatt sie zu kontrollieren. Strang elf ist ein ausgleichender Strang.

Was uns bevorsteht, ist die weise, göttliche, weibliche Energie. Sie wird vor allem die *Männer* verändern, während die Frauen sie als ausgesprochen friedvollen Zustand erleben werden. Denn sie werden endlich zu Partnern in den Geschehnissen der Welt. Die Frauen werden nicht die Macht übernehmen. Sie werden ihren Platz als Partner im Göttlichen einnehmen. Das ist etwas ganz anderes. Der Platz der Frauen ist geprägt von Gleichberechtigung an der Seite von Gaia und dem gesamten Bewusstsein der Menschheit. Hier geht es um eine Verschmelzung, nicht um einen Machtkampf. Dennoch könnten manche Männer diesen Eindruck gewinnen. Dabei geht es schlicht darum, »die weiche Seite in den Männern zu wecken«. In Wahrheit verschmilzt also die weise göttliche Energie dessen, was die Frauen bereits wissen, langsam mit der männlichen Energie.

REPROGRAMMIERUNG DER DNS

Ein Leser hat mir einen Artikel von zwei deutschen Physikern zugeschickt, die gemeinsam Bücher veröffentlichen, Grazyna Fosar und Franz Bludorf.* *Er handelte von den Beweisen russischer Wissenschaftler, dass die DNS durch Worte und Frequenzen beeinflusst und reprogrammiert werden kann. Ich fand das ziemlich faszinierend.*

Zusammengefasst besagte der Artikel folgendes: Die menschliche DNS ist ein biologisches Internet, das dem künstlichen in vielerlei Hinsicht überlegen ist. Neueste wissenschaftliche Forschungsergebnisse erklären direkt oder indirekt Phänomene wie Hellseherei, Intuition, Selbstheilung und dergleichen mehr. Außerdem gibt es Beweise für eine ganz neue Art von Medizin, in der die DNS durch Worte und Frequenzen beeinflusst und reprogrammiert werden kann. Russische Linguisten und Genetiker schlossen sich zusammen, um zu versuchen, den hohen Prozentsatz an »Müll-DNS« zu untersuchen. Laut ihnen ist unsere DNS nicht nur verantwortlich für die Konstruktion des Körpers, sondern dient auch als Datenspeicher und der Kommunikation. Die russischen Linguisten fanden heraus, dass der genetische Code, besonders der in den scheinbar nutzlosen neunzig Prozent enthaltene, denselben Regeln folgt wie alle menschlichen Sprachen. Lebende DNS-Substanz (in lebendem Gewebe, nicht in vitro) reagiert auf sprachgesteuerte Laserstrahlen und sogar Radiowellen. Aber nur, wenn die richtigen Frequenzen genutzt werden. Esoterische und spirituelle Lehrer wissen schon ewig, dass unser Körper durch Sprache, Worte und Gedanken programmiert werden kann. Bislang gibt es dafür aber keine wissenschaftlichen Beweise oder Erklärungen. Zudem muss die Frequenz stimmen, weshalb nicht jeder dazu in der

---

* Fosar und Bludorf befassen sich seit zwanzig Jahren mit der Aufdeckung geheimen Wissens und der Verbreitung grenzwissenschaftlicher Erkenntnisse. Zuletzt erschien im Michaels Verlag das Buch *Welt am Limit* mit »elf Episoden, die den Leser um den Schlaf bringen« sollen. Ihre Themen reichen von Reinkarnation über Gedankenkontrolle bis zum Neuen Bewusstsein. Auf www.fosar-bludorf.com finden Sie eine Fülle von Artikeln. – *Der Verlag*

Lage ist, diese Prozesse auszuführen beziehungsweise nicht in jedem Fall dieselbe Wirkung erreicht wird.

Ich habe den Eindruck, dass dieses Phänomen das fehlende Glied sein könnte, das erklärt, warum wir so erfolglos darin sind, durch Willenskraft Dinge zu manifestieren. Er könnte erklären, wann wir in der Lage sind, uns zu heilen, und wann nicht, und wie es uns möglich ist, unsere Intuition weiterzuentwickeln.

Doch wie können wir das lernen? Wie können wir diese bewusste Kommunikation mit unserer DNS herstellen und die richtige Frequenz für die Weiterentwicklung unserer Quantenaspekte finden? Können andere Menschen, wie beispielsweise bei der Fernheilung, die für uns richtige Frequenz und Zugang zu unserer DNS finden?

Die DNS ist tatsächlich reprogrammierbar! Ist die Wissenschaft, die nun langsam Beweise für all den »Hokuspokus« findet, nicht einfach zum Liebhaben? [Kryon Humor] Wir haben Euch gesagt, dass die Wissenschaft schließlich an diesen Punkt kommen würde ... dass sie begreifen wird, dass neunzig Prozent der DNS aus Informationen bestehen, die mit dem chemischen Haushalt kommunizieren. Aber sucht nicht nach einer richtigen »Frequenz«. Das ist lineares Denken. Sucht lieber nach Lösungen, indem Ihr Eurem eigenen DNS-System näherkommt. Das hier ist eigentlich genau das, was schon seit Jahrtausenden gelehrt wird, nur dass es jetzt heißt, dass jeder Mensch dazu in der Lage ist.

Wie nahe kann man seinem innersten Sein kommen? Kann man in sich gehen und seinen eigenen Frieden erschaffen? Kann man das Höhere Selbst anrufen und mit ihm verschmelzen? Das ist es, was die Meister getan haben, und das ist es, was sie gelehrt haben.

Ihr untersucht etwas, das sehr schwer zu beschreiben ist, da es nicht linear ist. Stellt Euch vor, Ihr lernt jemanden mit einer sehr ausgeprägten Intuition kennen und wollt seine Fähigkeit erlernen. Wenn Ihr ihn fragen würdet: »*Wie hast du deine ausgeprägte Intuition entwickelt?*«, würde er Euch vermutlich nur irritiert ansehen und erwidern: »*Ich weiß es nicht. Ich habe sie ganz einfach.*«

Dann würde er Euch erklären, dass er durch Übung gelernt hat, sie zu nutzen. Also solltet Ihr anfangen zu üben.

Vergesst nicht, dass diese Gabe schon in Euch vorhanden ist und Ihr sie nur weiterentwickeln wollt. Gestaltet Eure Übungen deshalb so, als hättet Ihr diese Fähigkeit bereits.

Sprecht mit Eurer DNS. Wie wir vorhin sagten, hat sie ein Bewusstsein. Sie »weiß«, was Ihr tut. Das ist so aufgrund des *Immanenten*. Mit ihm zu sprechen ist nicht dasselbe, wie sich an Spirit zu wenden. Aber vergesst nicht, dass Euer Höheres Selbst auch in Eurer DNS vorhanden ist. Letztlich sprecht Ihr also mit der Verschmelzung von Spirit und Mensch, die Ihr alle eigentlich seid. Richtet an Euch selbst und an Eure DNS die Botschaft, dass Ihr das extrahieren wollt, was Euch zu einem besseren Menschen macht. Sagt ihr nicht, was sie tun soll, sondern gebt ihr die Erlaubnis, das zu tun, was sie immer schon tun wollte. Und das ist, die Informationen zu verändern (genauso, wie es die Russen beschrieben haben). Sagt ihr niemals, mit welchem Strang sie arbeiten soll! [Kryon Lächeln]

Ihr dürft davon ausgehen, dass Ihr stärker werdet, je mehr Ihr mit ihr arbeitet. Im Laufe der Zeit werdet Ihr in jeglicher Hinsicht ausgeglichener, friedlicher und gesünder werden. Und seid Euch darüber im Klaren, dass dieser Prozess ständig im Gang ist, nicht nur dann, wenn Ihr bewusst damit arbeitet. Zeigt außerdem Geduld.

Gibt es derzeit tatsächlich Heiler, die dazu in der Lage sind? Kann die Hilfe eines Heilers genauso wirksam sein wie unsere eigenen Bemühungen?

Fragt einen beliebigen guten Heiler, was er tut. Er wird Euch antworten, dass er nicht heilt, sondern die Dinge ins Gleichgewicht bringt, damit der menschliche Körper die Arbeit auf dieser Grundlage selbst erledigen kann. Dies ist das große Geheimnis:

Die besten Heiler auf dem Planeten helfen den Menschen nur, ins Gleichgewicht zu kommen und die Zellstruktur zu befreien, damit sie Blockaden überwinden und sich selbst heilen können! Selbst Christus hat bei seinen größten Heilungen nur die Informationen in der DNS seiner Patienten verändert, damit sich diese dann selbst heilen konnten. Andere können diese Vorgänge, bei denen eine hoch konzentrierte Friedensenergie zum Einsatz kommt, spüren.

Seht Euch die Meister dieser Erde an! Jeder wollte in ihrer Nähe sein ... selbst Tiere suchten ihre Gesellschaft! Pflanzen wuchsen zu ihren Füßen. Ist Euch das bewusst? Warum ist das so? Es liegt daran, dass sie sich in völligem Gleichgewicht befanden.

Sucht Ihr nicht auch die Nähe von Menschen, die ausgeglichen sind? Sucht Ihr etwa aktiv die Gesellschaft von Menschen, die alles dramatisieren, emotional instabil, ein bisschen paranoid oder notleidend sind? Natürlich nicht. Ihr bevorzugt ausgeglichene Individuen, mit denen man Spaß haben kann und die in sich stabil sind. Ihr habt gern friedliche Seelen um Euch. Das ist es, was die Meister auszeichnete: ein hohes Bewusstsein und ein Zustand innerer Ausgewogenheit mit dem weisen Weiblichen.

Wie trefft Ihr auf diesem Planeten ein, Ihr alten Seelen? Was ist erlernt, und was war bereits in Eurer DNS vorhanden? Es gibt sieben Milliarden verschiedene Szenarien, denn jeder von Euch ist absolut einzigartig. Entsprechend können wir Euch keine allgemeine Lösung präsentieren, die für alle funktioniert.

Dennoch habt Ihr alle etwas gemeinsam: Die DNS arbeitet in jedem von Euch auf dieselbe Weise. Diese Vorstellung gab es in der Menschheitsgeschichte bislang noch nicht. In der Realität der Schulmedizin gibt es Ursache und Wirkung. Es gibt »weniger und mehr«, und es gibt eine Chemie, die zusammen mit Chemie reagiert. Innerhalb der DNS aber gibt es nur Informationen. Es sind die Informationen, die mit dem Stammzellen sprechen, den Blaupausen der Biologie und des Bewusstseins. In Hinsicht auf Quanteninformationen gibt es kein »mehr oder weniger«.

Lasst mich Euch ein Beispiel dafür geben, wie unlinear dieser Prozess ablaufen kann: Habt Ihr schon einmal von »Spontanheilung« gehört? In diesen Fällen heilt ein Mensch sich innerhalb von Monaten oder Wochen selbst von Krebs oder einem anderen »unheilbaren« Attribut. Eure moderne Wissenschaft versetzt das in Erstaunen, sie kann es nicht erklären. Jetzt sage ich Euch, wie es funktioniert: Der Kranke aktiviert in seiner Todesangst das *Immanente* in so hohem Ausmaß, dass die DNS umgehend alle Informationen in den nicht kodierten neunzig Prozent der DNS verändert. Sofort haben alle Zellen im Körper »neue Informationen für die Stammzellen«. Während sich die Zellen teilen, zwingen sie die Krankheit nieder. Immunsysteme sind zu den erstaunlichsten Dingen in der Lage. Das als »Apoptose« bezeichnete Abwehrsystem des Körpers arbeitet jetzt mit einer Leistung von einhundert Prozent. Die erkrankten Zellen erkennen selbst, dass sie krank sind, und begehen Selbstmord! Sie führen eine Selbstdiagnose durch, erkennen, dass sie nicht der Blaupause entsprechen, und zerstören sich selbst. Befragt einen Biologen dazu. Dieser Prozess findet in jedem Menschen statt. Aber obwohl er für genau solche Fälle in das Körpersystem integriert wurde, funktioniert er eigentlich sehr schlecht. Selbst ganz simple Krankheiten können ihn austricksen. Doch trotzdem agiert er in Fällen von Selbstheilung plötzlich mit einer Leistung von einhundert Prozent. Die Ergebnisse sind erstaunlich.

Begreift Ihr nun langsam, was Ihr mit Eurer DNS alles erreichen könnt? Willkommen: Das ist die Botschaft aller Meister, die dieser Planet jemals gesehen hat.

7

Antworten
auf Eure Fragen

L *äuft nicht alles weiter im alten Trott, oder sind wir auf dem richtigen*
Weg? Heute werden zehn Mal so viele Bücher gelesen wie noch vor
fünf Jahren, und jeder scheint von der Großen Veränderung, von Poten-
zialen und Wahrscheinlichkeiten zu sprechen. Dennoch ist es eine sehr kleine
Gruppe von Menschen, die diese Informationen wirklich ernst nimmt. Auch
die Lichtarbeiter sind wie gehabt eine winzige Minderheit. Wir können im
Fernsehen noch immer nicht über außerirdische Lebensformen sprechen, ohne
dass die Person, die den Mut hatte, von einer solchen Begegnung zu berichten,
nachher lächerlich gemacht wird. Sehr wenige von uns können auf der Arbeit
oder zu Hause offen über ihre Spiritualität sprechen, ohne selbst als eine Art
Außerirdischer betrachtet zu werden. Und diese Voreingenommenheit der
Mehrheit ist sicher nicht im Sinne der Großen Veränderung.

Erreichen wir als Ganzes die erwarteten Potenziale rechtzeitig? Zu
früh dran sind wir sicherlich nicht! Oder ist es einfach so, dass sich die
erwarteten Potenziale und Wahrscheinlichkeiten verändert haben? Die
Wendezeit ist angebrochen. Wie kommt es, dass die Mehrheit noch immer
nicht tiefgreifender von diesen Veränderungen betroffen ist?

Aber die Mehrheit *ist* betroffen! Seht Euch doch an, was auf
der ganzen Welt geschieht. Es ist nur nicht das, was Ihr erwartet
habt. Ihr glaubt, diese Veränderung würde eine Menge Leute
hervorbringen, die so denken wie Ihr. Das ist nicht der Fall und

wird es auch niemals sein. Das Ziel ist Frieden auf der Erde, nicht die Vermehrung von Lichtarbeitern oder Gesprächen über außerirdische Lebensformen. Weniger als ein halbes Prozent werden *Lichtarbeiter* sein. Aber diese wenigen werden das Streichholz in einem dunklen Raum anzünden, so dass alle anderen sehen können, was nötig ist, um Frieden zu schaffen. Die Menschheit wird unterschiedlich bleiben, aber ausgeglichener und friedvoller werden ... zum ersten Mal überhaupt. Ihr beeinflusst die Menschheit mit Ausgeglichenheit und Liebe.

Nun ja, ob Ihr auf dem richtigen Weg seid? Mehr denn je. Je mehr Veränderungen Ihr in den etablierten Wächtern der alten Konventionen beobachten könnt, desto mehr seid Ihr auf dem richtigen Weg. Habt Ihr die Veränderungen in manchen Unternehmen bemerkt? Wie kamen sie zustande? Dadurch, dass das alte System der Gier nicht mehr funktionierte. Habt Ihr die Veränderungen in Banken und Versicherungen bemerkt? Wie kamen sie zustande? Aus genau demselben Grund. Laut einem alten Axiom lässt sich nichts so wenig ändern wie der Weg des »Großen Geldes«. Doch Ihr verändert es! Daran erkennt Ihr, dass die Dinge nicht immer das sind, was sie zu sein scheinen.

Kryon, ich halte die Wissenschaft für den Schlüssel zur Aufgeschlossenheit des Menschheitsbewusstseins für andere Dimensionen. Ist das richtig?

Ja. Eines Tages werden sie die Tür weit genug öffnen, um die multidimensionale Realität klar erkennen und dokumentieren zu können. Plötzlich werden sie die menschliche DNS »sehen« und vor Überraschung nach Luft schnappen. Denn sie wird sich als das erweisen, was sie wirklich ist: eine multidimensionale Blaupause göttlichen Lebens. Eure Wissenschaft steckt derzeit noch in den Kinderschuhen. Sie sieht alles noch in Schwarzweiß, obwohl die Realität bunt ist.

Wie können wir den Code der Schwerkraft knacken?

Es gibt keinen Schwerkraftcode, der geknackt werden müsste. Vielmehr gibt es einen »Materiecode«. Schwerkraft ist nichts weiter als eine Formel multidimensionaler Werte, die auf Materie reagieren. Wenn Ihr die Materie verändern könnt, könnt Ihr auch die Schwerkraft verändern. Die Frage lautet also: »Könnt Ihr die Materie eines Gegenstands kontrollieren?« Die Gesetzesmäßigkeiten, die Ihr für die Materie entwickelt habt, beruhen auf vielen Annahmen: Ihr nehmt an, dass Masse von Gewicht und Größe abhängig ist und dass Schwerkraft und Magnetismus auf dieses Gewicht und diese Größe reagieren. Dann sucht Ihr nach Möglichkeiten, die Schwerkraft zu verändern. Ihr könnt die Formel nicht verändern. Stattdessen solltet Ihr das verändern, worauf die Formel reagiert!

Wenn Ihr vor einem stinkenden, rauchenden Motor steht, was macht Ihr dann? Ihr arbeitet am Motor! Würdet Ihr um den stinkenden Motor herumstehen und versuchen, Möglichkeiten zu finden, den Geruch zu verändern? Doch genauso arbeitet die Wissenschaft gerade in ihrem Versuch, Anti-Schwerkraft zu entwickeln. So etwas gibt es nicht.

Der Schlüssel liegt darin, materielose Gegenstände zu erschaffen, indem man die *Eigenschaften der Materie* verändert. Ihr könnt es leisten. Man hat das auf der Erde bereits erreicht. Dafür ist es nötig, *magnetische Felder* zu erschaffen. *Die Schwerkraft folgt den Attributen der Materie.* Ein gegebenes Objekt hat eine bestimmte Masse, weil ... (füllt diese Lücke selbst und hört auf zu glauben, dass sich alles so verhält, wie man es Euch beigebracht hat). Wenn Ihr die Antwort darauf genau bestimmen könnt, könnt Ihr die Attribute von Materie verändern. Hinweis: Sie befindet sich nicht in der dreidimensionalen Welt. Aber Magnetismus ja auch nicht, oder?

Vor einiger Zeit hat eine Internetseite namens WIKILEAKS diverse Dinge enthüllt. Alle Regierungen dieser Welt hatten panische Angst vor dem, was da ans Tageslicht kam. Julian Assange, der Vorsitzende und Sprecher, musste in den Untergrund gehen, wurde dann verhaftet und steckt jetzt in juristischen Schwierigkeiten.

Eine dieser Enthüllungen verriet, dass China bereit sei, eine Wiederver-
einigung von Nord- und Südkorea zuzulassen. Ist das eine Tatsache oder
reine Einbildung? Und wenn es nicht jetzt dazu kommt, wann dann?

Es ist eine Tatsache, aber in China sind nicht alle damit einverstanden. Entsprechend ist die Enthüllung zwar korrekt, spricht
aber nicht für die Mehrheit der Anführer. Wenn der nordkore-
anische Diktator fort ist, wird der richtige Zeitpunkt gekommen
sein. China kann durch diesen Schachzug viel gewinnen und
steht dem Westen in jeglicher Hinsicht näher als je zuvor. China
ist weise, aber langsam. Die asiatische Methode beruht auf der
Annahme, dass weise Veränderungen sehr viel Zeit in Anspruch
nehmen müssen. Alles beruht auf Geduld und weiser, langsamer
Veränderung. Das gesamte Paradigma fängt an, sich zu verändern,
und es ist das Internet, das diese Veränderung herbeiführt. Denn
jetzt, wo alle alles sehen und mit allen kommunizieren können,
gibt es viel übereinander zu lernen.

Kryon, du hast viel darüber gesprochen, dass mehr und mehr Geheimnisse
enthüllt werden. Waren Assange und seine Gruppe nur der Anfang dieses
Phänomens?

In gewisser Hinsicht durchaus. Aber da niemand will, dass seine
vertraulichen Notizen veröffentlicht werden, kann man sagen,
dass dies durch einen Integritätsbruch erreicht wurde. Auf lange
Sicht wäre es besser, allgemeine Transparenz zu erschaffen, so dass
alle sehen können, was »unter dem Mantel der Verschwiegenheit«
steckt. Noch nimmt die Regierung an, dass die Bevölkerung nicht
dazu in der Lage ist, die Feinheiten des politischen Protokolls zu
verstehen. Doch das wird sich ändern, wenn die Regierungen
begreifen, wie gebildet ihre Wählerbasis wirklich ist.

Du hast auch gesagt, dass wir ein viel tiefer gehendes Verständnis für
die Ganzzahl Null entwickeln sollten und dass sich in dieser eleganten

Mathematik so elementare Geheimnisse verbergen würden wie jene, die Einstein uns in den 1940er Jahren enthüllte.

Kannst du uns von diesen Geheimnissen Einsteins erzählen und die anderen Geheimnisse der eleganten Mathematik näher erläutern?

Um Einstein gibt es keine Geheimnisse mehr. Er hat seinen Teil beigetragen und sogar die Quantenphysik abgelehnt. Sein Beitrag lag in der Offenbarung, dass Licht und Magnetismus, Schwerkraft und Zeit verbunden sind. Für die damalige Zeit war das eine große Leistung.

Die elegante Mathematik des Universums muss eine auf der Zwölf beruhende Struktur aufweisen. Für Eure Restaurantrechnungen mag das nicht das einfachste Prinzip sein, aber für die Physik ist es das Beste. Stellt Euch eine Gesellschaft vor, die einen Kreis als »Achteck mit einer unendlichen Anzahl gerader Linien« betrachtet! So funktioniert Eure Mathematik. Sie funktioniert fast so, als gäbe es den Kreis im Universum nicht als natürlich auftretendes Objekt. Vielmehr wollen die Menschen ihn in »eine gerade Linie« bringen. Ihr kennt keine wirkliche Formel für Kurven – so als gäbe es einfach keine Kurven!

Die auf der Zwölf beruhende Mathematik wird Euch helfen, die bislang noch nicht untersuchte Physik zu verstehen. Sie wird Euch helfen, wenn Ihr bemerkt, dass in der Galaxie verschiedene Arten von Physik wirken, die nicht den Euch bekannten Regeln folgen. Das sind die Geheimnisse: neue Gesetze und nicht-euklidische Attribute für sehr große Sternengruppen, die sich in Bewegung befinden.

Ich habe vier Kinder (sechs Monate und fünf, sechs und zehn Jahre alt), und wir, also meine Frau und ich, versuchen, sie langsam an die Vorstellung heranzuführen, dass sie ihre alltägliche Existenz mitbestimmen können, indem sie Bitten ans Universum richten. Es freut uns sehr zu sehen, wie dieser Gedanke von ihnen akzeptiert und in die Praxis umgesetzt wird. Aber wir wissen noch immer nicht, wie wir mit ihnen über Spiritualität sprechen sollen und wann für ein Kind der richtige Zeitpunkt gekommen ist, sich damit zu befassen. Könntest du uns bitte etwas mehr über Spiritualität und Kinder sagen?

Die Kinder werden Euch mit ihrer Weisheit und ihrem Wissen in Staunen versetzen. Sie sind konzeptuell veranlagt und werden sich keiner Kirche anschließen. Wenn die richtige Zeit gekommen ist, solltet Ihr ihnen also nicht Eure eigene Spiritualität »verkaufen«, sondern sie ihnen vielmehr vorleben. Seid ein gutes Vorbild, lebt Euren Kindern die Spiritualität als etwas vor, das erstrebenswert wirkt. Bietet ihnen ein Leben ohne Drama, ein Leben voller Freundlichkeit und Verständnis. Hört ihnen zu, wenn sie etwas zu sagen haben. Irgendwann werden sie alles wissen wollen, was Ihr wisst. Dann ist der richtige Augenblick gekommen.

Und wenn sie wissen wollen, wie es geht, gebt ihnen ein Kryon-Buch! [Kryon Lächeln]

Ich bin Angelaufseher und kann förmlich dabei zusehen, wie das Wasser überall verschmutzt wird. Es wurde zwar viel Prävention betrieben, aber ohne großen Erfolg.

Ist Prävention nach wie vor die Lösung für Verschmutzungsprobleme? Schließlich nimmt sie viel Zeit, Verwaltungskraft und Geld in Anspruch, ohne dass sich große Fortschritte zeigen. Ich will die Präventionstaktik nicht nutzen, um Schreckensbotschaften zu verbreiten, aber es scheint einfach keine funktionierende Lösung zu geben, und die Situation ist ernst.

Es wird eine Zeit kommen, in der alle die Notwendigkeit dieses Prozesses verstehen werden. Die Menschheit lernt langsam. Aber für Euch spricht, dass sich Gaia selbst oft schneller und besser reinigt, als man erwarten würde. Führt Eure Arbeit also weiter und vergesst nicht, dass es manchmal lange dauert, bis sich Weisheit durchsetzt. Es ist nicht hoffnungslos, ganz gleich, wie es scheint. Diese Dinge zentrieren sich häufig selbst, und wenn die richtige Zeit gekommen ist, wird sich die Bevölkerung dessen bewusst werden, was Ihr schon wisst.

8

Das große Potenzial für Einheit auf der Welt

Lasst uns über Europa sprechen – über Ost- und Westeuropa. Und zunächst wende ich mich an die Amerikaner: Werft einen Blick auf die Geschichte. Ich möchte, dass Ihr Euch die Geschichte der Europäer anseht. Was wisst Ihr über sie? Was habt Ihr in der Schule über sie gelernt? Ihr musstet all diese Daten und Fakten auswendig lernen. Ihr lebt in einem Land, das keine zweihundert Jahre alt ist, und müsst Euch all die Schlachten und Eroberer und militärischen Details aus Hunderten von Jahren merken! 1400, 1300 – bis ins aktuelle Jahrhundert hinein scheinen sie sich regelmäßig gegenseitig erobert zu haben. Sie haben einander so konstant und vorhersehbar bekriegt wie die Gezeiten. Und als sie das satt hatten, eroberten sie andere Kontinente. Allein das kleine Land Spanien ist für die Eroberung ganz Südamerikas und Mittelamerikas bis hinauf nach Nordamerika verantwortlich. Heute sprechen Millionen Spanisch, die vor der Eroberung eine andere Sprache benutzten.

Die Armeen Napoleons breiteten sich in Teilen Europas aus wie das Wasser in einem Fluss und eroberten alles, was ihnen in den Weg kam. Heute gibt es in Europa einige Städte, die immer noch nicht wissen, welchem Land sie eigentlich angehören, weil die Grenzen so oft verschoben wurden! Nun ist das Geschichte. Ich will, dass Ihr es Euch ganz genau anseht. Natürlich gibt es

Menschen, die sagen: »*So etwas tun Menschen nun mal. Sie erschaf-fen Grenzen und Kulturen, und sie bekriegen sich. Das liegt in der menschlichen Natur.*«

Doch vor fünfzig Jahren kam allmählich eine neue Energie auf. Oh, die Ausrichtung geht langsam vonstatten, Ihr Lieben, aber sie erfolgt. Es war ein Beginn, ein Anfang. Vor fünfzig Jahren ging in Europa etwas vor sich, von dem Ihr damals nicht viel mitbe-kommen habt. Einige sehr klar denkende Menschen haben sich nach dem Zweiten Weltkrieg zusammengetan und gesagt: »*Wenn wir nicht etwas tun, das über das heutige Denken hinausgeht, wird sich alles wiederholen, denn das ist es, was Menschen tun. Sie führen Krieg.*« Selbst das junge Land namens Amerika beteiligte sich an diesem Krieg. Zuvor wäre es beinahe selbst zerbrochen, denn das ist es, was Menschen tun. Sie zerbrechen heile Dinge. Diese weisen Männer waren sich darüber im Klaren, dass sie die Möglichkeit zu einem Versuch hatten, zu etwas, das funktionieren könnte – einer Verei-nigung statt einer Trennung. Also haben sie eine Idee entwickelt. Lasst mich Euch erzählen, worum es sich dabei handelte.

Sie sagten sich: »*Was, wenn wir so viele Länder wie möglich dazu bringen, einem Zusammenschluss von ›Landstaaten‹ zuzustimmen? Wenn wir jetzt damit anfangen und es langsam angehen lassen, könnte am Ende ein System entstehen, in dem wir so umfassend gemeinsam Handel betreiben, dass die Grenzen aufgelöst werden, es keine Grenzübergänge und keine Passkontrollen mehr gibt. All die Kulturen und ehemals verfein-deten Länder würden zusammen gleichberechtigt Handel betreiben, und zu diesem Zweck müssten wir vielleicht sogar eine gemeinsame Währung haben. Seht euch die Vereinigten Staaten an, denn genauso funktioniert es dort. Europa würde niemals wieder mit sich selbst einen Krieg anfangen. Das könnte es wegen der finanziellen Allianz gar nicht.*«

Natürlich hat man sie ausgelacht! Alle, die davon hörten, mein-ten, dass es unmöglich sei und viel zu viele Probleme überwunden werden müssten. Diejenigen, die dagegen waren, sagten: »*Nein, nein, nein. Das tun wir nicht. Es sind zu viele unterschiedliche Kulturen. Es gibt Kulturen mit starken Währungen, es gibt andere mit schwachen*

Währungen. *Die Hindernisse sind einfach zu groß. Stellt euch vor, ihr würdet von einem Land ins andere reisen, ohne an der Grenze überprüft zu werden! Das wird nicht funktionieren. Für wen haltet ihr euch, dass ihr so etwas vorschlagt?«* Und die Vordenker sagten: *»Wir sind Einiger. Und wir glauben, dass es eine gute Idee ist, denn sie wird uns stark machen und verhindern, dass wir jemals wieder Krieg führen.«* Das war vor zwei Generationen, vor fünfzig Jahren.

Heute gibt es die Europäische Union. Immer mehr Staaten schließen sich ihr an, und inzwischen umfasst sie weit mehr als die ursprüngliche Anzahl von Ländern. Einige »stehen Schlange«, um eingegliedert zu werden! Die Grenzen sind verschwunden, die Grenzübergänge fehlen und der Euro ist die stärkste Währung auf der Erde – sogar stärker als der Dollar, die Währung der USA. Nun lasst mich Euch sagen, wie das geschah. Es geschah durch eine Bewusstseinsveränderung, die schon vor fünfzig Jahren eingesetzt hat.

Sie erlaubte es den Freidenkern, langsam – über zwei Generationen hinweg – Dinge zu vereinen, die nie zuvor vereint gewesen waren. Das Ergebnis? Diese Länder werden einander niemals wieder erobern, weil in jenem Moment die »Geschichte« endete. Sie haben ein neues Paradigma für Europa gegründet, eines, das kein dem Menschen bekanntes historisches Profil aufweist. Die alte Geschichte ist fort, und sie wird nicht mehr zurückkehren.

Die Menschen im alten europäischen Ostblock, in dem es bis heute noch kaum Einheit gibt, werden nach wie vor sagen: *»Die Geschichte wird sich erneut wiederholen. Wir sind Opfer dieses Umstands. Es ist nur eine Frage der Zeit.«* Aber nicht alle von ihnen empfinden das so. Es gibt auch welche, die anfangen, eine spirituelle Einheit in ihren eigenen Kulturen zu spüren, über die sie vorher nicht sprechen durften. Also denken sie frei, außerhalb der Begrenzungen des alten Paradigmas. Das ist etwas Neues.

Andere verkünden von Podien und Kanzeln herab: *»Die Geschichte hat geendet. Es ist das Ende des Leids. Es ist das Ende der Diktaturen. Es ist das Ende derer, die uns auf eine niedrige gesellschaftliche Position* *verbannt haben. Es ist der Anfang der Entdeckung unserer selbst.«* Und obwohl sie es nicht mit genau diesen Worten sagen, *entdecken sie den Schöpfer in sich selbst* – die Einheit Gottes. Es ist also ein vollständiger Kreis zurück zu dem, was der Engel Mohammed gesagt hat, nicht wahr? Einheit war der Schlüssel zum Frieden und ist es noch. Sie ist ein heiliges Prinzip, und daran wird sich niemals etwas ändern.

Wer hätte gedacht, dass das passieren würde? Die Vereinigten Staaten sind, was sie sind, weil die Gründerväter vor zweihundert Jahren sagten: *»Lasst uns ein bisher unbekanntes System in Form einer Gruppe von Länderstaaten ohne physische Grenzen gründen. Es ist ein System der Einheit – die VEREINIGTEN Staaten von Amerika.«* Natürlich gab es so manche Herausforderung, aber die Einiger haben gewonnen. Und aus diesem Grund ist dieses Land, Amerika, was es ist, und es wird wahrgenommen und respektiert für das, was es ist, und das, was es getan hat. So jung es auch ist, repräsentiert es die Neue Energie.

Die *Unabhängigkeitserklärung* wurde gechannelt. Wusstet Ihr das? Diejenigen, die Gott um Hilfe gebeten hatten, channelten kollektiv. Lest sie und spürt das Heilige darin, denn sie vereint anstatt zu trennen.

Südamerika und die Neue Energie

Südamerika fängt an, über dasselbe nachzudenken. Mein Partner war gerade dort, und ich habe es ihm ermöglicht, die Energie der potentiellen Zukunft dieser Region zu sehen.

Ich möchte für Euch ein Bild der Geschichte Südamerikas malen. Es gab eine Zeit, in der jedes einzelne Land seinen Diktator hatte. Vor nicht einmal fünfzehn Jahren gab es dort versagende Ökonomien und wertlose Währungen. Chaos, Kampf und Morde waren an der Tagesordnung. Plündernde Drogenbarone mordeten ganz offen auf den Straßen, die Korruption war überall. Sogar die Politiker schufen Angst, und viele verschwanden über Nacht und wurden niemals wieder gesehen. Heute ist es nicht mehr so. Heute bildet sich eine anhaltende Stabilität heraus, weil ein Land nach dem anderen eine neue, positive, stabile Energie in seiner Kultur etabliert. Aber wie konnte sich das ohne die konzentrierten Bemühungen einer multinationalen Führung oder Anordnung in nur fünfzehn Jahren ändern?

Auf dem gesamten Kontinent gibt es nur noch einen Diktator. Was geschieht? Wenn Ihr das schon für unglaublich haltet: Es steht ein weiterer Spielzug bevor, von dem Ihr bislang nichts gehört habt. Aber sie diskutieren genau jetzt darüber, also lasst mich Euch sagen, was sie denken: *»Was würde geschehen, wenn wir die Grenzen zwischen diesen Ländern auflösen würden?«* Kommt Euch das bekannt vor? Sie sprechen darüber. In Hinterzimmern, wo niemand darüber Bericht erstatten kann, sagen sie: *»Wie wäre es, eines Tages von der Spitze Kolumbiens bis zum südlichsten Teil Chiles nur noch eine einzige Währung zu nutzen?«* Und, meine Lieben, ich bin hier, um Euch zu sagen, dass es funktionieren wird und dass es möglicherweise nicht einmal mehr fünfzig Jahre dauern wird. Bald wird der letzte Diktator fort sein, und die Vereinigung kann beginnen.

Auf diesem Planeten geht eine Veränderung vor sich.

AFRIKA

Lasst mich Euch erzählen, wo dies noch ohne Euer Wissen geschieht – mit der beginnenden Vereinigung der afrikanischen Staaten. Bald wird auch dieser Kontinent haben, was er nie zuvor hatte, und wenn er geheilt ist und es weder Aids noch andere schwere Krankheiten mehr gibt, werden seine Bewohner das haben wollen, was Ihr habt. Sie werden Häuser und Schulen und eine korruptionslose Wirtschaft haben wollen. Sie werden genug von engstirnigen Führern haben, die in dem System, das seit Generationen als »Geschichte Afrikas« bezeichnet wird, ihre Bevölkerung um der Macht willen ermorden. Bald wird das Ende der Geschichte in Afrika kommen, und ein neuer Kontinent wird hervortreten.

Macht Euch bewusst, dass diese neue Stärke vielleicht nicht zuerst in den Gegenden in Erscheinung treten wird, in denen Ihr es erwartet, denn eine neue Führung reift heran. Dort steht so viel Land zur Verfügung, und die Bevölkerung ist so bereit für eine Veränderung, dass Afrika innerhalb von zwei Generationen plus zwanzig Jahren eine der stärksten Ökonomien auf dem Planeten werden wird. Und so wird es kommen wegen einer vereinigenden Idee, die einige wenige entwickelt haben. Dies sind die Potenziale des Planeten, und es ist das Ende der Geschichte, wie Ihr sie kennt.

In schätzungsweise siebzig Jahren wird es einen schwarzen Mann geben, der diesen afrikanischen Kontinent in Wohlstand und Frieden führt. Er wird kein Präsident sein, sondern eher ein Planer und ein revolutionärer Wirtschaftsdenker. Er und eine starke Frau an seiner Seite werden den Prozess auf dem ganzen Kontinent in Gang setzen. Sie werden vereinigen. Das ist das Potenzial, und das ist der Plan. Afrika wird aus der Asche jahrhundertelanger Krankheit und Verzweiflung aufsteigen und eine brauchbare Wirtschaftskraft entwickeln, mit Arbeitern, die gute Produkte herstellen können. Ihr haltet China für wirtschaftlich stark? China muss tun, was es tut, gehemmt durch die Heimlichkeit und die Voreingenommenheit der alten Eigenschaften seiner eigenen Geschichte. So groß, wie es ist, wird es irgendwann mit Afrika im Wettstreit stehen, einem Land der Freidenker und des schnellen Wandels. China wird einen Hauptkonkurrenten haben, einen, in dem es keine kulturellen Barrieren für den Fortschritt des freien menschlichen Geistes gibt.

Es sind die alten Seelen, die die Zukunft des Planeten ändern werden, genauso wie Ihr es heute auf Eure Weise tut. Heute bekämpft Ihr die Dunkelheit des Bewusstseins mit Eurem Licht.

Einer der letzten Religionskämpfe wird sich Euch auferlegen. Deshalb seid Ihr hier: Um durch Eure zutiefst mitfühlenden Gedanken Licht auf den Planeten zu bringen. Das ist die »Arbeit« der »Lichtarbeiter«.

SPIRITUALITÄT IN NORDAMERIKA

An diesem Ort, den Ihr Amerika nennt, gibt es über 350 Arten von Christentum. Es gibt die Geschichte des einen Heilands, aber viele Vorstellungen davon, was er gesagt hat, was er damit meinte und wer er war. Jede einzelne dieser Vorstellungen scheint sich weiter zu verzweigen und eine neue Kirche hervorzubringen. Ein monotheistischer Gott wird in Hunderte von Teilen aufgesplittet.

Mit der Kirchengeschichte sieht es nicht viel besser aus, und Petrus, der »Stein«, würde sich im Grabe umdrehen, wenn er wüsste, was die Geschichte aus seiner Kirche gemacht hat. Es gab eine Zeit, in der Christen Dörfer heimsuchten und niederbrannten und plünderten, weil die Bewohner nicht an den Heiland zu glauben schienen. Das war während der spanischen Inquisition. Sie waren Terroristen! Verschließt davor nicht Eure Ohren, Ihr Lieben, denn obwohl ich Eure Gefühle nicht aufwühlen will, möchte ich Euch sagen: Ehe Ihr irgendeinem spirituellen Glauben den Stempel des Bösen aufdrückt, solltet Ihr einen Blick auf die eigene Geschichte werfen. Die Christen haben es getan, sehr früh schon. Auch die Juden und die frühen Muslime haben es getan. Die radikalen fundamentalistischen Kinder Abrahams bekriegten einander jahrhundertelang. So etwas tun Menschen.

Die Menschheit tut es. Sie teilt. Sie bekriegt sich wegen Gott. Sie steckt sich in Schubladen, obwohl die schöpferische Energie doch unteilbar ist! Ich bin hier, um Euch mitzuteilen, dass dieser geschichtliche Diskurs endet, weil sich der Parameter der menschlichen Natur zu verändern beginnt, und die Kinder wissen es! Sie fangen an, es zu begreifen und damit umzugehen. Ihr seht, auf diesem Planeten geht eine Veränderung vor sich.

DAS INTERNET –
DAS ERSTE WELTWEITE WERKZEUG DER EINHEITSSTIFTUNG

Jetzt gebe ich Euch noch etwas zum Nachdenken: Was glaubt Ihr, worum es beim Internet historisch gesehen geht? Bürger aller Länder auf der Erde können ohne elektronische Begrenzungen miteinander sprechen. Die jungen Menschen aller Nationen können einander sehen, miteinander sprechen und ihrer Meinung Ausdruck verleihen. Wie sehr sich ein Land auch bemüht, das zu unterdrücken, sie tun es trotzdem. Sie bilden ein Bewusstseinsnetzwerk, ein Netzwerk des Einsseins, ein multikulturelles Bewusstsein. Das Internet kam, um zu bleiben. Es ist Teil der Neuen Energie. Die jungen Leute wissen das und weisen den Weg.

Vor über zehn Jahren habe ich Euch eine Prophezeiung gegeben. Ich sagte Euch, dass der Tag kommen würde, an dem jeder mit jedem sprechen und es deshalb keine Verschwörung mehr geben könne. Denn Verschwörung ist auf Trennung und Geheimhaltung angewiesen – sie bedeutet, etwas im Dunkeln zu verbergen, von dem nur wenige wissen. Habt Ihr in letzter Zeit die Nachrichten gesehen? Was geht vor sich? Ist es möglich, dass ein neues Paradigma auftritt, das sich gegen die Geschichte zu richten scheint?

NEW AGE – NEUES ZEITALTER

Und dann ist da die New-Age-Bewegung. Lasst mich Euch von etwas erzählen, das vor zwanzig Jahren geschehen ist. Es handelt sich um eine Situation, durch die ich meinen Partner führen musste: Im Westen der USA gab es Menschen, die Kryon als das *Böse des*

Jahrhunderts abstempelten. Mein Partner wurde von einigen Mitgliedern der New-Age-Bewegung angegriffen, die respektiert und sehr geachtet waren. Es war eine Energie, die ihn aufhalten wollte, ehe er zu viele Bücher schreiben konnte oder mit seiner Botschaft zu den Vereinten Nationen ging. Er channelte im dritten Jahr, und an dem organisierten Versuch, seine Botschaft zu widerlegen, waren viele Menschen beteiligt. Mein Partner fragte mich auf Knien: »*Warum? Warum schreiben diese Leute Bücher über die Liebe und versuchen dann, die Arbeit eines anderen zu ersticken?*« Und ich erwiderte: »*So etwas tun Menschen. Sie erobern und teilen und denken, dass das notwendig ist, damit ihre eigene Arbeit überleben kann.*« Dann sagte ich ihm, dass sie sich nicht für immer so verhalten würden und dass eine Zeit käme, in der solche Taten nicht mehr im Bewusstsein der Menschheit enthalten sind. Deshalb war er hier: Um die Förderung dieser Neuen Energie zu unterstützen.

Wenn ein Araber und ein Jude einander ansehen und die Akasha-Chronik und die eine Familie erkennen können, dann gibt es Hoffnung. Wenn sie sehen können, dass ihre Unterschiedlichkeit nicht länger erfordert, dass sie einander umbringen, dann ist das ein Anfang für die Veränderung der Geschichte. Und das ist es, was jetzt geschieht. Die gesamte Menschheit, ganz gleich, welchem spirituellen Glauben sie angehört, hat sich schuldig gemacht, in die historische Falle der Trennung anstatt der Einheit zu gehen. Jetzt ändert sich das langsam. Eine Veränderung geht vor sich.

MITGEFÜHL UND EINHEIT SIND DIE NEUE ENERGIE

Die Energie der Wendezeit, die Energie von 2012, ist jetzt seit siebzehn Jahren bei Euch und wird es noch neunzehn weitere Jahre lang sein, wie durch den Mayakalender berechnet. Im Zentrum des Vorgangs steht eine Ausrichtung, die sich buchstäblich durch die Mitte des galaktischen Äquators bewegt, und Ihr bewegt Euch in die

Mitte der Ausrichtung. Die Präzession der Tagundnachtgleichen, die Taumelbewegung der Erde, zeigt ihre Wirkung. Aber das ist kein exakter Zeitpunkt an einem bestimmten Datum einer Wintersonnenwende, sondern ein 36 Jahre andauerndes Erfahrungsfenster. Ihr lebt innerhalb dieser Energie und tut es schon seit einigen Jahren, Ihr Menschen des Neuen Zeitalters.

Nicht alle von Euch teilen den Glauben des Mediums, das mich channelt, und das spielt auch keine Rolle. Hier ist also *Euer* Test, *Eure* Tagesaufgabe. Könnt Ihr die Menschen in Eurer Umgebung als Familie betrachten, selbst wenn Ihr nicht mit ihnen einer Meinung seid? Könnt Ihr sie lieben? Auf diese Weise könnt Ihr begreifen, dass Eure Überzeugungen und Differenzen Euch nicht mehr trennen. Verschiedene Menschen können zusammen existieren, genauso wie Länder ohne Grenzen nebeneinander existieren können. Ihre Kulturen sind immer noch einzigartig, und sie haben noch immer ihr eigenes Land. Aber jetzt sind sie in einem größeren Plan vereint, der darin besteht, dass sie sich niemals wieder bekriegen werden. Sie können es nicht. Ihre Existenzen sind zu eng miteinander verknüpft. Die Einheit kann das herbeiführen. Salomon wusste es, und das Geheimnis liegt im Mitgefühl.

Ihr Lieben, zeigt mehr Mitgefühl füreinander. Wenn Ihr dieses Buch zuklappt, Euren Fernseher einschaltet und dort jemanden seht, mit dem Ihr nicht einer Meinung seid, weil er politisch nicht mit Euch auf einer Wellenlänge ist, könnt Ihr ihn dann trotzdem lieben? Könnt Ihr den Schöpfer in ihm trotzdem sehen? Könnt Ihr sehen, dass er Euch vorspielt, wie dieses Land eines Tages aussehen wird? Dass Ihr dann gezwungen sein werdet, mit vereinten Kräften vorzugehen? Könnt Ihr das sehen? Gezwungen, zusammenzuarbeiten. Zum Kompromiss gezwungen. Gezwungen, sich zu einigen, nicht zu trennen. Wenn Ihr diese Prozesse in der Politik beobachten könnt, dann wisst Ihr, dass sie real sind.

Das ist es, was wir Euch sagen wollen. Haltet danach Ausschau. Die alte Energie mag nur langsam verschwinden, aber es wird der

Tag kommen, an dem sie sich aufgelöst hat. Es mag sein, dass es noch eine Generation dauert! Manche von Euch werden nun sagen: »*Aber dann bin ich ja nicht mehr hier.*« Ich sage Euch: »Oh doch, Ihr werdet hier sein!« Ihr werdet das Finale nicht verpassen! Weder die heimische noch irgendeine engelhafte Energie kann es schaffen, Euch zurückzuhalten. Ihr werdet zurückkehren und eine Zeit des Umschwungs vorfinden, die schneller ist als alles, was sich jemals in Eurer spirituellen Geschichte abgespielt hat, denn die alte Geschichte spielt keine Rolle mehr. Nicht einmal die spirituelle Geschichte. Ihr werdet ankommen und schnell wieder fortgehen. Ihr seid stets auf die Erde zurückgekommen, alte Seelen. Deshalb lieben wir Euch ja so sehr.

Lass mich Deine Füße waschen für alles, was Du für den Planeten tust, alte Seele. Ergreife die Gelegenheit, andere zu lieben, sie im Quantenlicht zu sehen, sie als viele, nicht als eines zu sehen. Sieh Dir all die Menschen im Licht ihrer Abstammung vom Planeten an. Sieh sie als ebenso wichtig an wie Dich selbst. Bilde eine Einheit mit ihnen. Sei Dir bewusst, dass auf diesem Planeten eine Veränderung vor sich geht und Du sie repräsentierst.

Wenn ich die Worte »Und so ist es« ausspreche, haltet die Energie fest. Verharrt in diesem Augenblick, bei diesen Worten. Es gibt nur Einheit, nur eine einzige Liebe füreinander, nur Quantendenken über das, was diesem Planeten bevorsteht, wenn Ihr es wünscht, Ihr Lieben.

Empfindet Ihr in Bezug auf die Euch umgebenden Ungereimtheiten nun etwas anders? Ich hoffe, dass Ihr es tut. Denn sie sind lösbar, jede einzelne von ihnen.

Und so ist es.

9

Lehren aus den aktuellen Ereignissen

Während ich das hier schreibe, am 31. Januar 2011, bricht im Nahen Osten und der arabischen Welt das Regime der Unterdrückung zusammen. Dort gibt es viele Länder, in denen junge Erwachsene keinen Wohlstand kennen und auch nicht die Freiheit besitzen, sich selbst auszudrücken, ohne den eigenen Tod oder eine Gefängnisstrafe befürchten zu müssen. Aber das ändert sich gerade. Auch wenn das einzige Werkzeug für den Wandel dort Gewalt zu sein scheint – eine Gewalt, die einem Ort der Wut und Verzweiflung entspringt.

Ich empfinde es als sehr positiv, wie machtlos diese Länder gegen den Versuch ihrer Bevölkerung sind, die Kontrolle über ihr Leben wiederzugewinnen. Bei aller Gewalt sehe ich vor allem die Millionen von Menschen, die es satt haben, nicht über sich selbst bestimmen zu dürfen, die keine Geduld mehr haben. Die Verzweiflung in ihren Herzen hat endlich die Furcht überwunden. Die Diktatoren haben ihre Diktatur auf Furcht begründet, aber auch auf der Selbstzufriedenheit der internationalen Gemeinschaft, die nichts gegen die Regimes einzuwenden hatte, solange sie nur ihren Zweck gegen den Islam erfüllten.

Wie wird es dort aussehen, wenn dieses Buch erschienen ist?

Anders, als Ihr es erwartet; anders, als es die höchstgestellten Regierenden erwarten. Sie erwarten dasselbe wie eh und je, ein altes Energiesystem, das immer schon auf dieselbe Weise funktioniert hat.

Doch diese Zeit ist vorbei. Ihr befindet Euch seit siebzehn Jahren in der Galaktischen Ausrichtung, und das Bewusstsein verändert sich. Der Westen wird A erwarten und B erhalten. Die Konsequenz wird darin bestehen, dass der Westen damit aufhören muss, sich selbst als den *Westen* zu sehen. Er unterteilt alle anderen und erwartet das Schlimmste. Vielleicht ist es an der Zeit, neu zu bewerten, was auf der Erde geschehen könnte, und dann nach einem Weg dafür zu suchen, wie man die Einheitsbildung beschleunigen kann, die langsam nicht mehr als Bedrohung wahrgenommen wird.

Wenn der Westen aber nicht aufhört, alle anderen so zu sehen wie im Augenblick, dann wird er zum »Anderen« werden.

Vor einigen Jahren hast du davon gesprochen, wie wahrscheinlich es doch sei, dass ein Diktator verdrängt werden würde. Nun sind gleich mehrere von ihnen verdrängt worden. Tunesien, Ägypten, Syrien – aber auch viele andere scheinen kurz vor der Schwelle zu stehen ... Hast du das so erwartet, oder hat es sich aus deiner Perspektive beschleunigt?

Alles ist genau dort, wo es den Potenzialen nach sein sollte. Ihr liegt mit dem Fall der Diktatoren genau im Zeitplan. Langsam seht Ihr genau das, wovon ich gesprochen habe. In der alten Energie bedeutete der Sturz eines Diktators einfach, dass ein anderer seinen Platz einnahm. Aber jetzt sind dort Bevölkerungen, die wollen, was andere haben ... die Freiheit, ihre eigenen kulturellen Attribute zu wählen, und den Überfluss, den es vorher nur im Westen gab. Glaubt Ihr unter Berücksichtigung dieses Sachverhalts, dass sie den Diktator durch ein weiteres System der Unterdrückung ersetzen werden? Sie wissen es besser. Das ist einer der Hauptunterschiede zwischen der alten und der neuen Energie.

In Ägypten scheint es anders zu laufen. Wurde die dortige Situation tatsächlich von den Menschen herbeigeführt, oder geht dort hinter den Kulissen mehr vor sich?

Es wird von Menschen ausgelöst, besonders von den jungen, die in Kontakt miteinander stehen. Ich habe Euch von einem neuen System erzählt, das auf die ältere Generation wie das reinste Chaos wirken wird. Ich habe Euch gesagt: »Wenn jeder mit jedem sprechen kann, kann es keine Verschwörung mehr geben.« Auch Verschwörungen üben eine unterdrückende und habgierige Herrschaft aus. Es findet gerade ein Erwachen statt, das Euch in tiefstes Staunen versetzen wird. Denn am Ende werden sich alle darauf konzentrieren, die Dinge zusammenzufügen, nicht auseinanderzureißen.

Beobachtet genau, was in Ägypten vor sich geht. Der Ägypter ist nicht pro Osten oder Westen. Der Ägypter ist pro Ägypter. Er will Wohlstand für sich und seine Kinder. Er will weder die Welt destabilisieren noch Israel erobern. Er wird nicht von Ideologie angetrieben. Er wird von einer Weisheit angetrieben, die ihm sagt, dass ein kultiviertes Land imstande sein sollte, gute Krankenhäuser und Schulen und inneren Frieden zu bieten. Der Ägypter will seine großartige Kultur wieder etablieren – nicht Eure übernehmen. Ägypter wollen Wahlfreiheit und Demokratie, aber auf eine ägyptische Weise, die anders ist als das, was Ihr gewöhnt seid.

Hört auf, alle Zivilisationen in die Schubladen Eurer polarisierten Erwartung zu stecken. Lasst Raum für etwas Besonderes, das Ihr Euch so nicht vorgestellt habt. Stellt Euch die Weisheit im Akasha der Ägypter vor, und dann lächelt.

Glaubt mir, wenn ich sage, dass Persien es ihnen bald gleichtun wird. Das Potenzial ist so hoch, dass der Prozess sogar ins Rollen kommen könnte, noch bevor dieses Buch veröffentlicht wird. Alle Diktatoren, die man herausfordert, werden stürzen ... alle. Sie werden kämpfen und leugnen und in ihrer eigenen Welt leben. Dann werden sie entweder zurücktreten oder zum Abdanken gezwungen werden ... alle.

HAITI

Die arabische Welt scheint zu versuchen, seine Diktatoren loszuwerden, aber Haiti scheint sie wieder willkommen zu heißen, und zwar nicht nur einen, sondern sogar gleich zwei! Mal ehrlich, was in diesem Land vor sich geht ... Verzweiflung, Korruption, die Rückkehr der Diktatur ... Es war schon vor dem Erdbeben schlimm genug, aber jetzt ist es einfach schrecklich. Kann es für ein Land jemals zu spät sein? Was geschieht mit Haiti? Was braucht dieses Land, um wieder auf die Beine zu kommen?

Gesundheit. Es ist genauso wie in einigen Teilen Afrikas. Wenn eine Bevölkerung nicht gesund ist, kann sie weder Gedanken hoher Weisheit noch eine synchronistische Entwicklung an den Tag legen. Vielmehr wird sie weiterhin ein gefundenes Fressen für Kontrolle sein. Wenn sich eine Zivilisation die ganze Zeit über im reinen Überlebensmodus befindet und sich Tag für Tag um die grundlegendsten Güter bemühen muss, werden sich die Dinge niemals ändern. Es wird eine Zeit kommen, in der Krankheiten auf allen Ebenen und zu sehr geringen Kosten geheilt werden können. Beobachtet die Diktatoren, denn sie werden die Heilmittel ablehnen. Sie wissen, dass ihre Macht auf einer chaotischen Zivilisation beruht, die im Schlamm feststeckt.

Die Antwort auf Deine Frage lautet also: Diese Kulturen werden Schwierigkeiten haben, bis sie gesünder sind. Engstirnige, strenge Führer werden dort weiterhin das Sagen haben, aber nicht für immer. Irgendwann werden auch sie stürzen.

JAPAN

Lasst uns einen Moment lang über Japan sprechen. Auf meiner Seite des Schleiers gibt es Tausende von Seelen, und es geht ihnen hervorragend, sogar mehr als hervorragend. Wir haben so oft darüber gesprochen, was beim *Wind der Geburt* geschieht. Ich habe

Euch gesagt, dass sie das Potenzial gesehen haben, noch bevor sie überhaupt zur Welt kamen. Ich habe ihnen in die Augen gesehen. *»Möglicherweise werdet ihr nicht lange bleiben. Ihr wisst das, nicht wahr? Ihr kommt auf diesen Planeten, und vielleicht werdet ihr nicht lange dort sein. Und das Ableben, das ihr und eure Familien durchstehen werdet, wird nicht angenehm sein, wenn es so etwas wie ein ›angenehmes Ableben‹ überhaupt gibt. Warum solltet ihr die Erde also überhaupt betreten?«* Ich werde Euch erzählen, was sie geantwortet haben. Wenn eine Seele *den Geist Gottes in sich trägt,* hat sie ein umfassendes Verständnis dafür, was Frieden und eine Energieverschiebung hervorruft. Wenn man auf der Erde eintrifft, kann man ganz deutlich sehen, wie das hervorgebracht werden kann, was der Planet am meisten braucht. Also sagten sie: *»Wir werden Teil eines der größten Ereignisse des Mitgefühls sein, die die Welt jemals gesehen hat.«* Ein Erdbeben, ein Tsunami. All jene, die an jenem Tag fortgegangen sind, wollten die Erde für immer verändern. Und sie hat sich bereits verändert. Und beim letzten Tsunami war es genauso.

Jeder Einzelne von ihnen bereitet auf meiner Seite des Schleiers seine Rückkehr vor. Viele alte Seelen haben ihren Teil dazu beigetragen, und wenn sie Euch nur für einen kurzen Moment eine Botschaft mitteilen, wenn sie genau jetzt mit Euch reden, wenn sie Eure Sprache sprechen und Euch in die Augen sehen könnten, dann würden sie Euch für das Mitgefühl danken, das Ihr ihnen und denen, die sie zurückgelassen haben, entgegengebracht habt. Und sie würden sagen: *»Seid bei den Familienmitgliedern, die noch am Leben sind. Betretet Tag für Tag ihre Herzen und schenkt ihnen Frieden. Sorgt dafür, dass sie nicht weinen, denn uns geht es gut.«*

DIE WAHRHEIT ÜBER KERNENERGIE

Lasst mich Euch erzählen, was sie noch getan haben. Sie haben Euch gezeigt, was an Kernenergie falsch ist. *»Sicher bis zum Maximum«,* hieß es. *»Unsere Geräte sind stark und können nicht versagen.«*

Aber sie taten es. Sie passen nicht zu Gaia. Es kommt mir so vor, als hätten wir Euch über zwanzig Jahre lang jedes einzelne Mal, wenn wir von Elektrizität sprachen, erklärt, dass Euch regelmäßig Hunderttausende Tonnen von Druck oder Zugenergie zur Verfügung stehen. Sie wird vom Mond angetrieben, und zwar alle Zeit. Sie kann genug Energie für sämtliche Städte auf Eurem Planeten liefern, ganz gleich, wie viel Ihr verbraucht. Sie schädigt in keiner Weise die Umwelt. Nutzt die Kraft der Gezeiten, der Meere, der Wellen auf schlaue Weise. Nutzt sie in größerem Maßstab als bisher, um Eure Städte mit Energie zu versorgen. Die größten Städte auf Eurem Planeten liegen an den Küsten, und genau dort befindet sich auch die Energiequelle. Wasserkraftwerke sind die Antwort. Sie sind nicht gefährlich. Ihr habt sie ignoriert, weil es den Eindruck macht, als wäre die Konstruktion besonders kompliziert, und weil sie sich in einer Umgebung befinden, die schwer kontrollierbar ist. Und doch habt Ihr Euch entschieden, eine der komplexesten und gefährlichsten Dampfmaschinen auf der Erde zu entwickeln – die Kernkraft.

Wir haben auch darauf hingewiesen, dass Ihr einfach nur tief genug graben müsst, dann wird Euch der Planet Wärme geben. Sie befindet sich schon die ganze Zeit direkt unter der Oberfläche, gar nicht weit weg. So hättet Ihr zudem auch eine Gaia-Dampfmaschine. Das ist absolut ungefährlich, und Ihr müsstet nicht sonderlich tief graben. Ihr müsstet einfach nur Flüssigkeit erhitzen, und es gibt einige Flüssigkeiten, die schneller kochen als Wasser.

Also wiederholen wir es immer wieder. Vielleicht wird Euch das zeigen, was falsch an dem war, was Ihr getan habt. Und vielleicht wird das die Einstellung Eurer Wissenschaft dahingehend verändern, dass sie etwas Schönes und Machtvolles für Eure Enkelkinder erschafft. Was glaubt Ihr, warum man Euch den Mond gegeben hat? Jetzt wisst Ihr es.

Das wohlwollende Universum hat Euch einen Astralkörper geschenkt, durch dessen Einfluss sich das Wasser in Euren Ozeanen zurückziehen, ausbreiten und wieder zurückziehen kann, regelmäßiger als alles andere, was Euch bekannt ist. Und doch sitzt Ihr einfach nur da und freut Euch daran, es zu beobachten statt zu benutzen. Es könnte eine enorme, kostenlose Energiequelle für die Ewigkeit sein, eine Energie, die umgewandelt werden kann, sobald Ihr Methoden entwickelt, um sie zu speichern. Es ist an der Zeit.

Versteht Ihr also endlich, womit Ihr es zu tun habt? Ihr habt es mit intelligentem Design, Quantenenergie und einem hohen Bewusstsein zu tun. Ihr habt es mit Veränderungen in der menschlichen Natur zu tun. Ihr habt es mit Ländern zu tun, die Dinge zusammenfügen, anstatt sie zu trennen. Ihr habt es mit Menschen zu tun, die keinen Krieg, sondern Frieden wollen, gute Schulen für ihre Kinder, Sicherheit auf den Straßen und eine Mitsprachemöglichkeit in ihrer Regierung. Wir haben Euch gesagt, dass es so weit kommen würde. Ich möchte, dass mein Partner die Dinge, die ich gesagt habe, eine Weile lang in seinen dreidimensionalen Vorträgen lehrt. Sonst werden viele Menschen es nicht wissen können.

Schenkt denen Energie, die in Schwierigkeiten stecken. Helft ihnen dabei, die Prozesse des Übergangs und der Transformation leichter durchzustehen. Sie sollen an der Veränderung teilhaben, an der Neuen Zeit. So etwas tun alte Seelen. *Verwendet Euren menschlichen Mitgefühlsmotor!* Verändert das alte Paradigma des Kampfes und beschleunigt dafür den Prozess der Veränderung, der sich ohne Konflikte, ohne den Tod vollziehen wird. Seid zur rechten Zeit am rechten Ort und begreift, dass Ihr auf dieser Erde eine Position der Anteilnahme innehabt. Ihr seid alte Seelen, die auf diesem Planeten sind, um Mitgefühl zu schenken, wann immer sie können. Das ist der Kern. Das ist der Treibstoff Gottes, und das wird den Samen des Friedens auf Erde säen. Ihr seid niemals näher am Ziel gewesen.

Und schließlich: Versucht, die Dinge zu ignorieren, die sich möglicherweise zum Negativen verändern. Wir sagten es schon: Manches wird nicht ganz so glatt laufen, wie Ihr erwartet, denn alles braucht seine Zeit, und Fehler werden gemacht, damit Ihr daraus lernen könnt.

DIE REZESSION IN AMERIKA

Die Rezession in Amerika ist das Ergebnis Eurer Entscheidung, das dortige Bankenwesen zu verändern. Die Illuminati haben vielen erzählt, dass es dazu niemals kommen könne. Warum? Weil großes Geld nicht angerührt werden kann. Es ist einfach zu groß, als dass irgendeine Kultur daran etwas ändern könnte, und darauf haben sie gezählt. Nun ja, gerade hat sich das geändert. Versteht Ihr, was Ihr in Amerika bewirkt? Es betrifft den gesamten Planeten. Ihr versucht, der Verwendung, dem Druck, dem Verleih von Geld wieder Integrität zu verleihen. Es geht dabei nicht um eine Partei oder die Meinung einer Regierung. Beide hatten bei der Erzeugung dieser Verschiebung ihre Hand im Spiel. Vielleicht erlangt Ihr dadurch ein neues Verständnis für das, was man Euch über Eure Wirtschaft erzählt hat? Wenn Ihr einen Obstgarten beschneidet, sieht er auch eine Weile lang verwundet und hässlich aus. Dann, mit der Zeit, blüht er zu etwas viel Größerem heran als zuvor.

CHINA

Wisst Ihr noch? Gerade habe ich Euch von den Potenzialen der einzelnen Länder erzählt. »Ah«, sagt Ihr jetzt. »*Aber Kryon, nun gehst du gleich, hast aber das Große ausgelassen. Niemand redet über China.*« In Ordnung. Ich werde noch eine weitere Prophezeiung geben. China ist sehr interessant, nicht wahr? Plötzlich findet sich dieses sehr alte Land in einer ziemlich seltsamen Position wieder. Die Vereinigten Staaten haben Schulden bei den Chinesen! Manche von Euch werden sagen: »*Das ist nicht gut. Das wird nicht funktionieren.*« Also lasst mich Euch erzählen, worum es dabei geht. Die Synchronizität hat eingeschlagen, weil China jetzt begreift, dass es sich enger an die westlichen Werte binden und bei der Erzeugung von Wohlstand helfen muss, wenn es jemals bezahlt werden will. Hier ist die Vorhersage: China wird Nordkorea bald freigeben. Die Allianz wird sich auflösen oder schal werden. In China wird es einen politischen Umsturz geben. Keinen Putsch und keine Revolution. In den inneren Kreisen dessen, was Ihr als »chinesische Politik« bezeichnet, wird es eine Neubewertung der Ziele und der Finanzpolitik geben. Schließlich wird es zu einem Bruch mit Nordkorea kommen, wodurch noch ein weiterer Diktator gestürzt werden und Vereinigung mit dem Süden entstehen kann. Wie gefällt Euch das so weit? Während ich das hier sage, sitzen auf den Stühlen vor mir alte Seelen, die voller Mut auf diese Erde gekommen sind. Es gab eine Zeit, in der Ihr niemals gedacht hättet, dass Ihr es überhaupt bis 2012 schaffen würdet. Aber durch all das, was Ihr auf diesem Planeten erreicht habt, seid Ihr nicht nur immer noch hier, sondern durchschreitet die *Große Veränderung*. Harte Zeiten stehen Euch bevor. Aber all das gehört zum Säen von Friedenssamen. Es ist nicht einfach. Es bewegt sich langsam, langsam, in eine positive Richtung. Eure Enkel werden Euch ansehen, all jene, die noch nicht einmal geboren sind. Im Augenblick befinden sie sich noch auf meiner Seite des Schleiers und beobachten Euch jetzt genau. Sie sagen: »*Weiter so! Denn wenn wir eintreffen, wird die Erde tatsächlich ein friedvoller Ort sein.*«

POLITIK

Die Flitterwochen scheinen vorbei zu sein. Barack Obama ist seit drei Jahren im Amt. Es waren keine leichten drei Jahre, so viel steht fest. Viele Menschen scheinen enttäuscht zu sein von dem, was er erreicht hat. Ich habe sie oft sagen hören, dass er das endlich »in Ordnung bringen« soll, als wäre es einzig an ihm, alles in Ordnung zu bringen.
*   Wie steht es um die amerikanische Politik?*

Die Wahl eines Mannes mit einer Vision reicht genauso wenig aus, um das System zu verändern, wie es ausreicht, ein Teil aus einem alten Motor auszutauschen, um einen neuen Motor zu bauen. Langsam wird sich das Alte zurückziehen, und ein neues Bewusstsein wird sich durchsetzen. Ich sagte es bereits in einem anderen von Martine herausgegebenen Buch, *2012 – Das Bewusstsein der Neuen Zeit**, und auch an einem Novembertag, an dem ich vor einem amerikanischen Publikum saß und diesem Präsidenten in zwei Punkten heiligen Rat zukommen ließ. Natürlich hat der Präsident es niemals mitbekommen, und er wäre auch nicht daran interessiert gewesen. Aber dieser Rat ist auch heute noch akkurat:

1. Gib Acht auf das, was sich hinter deinem Rücken abspielt.
2. Traue deinen Ratgebern nicht.

Erkennt Ihr jetzt die Weisheit, die darin steckt? Der erste Punkt ist offensichtlich, aber den zweiten konnte er einfach unmöglich umsetzen. Das System ist nun mal das System, bis es anfängt, in etwas anderes überzugehen. Also hatte selbst der Mann, der aufrichtig beabsichtigte, alles zu verändern, keine andere Wahl, als seinen Platz unter den anderen einzunehmen, die von dem System beherrscht werden. Er ist richtig für diese Zeit, aber erst müssen ein neues Bewusstsein und eine jüngere Denkart entstehen, damit alles so funktionieren kann, wie es das eines Tages wird. Lasst eine Generation ihren Platz einnehmen, die versteht, wie viel Macht darin liegt, sich nicht durch alte Seilschaften und Schubladendenken einschränken zu lassen. Lasst sie stattdessen mit der Evolution des amerikanischen Systems experimentieren.

Ist die Politik der nächste Schauplatz, auf dem riesige Skandale explodieren werden?

---

* Es erschien 2010 im Amra Verlag und enthält außer Kryon-Durchsagen von Lee Carroll noch solche von Patricia Cori und Pepper Lewis, die den Hohen Rat vom Sirius und Mutter Erde channeln. Besonders empfehlen können wir Ihnen auch die Solo-Bücher *Lösungen für einen kleinen Planeten* und *Evolution der Menschheit* von Pepper, die oft mit Lee auf Reisen ist. – Der Verlag

Skandale explodieren immer in der Politik. Das ist jetzt nicht anders als sonst. Richtet Euer Augenmerk nicht auf die nordamerikanische Politik, um etwas zu verändern, so wie es der Nahe Osten tun wird. Eure Politik ist das Vorbild und hat über einhundert Jahre lang Erfahrungen gesammelt. Durch ihr Alter ist sie stabiler als andere. Eure Bevölkerung ist daran gewöhnt, durch das demokratische System schnell ihre Ziele erreichen zu können. Andere Zivilisationen haben diese Erfahrung nicht und sind somit unbeständiger.

Dennoch wird es da etwas geben – ein Potenzial, das Euch alle dazu bringen wird, innezuhalten und tief Luft zu holen.

Das Jahr 2012 ist das Jahr Gaias, aber es fing schon vorher an. Die Polarkappen werden, wie von uns angekündigt, so weit schmelzen, dass es zu Wetteranomalien kommt, zu Vulkanausbrüchen, Überflutungen und Erdbeben. Damit muss man rechnen, wenn sich das Wassergewicht um den Planeten herum neu verteilt. Die Numerologie wird Euch zu verstehen helfen, wann sich die Vorfälle vermutlich häufen werden. Die Drei und die Fünf spielen hinein (März und Mai). Vergesst nicht: Jede Bewusstseinsverschiebung geht langsam vonstatten. Wir haben Euch erklärt, dass es eine Generation dauern könnte, damit dort Stabilität entsteht, wo bislang keine ist. Doch die Samen werden gepflanzt und setzen sich allmählich fest. Macht Euch keine unnötigen Sorgen, wenn die Dinge nicht voll und ganz glattgehen, denn für jede Zivilisation gibt es immer etwas zu lernen. Manche, die ihr eigenes Schicksal noch nie kontrollieren konnten, könnten einen oder zwei Takte lang aussetzen, bevor sie finden, wonach sie suchen. Aber das ist nur der Anfang eines neuen Paradigmas auf dem Planeten, in dem die Bürger verstehen, dass die Aufrechterhaltung des Hasses Tod und Verlängerung des Leidens bringt. Vereinigung und Einheit hingegen bringen Stabilität, Reife und Frieden. Das ist eine Offenbarung, die sich gerade erst durchzusetzen beginnt.

Sind wir noch die, für die wir uns halten? Ich habe mehr als einen Bericht darüber gehört, dass sich die Sternzeichen, wie wir sie seit dreitausend Jahren kennen, jetzt verändert haben! Zusammengefasst behaupten diese Astronomen, dass die Sternzeichen wegen der Veränderung in der Erdachse und ihrer äquatorialen Ausrichtung zur Sonne um einen ganzen Monat hoch- beziehungsweise zurückgedrängt wurden. Nicht nur das, es gibt auch ein dreizehntes Sternzeichen namens Opiuchus, der »Schlangenträger«, das nun eine größere Rolle spielt. Was ist ein Schlangenträger!?

Ein Steinbock wie ich ... wäre dann ein Schütze – und das gilt für alle, die zwischen dem 17. Dezember und dem 20. Januar geboren sind. Das Zeichen des Skorpions umfasst nur noch eine Spanne von sieben Tagen, vom 23. November bis 29. November, der Schlangenträger wäre für den Zeitraum vom 30. November bis 17. Dezember zuständig, und die Fische dauern dann vom 11. bis 18. April ... wie kann das sein?

Ist das ein Jux, oder ist etwas dran an der Sache?

Ich nenne es das »astrologische Hütchenspiel«. Die älteste Wissenschaft auf diesem Planeten hat sich nicht sonderlich verändert. Die Häuser haben ihre Form ein wenig geändert – insgesamt um drei Grad, wenn man die »Quantenastrologie« zugrunde legt. Die Informationen über das dreizehnte Haus, dem der Schlangenträger zugehört, sind alt, tauchen alle paar Jahre wieder auf und sorgen dann jedes Mal für mächtig viel Wirbel.

Es ist ein Jux. Sie verändern die astrologische Wissenschaft nicht – weniger, als wenn man mit dem Mond statt mit der Sonne arbeitet. Nach der vedischen Astrologie würde das Ganze völlig anders aussehen als nach der Sonnenzeichen-Astrologie. Aber man erhält fast identische Ergebnisse, nur dass der Fokus anders liegt. Die Energien sind dieselben.

Also ignoriert die Schlangenträger-Information. Sie ist schon öfter aufgetaucht und wieder verschwunden. Nutzt Euren gesunden Menschenverstand. Eine Veränderung dieser Größenordnung würde eine totale Neuausrichtung erfordern.

10

Das Jahr vor
der Zeitenwende

Ich würde Euch jetzt gern einen Überblick über die numerologischen Aspekte des Jahres 2011 verschaffen, weil es eine Art Trittbrettfunktion für die Zeitenwende hatte. Ihr habt Euch daran praktisch in die Neue Zeit geschwungen. Beachtet dabei bitte, dass Zahlen einzeln für sich, aber auch als Gruppe betrachtet werden können. In der Numerologie müsst Ihr auf beides achten. Ihr solltet nicht ignorieren, wie sie angeordnet sind. Lasst uns also die 2011 zunächst einzeln und dann als Zahlengruppe untersuchen.

EINZELN: Untersuchen wir gemeinsam die Zahl Zwei, denn sie bedeutet *Dualität*. Dualität ist die Beschreibung des menschlichen Rätsels, der Energie zwischen dem menschlichen Selbst und dem heiligen Selbst, mit dem Ihr tagtäglich zu tun habt, der aufkommenden Verschiebung des Planeten und dem, was die dreidimensionale Welt im Vergleich zur multidimensionalen darstellt. Das ist die Dualität, die durch die Zahl *Zwei* repräsentiert wird. Vergesst nicht, dass wir die Einsen zunächst nicht trennen, denn sie sind wie Zwillinge und repräsentieren die erste Meisterzahl, die Elf. Elf bedeutet *Erleuchtung*. Viele von Euch sehen die Zahlenkombination 11:11 auch häufig auf der Uhr. Das trägt Bedeutung in sich, denn es steht für Erleuchtung-Erleuchtung – zwei Meisterzahlen, die nebeneinanderstehen, getrennt nur durch den Doppelpunkt der Uhr. Es bedeutet, dass Spirit Euch zuzwinkert. Damit will er sagen: »*Du wirst von ganzen Herzen geliebt.*« Und dann zwinkert Spirit Euch noch einmal zu, um zu sagen: »*Wir sind bei dir. Wir halten deine Hand. Nur weiter so.*«

ZUSAMMEN, ABER NICHT ADDIERT: Die Zwei und die Elf gemeinsam repräsentieren die Erleuchtung der Dualität. War es nicht ein interessantes Jahr, dieses 2011? Die eigentliche numerologische Bedeutung von 2011 lautete: *Die Erleuchtung der Dualität.* Das ist eine Botschaft an Euch, die sagen sollte: »*Eure Schiffsreise führt fort ins Licht.*« Das durch das Rätsel der Dualität Repräsentierte schlug eine positive Richtung ein. Die enthaltene Information darüber, was in diesem Jahr potenziell geschehen würde, lautete: »*Euch stehen weitere Zeiten des Kampfes und der Herausforderungen bevor, die schließlich in einem positiven Ergebnis resultieren werden.*« Wenn das nicht gestimmt hat.

Warum sollte die Veränderung so schwierig sein, wenn sich die Dinge doch hin zur Erleuchtung entwickeln? Die Antwort liegt darin, dass die menschliche Natur dem Neuen Widerstand leistet. Sie leistet selbst Verbesserungen gegenüber Widerstand! Die Menschheit neigt dazu, bei der Energie verharren zu wollen, in der sie sich gerade befindet und immer schon befunden hat, ganz gleich, wie düster oder alt sie auch sein mag.

DIE SUMME DES JAHRES: Die Zwei und die Eins und die Eins ergeben zusammen vier, und die Vier ist die Zahl Gaias. Unter anderem war es ein *Gaia-Jahr.* Alles drehte sich um die Erde und die Erdveränderung, die Bewegung der Erde und natürlich das Wetter.

Wir werden jetzt erneut und bündiger als jemals zuvor die Veränderungen begutachten, von denen wir seit 1989 sprechen. Das Potenzial, dass die derzeitige Veränderung enorme Wetteranomalien auslösen könnte, war immer schon vorhanden. Und obwohl es seltsam wirkt, ist es das eigentlich nicht. Es handelt sich vielmehr um einen wiederkehrenden Zyklus. Wirklich anomal ist die Tatsache, dass Ihr diesen Zyklus früher eingeleitet habt, als man erwartet hat. Dafür gibt es einen Grund. Die Euch bevorstehende

Veränderung ist eine Veränderung des menschlichen Bewusstseins. Sie koordiniert sich mit der Galaktischen Ausrichtung, der Taumelbewegung der Erde, und bringt Eure Sonne auf eine Linie mit dem Zentrum der Galaxie. Das repräsentiert die tiefgreifende Prophezeiung der alten Völker. Etwas geschieht mit der Evolution des menschlichen Bewusstseins. Wenn Ihr diesem Umstand ein Attribut zuschreiben müsstet, dann wäre es die Schwingungsbeschleunigung. Eure DNS schwingt jetzt schneller.

Lasst mich Euch eine Frage stellen, Lichtarbeiter: Spürt Ihr nicht, dass die Zeit schneller verrinnt? Beständige Zeit ist ein Paradigma, mit dem Ihr groß geworden seid, und die Veränderung, die Ihr nun spürt, macht Euch nervös, nicht wahr? Manchmal wacht Ihr morgens um drei Uhr auf, weil Eure Zellen fragen: »Was ist plötzlich anders?« Wenn Ihr das nächste Mal aufwacht und die Zellen Euch fragen, was nicht in Ordnung ist, möchte ich, dass Ihr mit ihnen sprecht, als Chef Eurer eigenen DNS. Erinnert sie an die Zeit, auf die Ihr hingearbeitet habt, denn sie ist gekommen. Die *Große Veränderung* ist da.

Indes wirkt sie auf die meisten von Euch einfach nur wie schlechtes Wetter. Was habe ich Euch vor 23 Jahren erklärt? Bei meinen Beschreibungen ging es ums Wasser. Ich habe beschrieben, dass einige potenzialreiche Orte auf der Erde, an denen Ihr stets Euer Korn angebaut habt, ausdörren würden. Ich erzählte Euch, dass andere Orte auf dem Planeten, auf denen es niemals Wasser gab, plötzlich Wasser im Überfluss haben würden – vielleicht sogar zu viel davon! Was wollten wir damit sagen? Es geht ums Wasser.

Jetzt haben wir durch einen Rückblick das aufgefrischt, wovon wir schon einmal erzählt hatten. Ihr befindet Euch in der Mitte eines Zyklus, der dem Planeten Kühlung verschaffen wird. Es ist kein Hitzezyklus, sondern eher ein Kühlungszyklus. Aber es fängt immer mit einem kurzen Hitzezyklus an. Das kam auch früher bereits vor. Es wird wieder vorkommen. Es ist ein langer Zyklus – eine Generation plus fünf Jahre. Solange wird er andauern. Er beginnt mit dem Schmelzen der Eiskappen, etwas Größeres, als Ihr oder Eure Vorfahren jemals gesehen habt. Es ist ein Zyklus, dessen Wiederholung Tausende von Jahren dauert, der bislang aber noch in keinem Buch der Menschen dokumentiert wurde. Allerdings wurde er eindeutig im Kerneis und in den Baumringen aufgezeichnet.

Tausende von Jahren ist er alt, und er verläuft zyklisch. Es geht wieder ums Wasser, wie jedes Mal. Der Zyklus beginnt damit, dass die Eiskappen bis zu einem gewissen Grad schmelzen, was den Planeten in jeglicher Hinsicht tiefgreifend beeinflusst. So etwas kann nicht geschehen, ohne dass sich das Leben und Gaia verändern. Ihr habt so etwas bereits geschehen sehen. Was passiert, wenn man das zum Schmelzen bringt, was die Pole schwer macht – das Eis? Es verwandelt sich in kaltes Wasser, das dem sehr feinen und begrenzten Temperaturgleichgewicht der Meere auf diesem Planeten hinzugefügt wird.

Was geschieht dann? Es kommt zu einer Umverteilung des Wassergewichts auf der dünnen Erdkruste: Aus dem Eis an den Polen wird neues Meerwasser. Die Ergebnisse sind Erdbeben und Vulkanausbrüche, und die habt Ihr ebenfalls schon beobachten können, nicht wahr? Es gab Erdbeben an Orten, an denen es keine hätte geben sollen. Vulkane erwachen auf bislang ungekannte Weise zum Leben. Diese Ereignisse häufen sich. Stellt Euch darauf ein.

Wenn ein Mensch neben einem Vulkan lebt, von dem man weiß, dass er bald ausbrechen wird, ist es dann zu viel verlangt, dass dieser Mensch besser wegziehen sollte? Dennoch werden manche sagen: »*Er ist mein Leben lang nicht ausgebrochen, auch nicht, als meine Eltern und Großeltern lebten; deshalb wird es nicht geschehen.*« Ihr könntet eine Überraschung erleben, denn alles verändert sich. Das ist es, was mit Gaia geschieht.

Jetzt sagen wir es erneut. Dies hier ist keine Bestrafung der Menschheit. Die Dinge, die heute auf dem Planeten geschehen, sind nicht Gaias letzte Maßnahme, um die menschliche Zivilisation auszulöschen. Ich betone das, weil im Augenblick genau diese Botschaft auf den Lippen derjenigen liegt, die Euch erschrecken und Euch Angst einjagen wollen. Doch das ist nicht, was geschieht. Was auf diesem Planeten vor sich geht, ist eine Veränderung, die einen Planeten hervorbringen wird, der lange Zeit überdauern wird und Euch das gibt, was Ihr braucht – mehr Nahrung in den Meeren, als es jemals zuvor gegeben hat!

Das Zweite, was durch die schmelzenden Eiskappen entsteht, hängt mit der Ökologie zusammen. Ich werde Euch gleich eine Vorhersage machen, die Euch überraschen dürfte. Denn es gibt ein dreidimensionales menschliches Paradigma, dem zufolge alles, was »benutzt« wird, danach verschwindet. Aber so funktioniert die Natur nicht, und unsere Vorhersage richtet sich gegen alles, was man Euch erzählt hat.

Ich möchte, dass Ihr die Fische analysiert, die in letzter Zeit angespült wurden. Lasst die Wissenschaft auch das enthüllen. Ich möchte, dass Ihr die Fische analysiert. Sie haben etwas gemeinsam. Es sind alles Jungfische. Warum ist das so? Was wisst Ihr über den Wasserzyklus? Was wisst Ihr über kaltes Wasser und den Lebenszyklus bestimmter Fische und ihre Fortpflanzungsgewohnheiten? Ich will Euch sagen, dass sich die Temperatur der Wasserschichten verändert und dass dieser Vorgang den Lebenszyklus in Ozeanen und Seen verändern wird. Jungfische sind sehr kälteanfällig und sterben schnell. Das gilt besonders für die Art, die tot angespült wurde. Die Kälte tötete diese Fische zu Zehntausenden. Es ist der Wasserzyklus. Wird es so weitergehen? Für eine Weile, bis sie sich akklimatisiert haben, bis sie sich an die Kälte angepasst haben – und das werden sie. Die Natur kann das.

Die Parabel vom Regenbogenzimmer

Ich möchte Euch eine Parabel erzählen, eine Metapher für das Leben, und sie geht so: Es gibt ein Zimmer, das wir das *Regen-*

bogenzimmer nennen wollen. In diesem Zimmer zeigen sich alle Farben des Regenbogens in linearer Form, immer nur eine auf einmal, und sie wechseln alle paar tausend Jahre. Das muss so sein, damit der Raum existieren kann, und deshalb wird er das Regenbogenzimmer genannt. Für Tausende von Jahren ist es gelb, dann wird es blau und dann rot, dann lila und grün, und so durchläuft das Zimmer nach und nach alle Farben des Regenbogens. Die Farben kommen dem Spektrum nach an die Reihe, immer nur eine auf einmal.

Nun möchte ich Euch die Kreaturen vorstellen, die in diesem Zimmer leben – sie sind schlau, intelligent und heilig und wurden alle zu einer Zeit geboren, in der das Zimmer rot war. Auch ihre Eltern und sogar ihre Großeltern wurden während des roten Zyklus geboren. Tatsächlich war der Raum, solange ihre historischen Aufzeichnungen zurückreichen, immer rot. Es ist das Einzige, was sie kennen. Deshalb könnte man sagen, dass sie ein *rotes Bewusstsein* haben und Rot erwarten. Wo auch immer sie hingehen, arbeiten sie mit der Farbe Rot. Es sind rote Leute.

Mit der Zeit fängt das Regenbogenzimmer an, das zu tun, was es immer schon getan hat: Es schreitet langsam zur nächsten Farbe voran, zu Lila. Das Zimmer fängt an, lila zu werden. Was geschieht nun mit denjenigen, die nur die Farbe Rot kennen? Zunächst haben sie Angst. Die roten Leute sagen: *»Hier geschieht etwas Seltsames und Ungewöhnliches, was es noch nie zuvor gab! Es ist dunkel und irgendwie unheimlich. Wir müssen das getan haben. Wir müssen dafür verantwortlich sein. Es gibt keine andere Erklärung! Deshalb müssen wir einen Weg finden, die Lilafärbung aufzuhalten. Dieser Raum hier sollte rot sein. Lila ist schlecht.«*

Aber selbst unter dem roten Volk gibt es einige, die sagen: *»Wir heißen die Farbe Lila willkommen. Wir wissen zwar nicht, warum sie hier ist, aber wir empfinden sie als angemessen. Obwohl wir immer schon rot waren und das Lila nicht verstehen, haben wir keine Angst davor. Alte esoterische Prophezeiungen haben uns gesagt, dass eines Tages eine Veränderung mit dem Rot vor sich gehen würde. Gott segne die Farbe*

Lila.« Und das ist die Energie, in der Ihr Euch gerade befindet, meine Lieben, denn das, was auf diesem Planeten für Tausende von Jahren normal war, steht kurz vor der Veränderung. Wenn es so weit ist, werden größere Anomalien als vom Himmel fallende Vögel, an den Küsten angespülte Fische oder schmelzende Eiskappen auftreten. Ich werde Euch sagen, worauf Ihr achten solltet.

DIE VORHERSAGE – DIE ERNEUERUNG DES LEBENSZYKLUS

Wenn sich die Temperaturschichten der Ozeane auf der Erde verändern, verändert sich auch vieles andere, weil der Lebenszyklus der Nahrung in den Ozeanen von den kleinsten Lebewesen abhängt. Das Plankton auf dem Planeten überlebt in gewissen Temperaturen, die sich nun ändern. Verwerft, was Ihr darüber zu wissen glaubt, wie es funktionieren sollte, und stellt Euch stattdessen eine »Erneuerung« vor, ein »Wie alles begann«. Das wird Euch dabei helfen zu verstehen, was gerade geschieht. Der Zyklus ist dazu gedacht, den Ozean wieder mit Leben anzufüllen, und zwar nicht nur dadurch, dass schon vorhandene Arten erhalten werden.

Lasst uns einen Augenblick lang einfach über den Ozean sprechen. Wir werden nicht dazu kommen, über das, was in der Luft geschieht, und das, was den Säugetieren widerfahren könnte, zu sprechen. Lasst uns einfach über den Ozean sprechen. Habt Ihr vom Lachs gehört? Wovor hat Eure Wissenschaft Euch gewarnt? Davor, dass Ihr zu stark abfischt! Das Meer stirbt. Die Korallen sterben. Die Riffe verschwinden. Dort gibt es nicht mehr dieselbe Nahrungskette wie früher. Ihr habt alles zu stark abgefischt. Es wurden Fischereinormen erstellt, um diese Phänomene in den Griff zu bekommen. Ach, all diese kleinen Leute im roten Zimmer – sie wissen nichts vom Lila. Die roten Leute kennen nur das rote Paradigma.

Habt Ihr in letzter Zeit vom Lachs gehört? Es gibt zu viel davon! An genau den Orten, an denen die Normen gelten, damit nicht zu viel abgefischt wird, springen die Lachse in die Boote! Gegen alle Wahrscheinlichkeiten und Berechnungen von Umweltaktivisten oder Biologen hinweg überfluten sie in Alaska die Ozeane – es sind viel zu viele Fische!

Was sagt Euch das? Ist es möglich, dass Gaia sich um sich selbst kümmert? Ja, genau das sagt es Euch! Vielleicht wird diese Ausrichtung dafür sorgen, dass die Menschheit Nahrung hat. Habt Ihr daran schon einmal gedacht? Was, wenn Gaia mit Euch verbündet ist? Was, wenn die Bewusstseinssteigerung, die Eure DNS-Schwingung erhöht hat, Gaia darauf aufmerksam gemacht hat, dass der Wetterzyklus geändert werden muss und es an der Zeit ist, die Menschheit zu ernähren? Beobachtet Ihr die Bereiche im Ozean, wo sich die Ölkatastrophe ereignet hat? Sie erholen sich auf vollkommen unerwartete Weise. Was geschieht?

Durch die Temperaturveränderung des Ozeans wird der Lebenskreislauf selbst verändert, und damit verändert sich langsam vieles von dem, was Ihr für das Lebensparadigma der Meere gehalten habt. Ein neues Lebenssystem taucht auf, so wie es schon zuvor geschehen ist. Es steht Euch noch während Eurer aktuellen Lebenszeit bevor. Es wird Euer Wissen ergänzen und Euch ein neues Konzept offenbaren: Gaia erneuert regelmäßig den Lebenszyklus auf der Erde.

Innerhalb dieses Prozesses wird es zur Ausrottung bestimmter Pflanzen und Tiere, Vögel und Fische kommen. Mein Rat an Euch, besonders an die Umweltaktivisten, lautet, dass Ihr den Lebenskreislauf verstehen solltet, damit Ihr das, was die Natur schon immer getan hat, ganz entspannt miterleben könnt. Die Natur bringt Leben auf den Planeten, das dem Planeten eine Zeit lang dient. Wenn bestimmte Lebensformen dem Planeten nicht mehr so dienen wie gehabt, nimmt sie sie wieder fort. Die Ausrottung von Leben, besonders durch Wetterveränderungen, ist für Gaia etwas ganz Normales. Es ist ein geehrtes, angemes-

senes und normales Prinzip, auch wenn Ihr das nicht so seht.
Versucht nicht, all die verschwindenden Tiere, Fische und Vögel
zu retten! Einige von ihnen sollen verschwinden. Und, meine
Lieben, führt diese Aktivitäten nicht auf etwas zurück, das Ihr
verursacht habt!

Die roten Leute sind gestresst. Das Lila taucht auf, und sie versuchen herauszufinden, was sie falsch gemacht haben. Sie wissen
nicht, dass sie sich im Regenbogenzimmer befinden. Sie denken,
dass sie im *roten Zimmer* sind. Genau so funktioniert das Regenbogenzimmer: Es ändert seine Farbe. Während der Raum also das
tut, was er immer schon getan hat, haben die roten Leute Angst
und versuchen herauszufinden, was sie falsch gemacht haben
könnten, dass das Lila in Erscheinung getreten ist.

Das Regenbogenzimmer ist wunderschön. Die Farbe Lila ist bedeutsam. Der Übergang von Rot zu Lila hat in dieser Parabel eine
metaphysische Bedeutung, aber ich lasse Euch selbst herausfinden,
worin sie besteht. Für diejenigen unter Euch, die sich für Farben
interessieren: Es gibt einen Grund dafür, dass ich ausgerechnet
diese beiden ausgewählt habe. Die Erde wird heiliger, als sie es
jemals zuvor war. Gaia ist in diesem Prozess Eure Verbündete. Sie
kooperiert auf bisher undenkbare Arten, die Biologen schlichtweg
ausgeschlossen hätten. Glaubt Ihr, dass Ihr sie umbringt? Vielmehr
bringt sie ein verändertes ökologisches System auf die Welt.

DAS MENSCHLICHE BEWUSSTSEIN

Lasst mich Euch vom menschlichen Bewusstsein und von dem,
was gerade geschieht, erzählen. Im ersten Kapitel des Buchs
findet Ihr eine gechannelte Botschaft mit dem Titel »Das Ende
der Geschichte«. Dabei handelt es sich um eine Metapher, die
für das Ende dessen steht, wie die Dinge einmal gewesen sind.
Nun kommt es zu einer Wiedergeburt dessen, wie die Dinge
sein *können*. Was verändert sich also? Es ist die menschliche

Natur. Was, das er bisher noch nie getan hat, wird ein Mensch wohl intuitiv tun?

Die Geschichte erzählt Euch, dass die Menschen trennen. Habt Ihr Euch jemals Europa angesehen und Euch gefragt, wie so viele Länder auf so engem Raum so eng verbündet sein und trotzdem unterschiedliche Sprachen und Kulturen aufweisen können? Lasst mich erklären, wie es dazu gekommen ist. Man nennt es die menschliche Natur. Wenn eine Gruppe von Menschen eine andere Gruppe von Menschen nicht mag, grenzen sie sich voneinander ab und entwickeln über Jahrhunderte hinweg eigene Sprachen und vereinen sich niemals mit den anderen. Sie führen sogar Krieg gegen sie. Sie erobern sie. Darüber haben wir vorher schon gesprochen. Sie zerren die Dinge auseinander. Sie fügen nicht viel zusammen.

Selbst das, was der Menschheit am heiligsten war, wurde spirituell getrennt und organisiert. Ihr habt Gott in Schubladen gesteckt, und wenn ein Mensch eine neue Überzeugung hatte, habt Ihr eine neue Schublade erschaffen. Ihr habt Euch selbst von Gott getrennt. Sehr bald hattet Ihr Hunderte von Schubladen, die die Glaubensinhalte und Lehren eines Schöpfers repräsentierten. Dabei habt Ihr mit dem Finger auf andere Schubladen gezeigt und sie zum »Bösen« erklärt. Dann habt Ihr sogar angefangen, sie zu erobern. Das ist es, was die Menschen im *roten Zimmer* seit Ewigkeiten getan haben. Aber ich sage Euch, dass sich das ändert.

Ich habe Euch zuvor einige Informationen gegeben, und ich würde es gern noch einmal erwähnen. Das Letzte, womit Ihr jemals gerechnet habt, war die Veränderung des Großen Geldes auf dem Planeten, und trotzdem ist es genau dazu gerade gekommen. Ihr habt Eure eigene Rezession erschaffen, indem Ihr eine neue Art des Bankwesens gefordert habt. Ihr seid noch nicht fertig mit dem Thema Banken und Versicherungen, aber Ihr fangt an, ein integres System zu erschaffen, in dem die Welt in finanzieller Hinsicht kooperieren kann.

Wir haben Euch erzählt, dass auf dem Planeten eine Zeit kommen würde, in der es nur noch fünf Währungen gibt, weil die Kontinente beschließen, die Länder zusammenzufügen, anstatt sie zu trennen. Ihr wisst, wer das Vorbild war? Es sind die Vereinigten Staaten. Was für ein Experiment habt Ihr da nur gemacht! Stellt Euch das einmal vor: Kann man vielen verschiedenen Staaten, die getrennte Regierungen, aber keine sichtbaren Grenzen hatten, eine gemeinsame Währung geben? Es hat funktioniert. Es hat über hundert Jahre hinweg sehr gut funktioniert. Gegen alle Wahrscheinlichkeiten hat es geklappt.

Vor fünfzig Jahren, mit dem Ende des letzten Weltkriegs, sahen die Europäer, was die USA getan hatten, und ahmten es nach. Daraus wurde die Europäische Union. Nach dem Krieg forderten sie: »*Was, wenn wir viele europäische Länder nähmen, jene, die sich seit Anbeginn der dokumentierten Zivilisation bekriegt haben, und sie vereinen? Wir werden die Grenzen auflösen und ihnen eine gemeinsame Währung geben.*« Man hat sie ausgelacht! Aber heute existiert genau das, was sie gefordert haben.

Heute ist ihr Währungssystem wertvoller als der US-Dollar! Worauf will ich damit hinaus? Hört zu – hier ist ein Attribut, ein Postulat, ein Axiom dieser neuen Erdenergie: *Separatismus bringt den Tod. Einheit ist das Überleben der Menschheit.* Ihr werdet anfangen, die Dinge zusammenzufügen, anstatt sie zu zerbrechen. Und je mehr Ihr sie zusammenfügt, desto mehr werdet Ihr zu einer Einheit werden. Dann werdet Ihr langsam begreifen, dass das Ziel darin besteht, die Dinge zusammenzufügen, nicht auseinanderzureißen. Was hat die Europäische Union bewirkt? Ich werde es Euch verraten. Es ist nicht der Euro. Sie hat bewirkt, dass sich eine Gruppe von Ländern niemals wieder bekriegen wird! Das können sie gar nicht. Sie treiben gemeinsam Handel. Denkt darüber nach. Das ist es, wovon wir sprechen.

Seid nicht überrascht, wenn die vielen Schubladen organisierter Spiritualität anfangen, sich zusammenzuschließen, denn durch diesen Prozess entsteht mehr Stärke. Sie werden mehr Menschen

erreichen, wenn sie sich zusammenschließen. Ihr werdet irgendwann anfangen, das zu erkennen, oder die einzelnen Schubladen
werden einfach verblassen.

DIE NEUE POLITIK

Lasst mich Euch nun etwas für die ferne Zukunft mitteilen, etwas,
das Ihr nicht glauben oder verstehen werdet. Es wird das Ende
des aktuellen politischen Systems sein. Wenn Ihr beginnt, die
neuen Energieattribute auf dem Planeten zu verstehen, werdet
Ihr keine Oppositionsparteien mehr haben wollen. Stattdessen
werdet Ihr einzelne Menschen haben wollen, die sich für das
Amt bewerben und alle Ihre eigene Botschaft haben, unabhängig
von einer Partei. Und wenn Ihr wählen geht, werdet Ihr für ihre
Botschaft stimmen, nicht für ihre Zugehörigkeit.

Anstatt sich durch ihre Parteizugehörigkeit zu trennen, werden sie durch ihre Ziele geeint sein. Sie werden einzigartige und
wunderschöne Ideen haben, nicht solche, die entweder der einen
oder der anderen Schublade angehören. Eines Tages wird das
Zwei-Parteien-System auf Euch so veraltet wirken wie die protzi-
gen Diktatoren von heute. Sie werden verschwinden, das wisst
Ihr doch, oder?

Manche werde jetzt sagen: »*Ja, aber offensichtlich weißt du nicht,
wie die Erdenpolitik funktioniert, Kryon. Die Finanzierung muss durch
Parteizugehörigkeit erreicht werden.*« Wirklich? Was, wenn Millionen von Menschen auf einmal informiert werden könnten und
jeweils nur einen Dollar gäben? Ist dafür eine Partei notwendig?
Ihr werdet ja sehen.

Lasst mich Euch von einem unerhörten Konzept erzählen, für
das in genau diesem Augenblick in Brasilien die Grundsteine
gelegt werden. In diesem Augenblick sagt dort ein Komitee:
»*Was, wenn wir alle Länder Südamerikas vereinen, die Grenzen auflösen und auf lange Sicht eine einzige gemeinsame Währung planen?*«

Klingt das vertraut? Eines Tages wird das eine der fünf Welt-
währungen sein.

Einheitsstiftung wird Stärke und Frieden auf diesem Planeten
schaffen, und dabei wird der Elefant im Porzellanladen, den Ihr
Terrorismus nennt und für das große Problem im Nahen und
Mittleren Osten haltet und der diesen Prozess im Augenblick
noch aufhält, eine Kehrtwendung einlegen, mit der niemand,
niemand gerechnet hat. Ich habe davon schon gesprochen. Wart
Ihr schockiert, als die Sowjetunion gestürzt wurde? War das nicht
die Crux, wegen der gigantische Rüstungsberge zusammengetragen
wurden? Ist das nicht der Grund, aus dem das Pentagon so groß
ist? All das wurde fast über Nacht gestürzt. Hat das irgendjemand
erwartet? Es wird ganz genauso schockierend sein. Ein Problem,
vor dem Ihr heute steht und für das Ihr keine Lösung kennt, wird
Geschichte werden, und die Einheit kann beginnen.

DIE POTENZIALE BESTEHEN FORT

Dies sind die Potenziale für die Zukunft Eures Planeten, die ich
vor mir sehe und die nach wie vor Bestand haben. Lemurer und
Sumerer lesen dieses Buch. Es trägt eine schamanische Energie.
Ihr habt sie erwartet, meine Lieben, und Ihr habt gewusst, dass
sie kommen würden. Jetzt ist es an Euch, die Veränderungen
mitzutragen.

II

Die Neue Zeit

Hier sind wir nun und sprechen endlich über das große Potenzial, das dieses besondere Wendejahr in den Herzen vieler Lichtarbeiter hat. Obwohl 2012 schon vor geraumer Zeit begann, ist es noch immer aufregend und spannend, vor der Tür zu Veränderungen und neuen Möglichkeiten zu stehen. Wir haben schon so lange davon geträumt.

Könntest du uns mehr erzählen über diese besondere astrologische Ausrichtung, die 2012 stattfindet, vor langer Zeit begonnen hat und ihren Höhepunkt im Dezember des Jahres erreichen wird? In welcher Position befinden wir uns momentan, und gibt es einen Planeten, der 2012 einen besonders großen Einfluss hat?

Lasst uns über 2012 diskutieren und dabei auch diese Frage beantworten. Zunächst solltet Ihr Euch einmal die Frage selbst ansehen, denn sie enthält ein Missverständnis über das Wesen der Ausrichtung, dem Ihr alle unterliegt. Ihr könnt in diesem Zusammenhang nicht die Wissenschaft von der Energie trennen, genauso wenig wie ein Meisterastrologe ignorieren kann, wie sich die Planeten bewegen.

Also lasst uns anfangen: Die Ausrichtung im Jahr 2012 hat überhaupt nichts mit irgendwelchen anderen Planeten zu tun. Es ist eine Beobachtung, die wir lediglich von der Erde aus machen. Daher gibt es auch keine wirkliche »Ausrichtung« mit irgendeinem anderen Astralkörper. Vielmehr geht es um eine Beobachtung des Himmels, beruhend auf einem sehr langsamen Taumeln der Erde, das in Eurer astronomischen Sprache als *Präzession* bezeichnet wird. Bei diesem 26.000 Jahre währenden Erdtaumeln handelt es sich um eine extrem langsame Bewegung der Erde nach oben und nach unten. Dieser Prozess verändert ganz allmählich das, was Ihr am Himmel sehen könnt.

Stellt Euch eine Statue vor, die niemals umgestellt wurde und deren Arm auf einen bestimmten Ort am Firmament zeigt. Würde zu jeder Wintersonnenwende ein Foto von der Stelle, auf die der Arm weist, gemacht, könntet Ihr beobachten, dass sich das Motiv von Jahr zu Jahr ganz leicht ändert. Der Arm würde nur alle 26.000 Jahre auf genau dieselbe Stelle weisen. Das liegt an dieser langsamen Taumelbewegung des Planeten. So einfach ist das.

Ich erzähle gleich mehr darüber, worauf der Arm deutet.

Lasst uns zunächst innehalten und dieses Phänomen mit einer anderen visuellen Ausrichtung vergleichen, die Ihr alle sehr gut kennt. Wenn Ihr sagt: »Merkur ist gerade rückläufig«, was meint Ihr dann genau? Richtet Merkur sich auf eine bestimmte Weise mit einem anderen Planeten aus? Nein. Es ist eine erdgebundene Beobachtung des Planeten Merkur, der anzuhalten und sich rückwärtszubewegen scheint! Für alle, die es noch nicht wussten: Er bewegt sich *nicht* rückwärts! Es handelt sich vielmehr um eine Illusion, die auf zwei um dieselbe Sonne kreisende Körper zurückzuführen ist. Es ist das Verhältnis zwischen diesen Kreisbahnen, das die Illusion hervorruft. Doch für die Erde ist die Rückläufigkeit des Merkurs ein sehr wichtiges energetisches Attribut. Was ich zu zeigen versuche: Es handelt sich um ein Phänomen, das vollständig auf einer irdischen Beobachtung beruht und Euch doch maßgeblich beeinflusst. Wenn Ihr auf dem Mars leben würdet, gäbe es gar keine Rückläufigkeit des Merkurs – jedenfalls nicht dieselbe wie auf der Erde.

Also gibt es im Sonnensystem keine Galaktische Ausrichtung. Sie existiert nur auf der Erde, und zwar aufgrund der Taumelbewegung des Planeten und Eurer Sicht auf den Himmel. Um es noch einmal zu sagen: Wenn Ihr auf einem anderen Planeten in Eurem eigenen Sonnensystem leben würdet, gäbe es keine Galaktische Ausrichtung.

Was bedeutet dann der Begriff »Ausrichtung«? Kehren wir zur Statue zurück. Stellen wir uns vor, dass der Arm der Statue zu einer bestimmten Uhrzeit an einem bestimmten Tag im Jahr direkt auf die Sonne zeigt. Sagen wir, das tritt zur Dezember-Sonnenwende ein. Jedes Jahr verändert sich das, was an diesem Datum hinter der Sonne erscheint, ein ganz kleines bisschen, da Ihr taumelt und die Sonne nur einen halben Grad breit ist – es ist eine sehr langsame Veränderung. Wenn die Statue an diesem Tag auf die Sonne weist, vollständig auf das Zentrum der Galaxie ausgerichtet ist und genau durch den Rand der Spiralen zeigt, welche die Mitte des galaktischen Äquators repräsentieren (eine Linie am Firmament, die die Milchstraße repräsentiert), dann seid Ihr mit einem Ereignis konfrontiert, das nur alle 26.000 Jahre eintritt und als Galaktische Ausrichtung bezeichnet wird. So viel Aufregung um eine einfache Taumelbewegung. [Kryon Lächeln]

Hier eine Zusammenfassung für Astronomen und Astrologen: Es ist eine 26.000 Jahre dauernde, langsame Kreiselbewegung, die zur Dezember-Sonnenwende die scheinbare Position der Sonne rückwärts durch den Tierkreis verschiebt. Alle 26.000 Jahre weist sie durch den Rand des galaktischen Äquators direkt auf die Mitte der Galaxie.

Also warum all die Aufregung? Wenn Ihr wollt, könnt Ihr es als fraktalen Zeitzyklus bezeichnen, denn das ist es, woran die Maya gearbeitet haben. Ihre Vettern, die Azteken und die Tolteken, nutzten denselben Kalender, aber die Maya waren geschickter im Publizieren, weshalb Ihr Euch heute auf ihren Kalender bezieht. Ihr solltet auch wissen, dass dieser 26.000 Jahre während Zyklus den meisten alten Völkern auf dem Planeten bekannt war, auch jenen, die in großer Entfernung zu Südamerika heimisch waren.

Die gesamte Vorstellung, dass zur Sonnenwende 2012 »etwas geschehen« wird, war der Menschheit also intuitiv bewusst.

Aber was haben die Maya wirklich darüber gesagt? Ihr Kalender hatte ein Maßsystem, an das Voraussagen über die Potenziale des menschlichen Bewusstseins gekoppelt waren. Das ist kein großer Unterschied zu Eurer heutigen Astrologie, denn auch dabei geht es um die vorhin bereits besprochenen Ausrichtungen, die Ihr von der Erde aus beobachtet. Steckt eine Wissenschaft dahinter? Die Antwort lautet Ja. Bei dieser Galaktischen Ausrichtung handelt es sich um ein Zeit-Fraktal, ein System, das dafür entwickelt wurde, Daten und Erdpositionen und die multidimensionellen Attribute der Schwingungsmuster, denen die Sonne unterliegt, beobachten zu können. Also gibt es hier in energetischer und esoterischer Hinsicht etwas zu untersuchen.

Die Maya haben aufgezeichnet, dass die Wintersonnenwende 2012 am 21. Dezember des Jahres die größte Potenzialveränderung in der Menschheit – im menschlichen Bewusstsein – bewirken wird, welche die Erde jemals erlebt hat. Das ist ihre Prophezeiung, und sie ist in Stein gehauen und kein Geheimnis. Verwechselt diese Prophezeiung nicht mit den sogenannten Prophezeiungen von Chilam Balam oder den sogenannten Prophezeiungen der Jaguarpriester. Denn diese Prophezeiungen entwickelten sich nicht nur aus den Kalender-Attributen, sondern auch aus der Mythologie der Maya und den Spielen, die sie spielten. Die Maya haben ihre Kalenderprophezeiungen oft mit Mythologie vermischt. Es ist wichtig, sich nur an den Kalender zu halten.

Und zum Schluss: Euch sollte der Zeitablauf dieses Prozesses bekannt sein. Die Galaktische Ausrichtung dauert 36 Jahre. Sie beginnt, wenn die Statue auf den Rand vom Anfang der Milchstraße – des galaktischen Äquators – weist. Wenn sie sich durch den Streifen am Himmel, den Ihr als Milchstraße bezeichnet, bewegt hat, sind 36 Jahre vergangen. Die Galaktische Ausrichtung begann folglich bereits vor siebzehn Jahren, denn wir schreiben dieses Buch im Jahr 2011. Die wahre 2012-Energie setzte 1994 ein. Der *Mittelpunkt* wird die Dezember-Sonnenwende 2012 sein, und die Ausrichtung wird weiter andauern bis zur Dezember-Sonnenwende im Jahr 2030. Alle Numerologen, die diesen Text lesen, sollten bemerken, dass das Anfangsjahr, das Mitteljahr und das Schlussjahr alle die Zahl Fünf ergeben. Was für ein Zufall! [Kryon Lächeln]

Kryon, was ist deiner Meinung nach die größte Angst, die das gesamte Phänomen nach wie vor in den Menschen auslöst?

Von den Angstverbreitern, die aus der Ignoranz der Bevölkerung gegenüber der eigentlichen Botschaft der Maya und übrigen alten Völker große Vorteile ziehen, werden schreckliche Dramen inszeniert. Dabei geht es in Wahrheit um sehr positive Entwicklungen. Aber natürlich besteht die Tendenz, so etwas auszunutzen. Habt Ihr das nicht bei der Jahrtausendwende beobachten können? Genauso ist es jetzt auch wieder.

Was wird uns am meisten überraschen?

Dass Ihr am 22. Dezember 2012 noch immer hier seid. [Kryon Lächeln]

Was müssen wir über diese Ausrichtung wissen, um ihre Energie vollständig nutzen zu können?

Das ist die beste Frage! Bereitet Euch auf einen Paradigmenwechsel vor, der dem augenblicklichen stark ähnelt.
    Und jetzt zu *meinen* Fragen ...

1. Ich habe vorhin schon über Europa gesprochen, aber ist Euch aufgefallen, dass die Länder dort keinen Krieg mehr gegeneinander führen? Das hätte laut Geschichte überhaupt nicht passieren dürfen. Aber Europa hat sich

zusammengeschlossen und sogar eine stärkere Währung als die USA. Der Dollar ist jetzt Zweiter nach dem Euro. Das ist ein wichtiger Paradigmenwechsel. Recherchiert, wie lange es her ist, dass der Vorschlag gemacht wurde, Europa zu einen, und wie lange es gedauert hat, bis er umgesetzt war. Ihr werdet feststellen, dass es zwei ganze Generationen dauerte.

2. Könnt Ihr im Nahen Osten etwas Ungewöhnliches beobachten, das nicht auf der »Möglichkeitenliste« der Leute stand, die es hätten wissen sollen?

3. Erkennt Ihr langsam das neue Organisationsparadigma? Seht ganz genau hin, denn Ihr steht am Scheitelpunkt einer absolut verrückten Prämisse – keine zentrale Kontrolle wichtiger Ereignisse. Mit anderen Worten: kein Anführer mehr! Kann es sein, dass Ihr gerade Zeuge seid, wie das kollektive menschliche Bewusstsein alles gemeinsam beschließt? Diktatoren werden bald Dinosaurier aus der Vergangenheit sein. Wartet auf die Zeit, in der es sie einfach nicht mehr gibt! Macht Euch darauf gefasst, dass es in eineinhalb Generationen so weit ist.

Erwartet daher das Unerwartete und fürchtet Euch nicht vor unerwarteten Ereignissen! Als die Sowjetunion ganz von selbst zusammenbrach, wodurch der Kalte Krieg endete – etwas, das keine Regierung hatte bewirken können –, habt Ihr da gefeiert oder Angst gehabt? Viele sagten damals: »*Wie schrecklich ist das doch. Wir haben es nicht erwartet, deshalb steht uns ein Desaster bevor.*« Begreift Ihr, wie die Menschen mit Veränderungen umgehen?

Eure Körper werden dadurch beeinflusst, dass durch eine Steigerung auf den menschlichen Bewusstseinsebenen eine höhere Schwingungsrate auf Gaia erzeugt wird. Ihr könnt es spüren, nicht wahr? Wacht Ihr nachts auf und fragt Euch, was los ist? Habt Ihr das Gefühl, dass die Zeit schneller verstreicht? Die Antworten auf diese Fragen lauten für viele Lichtarbeiter Ja.

Also akzeptiert die Veränderung. Fürchtet Euch nicht vor Dingen, nur weil Ihr sie nicht erwartet habt, und sorgt Euch nicht, weil Ihr Euch anders fühlt. Denn all dies sind Attribute einer sich verändernden Menschheit.

DER NÄCHSTE VENUSTRANSIT IM JUNI 2012

In dem DNS-Buch hast du auch davon erzählt, dass es im Juni 2012 einen weiteren Venustransit geben wird. Das ist ein sehr außergewöhnliches Ereignis, weil der letzte erst 2004 stattfand, sie also nur acht Jahre auseinanderliegen.

Meines Wissens nach hat jede Katastrophe, die sich seitdem abspielte, das Ausmaß an Mitgefühl auf der Erde erhöht: der Tsunami 2004, Katrina und das Erdbeben in Pakistan 2005, gefolgt von einigen Großbränden, Überflutungen vielerorts und andere große Ereignisse wie das Erdbeben 2010 auf Haiti. 2011 war der Winter in den Vereinigten Staaten wieder sehr heftig, es gab einen Schneesturm nach dem nächsten. Im Januar stand Australien unter Wasser, im Februar bebte Neuseeland, im März gab es den folgenreichen Tsunami in Japan. Aus meiner Sicht haben alle diese Ereignisse damit zu tun, das notwendige Ausmaß an Mitgefühl zu erreichen, um das Bewusstsein des Planeten zu steigern – diese Katastrophen beschleunigen den Prozess. Es ist wie eine Welle der Liebe, die der Menschheit Einigkeit stiftet. Wenn wir darauf warten müssten, dass die Menschheit von selbst ihr Mitgefühl ausdrückt ... nun ja, ich glaube, dass wir dann noch weitere hundert Jahre gebraucht hätten.

Ist der Venustransit eine beschleunigte Bewegung, um bis Dezember 2012 – wenn wir die neue Welt betreten und die alte hinter uns lassen –, das nötige Mitgefühl zu erzeugen?

So ist es. Alles, das auf dem Planeten Mitgefühl erzeugt, hilft ihm in dieser kritischen Zeit. Aber erwartet für das kommende Transitdatum trotzdem nichts Ungewöhnliches. Ich sage es noch einmal: Die Energie von 2012 ist ein 36 Jahre währendes Fenster, und Ihr befindet Euch bereits mittendrin. Die Erdveränderungen könnten also auch jederzeit vor dem Transit beginnen, um Mitgefühl auf dem Planeten auszulösen.

Ist Mitgefühl die kosmische Dimension der Liebe und die Tür, die wir durchschreiten müssen, um voranzugehen und Teil einer weiterentwickelten Gesellschaft zu werden?

Es ist die Energie der mitfühlenden Mutter. Die weise, göttliche, weibliche Energie. Der Venustransit ist Teil des wachsenden Mitgefühls, das dem Planeten bevorsteht und das weiterbestehen wird, da bis zu einem gewissen Grad alle daran beteiligt sind, Mitgefühl füreinander zu haben. Große Ereignisse werden während des 36-jährigen Fensters der Galaktischen Ausrichtung 2012 weiterhin auftreten – aber nicht notwendigerweise im Juni.

Verbirgt sich hinter Ereignissen wie dem Venustransit der Zweck, den elften Strang der Weisheit und des göttlichen Weiblichen zu aktivieren?

Genau darum geht es.

DIE BESEITIGUNG EINES GERÜCHTS ...
EIN FÜR ALLEMAL

Heute wurde ich wieder einmal von jemandem angerufen, der wissen wollte, was ich von dem angeblichen »Polsprung« weiß. Laut meinem Anrufer, der über ein berühmtes Medium davon gehört hatte, werden sich die Pole umkehren, und die Erde wird zwölf Minuten lang aufhören, sich zu drehen. Ich habe schon von zwölf, von drei, dann wieder von zehn Minuten gehört. Schließlich hieß es, alles würde schwarz, und wir würden von Raumschiffen evakuiert werden ... nun ja, nicht alle, versteht sich. Die bösen Menschen werden zurückgelassen. Über die Jahre hinweg haben viele Medien davon gesprochen – und tun es noch!

Wie sieht die Situation in Bezug auf den Polsprung im Augenblick wirklich aus?

Wäre das nicht eine wundervolle Energie, wenn Ihr die Angst langfristig loslassen könntet? Aber sie besteht weiter, da es dem vorgeprägten menschlichen Denken entspricht, schreckliche Dinge zu erwarten, dann ein mythologisches Konstrukt darum zu errichten und sich schließlich zu sorgen. So haben die Menschen schon immer funktioniert, auch wenn es überhaupt keinen Sinn ergab. Selbst nach diesem Buch und dieser Erklärung wird es Gruppen geben, die weiter die unlogischsten Dinge erwarten, die man sich nur vorstellen kann ... einfach, weil ein Mensch sie gechannelt hat.

Physikalische Logik: Jeder Mensch, der auch nur ein bisschen etwas darüber weiß, auf welche Weise und wie schnell die Erde sich dreht und wie viel Materie daran beteiligt ist, wird in Anbetracht dieses Mythos die Augen verdrehen. Wenn die Erde aufhören würde zu rotieren, würde die Erdkruste ins Weltall davonfliegen. Alles auf der Erde würde zerstört werden. Die Ozeane würden auf einen Schlag zerstört werden. Es würde überhaupt keine Rolle spielen, wie viele »Minuten« die Rotation aussetzen würde, weil alles dahin wäre. Am Äquator rotiert die Erde mit einer Geschwindigkeit von über 1.670 km/h. Tragt einen großen Topf mit Wasser von einem Ort zum anderen. Fangt an, schnell zu rennen, und haltet dann ganz plötzlich an. Schwappt alles über?

Wenn sich die Erde überschlägt, würde dasselbe geschehen. Alles stirbt, alle Bäume, Pflanzen, Tiere, jegliches Leben. Auch die Erdatmosphäre würde zerstört werden, und das Wasser der Meere würde ins All geschleudert werden. Die Vorstellung, dass die Erde aufhören könnte, sich zu drehen, und dann wieder damit anfängt, ist noch so eine Sache, die auf völliger Ignoranz und Torheit beruht.

Die Vorstellung, dass Raumschiffe kommen, um Euch zu retten, ist eine modernisierte Version der Entrückungsmythologie, in der Gott in letzter Sekunde kommt und dafür sorgt, dass alles wieder gut wird. In den meisten Teilen der Erde hat es diesen Mythos im Laufe der Zeit in der einen oder anderen Version gegeben, lange bevor er auf Entrückung oder Raumschiffe bezogen wurde. Die Macht der Mythen ist gewaltig, aber der eigentliche Kern dieser Vorstellung besteht darin, dass die Menschen verdammt sind und sich nicht selbst retten können. Es gibt immer etwas außerhalb von Euch, das Euch rettet. Ist Euch das schon einmal aufgefallen? Es ist das genaue Gegenteil von dem, was auf der Erde geschieht. Eigentlich fangt Ihr nämlich langsam an, Euch selbst zu retten, und das menschliche Bewusstsein schreitet fort! Darum geht es in diesem Buch. Doch diejenigen, die keine Verantwortung für diese Veränderung übernehmen wollen, werden weiter den Himmel nach Raumschiffen absuchen und darauf warten, dass sich die Erde selbst zerstört.

Der wahre Kern: Der Erdmagnetismus hat sich in der Vergangenheit schon oft umgekehrt, und vielleicht wird er es wieder tun. Das verursacht keine Massenzerstörung und war immer wieder Teil von Gaias Geschichte. Polaritätsverschiebungen sind einfach ein Bestandteil des magnetischen Systems auf dem Planeten. Der Erdmagnetismus kehrt sich um, und auf dem Kompass wird Norden zu Süden. Auf der Erdoberfläche ändert sich nichts physisch Greifbares. Doch es verändert den Lebenszyklus, und wenn es jetzt geschehen würde, könnte es Probleme mit Euren technischen Geräten geben. Es käme auch zu Schwierigkeiten für Euch und die Tiere auf diesem Planeten, weil Ihr alle auf das Gitternetz reagiert. Obwohl es sich um ein mögliches Szenario handelt, ist es nicht wahrscheinlich, dass es sich während Eurer Lebenszeit oder der Eurer Kinder ereignen wird.

Spirituelle Logik: Nach allem, was wir Euch in den letzten 22 Jahren über die großen Potenziale der Erde, über die Veränderung des menschlichen Bewusstseins, über die Möglichkeit, die Saat des Friedens auf der Erde zu säen, und über persönliche Heilung erzählt haben ... Warum sollte irgendein Mensch in Anbetracht dieser Dinge davon ausgehen, dass Gott plötzlich alles Leben auf der Erde zerstören will? Wie passt das in den Großen Plan? Die Antwort lautet: Überhaupt nicht, und dadurch wirken all diese Vermutungen wie eine einzige Ablenkung vom wahren Plan, um den es hier eigentlich geht. Das sollte Euch zeigen, dass die alte Energie noch immer am Werk ist und versucht, die Menschen dazu zu bringen, die Schönheit der wahrhaftigen Möglichkeit einer neuen Erde zu ignorieren und stattdessen in Angst, Drama und Verdammnis zu schwelgen.

Vergesst nicht, dass Euch die alte Energie immer sagen wird, dass Ihr unwürdig seid, in irgendeiner Form beschmutzt geboren wurdet und keine Chance habt. Deshalb seid Ihr immer ein Opfer des Lebens, der Erde, der Umstände und anderer, die Euch kontrollieren wollen. Ihr Menschen, habt Ihr das noch immer nicht satt?

Die Große Frage: Glaubt Ihr nicht, dass es langsam an der Zeit ist, diejenigen, die Euch diese Verdammungsprophezeiungen erzählen, die niemals eintreten, zur Verantwortung zu ziehen? Wenn nichts von diesen Dingen eintrifft, was werdet Ihr dann tun? Werdet Ihr Euch eine neue Verdammungsprophezeiung suchen, an der Ihr Euch festklammert könnt? Werdet Ihr Euch an dieselben Channeller wenden, die Euch unlogische Informationen gegeben haben, die sich nicht bewahrheitet haben ... um mehr davon zu hören?

Über das Channeln: Wir möchten Euch einmal etwas über das Channeling sagen. Jeder kann ein Medium sein. Manchen fällt es leichter als anderen, »die Brücke zu überqueren«, aber jeder Mensch kann es so weit üben, dass er die multidimensionale Barriere durchbrechen und in den Raum der Nicht-Linearität eintreten kann.

Stellt Euch einen Moment lang vor, dass Ihr diese Brücke überquert habt. Da steht Ihr nun, vor dieser nicht-linearen Welt. Nichts hat einen Wiedererkennungswert, vor Euch befindet sich nur willkürliches Chaos. Trotzdem sollt Ihr etwas »sehen«, mit Euch zurücknehmen und darüber berichten. Eure Arbeit besteht also darin, all das auf dreidimensionale Weise zu interpretieren. Was tut Ihr?

Das Channelmedium sieht das Multidimensionale als riesige Suppe vor sich. Es sieht einen zeitlosen Quantenzustand mit allen Möglichkeiten – Vergangenes, Gegenwärtiges und Zukünftiges, das sich jemals hätte ereignen können oder noch ereignen könnte. Nichts gibt es in der Realität, mit der Ihr aufgewachsen seid. Nichts ergibt einen Sinn. Es ist wie ein sehr verwirrender Traum. Trotzdem werdet Ihr versuchen, die »Energien mit der höchsten Wahrscheinlichkeit«, die die Menschheit zusammen mit Gaia erschaffen könnte, herauszufiltern. Wie stellt man das an? Die Antwort fasst zusammen, worum es dabei geht: *»Channeln erfordert, dass ein Mensch mit der Quantenseele Gottes verwoben ist. Der Mensch muss seine lineare Realität ablegen. Ein präzises spirituelles Channelmedium hebt sein Höheres Selbst in die Leere der Quantensuppe, um die präzisesten Dinge zu sehen. Eingestimmt durch die Liebe Gottes und den Ritt auf einer Welle schöpferischer Energie wird der Mensch Teil des Kerns ewiger Wahrheit und damit auch Teil dessen, was dort ist. Seine Intuition ist der König, und er bewältigt das, was zunächst ein einziges Chaos zu sein scheint. Nun zeigt sich ihm ganz deutlich die Energie des tatsächlich Geschehenen. Er empfängt für eine Nanosekunde die Seele Gottes und kommt anders zurück, als er eingetreten ist. Doch selbst so kann die Menschheit einen Augenblick später alles verändern.«*

Regel I: Auch das schlechteste Channeln ist immer noch Channeln. Es ist einfach nur nicht präzise. Niemand behauptet, dass die Informationen, die ein Mensch zurückbringt, der channeln kann, zwingend gut sind. *»Was?«*, werden die Menschen sagen. *»Ich dachte, dass Channeln eine Botschaft Gottes ist!«* Wirklich? Spricht gerade Gott zu Euch, oder schreibt ein Mensch das hier auf? Was ich sagen will: In diesem Augenblick arbeite ich durch einen Menschen. Das kann ich nur, wenn er wenigstens teilweise die Quantenebene erreicht hat und sich selbst nicht im Weg steht. Dann ist die Information rein. Wenn er schlecht darin ist, wird die Information durch seine eigene Perspektive verzerrt.

Regel II: All die Schriften auf der Erde wurden von Menschen verfasst. Das »Wort Gottes« ist also eigentlich das Wort von Menschen, die eine Verbindung mit der anderen Seite des Schleiers aufgebaut haben, so dass sie das Chaos als klare Potenziale »sehen« können und dabei teilweise die Quantenebene erreicht haben. Deshalb wirken die Schriften heilig. Die Menschen, die sie geschrieben haben, waren oft auf höchster Ebene verbunden, und das könnt Ihr spüren.

Regel III: Manche Menschen haben die Gabe, den Schleier zu durchschreiten, aber absolut keine Ahnung, wie sie die Quanteninformationen auseinanderklauben sollen. Sie »sehen« also ein Potenzial, das »raucht«. Genauso wie ein Mensch, der einen Verkehrsunfall oder ein Feuer in weiter Ferne sieht, stellen sie sofort einen Zusammenhang mit dramatischen Ereignissen her, und dann »sehen und berichten« sie diese Ereignisse. Es waren keine spirituelle Intuition, keine Verbindung des Höheren Selbst, kein Verantwortungsbewusstsein vorhanden. Sie haben einfach von den dramatischsten Potenzialen, die sie gesehen haben, berichtet – Potenziale, die niemals eintreten werden, die durcheinander und unlogisch und mit ihrer eigenen Mythologie aufgeladen sind und die auf Angst beruhen. Aber sie wurden »gechannelt«.

Ich sage es noch einmal, meine Lieben: *Vielleicht ist es an der Zeit, sich von jenen zu distanzieren, für die nicht gebürgt werden kann und deren Channelbotschaften immer auf Angst beruhen und niemals eintreten. Warum solltet Ihr mit so jemandem weiterhin arbeiten? Es ist an der Zeit, sie für das, was sie tun, zur Verantwortung zu ziehen, denn sie halten Euch von Eurem spirituellen Wachstum, einem langen Leben und persönlicher Heilung ab.*

»HAIR«

»Hair« war eines der größten Musicals aller Zeiten und ist es noch immer. Einer der tollsten Songs aus diesem Musical heißt »Aquarius« – »Wassermann«. Anfang der Siebzigerjahre war er ein Riesenhit. Heute erkenne ich, wie visionär dieser Song war. Er wurde 1969 von Galt MacDermot

komponiert, und der Text stammt von James Rado und Gerome Ragni. Ich habe mir zu diesem Lied damals die Seele aus dem Leib getanzt, aber nicht wirklich auf die Worte geachtet. Ich wusste nur, dass es mir ein unglaublich tolles Gefühl schenkte. Aber heute fallen mir die Worte wieder ein, und ich erinnere mich an den Text: »Wenn der Mond im siebten Haus und der Jupiter in einer Linie mit dem Mars steht, dann wird der Friede alle Planeten führen. Und die Liebe wird die Sterne lenken. Dann bricht das Zeitalter des Wassermanns an, des Wassermanns, des Wassermanns ... Harmonie und Verständnis, Mitgefühl und Vertrauen im Überfluss. Keine Falschheiten oder Spötteleien mehr ... Goldenes Leben, Träume von Visionen ... mystische kristalle Enthüllungen. Und die wahre Befreiung des Geistes. Wassermann, Wassermann ... Lass die Sonne herein.«*

Wie visionär diese Worte waren. War das alles Teil des Plans der Sechziger-Generation, die Transformation einzuleiten?

Es gab viele, die an dieser neuen Zukunft gearbeitet haben. Wir haben es oft gesagt: Diese Prozesse vollziehen sich sehr langsam, und über Kulturen, die sich zu verändern beginnen, schwappen Energiewellen hinweg. Vergesst nicht, wie viel Zeit diese Prozesse in Anspruch nehmen! Selbst die Ausrichtung von 2012 umfasst 36 Jahre. So vieles fängt an zu geschehen, ehe der Samen tatsächlich gesät ist. Die Felder werden mit der Akasha-Intuition derjenigen gedüngt, die vor dem Ereignis auf die Erde kommen. So funktionieren Quantenereignisse: Menschen kommen mit einer Intuition dafür auf den Planeten, was geschehen könnte, und helfen denen, die ihnen folgen.

---

* Die Original-Lyrics dieses Evergreens lauten: »When the moon is in the seventh house and Jupiter aligns with Mars, then peace will guide all planets. And love will steer the stars. This is the dawning of the Age of Aquarius, Aquarius, Aquarius ... Harmony and understanding, sympathy and trust abounding. No more falsehoods or derisions ... Golden living, dreams of visions ... Mystic crystal revelations. And the minds true liberation. Aquarius, Aquarius ... Let the sunshine in.« – *Der Verlag*

Kryon, ich weiß schon seit einer ganzen Weile, dass wir in eine »Neue Zeit« eintreten und dass es um »Die Große Versammlung« geht, einen Vorgang, den ich mangels besserer Worte eine Zusammenballung von Bewusstsein nenne. Mit dieser Buchreihe, zu der du beigetragen hast, wollte ich den Menschen ein Gefühl der Einheit schenken. Ich hatte gehofft, dass meine Leser diese Bücher als Versammlungsort betrachten würden – einen besonderen Ort, an dem wir von der alten Welt zur neuen übergehen können. Ein Ort, an dem die Familie zusammenkommen kann, ganz gleich, wo sich ihre Mitglieder gerade aufhalten.

Wahrhaftig, meine Liebe, die gemeinsam geschaffenen Bücher sind ziemlich visionär. Du wusstest von Anfang an, worum es bei dieser Reihe geht.

Ihr alle, die Ihr das hier lest, lasst mich jedem Einzelnen von Euch sagen, dass »Neue Zeit« das lemurische Zeitalter atmet – es ist der *Anfang* des lemurischen Zeitalters. Vielleicht werdet Ihr nur hier davon lesen und dieser Aussage niemals wieder begegnen. Aber das spielt keine Rolle. Namen und Etiketten sind unwichtig. »Neue Zeit« repräsentiert die Versammlung uralter Weisheit. Es ist die Weisheit der Menschheit, die Diktatoren auslöschen, die Umwelt reinigen und länger leben und schließlich ein besseres Gleichgewicht zwischen Männern und Frauen herstellen wird, das göttlich ist und angefüllt mit Respekt und Ausgewogenheit. Die Menschen werden sich auf Gaia einstimmen, Energie aus den Meeren und der Wärme des Planeten gewinnen und Jahrtausende des Kriegs beenden.

Die »Zusammenballung von Bewusstsein« ist eine Versammlung – eine Große Versammlung uralten Wissens. Die Lemurer, die sich über all diese Jahre hinweg in die *Zeitkapsel des Quantendaseins* begeben haben, werden nun langsam hervorkommen. Ihr werdet nichts sehen, aber Ihr werdet es spüren. Sie werden ein »Erinnern« in den alten Seelen hervorrufen und ihnen die Weisheit der Alten einflößen, die besagte:

»Gesegnet und geheiligt ist die Menschheit. Denn sie wurde als Ebenbild Gottes, des Schöpfers, erschaffen. Die Menschheit ist das Antlitz Gottes,

und dieses Antlitz wird zum ersten Mal, seit Lemurien auf Erden existierte, wieder lächeln. Gesegnet seien die Samen der Schöpfung, denn jene, die von den Sternen stammen und deren Namen nicht ausgesprochen werden können, werden eines Tages wiederkehren und sagen: ›Gut gemacht.‹ Dann, und erst dann, wird die Menschheit selbst zu den Sternen reisen und ihre eigenen Samen für zukünftige Welten pflanzen können.«

Sorgt Euch nicht, falls Ihr diese Botschaft nicht versteht. Sie wird Euch an dieser Stelle nur mitgeteilt, damit Ihr darüber nachdenken und sie eingehend betrachten könnt. Es ist eine Botschaft der Hoffnung.

Vergesst nicht, Ihr Lieben: Die Dinge vollziehen sich langsam. Betrachtet einen größeren Zeitabschnitt, wenn Ihr entscheiden wollt, was eingetreten ist und was nicht. Seid Teil dieser Neuen Zeit, indem Ihr Euer Licht dort hochhaltet, wo Ihr seid. Wünscht Euch nicht, etwas oder jemand anderes zu sein. Ihr seid ein vollkommener Bestandteil dieses Erwachens. Woher ich das weiß? Weil Dein Blick auf dieser Seite ruht, alte Seele.

Ich kenne Dich.

In Liebe,
Kryon

ZWEI

METATRON

Metatron spricht

Seid gegrüßt, liebe Leser! Wir heißen jeden von euch, der unsere Worte liest, willkommen. Wir sind bei euch, bei jedem Einzelnen, der die Botschaften aufnimmt, die in diesem wunderbaren Buch enthalten sind.

Ihr Lieben, wir aus dem Reich der Engel sind hier, um euch zu unterstützen und euch Einsichten zu gewähren, die euch als Führung dienen sollen. Aber es ist an euch, die Herausforderungen eures Aufenthalts in der Polarität und Dualität zu meistern. Sie sind ein Lernprozess, und es obliegt jedem von euch selbst, seine Probleme zu erkennen und zu lösen – ganz gleich, ob sie individueller oder globaler Natur sind. Wir stehen euch zur Seite, indem wir euch mit eurer eigenen Macht in Berührung bringen. Wir haben nicht die Absicht, eure Probleme für euch zu lösen oder uns zwischen euch und eure Wahlfreiheit oder eure Fähigkeit, selbst zu urteilen, zu stellen, indem wir euch »Antworten« liefern. Auch nicht für die kompliziertesten Herausforderungen.

Unsere Absicht besteht darin, eure eigene Stärke zu unterstützen. Die überwältigende Göttlichkeit eures Seins bietet euch nicht nur das denkbar beste Rüstwerk, eure Erfüllung zu finden, sie hegt auch den tiefen Wunsch, euch dabei zu helfen. Und in diesem Prozess wirst du, lieber Mensch, deine höhere Natur der Weisheit, Einsicht und Ausgelassenheit sowie des Friedens finden.

Niemand, nicht einmal ein Engel, kann dir das abnehmen. Du wirst ganz unfehlbar jede selbst erschaffene Aufgabe meistern, die vor dir liegt.

Ihr Geliebten, wir bieten euch die ganzheitliche Energie unserer Seinshaftigkeit im Licht, die Energie der Kristallessenz, aus der wir bestehen. Wir bieten euch in reiner Liebe die Möglichkeit, euer Urteilsvermögen durch unsere Weisheit leiten zu lassen. Ihr Meister, wir bitten euch darum, mit Herz und Seele präsent zu sein. Erkennt, was wir sagen, denn ihr seid im Entstehen begriffene Götter. Nehmt von dem, was wir euch bieten, das an, was in euch nachhallt. Denn wir schenken es euch voller Respekt und in tiefster Liebe.

Wir wissen, dass dieses Buch in Kanada zusammengestellt, aber auch in vielen anderen Ländern erhältlich sein wird. Entsprechend richten wir uns an euch als Weltbürger, ob ihr nun in Europa, Kanada, den Vereinigten Staaten oder an einem anderen Ort lebt. Ihr Lieben, ihr habt eine einzigartige Gelegenheit, ja sogar die Verantwortung dafür, das vermehrte Gleichgewicht für das übergeordnete Wohl des Planeten zu nutzen. Und das übergeordnete Wohl kann nur durch bewusste Absicht verwirklicht werden.

Ihr lebt nun in der Zeit der zwölften Welle, des Einheitsbewusstseins, und diese Einheit ist globaler Natur. Diejenigen von euch, die außerhalb der Vereinigten Staaten leben, haben eine weitaus klarere Vorstellung vom Weltbewusstsein – davon, was es heißt, auf einem Planeten und nicht isoliert in einem Land zu leben. Das ist eine entscheidende Erkenntnis.

Die Erde ist noch immer durch Sprache, Religion und individualisierte Ländergrenzen unterteilt. Die Menschheit nimmt sich noch immer als von sich selbst getrennt wahr. Sie ist noch immer getrennt von »Allem, was ist«. Im JETZT ist die Menschheit nach wie vor ein ganzes Stück von ihrer Einheit entfernt.

Was ihre militärische Schlagkraft und Vorherrschaft betrifft, werden die Vereinigten Staaten noch geraume Zeit die dominante Weltmacht bleiben. Und obwohl im Augenblick eine große Anzahl von Amerikanern erwacht und in den energetischen Zonen der USA wunderbare Zentren des Gewahrseins erschaffen werden, sind noch viele Veränderungen nötig. Es sind immer globaler Einsatz und globale Interaktion, die diese Transformation des Weltgewahrseins fördern.

Für all jene unter euch, die in Kanada und Europa leben, ist es in ganz realem Sinne leichter, in die fünfte Dimension voranzuschreiten, als für die breite Masse der Amerikaner. Das liegt daran, dass ihr in geringerem Ausmaß manipuliert, eingeschränkt und isoliert werdet. Der Großteil der amerikanischen Bevölkerung hat seine individuelle Souveränität verloren. Die Größe des Landes lähmt die Amerikaner, die Schulden versklaven sie, die Angst kontrolliert sie und die Medien trichtern ihnen Arroganz und ein falsches Verständnis von Wohlergehen ein.

Nichtsdestoweniger muss hinzugefügt werden, dass es in den Vereinigten Staaten viele fortgeschrittene Seelen gibt, die einen klaren Geist erreicht haben und in die fünfte Dimension eintreten. Mit der Zeit werden sich ihre Stimmen mit euren vereinen und Gehör finden.

In Wahrheit sind die Vereinigten Staaten nicht länger ein Land, sondern eher ein auf Profit ausgerichtetes Unternehmen. Seine »Bürger« werden eher wie Angestellte behandelt, auch wenn sie sich das nicht eingestehen wollen. Zwar sind die meisten Regierungen der Welt mehr oder minder machtorientiert, heuchlerisch und korrupt, doch in den Vereinigten Staaten gehen viele dieser Prozesse auf subtile Weise und unter dem Mantel des Verborgenen vor sich.

In vielerlei Hinsicht handelt es sich dabei um ein globales Problem, das die Menschheit als Ganzes widerspiegelt. Aus einer gewissen Perspektive sind die Vereinigten Staaten wie ein Spiegel, und ob es euch nun gefällt oder nicht: Dort gehen Dinge vor sich, an denen alle Länder der Welt beteiligt sind. Es ist lebensnotwendig, dass ihr anfangt, in umfassenderen Begriffen zu denken als »eine Regierung« oder »ein Land«.

Die Erde ist eine Umgebung, in der der freie Wille große Bedeutung hat. Wenn man nicht den höheren Weg wählt, wählt man unausweichlich den niedrigeren. Die Angst muss abgelegt und durch Freude ersetzt werden, durch die Freude der LIEBE. Manche von euch haben den Eindruck, dass »alles so läuft, wie es sollte, und in bester Ordnung ist«. Aber, ihr Meister, dieser Gedanke ist ein wenig paradox.

Aus einer übergeordneten Perspektive ist tatsächlich alles in bester Ordnung. Aber doch nicht aus der Perspektive der in der Dualität verhafteten Menschheit! Wenn alles in Ordnung wäre, dann gäbe es keinen Anlass zum Lernen, keinen Anlass für das, was ihr als »Reinkarnation« bezeichnet.

Man muss sich nur einmal umsehen, um zu erkennen, dass die missliche Lage der Menschheit auf dem Planeten Erde weit vom Zustand der Vollkommenheit entfernt ist. Es wird gewiss nicht so laufen, wie es sollte, wenn ihr nicht dafür sorgt!

Der Adler wird wieder fliegen, aber er wird nur mit Unterstützung wieder in die höheren Reiche eintreten. Er wird zusammen mit dem Phönix auferstehen und sich in der Asche des Schmelztiegels erneuern, die sich aus all dem zusammensetzt, was nicht dem übergeordneten Wohl dient.

Die Weltharmonie ist maßgeblich für die Welle der Einheit. Gleichgewicht im Kleinen und im Großen ist unerlässlich für die Entstehung von Einheit.

GLEICHGEWICHT

Vielleicht wird es euch überraschen, aber einer der wichtigsten Gründe dafür, dass Kanada über ein größeres Gleichgewicht verfügt, liegt in seiner Resonanzenergie. Der kristalline Aspekt Kanadas wird durch die Erde selbst verstärkt, sowohl durch die Ausgewogenheit seines Breitengrades als auch durch sein mineralogisches Feld.

Ein sehr großer Teil von Ost- und Zentralkanada ist mit einem kristallinen, metamorphen Gestein überzogen, das als »Kanadischer Schild« bezeichnet wird. Die Energieprojektion dieser Gesteinsformation ist kristalliner Natur. Metamorphes Gestein strahlt eine machtvolle Kristallenergie ab. Diese besondere Strahlung beeinflusst jeden, der in ihrem Wirkungsbereich lebt, weil sie Ausgewogenheit und Gleichgewicht steigert. Der westliche Teil Kanadas wird außerdem in hohem Maß durch den kanadischen Teil der Rocky Mountains und die kieselsäurehaltigen Gewässer in den Bergregionen gestärkt.

Zusätzliche Balance entsteht durch die großen Gleichgewichtsenergien zwischen dem 48. und dem 58. Breitengrad. Diese sind eine große Unterstützung, denn Gleichgewicht ist stets von zentraler Notwendigkeit, wenn man ein höheres Lichtbewusstsein erreichen will. Wenn ihr das entscheidende Bewusstsein darüber erreicht, dass ihr mehr als nur menschlich und nicht weniger als göttlich seid, und wenn ihr Ausgewogenheit in diesem Wissen findet, wird euch das bei diesem Prozess unterstützen.

Wir möchten auch noch einmal wiederholen, wie wichtig Einheit, Weltharmonie und die Entwicklung hin zu Gewahrsein und göttlichem Wissen sind. Ihr Lieben, wir bitten euch, unbeschränkte Denkweisen und Absichten zu entwickeln. Für euch alle ist nun die geheiligte Zeit gekommen, die Scheuklappen abzulegen. Denn die Menschheit versucht, Beschränkungen, Begrenzungen und Vorurteile zu überwinden. Gewährt allen Reichen, Elementen und Geschöpfen Souveränität und einen freien Willen. Es ist an der Zeit, die beste aller für euch möglichen Welten zu visualisieren und zu realisieren.

Während ihr die Botschaften in diesem Buch lest, bieten wir euch unseren Segen und unsere Dankbarkeit für eure Bemühungen. Eure Aufgabe besteht heute und in Zukunft darin, Erfüllung, Verständnis und uneingeschränkte Entfaltung zu suchen. Eure göttliche Mission kann und wird die Entstehung einer zielgerichteten, auf Erfahrung beruhenden Realität ermöglichen ... einer

Realität des Tanzens im Sternenlicht, einer Realität, in der ihr die Strahlen dieser kristallenen Pracht an alle Menschen in eurer Umgebung weitergebt.

Das Erreichen der göttlichen Absicht ist die größte Ekstase überhaupt. Deshalb seid ihr hier. Ihr stammt aus dem Reich der Schöpfungskraft, der Meisterschaft, und ihr seid seiner physischen Manifestierung viel näher, als euch im Augenblick bewusst ist. Ihr Lieben, IHR habt den Aufstieg hervorgerufen, und nun dämmert er herauf. Wir ehren euch. Die angekündigte Zeit, von der ihr so lange geträumt habt, erwartet euch, ihr Lieben.

Ich bin Metatron, und ihr werdet geliebt.
Und so ist es.

12

Auf der neunten Bewusstseinswelle reiten

»Es sind weder die Stärksten noch die Intelligentesten einer Art, die überleben, sondern die, die sich am schnellsten an Veränderungen anpassen.«

Charles Darwin (1809–1882)

Wir können nicht über die Neue Zeit *sprechen, ohne auch über den Mayakalender zu sprechen. Die Veränderungswellen scheinen in immer kürzeren Abständen zu kommen. Ich glaube, dass das vergangene Jahr, in dem ich dieses Buch zusammenstellte, eine seltene Gelegenheit bot, unsere Realität zu revolutionieren. Ich glaube außerdem, dass sich das Leben auf der Erde noch radikal verändern wird.*

Laut Carl Johan Callemans Interpretation des Mayakalenders befinden wir uns mitten in einem unvergleichlichen Prozess der Bewusstseinsbeschleunigung. Ihm zufolge hat sich die Bewusstseinsfrequenz im Jahr 2011 um*

---

* Sehr ausführliche Informationen darüber finden Sie in dem Buch *2012 – Der Maya Code* von Barbara Hand Clow, Amra Verlag, Hanau 2010. Die Autorin, eine international bekannte spirituelle Lehrerin, Maya-Älteste und Hüterin der Aufzeichnungen der Cherokee, zeigt darin – auf der Grundlage der Arbeit von Calleman und anderen Erforschern des Mayakalenders –, dass wir durch kosmische Wellen aus dem Zentrum der Milchstraße eine Zeitbeschleunigung erleben, die zum Erwachen des Weltbewusstseins führt. – *Der Verlag* *ein Zwanzigfaches beschleunigt, so dass eine Bewusstseinsverschiebung, die von 1999 bis heute ein ganzes Jahr in Anspruch genommen hätte, jetzt nur noch zwanzig Tage dauere. Diese Beschleunigung entfaltete laut Calleman vom 9. März bis zum 28. Oktober 2011 ihr volles Potenzial.*

Wenn das stimmt, was genau bedeutet das? Ist das der Grund dafür, dass sich die Veränderungen nicht nur immer schneller, sondern auch intensiver entwickeln?

Außerdem scheint es so, als ob die Mutter der Mayawissenschaft von den Plejaden stammt. Wenn das korrekt ist, wurden der Mayakalender und seine Zukunftsdeutung von den Plejadern inspiriert?

Ihr Lieben, ich kenne euch alle weitaus besser, als euch vermutlich bewusst ist. Wir genießen diese gemeinsamen Augenblicke. Und nun bringt uns ein weiterer kostbarer Moment zusammen und vereint unsere Gedanken in der Matrix des einheitlichen Feldes. Er verbindet geometrische Gedankenmuster mit Verlangen und Gewahrsein. Denn alle Gedanken, alle Gegenstände, alle Geschöpfe sind Repräsentationen des Lichts, des Bewusstseins. Sie sind Manifestation von allem, was jemals war und jemals sein wird. Doch manche Dinge, Gedanken und Schöpfungen bewegen sich mit einer höheren Geschwindigkeit, mit beschleunigter Schwingung durch die Geolichtmatrix. Andere weisen eine höhere Dichte auf und bewegen sich etwas langsamer. Dennoch erreichen alle ihr Ziel in genau der richtigen Reihenfolge, ausgerichtet auf die Natur ihrer Schöpfung und der Schöpferkraft.

Für das Universum ist der Kosmos reine Vollkommenheit, ungeachtet irgendwelcher dimensionaler Interpretationen oder Wahrnehmungsweisen. Aus einer Quantenperspektive verhalten sich alle Objekte im einheitlichen Kristallfeld präzise und exakt ihrer Natur, ihrer architektonischen Integrität entsprechend. Doch manche von ihnen wurden auf höheren Frequenzen, auf einer höheren Schwingungsresonanz erschaffen als andere.

Und so beginnt mit diesen Worten eine ausgesprochen interessante Diskussion.

Um diese Diskussion in Gang zu setzen, wollen wir behaupten, dass das Potenzial für ein gesteigertes Bewusstsein in Form einer voreingestellten Beschleunigung des Aufstiegs gegeben ist. Nur die »Veränderungsrate« fällt von Individuum zu Individuum anders aus, weshalb man keinen unabhängigen, feststehenden Beschleunigungsfaktor bestimmen kann.

Aber ehe wir weiter über die Bewusstseinsbeschleunigung sprechen, möchten wir gern noch einen weiteren interessanten Punkt in diese Diskussion einführen: Der faszinierende Kalender, den ihr Menschen dem Volk der Maya zuschreibt, wurde weder von den Maya entwickelt noch in seiner Urform von ihnen niedergeschrieben. Jedenfalls nicht so, wie ihr denkt. In Wahrheit entstand er über 18.000 Jahre vor der Entstehung der Mayakultur. Ursprünglich wurde er von den erleuchteten Atlantern von Poseida entwickelt, die Hilfe von der Sirianisch-Plejadischen Allianz erhielten. Gespeichert wurde er durch Kristalltechnologie, und zwar in den sogenannten Kristallschädeln.

Selbst eure kreativsten Anthropologen gehen davon aus, dass die früheste Mayakultur erst gegen 2000 vor Christus entstand. Wir versichern euch, dass eine weitaus umfassendere Version des Kalenders schon lange vorlag und genutzt wurde, ehe die Gesellschaft der Maya entstand. Das, was ihr heute als »Mayakalender« bezeichnet, ist nur ein kleines Überbleibsel von etwas, das schon lange vor den Maya existierte.*

Die Gegenden, die von den Vorgängern der Maya in Yucatán (Mexiko) und Guatemala bewohnt wurden, waren nämlich durch

---

* Der Maya-Älteste Hunbatz Men, Gewährsmann von Drunvalo Melchizedek, schreibt über den Plejadenkalender und die atlantische Herkunft seines Volkes in *Die Heilige Kultur der Maya*, Hanau 2011. Außerdem hat die Schamanin Karin Tag bei Amra zwei Bücher mit Berichten eines Kristallschädels der Inka über die Frühzeit der Menschheit veröffentlicht: *Die Prophezeiungen des Kristallschädels Corazon de Luz* und *Das Geheimnis der Atlantischen Kristallbibliothek*. Näheres hierzu auch auf www.Seraphim-Institut.de. – *Der Verlag*

eine Landbrücke mit der atlantischen Insel Poseida verbunden, bis diese im Zuge des Untergangs von Atlantis durch Erdbeben und Wassermassen überschwemmt wurde. Die zentral- und südamerikanischen (namens Og) sowie ägyptischen Kolonien und Kulturen entstanden aus dem atlantischen »Gesetz des Einen« und waren viele Jahrtausende lang eins mit Atlantis, ehe es zerstört wurde. In diesen Gesellschaften gab es eine Elite, eine hochentwickelte Gruppe von Menschen, die man als »Wissenschaftspriester« bezeichnen könnte. Die auch »Atla-Ra« genannten Gelehrten besaßen höchstes Geschick in der Wissenschaft der Materiebeeinflussung. Sie übten sich in einer Kunst, die man als »Mentalphysik« bezeichnen könnte, und agierten vollen Bewusstseins und mit großem Können in der Multidimensionalität.

Während also die nicht ausgebildete breite Masse der Menschheit in Zeiten von Atlantis keine derartigen Fähigkeiten hatte und Landbrücken und andere weniger fortschrittliche Transportmittel nutzte, um die atlantischen Kolonien Og, Yucatán und Ägypten zu erreichen, war der innere Kreis der Wissenschaftspriester dazu in der Lage, ätherisch an zwei Orten gleichzeitig zu sein und sich physisch zu manifestieren. Und zwar nicht nur in den physischen Reichen auf der Erde, sondern auch universal und galaktisch.

Diese gelehrten Atla-Ra kommunizierten mit den Außerirdischen der Sirianisch-Plejadischen Allianz und sind die wahren Urheber des zyklischen Kalenders, den ihr heute als den »Mayakalender« bezeichnet. Wir möchten außerdem hinzufügen, dass die Hohepriester (die Nachfahren der Atla-Ra) während der Maya-Ära möglicherweise engeren Kontakt zu den Sirianern als zu den Plejadern pflegten. Zudem halfen nicht nur die wohlwollenden Außerirdischen den Maya bei der Bewahrung des Kalenders. Die Maya pflegten auch sporadischen Kontakt mit der innerirdischen Zivilisation, die wir die »blauhäutige Rasse« nennen. Die dieser Zivilisation angehörigen humanoiden Geschöpfe sind Nachfahren der ursprünglichen LeMurer [sic!], die beschlossen, in den Untergrund auszuwandern. Ihre Haut ist aufgrund des Kupfer- und

Magnesiumgehalts ihres unterirdischen Trinkwassers blaugrün verfärbt. Sie befinden sich in einer anderen Schwingung und haben ihren Zyklus schon fast beendet. Entsprechend sind sie viel weiter fortgeschritten als die Oberflächenmenschen. Sie haben zu manchen Zeiten mit den Atlantern, den Maya, den Ayamaya, den Hopi und den Navajos kommuniziert.

Kleine Enklaven dieser meisterlichen Wissenschaftspriester haben nach dem Untergang von Atlantis noch jahrtausendelang weiterexistiert und nicht nur das Wissen um den Kalender erhalten, sondern mit Hilfe der außerirdischen Geschöpfe, von denen wir bereits gesprochen haben, auch die Aufsicht beim Bau verschiedener Pyramiden geführt. Zu ihnen gehörten auch die gelehrten Priester der Maya, die freilich nicht die Mayakultur als Ganzes repräsentierten. Aus diesem Grund sind die Maya für euch bis heute ein Rätsel. Ein Teil ihrer Errungenschaften weist zwar auf große technische Fortschrittlichkeit hin, aber die Gesellschaft als Ganzes war bäuerlich und machte sich grausamer Zeremonien schuldig, die unter anderem Menschenopfer erforderten. Daraus lässt sich schließen, dass der Kalender schon vor der Gesellschaft der Maya existierte.

Die Wissenschaftspriester von Og, Yucatán, Ägypten und anderen »vergessenen« Kulturen, die vor und nach ihnen existierten, beherrschten nicht nur die Mentalphysik, sondern verfügten auch über ein umfassendes Wissen auf dem Gebiet der Astronomie und dimensionalen Zyklen. Darauf verstanden sich generell nur die eingeweihten Mitglieder einiger traditionsreicher Gemeinschaften. Heute gibt es kaum mehr aussagekräftige Hinweise auf dieses Wissen, und das wenige wird in der Regel fehlinterpretiert.

Die Lücke zwischen den Fähigkeiten eurer heutigen Wissenschaft und denen vergangener Gesellschaften beruht darauf, dass ihr kaum etwas über die Anwendung der Mentalphysik wisst. Die Menschheit hat den Einfluss präziser Gedanken auf die Materie noch nicht wiederentdeckt: Diese Wissenschaft ist in Vergessenheit geraten.

Die Wissenschaftspriester waren sehr bewandert in der Kunst der »physischen« Dematerialisierung und Remanifestierung – und zwar nicht nur hinsichtlich der Fortbewegung durch Bilokation (die Fähigkeit, an zwei Orten zugleich zu sein), sondern auch in Bezug auf physische Materie. Durch diese Techniken wurden die größten Pyramiden errichtet, die euch bis heute vor Rätsel stellen. Die Atla-Ra und ihre Nachkommen hatten die Fähigkeit, sich mental der 3D-Physik zu bedienen, indem sie Materie aus der dritten Dimension in Felder verschoben, die man als »Antischwerkraftfelder« bezeichnen könnte. Sie dematerialisierten sie als Substanz ohne Dichte, formten sie um und remanifestierten sie dann wieder. Unter bestimmten Umständen konnten sie sogar ihre Realität und ihre Dimension ändern.

Diese Wissenschaftspriester bedienten sich hoch konzentrierter Gedanken, um Materie in verschiedene Spektren umzuwandeln. Sie hatten begriffen, dass Materie genauso wie Licht in Form von Spektralwellen existiert, und waren in der Lage, verschiedene Wellenschwingungen herbeizuführen und abzuändern. Dadurch konnten sie atomare Materie in gewichtslose Schwingungszustände versetzen und erzeugten nicht nur halb erstarrte Masse ohne Dichte, sondern beeinflussten tangential auch den Dichtegrad anderer Materie.

Wir halten diese Informationen deshalb für so wichtig, weil sie deutlich machen, dass die breite Bevölkerungsmasse der Olmeken, Azteken und Maya sowie der mesoamerikanischen und präkolumbianischen Völker nicht über diese Fähigkeiten verfügte. Sie waren nur kleinen Teilen ihrer Kultur vorbehalten. Es waren die Atla-Ra, die den Kalender entwickelt haben, und entsprechend verfügte lediglich ein kleiner Prozentsatz der Maya über dieses Wissen und hielt es schriftlich fest. Genau wie in Atlantis waren die Wissenschaftspriester auch bei ihnen zwar angesehen, aber nicht an der Regierung und der Entscheidungsfindung für die gesamtgesellschaftliche Entwicklung beteiligt.

Nun möchten wir jedoch zu deiner eigentlichen Frage und den »Faktoren der Bewusstseinssteigerung« zurückkehren.

Wir behaupten, dass es die Erhöhung der Schwingungsresonanz ist, die das »Potenzial« jedes einzelnen Individuums steigert, zu immer höherem Gewahrsein zu gelangen. Der Aufstieg wird unterstützt und sogar definiert durch die dimensionale Ausdehnung der Erde auf die »Kristallreiche«. Dadurch – und das charakterisiert den Aufstieg – entsteht etwas »Neues«: Es werden Lebenskraft-Bewusstseinseinheiten erzeugt, die von euren alten Völkern als »Akasha« oder »Adamant-Essenz«* bezeichnet wurden und als potente Lichtpartikel der Realitätsmanifestierung betrachtet werden können.

Im menschlichen Paradigma der Omni-Erde beginnt das Kristallreich auf der Ebene der fünften Dimension und erstreckt sich bis in die zwölfte Dimension. Bevor der Mensch Zugang zur dimensionalen Ausweitung des Aufstiegs erlangte, gab es eine Version von Bewusstseinseinheiten, deren energetische Intensität überführt oder »heruntertransformiert« worden war, wie man es von elektromagnetischen Energieeinheiten kennt. Alles war darauf ausgerichtet, im physikalischen Polaritätsfeld und in den linearen Raum-Zeit-Aspekten der dritten Dimension zu funktionieren.

Kristallbewusstseins-Einheiten weisen eine viel schnellere Schwingung auf und werden durch den höheren Aspekt des Geistes, der in dem von euch als »das Unbewusste« bezeichneten Bereich liegt, zu einer kreativen Manifestierung angeregt.

Die Begriffe »Unbewusstes« und »Realität« in ihrer dreidimensionalen Bedeutung können den ausgedehnteren Schwingungskontext der Bewusstseinseinheiten in Kristalldimensionen einfach nicht erfassen.

Entsprechend sind die Intensität der Energien, die Bewusstseinsveränderung und die Beschleunigung des Zeittaktes allesamt Eigenschaften dieser kraftvollen Resonanz.

---

* Als »Adamant« (gr. *adamas* = unbezwingbar) wurden in der Antike sehr harte Stoffe bezeichnet, vorwiegend kostbare Metalle wie Eisen und Eisenstahl. Später nannte man so Diamant und Saphir. – *Der Verlag*

Wir möchten an dieser Stelle klarstellen und unterstreichen, dass das Ereignis, das ihr als »Aufstieg« bezeichnet, in einem größeren Kontext betrachtet eigentlich die erweiterte Fähigkeit der dreidimensionalen Menschheit ist, sich auf höhere Dimensionen einzustellen. Die Kristalldimension war der in der dichteren Physikalität verhafteten Menschheit viele Jahrtausende lang nicht zugänglich. Aber dass sich die Energien erweitern, die den Aufstieg ermöglichen, bedeutet nicht, dass jedes Individuum diese (wieder) neu verfügbare Möglichkeit umgehend nutzen wird, denn diese Wahl muss die Menschheit auf der Mikroebene treffen. Sie obliegt der klugen, individuellen Entscheidung jeder einzelnen Person. Der Aufstieg ist also eine persönliche Option, die abhängt von der Bereitschaft, der reinen Absicht und natürlich dem Lichtquotienten des Individuums. Der Aufstieg, ihr Lieben, vollzieht sich gleichzeitig im Herzen und in der Seele. So war es immer schon.

Der Aufstieg ist kein magischer Sternenstaub, der umgehend allem, womit er in Berührung kommt, den Übergang ermöglicht. Es handelt sich dabei vielmehr um ein neu geöffnetes Schwingungstor, durch das das Individuum bewusst schreiten kann, wenn es bereit dazu ist.

Wir wollen außerdem hinzufügen, dass die energetische Vermengung, die sich momentan auf dem Planeten vollzieht, die Möglichkeit des Bewusstseinsfortschritts verbessert. Durch eine Mischung aus unzähligen schwingungsmäßigen Fortschritten, die sich auf der Erde ereignen, könnt ihr durch das »Tor« schreiten. Die Energie des Planeten verändert sich. Eine notwendige Aufwärtsbewegung vollzieht sich.

Ihr solltet nicht vergessen, dass der Mayakalender die Zyklen in eurem aktuellen Paradigma zwar sehr genau bestimmen kann, aber wegen der perspektivischen Haltung und des jeweiligen Lichtquotienten der verschiedenen Interpreten sehr unterschiedlich ausgelegt wird. Es wäre also zutreffender zu sagen, dass der Faktor bewusster Veränderung vom Bewusstsein des Individuums bestimmt wird und nicht von einer allgemeingültigen Zahl.

Zu dieser Diskussion muss auch hinzugefügt werden, dass spanische Priester viele »Maya«-Texte zerstörten, die weitaus umfassendere Einsichten in den Kalender ermöglicht hätten. Multidimensionale Aspekte werden bei aktuellen Interpretationen des Kalenders meist nicht berücksichtigt, und das verhindert jenes tiefer gehende Verständnis, das die erleuchteten Verfasser der Informationen ursprünglich hatten.

Der Aspekt der im Aufstieg gegebenen Beschleunigung ist nicht *a priori* auf einen allgemeingültigen Quotienten festgelegt. Die Beschleunigungsrate wird vielmehr durch die Absicht des Individuums und seine Fähigkeit bestimmt, zu der angestrebten, sich ausdehnenden Energie aufzusteigen.

Die Vorstellung von der neunten Welle, wie ihr es nennt, ist eine zeitgemäße Interpretation und wird vom ursprünglichen »Maya«-Kalender in dieser Form nicht vorhergesagt.

Welche Möglichkeiten bietet diese Beschleunigung der Menschheit?

Die dimensionale Realität auf der Erde ist darauf programmiert, in Zeitabläufen zu erscheinen, die ihr als linear wahrnehmt. Um eure Computersprache zu benutzen: Sie ist ein Programm, das auf einem Server läuft, bei dem es sich in diesem Fall um das kristalline 144-Gitternetz handelt. Durch das 144-Gitternetz werden die Unterprogramme der »Zeit« in Form von holografischen Realitäten umgesetzt. Epochen und Ären, ja ganze Zivilisationen, laufen wie Programme auf dem Gitternetz-Server. Deshalb können voll entwickelte Zivilisationen wie die Maya den Eindruck erwecken, sie seien im Fluss des kollektiven Unbewussten beziehungsweise des Bewusstseinsgitternetzes, das die Entstehung von Realitäten ermöglicht, ganz plötzlich wie aus dem Nichts im riesigen *Meer der Schöpfung* aufgetaucht.

Die lineare Zeit ist eine zweckmäßige, zielgerichtete Illusion. In Wahrheit laufen alle Programme gleichzeitig. Deshalb erlebt ihr auf der Ebene der Überseele im Einheitsfeld des kristallinen Multiversums viele Zivilisationen und all eure Lebenszeiten gleichzeitig.

Ein weiterer Aspekt des Aufstiegs ist die apexiale Zentriertheit der Zeit, als gäbe es einen Gipfelpunkt. Wenn man den Ablauf von oben betrachtet, ist die Beschleunigung, die der Planet im Augenblick durchlebt, darauf zurückzuführen, dass es ein Durchlass in den Hologrammprogrammen der simultanen Zeit allen Hologrammen ermöglicht, sich in diesem Zyklus zu vervollständigen. Das, was ihr als »Licht« bezeichnet, beschleunigt sich, und dadurch werden alle Aspekte eurer aktuellen Erfahrungen beeinflusst.

Wie wirkt sich das auf die Zeit aus? Wird die Zeit verschwinden?

Wir wollen es folgendermaßen ausdrücken: Die Zeit, so wie ihr sie kennt, beschleunigt sich tatsächlich. Zeit und Raum sind verschiedene Aspekte derselben Energie. Beide sind Aspekte des Lichts, und die Lichtgeschwindigkeit beschleunigt sich um euren Planeten herum. Eure Erde setzt sich neu zusammen. Aber, ihr Meister, nicht nur der Puls-Flash der Zeitenfolge steigt an. Die Schwingung der ganzen Menschheit erhöht sich.

Ihr Lieben, wie wir schon gesagt haben, erneuert sich die Welt im Augenblick. Ob die Menschheit die zunehmende Veränderung auf der Mikro- und Makroebene unterstützt oder ablehnt, ist noch unklar. Die Zeitchronologie verstreicht heute schneller, als es (linear gesehen) früher der Fall war. Wird 2012 die Schnelligkeit der Lichtbeschleunigung und eure klarsichtige Interpretation des Bewusstseins weiter antreiben?

Parallel zu diesem Anstieg wird auch der kognitive Ausdruck eures Lebens eine höhere Geschwindigkeit annehmen. Es wird also alles schneller: Im Zuge des Aufstiegs beschleunigt sich die Zeit, und indem sich die Zeit umformt, formt sie auch die Erfahrungsweise um, mit der die Menschheit die sichtbaren und unsichtbaren Naturgewalten und die Erde selbst erlebt.

Die lineare Zeit ist ein Konzept innerhalb der Dualität. Sie ist eine Abstraktionsform, die relevant dafür ist, dass sich die Dualitäts-Polaritäts-Aspekte der dritten Dimension in Richtung der Kristalldimensionen ausdehnen und wieder zurückziehen. Um es ganz deutlich auszudrücken: Ihr müsst begreifen, dass jede Dimension oberhalb der dritten, beginnend mit der fünften, ihre eigenen physikalischen Gesetze und ihren eigenen Zeittakt aufweist.

Die Zeit, jedenfalls in der Form, in der sie im Augenblick gemessen wird, harmoniert nicht mit dem relevanten Takt des Zeit-Flashs. Anhand der Physik, also der Krümmung der Raum-Zeit, weitet sich der Zeittakt oder zieht sich zusammen, und zwar in einem exakten Verhältnis zu den im betreffenden Raumquadranten vorhandenen Lichtquanten. Der Takt der Zeit steigt im Zuge der Neuformung der irdischen Aufstiegsenergien also tatsächlich an. Die Beschleunigung des Zeittaktes ist auf das Schnellerwerden der Lichtgeschwindigkeit zurückzuführen. Viele Faktoren spielen dabei eine Rolle.

Das heißt, dass sich der getaktete Flash des Zeitablaufs in dem Moment, in dem ein größeres Quantum von kohärentem Licht vorhanden ist, beschleunigen kann – und zwar aus linearer Perspektive betrachtet vorwärts oder rückwärts.

Deshalb haben viele von euch das Gefühl, dass der Tag weniger Stunden hat und ihr in derselben Zeit (nach euren chronologischen Maßstäben gerechnet) nicht mehr genauso viele Aufgaben bewältigen könnt wie früher. Denn der Zeit-Flash-Aspekt ist in den letzten drei Jahrzehnten um schätzungsweise 25 Prozent angestiegen, sodass ein 24-Stunden-Tag nun gefühlt nur noch aus achtzehn Stunden besteht.

Die Beschleunigung des Zeittaktes verringert faktisch den Bogenschwung der Dualität. Das wesentliche Ergebnis dieses Vorgangs besteht in einer komprimierteren Erfahrung, die in der Dualität als dichter und nahtlos und entsprechend vergeistigter und weniger zusammenhanglos empfunden wird.

Wenn das Kristallgitternetz in eurer Dimension erscheint, transformiert es über beschleunigende Raum-Zeit-Sequenzen Licht und beeinflusst damit den physischen Erdkörper. Diese Transformation der Zeit formt Lichtwellen um und erzeugt dadurch eine Beschleunigung der Drehbewegung des Erdkerns.

Der Kristallkern der Erde dreht sich schneller, und das Verhältnis zwischen der Innendrehung und der Achsenneigung des Planeten bestimmt auf der linearen Erde die Zeitbewegung. Man kann also sagen, dass die Uhren und Chronometer auf der Erde den Takt der Zeit nicht mehr korrekt messen, jedenfalls nicht in der Form, in der der getaktete Flash der Realitätssequenz, so wie er vom Gehirn wahrgenommen wird, die Zeit empfängt.

Die Ausformungen der linearen Zeit, die ihr auf eurer physischen Erde wahrnehmt, sind zweckgerichtete Illusionen. Diese zweckgerichteten Illusionen werden vom Gehirn entsprechend festgeschriebener Signale, die zuerst von der Seele empfangen werden, umformuliert und entziffert. Dies erfolgt durch die Umwandlung der »Lichtgeschwindigkeit«. Ihr solltet wissen, dass das Gehirn ganz anders funktioniert als die Seele. Das menschliche Gehirn ist ein materieller Aspekt der Seele. Das Gehirn nimmt physikalische Materie und Raum ein. Es interpretiert die Zeit, und es existiert in ihr. Die Seele tut weder das eine noch das andere.

Die Seele nimmt keinen Raum ein; ihre Kernexistenz ist nicht in der linearen Zeit verortet. Die Realität des inneren Universums nimmt keinen materiellen Raum ein, und seine intrinsische Essenz ist nicht in der linearen Zeit verhaftet. Eure illusionierte materielle Realität nimmt im Gegensatz dazu Raum ein. Ihre Existenz ist in die Zeit eingepasst, aber es handelt sich dabei nicht um die wahre Realität, in der euer göttlicher Verstand, eure Seele existiert. Und wie sie wahrgenommen wird, bestimmen kosmische Kräfte, die sich im Augenblick verändern.

Wie wir schon gesagt haben, sind Zeit und Raum Aspekte desselben Mechanismus. Raum ist sozusagen geronnene Zeit, die in der Dualität in ein matrixartiges kinetisches Format eingefasst ist.

Dies ermöglicht die Unterteilung und Programmierung der zielgerichteten programmierten Illusionen sequentieller Zeitmaße. In diesem Kontext ist Zeit das Gegenteil von Raum: Sie befindet sich in dynamischem freien Fluss. Zeit und Raum kommen durch den harmonischen Flash von Bewusstseinseinheiten zustande – durch die Mechanismen des inneren und des äußeren Impulses von Materie zu Antimaterie durch Schwarze und Weiße Löcher.

Der harmonische Innen-Außen-Flash zwischen Materie und Antimaterie vollzieht sich ununterbrochen. Das, was ihr als Antimaterie bezeichnet, macht einen Großteil des Kosmos aus, und zwar nicht nur dort, wo sich Raum und Zeit zu einer homogenen Masse vermengen. Antimaterie macht auch die Geschwindigkeit aus, mit der ihr Bewusstseinseinheiten wahrnehmt. Diese Wahrnehmung wiederum gibt regelmäßig Gewahrseinsimpulse in alle gleichzeitig ablaufenden Lebenszeiten ab. Dies vollzieht sich in einem magischen Takt, der einer leicht abgeänderten Version eures sogenannten Planck'schen Strahlungsgesetzes entspricht. Die Impulse treten in einer Verteilung von 10 zu -43 pro Sekunde auf. An diesem Punkt vermengen sich Zeit und Raum und werden nichtlinear, und der Torus-Aspekt kommt ins Spiel.

Der Raum wird umgedreht, er kehrt sich um sich selbst, und die Zeiteinheiten fließen in einen nichtlinearen, diskontinuierlichen, quantisierten Pool aus dem, was ihr als Vergangenheit, Gegenwart und Zukunft bezeichnet. Das Raum-Zeit-Kontinuum löst sich sozusagen auf und verwandelt sich in Einheiten bewusster Energie, die in Materie und Antimaterie umgeformt werden, indem sie durch Schwarze beziehungsweise Weiße Löcher in den harmonischen Flash hineingesogen und aus ihm herausgeschleudert werden.

Alle Versionen der Omni-Erde koexistieren oberhalb der linearen Programmierung. Aber dieses Axiom der Wahrheit ist für euch Menschen sehr schwer greifbar und kann aus dem Blickwinkel der dritten Dimension kaum vollständig erfasst werden.

Das liegt daran, dass der dreidimensionale Dichtheitsaspekt der menschlichen physischen Struktur in der Dualitäts-Manifestation innerhalb des linearen Zeit-»Programms« agiert, das die zweidimensionale Erderfahrung ermöglicht. Dieses lineare Wahrnehmungsprogramm bestimmt stark über die »normalen« Resonanzmuster der Experimentalwahrscheinlichkeiten, die die Menschheit auswählt, projiziert und wahrnimmt, während sie ausgehend von einem Zustand dichter Körperlichkeit in ein höheres Bewusstsein »hineinwächst«. Ihr solltet euch bewusst machen, dass die Quellrealität, aus der alle Lebenszeiten entspringen, nicht »in Stein gemeißelt ist« und eure Erfahrung entsprechend niemals wirklich vorherbestimmt ist. Ihr wählt aus einem Sortiment von Potenzialen die Erfahrungen aus, die ihr machen wollt. Sowohl der Kosmos als auch alles in und außerhalb von ihm existierende Leben wird immer im Augenblick des JETZT erschaffen. Und obwohl eure dreidimensionale Vorkonditionierung linear ist, habt ihr nicht nur die Fähigkeit, die physische Programmierung zu überwinden, sondern es ist auch euer übergeordnetes Ziel, genau das zu erreichen. Der lebende physische Körper wird zwar vom menschlichen Bewusstsein bewohnt, operiert aber als ein intensiver Fokuspunkt für die zweidimensionale Erderfahrung. Die Aggregation des Bewusstseins innerhalb des physischen Körpers fokussiert auf allen Ebenen ihr eigenes, unendlich starkes Netzwerk aus Sinneswahrnehmung und Kommunikation, und zwar sowohl auf den Ebenen des Gewöhnlichen als auch auf denen des Ungewöhnlichen. In Bezug auf Letzteres macht ihr deshalb ständig Erfahrungen, die nicht mit den Mitteln der »gewöhnlichen« Körpersinne gewonnen werden.

Es gibt große Bereiche von Farben, Klängen, elektromagnetischen Codes und Sinneswahrnehmungen, die ihr sowohl auf einer zellularen als auch auf einer kristallinen Ebene chakrischer Netzwerke seht und wahrnehmt. Sie haben ihre Quelle im Quantenbewusstsein und beeinflussen euch geometrisch und schwingungsmäßig. Dieses Netzwerk ist in harmonisierender Oszillation mit allen anderen ihm ähnlichen Netzwerken verbunden.

Aber die Menschheit ist sich dieser ungewöhnlichen, zwischen allen Körperspektren auf crysto-elektromagnetischer und stofflicher (biologischer) Ebene stattfindenden Interaktionen im Augenblick noch weitestgehend unbewusst. Die Schnittstelle befindet sich im Crysto-Mer-Ka-Na-Lichtkörper und hat viel weitreichendere Folgen, als dem Großteil der Menschheit bewusst ist. Und doch können die stofflichen biologischen Zellen aufeinander reagieren und tun das auch. Tatsächlich aktivieren sie sogar noch höher gelegene Zentren des Kristalllicht-Körperbewusstseins, die dann eine Verbindung mit der linearen Zeit und Objekten, die über sie hinausgehen, herstellen. Um genau zu sein: Sie stellen Verbindungen in die Multidimensionalität her.

Laut derselben Quelle leben wir nicht nur in der letzten bewusstseinsverändernden Phase (es gab vorher schon acht), sondern in der ultimativen Veränderung, die die Evolution Jahrtausende lang vorangetrieben hat. Der letzte Schritt des Mayakalenders vor dem Jahr 2012, die letzte galaktische Welle oder Unterwelt, begann am 9. März 2011 und ist am 28. Oktober 2011 abgeschlossen worden. Seitdem ist die neunte Welle aktiv.

Ist das, was wir als die »neunte Welle« bezeichnen, die Welle der Einheit? Und wenn das so ist, bedeutet das, dass wir anfangen sollten, an der Erschaffung des Einheitsbewusstseins mitzuwirken?

Das moderne Konzept, das als die »neunte Welle« bezeichnet wird, ist tatsächlich dazu in der Lage, eine gesteigerte Fokussierung im Gruppenbewusstsein auszulösen, durch die wieder eine gewisse »Trägheit« in die Beschleunigung eingeführt werden kann. Die neunte Welle ist eine Interpretation, die aus gezielter Absicht erfolgte.

Das, was ihr als die »neunte Welle« bezeichnet, ist also in Wahrheit eine konzeptuelle und konventionelle Initiative, die auf einer Interpretation durch die hoch entwickelte Seele eines hochgradig glaubwürdigen Theoretikers beruht. Laut seiner Interpretation hat sich der Prozess zwischen dem 9. März und dem 28. Oktober 2011 vollzogen.

Entsprechend kann man sagen, dass die »neunte Welle« nicht durch den »Maya«-Kalender vorhergesagt wurde. Doch das verringert ihren Wert nicht, denn sie trägt eine sehr hohe Schwingung in sich.

Um eure Frage zu beantworten: Die neunte Welle ist ein Produkt der Gegenwart, und als Ergebnis des fokussierten (Gruppen-) Glaubens ist sie auch eingetreten.

Aber um ganz deutlich zu sein: Es ist die schwingungsmäßige Eigendynamik des Aufstiegs selbst, welche die Energien beschleunigt, und ohne diese Energiequelle hätte es kein Potenzial für eine neunte Welle gegeben. Die Urquelle dieses Potenzials sind die kritische Bewegungsmasse und die positive Eigendynamik der Zentrierung des Planeten im galaktischen Feld.

Es gibt viele astrologische Einflüsse, die für den Aufstieg unserer Meinung nach von Bedeutung sind. All die Tagundnachtgleichen, Sonnenwenden und Sonnenfinsternisse von 2011 und 2012 sind die ursprüngliche, wahre Quelle der energetischen Einwirkungen auf das Feld des Einheitsbewusstseins. Erst dank dieser vielen Einflüsse konnte sich eine Grundlage für die Möglichkeit der Bewusstseinserweiterung herausbilden.

Viele dachten, dass der Mayakalender etwas beschreibt, das an einem bestimmten Datum stattfinden würde. Aber tatsächlich handelt es sich um einen besonderen Plan des Kosmos, der in neun verschiedene Bewusstseinsebenen unterteilt wurde. Die Maya schienen das begriffen zu haben und haben uns zahlreiche Hinweise hinterlassen. Viele ihrer Pyramiden, beispielsweise die Pyramide der Gefiederten Schlange in Chitchen Itza, die Jaguarpyramide in Tikal und der Tempel der Inschriften in Palenque, weisen neun Stockwerke auf.

Haben wir dem 21. Dezember 2012 so viel Wichtigkeit beigemessen, dass wir vergessen haben, dass es eigentlich um die vollständige Transformation der Menschheit geht, und nicht darum, was an einem speziellen Tag geschieht?

Genauso ist es. In vielerlei Hinsicht, ihr Lieben, hat der Aufstieg bereits stattgefunden. Wir versichern euch, dass Kristallenergie eine allmächtige Energiequelle ist, deren Begleiterscheinungen weit über das hinausgehen, was die Menschheit im Augenblick verstehen kann. Eine Kristallstruktur besteht im Wesentlichen aus einer schwingenden Lichtresonanz, die multidimensional und kohärent ist und in Materie und Antimaterie existiert. Sie ist das göttliche Templat Metatrons, die »Schablone«, der jede manifestierte Schöpfung entspringt. Sie ist die Grundlage für alle Matrices auf jeglichen Existenzebenen, das Enzym der Realität und die Lebensquelle des Kosmos selbst. Eure Gedanken müssen zu kohärentem Kristallformat aufsteigen, um manifestiert zu werden. Kohärentes Licht ist Kristallenergie, also die Lebenskraft, aus der alle Welten und Realitäten geformt werden. Die Kristallstruktur bildet die scheinbaren Grenzen und Unterteilungen zwischen Dimensionen, Ebenen und dem Materie/Antimaterie-Bewusstseins-Flash. All das, was ihr als »das Göttliche« bezeichnet, alles, was ihr für heilig haltet, ist kristallin!

Bei der Weiterentwicklung eures Planeten, die ihr als »Aufstieg« bezeichnet, handelt es sich eigentlich darum, dass durch das Erreichen der kritischen Masse die Umwandlung des Wahrnehmungsspektrums auf der Erde von (in eurer Sprache) analog zu digital, von Schwarz-Weiß zu Farbe ermöglicht wird. Die durch die Antennen des kristallinen 144-Gitternetzes erzeugte Kristallumwandlung steht kurz davor, die dimensionale Wahrnehmung der Erde von der dritten Dimension auf die zwölfte und darüber hinaus ansteigen zu lassen. Dazu muss eine ganze Menge an Energie bewältigt werden – jetzt im neuen Kristallzeitalter.

Aber lasst die Angst los, ihr Lieben, denn in dieser Zeit des Aufstiegs wird man euch die Megakraftkristalle nicht wieder wegnehmen und sie missbrauchen, so wie es beim traurigen Untergang von Atlantis geschehen ist. Tatsächlich werden sie niemals wieder für einen anderen Zweck als das übergeordnete Wohl verwendet werden. Seid euch dessen sicher! Es ist ein heiliger Schwur, der eingehalten werden wird.

Waren die Mayatempel Symbole für den Kosmos? Und wenn das so ist, dienten sie auch als Werkzeuge, mit denen die Schöpfung untersucht wurde?

Man könnte sagen, dass die Pyramiden Werkzeuge waren, um Tore in höhere Dimensionen zu öffnen, und zwar sowohl vertikal als auch horizontal, sowohl nach innen als auch nach außen. Wir würden sie weniger als Symbole für den Kosmos denn als Tore zum Kosmos bezeichnen.

Die Mayapyramiden waren Konstruktionen der Sirianisch-Plejadischen Allianz. Derartige Pyramiden wurden durch die geistige Beherrschung von physischer Materie konzipiert, errichtet und manifestiert. Ihre jeweils spezifische Ausformung wurde so gestaltet, dass ein Netzwerk frequenzieller multidimensionaler Energien entstand, das vielen Zwecken diente.

Ein Hauptzweck bestand in der spezifischen Ausrichtung verschiedener Pyramidenkonstruktionen in Hinsicht auf Längen- und Breitengrad, die dazu dienten, ein Resonanzfeld für den Planeten zu erschaffen.

Bei meinen Nachforschungen zu diesem Thema habe ich herausgefunden, dass nur der erste Teil des Kalenders entdeckt wurde. Der zweite ist angeblich noch immer verschwunden. Ist das wahr? Und wenn ja, was gibt es noch zu entdecken?

Große Teile des ursprünglichen Atla-Ra-Kalenders, der als »Mayakalender« bekannt wurde, sind verloren gegangen. Nicht nur der Zahn der Zeit hat sie vernichtet. Sie wurden auch durch unterschiedliche Interpretationen verfälscht, seit sie erstmals ins Land Yucatán gebracht wurden. Die vollständigen Informationen waren in Kristallen gespeichert. Das dreizehnte Paradigma, also der Kristallschädel, der den Namen MAX trägt, enthält sie nach wie vor. Es gibt noch unermessliche Hallen voller Informationen zu entdecken, darunter ganze Weltgeschichten. Obwohl der ehrenwerte Edgar Cayce* beschrieben hat, dass sie an drei verschiedenen Orten vorliegen, und vorhersagte, dass sie potenziell noch vor dem neuen Jahrtausend enthüllt werden würden, hat man sie bislang nicht entdeckt.

Die gewaltigen Aufzeichnungen von Atlantis sind in holografischen Dateien enthalten, die in MAX gespeichert sind. Doch ihr verfügt noch nicht über die Technologie, mit der man die darin enthaltenen Daten gewinnen kann. Trotzdem sind sie wenigstens teilweise durch geistige Übertragung zugänglich, und zwar abhängig vom Lichtquotienten des individuellen Empfängers. In Zukunft werdet ihr Kristallempfänger benutzen, die diese Daten in dreidimensionale Hologramme zurückübertragen können. Aber das wird unter Berücksichtigung aktueller Wahrscheinlichkeiten noch Generationen dauern.

Genauso, wie ihr jetzt in Computern Informationen in Form digitaler Dateien speichert, statt lange Texte zu Papier zu bringen, speicherten die atlantischen Historiker derartige Informationen mit Hilfe von Kristalltechnologie. Dazu diente ihnen auch der Schädelstein MAX, ein unermessliches Bewusstsein, ähnlich einem Supercomputer, in dem eine beträchtliche Datenbibliothek enthalten ist. Er enthält nicht nur die vollständigen Berichte des originalen Mayakalenders, sondern auch die gesamte Erd- und Menschheitsgeschichte. Seine Bauweise und seine Herkunft sind plejadisch und arcturianisch.

Die originalen Kristallschädel kamen aus einer anderen Welt, einer anderen Realität. Alle Realitäten entstammen dem heiligen geometrischen Kristallbewusstsein, und zwar auf der Grundlage

---

* Edgar Cayce (1877–1945) war ein amerikanisches Medium, das sich in 43 Jahren fast 30.000 Mal in Trance begab, weshalb er zuletzt auch der »Schlafende Prophet« genannt wurde. Er beantwortete Fragen zu Themen wie Gesundheit, Astrologie, Reinkarnation und Atlantis, die ab 1923 mitgeschrieben und in knapp dreihundert Büchern gesammelt wurden. Heute gibt es Edgar Cayce Center in mehr als 25 Ländern. – *Der Verlag*

von Mustern, die dem Goldenen Schnitt gehorchen und der Verhältniszahl Phi. Auch die Menschheit und all eure physischen Erden folgen diesen paradigmatischen Matrixformeln, und obwohl die Kristallschädel aus Materie geformt wurden, weisen sie doch eine viel größere Frequenz auf, eine Frequenz der Vollkommenheit – und sind als Prototypen des vollkommenen menschlichen Bewusstseins gedacht, damit es in der Dualität nicht in Vergessenheit gerät. Zu diesem Zweck wurden sie konstruiert.

Ursprünglich brachte man diese kristallin programmierten Schädel vom Arcturus und den Plejaden in das Land, aus dem später LeMuria wurde, doch die Modelle wurden geliefert, ehe der Planet vollständig in die Polarität eingetreten war. Sie wurden in der Zeit des Firmaments auf den Planeten gebracht, auf eine Nullpunkterde, die wir als nichtmagnetische Ebene bezeichnen wollen, in eine irdische Welt, die Vollkommenheit kannte und von einer androgynen Manifestation des ätherischen, hochgradig bewussten Spirit bevölkert wurde. Aber zu jener Zeit war bereits bekannt, dass das Firmament fallen würde, dass es sich auflösen würde. Deshalb entwickelte man den Plan, dass dieses Modell namens MAX, dieser außergewöhnliche Hologrammbericht, der originale Kristallschädel, als Prototyp des neuen Anfangs dienen sollte. Und so ist in ihm das Master der zwölf DNS-Stränge enthalten, der völlig bewusste, klare Verstand und das ganze Sein des aufgestiegenen Menschen.

In den Kristallschädeln ist das gespeichert, was ihr vor dem menschlichen Experiment wart, und das, was ihr sein werdet, wenn ihr den unendlichen Kreis vollendet habt.

Die originalen Kristallschädel wurden auf einer höheren Ebene als der der Physikalität manifestiert und schon mehrfach in die Physikalität transportiert. Deshalb kann ihnen kein wahres Alter zugeschrieben werden. In den Millionen Jahren, die die Erde bereits von der Menschheit bewohnt wird, sind die Schädel schon viele Male erschienen, verschwunden und wieder erschienen. MAX stammt nicht von der Erde. Sein Ursprung liegt in den

Plejaden, aber seine Bauweise entspricht eher der der arcturianischen Kristallmeister.

Wie haben die Maya ihr Wissen geschützt, und wohin sind sie gegangen, als ihre Zivilisation sich aufzulösen begann?

Wie gesagt, sind die vollständigen Aufzeichnungen im dreizehnten Paradigma enthalten, in MAX. Er ist ein außerirdischer Kristallschädel, ein bewusster Kristallcomputer, und in diesem Kontext war/ist er das »lebende Datenarchiv«, das für die Speicherung der vollständigen Informationen des Kalenders genutzt wird.

Die Atlanter arbeiteten mit den originalen Kristallschädeln, und der wichtigste von ihnen, der dreizehnte, der die gesamte Energie der zwölf anderen enthält, wurde vom höchsten Erzpriester der Maya sorgfältig bewacht.

Das bedeutet, dass der dreizehnte Schädel in den Hyperdimensionen existiert hat, zu denen der Erzpriester der Maya Zugang hatte, und dass er eine wichtige Quelle der für die Maya relevanten Informationen und Daten war. Er enthält die Informationen über den vollständigen Kalender, die vollständige Karte des Kosmos in Verbindung mit Sirius, Orion, den Plejaden, Arcturus und vieles mehr, darunter die physikalischen Gesetze für alle Dimensionen und die zyklischen Codes. Dieses mit einem Bewusstsein versehene Speichermedium ist eine riesige Datenbank und ein unschätzbares Werkzeug. Der Erzpriester der Maya erlangte das Wissen darüber, wie man ihn »liest«, durch die Hilfe der Sirianer. Für sie existierte er in einer Dimension, die man als halbphysisch bezeichnen könnte, und manifestierte sich durch Gedanken auf der Theta-Ebene. Ihr müsst wissen, dass in diesem kristallinen, bewussten Computer namens MAX auch die Codes für die Neuprogrammierung der Erde gespeichert sind. Aus genau diesem Grund hat er sich in der gegenwärtigen Zeit manifestiert.

Der Kristallschädel wurde in eine feste Form gebracht und in einem außerordentlich komplexen Prozess programmiert. Er war

dazu gedacht, eine immense Schwingung zu speichern, die sich
mit dem Hologramm verbunden hat. Somit ist der Kristallschädel
ein ehrendes Andenken und Übermittler, der der Seele unaus-
löschlich sein Modell der Vollkommenheit einprägt. Diese Vollkommenheit ist in den göttlichen Aspekt der Seele eingebettet,
wenn sie aus dem Einheitsfeld ins Erdmuster eintritt. Man könnte
sagen, dass dieses Muster im Gottesselbst gespeichert wird, dem
Unbewussten oder Superunbewussten des menschlichen Geistes.
Wir sprechen vom vervollkommneten Menschen – keiner Version
dessen, was der Mensch in der Abwärtsspirale der menschlichen
Erfahrung später wird, sondern von dem Originalabdruck, den er
anstrebt und in den er sich durch den Wachstumszyklus, den ihr
als »Reinkarnation« bezeichnet, wieder zurückentwickelt: dieser
ursprüngliche und makellose paradigmatische Archetypus.

Der Originalschädel enthält diese Vollkommenheit, damit sie
nicht verloren geht. Und selbst die Kristallreplikate, die heute
angefertigt werden, sind dazu in der Lage, die Energie aus dem
Hologramm anzuziehen und teilweise zu speichern. Manche speichern mehr als andere.

Wir möchten hinzufügen, dass MAX einer von zwei Schädeln
außerirdischen Ursprungs ist. Der andere trägt den Namen Sha
Na Ra. Beide stammen vom Mond eines gigantischen Planeten,
der etwa zwanzig Mal so groß ist wie euer größter Planet Jupiter. Er
kreist um Arcturus, den orangefarbenen Stern der Schöpferkraft.

Der dreizehnte Schädel wurde durch *morphokristalline Manifestierung* hergestellt, bei der die arcturianische Kristallquelle eine Rolle
spielte, die von einer alchemistischen Schwingung aufgeladen
wurde, um anschließend von den Meistern von Arcturus und
der Sirianisch-Plejadischen Allianz den genetischen Abdruck der
Menschen zu erhalten.

Das in diesen Originalkristallschädeln enthaltene Wissen ist das
des Universalgeistes. Es ist bereichernd und unendlich groß. Wenn
ihr Zugang zu diesen Informationen erlangt, wird das Bewusstsein
darüber angeregt, wer ihr seid und wen ihr vor euch seht. Wenn

ihr euer Bewusstsein in einen Kristallschädel bettet (und genauso arbeitet man mit ihnen), werden Tore und Türen zu einer Welt jenseits eurer höchsten Erwartungen geöffnet.

Zugang zu dem Schädel erhält man nicht in Form eines gesprochenen Dialogs, sondern durch einen Prozess, den ihr vielleicht als Download bezeichnen würdet. Dabei erlangt ihr ganz plötzlich und auf unbegreifliche Weise Informationen, die euer Paradigma verändern und euer Gewahrsein erweitern. Manche empfangen diese Informationen als visuelle Bilder, andere als Informationspakete, eben Downloads, wenn ihr so wollt. Manchmal vollzieht sich die Übertragung auch auf beiden Wegen. Die Informationen befinden sich bereits im Unbewussten, einem tiefer gelegenen Bereich des Unbewussten, den ihr als »Superunbewusstes« bezeichnet. Sie existieren in dem Reich des Lichts, das ihr als »Ultraviolett« bezeichnet. Das Interesse der breiten Masse an den Schädeln beruht darauf, dass die Bevölkerung mit dem Aufkommen des Aufstiegs einen Drang verspürt, sich selbst besser zu verstehen. Und damit geht das Bedürfnis einher, jene Muster, die der Menschheit nicht länger dienen, abzulegen und sich neu auszurichten auf all jene Attribute und vollkommene Vorbilder, die ihr nutzen.

Die Menschheit legt einen Neustart hin, so wie die Erde selbst es tut. Systeme, die weder auf der Mikro- noch auf der Makroebene länger funktionieren, brechen zusammen, kollabieren und formen sich neu. Genau dieser Prozess vollzieht sich gerade auf euren wirtschaftlichen Schauplätzen. Das Wissen des Universalgeistes existiert derzeit außerhalb des Kristallschädels. Doch der Universalgeist ist in ihm enthalten und mit ihm verzahnt und kann so auch der Menschheit dienen. Das im Schädel enthaltene Wissen wird ausformuliert und umgewandelt. Es wird sozusagen in ein Format übersetzt, das menschlichen Zugang gewährt. Dies vollzieht sich in Form eines spezifischen Musters, das, wie wir bereits sagten, den Prototypen für die Vervollkommnung der Menschheit darstellt.

Lenken uns die Maya auch heute noch?

Nicht die Maya, sondern diejenigen, die früher den Maya geholfen haben, unterstützen heute die Menschheit. Wie bereits gesagt, ist ihre Hilfe beim Aufstieg ein Teil des erhöhten Gewahrseins, das im Augenblick entsteht.

In Wahrheit ist der Aufstieg das Wiederauftauchen der kristallinen Quantenenergie des Einheitsfelds, und damit ist er gleichwertig zu den Kristallschädeln, da sie diese Energie in sich tragen. Ihr seid nur wenige Jahre davon entfernt, euch im exakten Zentrum der Galaxie zu befinden, und der kurze Vektor ermöglicht es dem Großteil eures Höheren Selbst und höheren Bewusstseins, in himmlische Schwingungen aufzusteigen. Ihr solltet also anfangen, den Zweck und die machtvollen Fähigkeiten der antiken Kristallschädel als Teil dieser Entfaltung und als etwas, das euch Führung bieten kann, zu verstehen.

Und noch wichtiger ist es zu verstehen, dass sie Teil einer größeren Energie sind, eines Hologramms, das euren Planeten und alle zwölf Lichtdimensionen um euch herum umfasst. Bei diesem Hologramm handelt es sich um das Einheitsfeld, die Kristallschwingung, und es umfasst euch auf der Makroebene. Es umfasst euer gesamtes Sonnensystem, eure Sonne und natürlich die Erde. Das, was ihr als die »Goldene Sonnenscheibe« bezeichnet, sind die zwölf Strahlen, die DNS eures sich fortentwickelnden Planeten – genauso, wie die Kristallschädel die Blaupause für die Menschheit verkörpern. Es gibt also unzählige Hilfsmittel. Und die Codes, Programme und alles, was für die Neukodierung der Erde vonnöten ist, werden in einem mit einem Bewusstsein ausgestatteten Computer gespeichert, der weitaus aktiver ist, als euch im Augenblick klar ist. Denn er stellt eine interaktive Schnittstelle mit dem dar, was ihr als das Heilige, Wissenschaftliche und Göttliche bezeichnet.

13

Was geschieht
mit den Tieren?

»Wenn die Vögel vom Himmel fallen und die Tiere sterben,
wird ein neuer Menschenstamm verschiedenster Farben, Klas-
sen und Glaubensformen auf die Erde kommen, der durch
seine Handlungen und Taten die Erde wieder grün macht.
Sie werden bekannt werden als die Regenbogenkrieger.«

Hopi-Prophezeiung

Anfang 2011 machte die sogenannte »Aflockalypse« von sich reden,
das Massensterben von Tieren. Dieses Phänomen trat nicht nur in
Arkansas auf, wo die ersten Vögel vom Himmel fielen, auch in Texas und
Los Angeles kam es zu entsprechenden Vorfällen. In Neuseeland starben
die Pinguine, in England verendeten 40.000 Krabben, in Brasilien wurde
tonnenweise toter Fisch angeschwemmt – und ähnliche Katastrophen
spielten sich in Italien, Schweden, Australien und China ab. Es kam
sogar zu einem Verschwinden der Bienen.[*]

In materieller Hinsicht dürften die Ursachen in einer Kombination aus
magnetischen Veränderungen des Planeten und der aus dem Gleichgewicht

---

[*] Eine Botschaft von Gaia, dem Bewusstseinskörper von Mutter Erde, über
das Verschwinden der Bienen enthält das Buch *Lösungen für einen kleinen
Planeten* von Pepper Lewis, Hanau 2010. – *Der Verlag*

*gebrachten Ökologie liegen. Aber wir sollten den multidimensionalen
Aspekt dieser Situation nicht vergessen.*

*Ist dies das Zeichen, von dem die Hopi-Prophezeiung spricht, und werden
die Regenbogenkrieger wirklich zu uns kommen? Oder sind sie vielleicht
schon unter uns?*

Die Umstände, mit denen ihr euch im Augenblick konfrontiert
seht, wurden von unzähligen Quellen prophezeit. Derartige Prophezeiungen variieren in Hinsicht auf ihre Genauigkeit und An-
wendbarkeit stark. Aber fast alle derartigen Vorhersagen werden
rückwirkend angepasst. Das ist nur natürlich und logisch.

In diesem Kontext wollen wir euch mitteilen, dass die Menschen, die ihr Indigo- und Kristallkinder nennt, aber auch die
»Baby Boomer«, zu denen viele von euch »Wegbereitern« zählen,
als »Regenbogenkrieger« bezeichnet werden können.

Die Ökologie dieses Planeten ist im Ungleichgewicht, was der
Grund dafür ist, dass so viele Hurrikane, Tornados und Erdbeben
auftreten. Doch der Planet ist in weitaus größerem Ausmaß dazu
in der Lage, sein Gleichgewicht zu korrigieren und seine eigenen
Schwingungen anzupassen, als ihr euch das vorstellen könnt.

Das Vorkommnis mit den Vögeln in Arkansas ereignete sich,
weil ein riesiger Schwarm der Rotschulterstärlinge, von denen in
jener Gegend Hunderttausende nisten, in einen piezoelektrischen
Impuls von Kristallenergie geflogen sind. Die Vögel sind in einen
elektrischen, strudelförmigen Strahlungsbereich geraten, der sie
kurzzeitig aus dem Gleichgewicht gebracht hat. Schätzungsweise
4.500 Vögel aus einem mehr als 15.000 Exemplare starken
Schwarm haben ihren Gleichgewichtssinn verloren. Gestorben
sind sie aufgrund des stumpfen Traumas, das sie beim Aufprall
auf den Boden erlitten.

Bei diesem Vorfall handelt es sich trotz aller Spekulationen
von Verschwörungstheoretikern nicht um die Auswirkungen von
HAARP oder irgendeiner verdeckten Militäraktion oder geheimen Regierungsaktivität. Es war ein natürliches Ereignis, das

in dieser Gegend auch vorher schon vorkam, wenngleich durch andere Spannungen. Jeglicher Quarz ist piezoelektrisch. Dabei handelt es sich um eine mineralogische Eigenschaft von Quarz, die eurer Wissenschaft wohlbekannt ist. Quarz kann, wenn er in bestimmter Form unter Druck steht, eine elektrische Ladung abgeben. Doch in diesem Fall entsprang die Spannung den sich beschleunigenden Impulsen der gigantischen Meisterkristalle in Arkansas. Arkansas ist das größte Depotfeld von Quarzkristallen seiner Art auf dem ganzen Planeten. Das Pulsieren der Tempelkristalle hat auf der Oberfläche der massiven Quarzdepots eine Oberflächenspannung erschaffen, und diese wurde in Form einer crysto-elektrischen Spannung freigesetzt. Die piezoelektrische Schockwelle trat nur kurz und in einer Höhe von sechshundert Metern über dem Boden auf.

Was ähnliche Probleme in anderen Gegenden betrifft: Diese beruhen in den meisten Regionen auf magnetischen Verschiebungen. Der Magnetismus der Erde hat sich verändert. Deshalb kam Kryon, der Meister des Magnetismus, zu euch, um das magnetische Gitternetz anzupassen. Das Ergebnis waren die Strandungen von Walen, Delfinen und Zugvögeln.

Die Verringerung des Magnetismus diente der fortschreitenden Ausdehnung des kristallinen Gitternetzes, von dem euch das Channelmedium James Tyberonn erzählt hat.

Opfern sich die Vögel und Tiere selbst, um andere Formen bewussten Lebens wie die Menschheit auf die Veränderung hinzuweisen?

Einige eurer metaphysischen Gruppen sind der Überzeugung, dass manche Arten beschlossen haben, nicht auf der Erdebene weiterzuleben. Verschiedene Theorien darüber sind im Umlauf, und sie nennen verschiedene Gründe für das Auftreten dieser Phänomene.

Vögel und Tiere, aber auch die Meeressäuger, sind aus einem bestimmten Grund auf der Erdebene. Einige dieser Arten sind hier, um der Menschheit ganz bewusst zu Diensten zu sein. Bestimmte Arten sind eine Nahrungsquelle für die Menschheit, und in dieser Hinsicht kann man durchaus von einer bewussten Aufopferung sprechen. Doch im Tierreich fallen die Bewusstseinsgrade sehr unterschiedlich aus. Nicht alle Spezies sind sich ihrer selbst bewusst. Viele Fisch- und Vogelarten, die im Schwarm leben, agieren eher über ein Bewusstsein für die Gruppenidentität als über ein individuelles Bewusstsein.

Das Tierreich ist in vielerlei Hinsicht besser auf die natürlichen Zyklen und Rhythmen des Planeten eingestimmt, als es die Menschheit im Augenblick ist. Aber ihr solltet wissen, dass Bewusstheit und Entwicklung im Tierreich auf einer anderen Erfahrungsebene stattfinden als bei den Menschen. Viele Tiere sind Raubtiere und fressen andere Tiere, um zu überleben. Viele Tierarten agieren über eine Art Gedankenmuster und haben kein Zukunftsbewusstsein. Sie handeln im Fokus des gegenwärtigen Augenblicks.

Tierarten, die bereit sind, stärker mit der Menschheit zu interagieren, besonders jene, die, um es mit euren Worten auszudrücken, Begleiter und Haustiere werden, tun das aus einem Mechanismus heraus, der euch überraschen wird.

Derartige »Begleiter« werden im Grunde genommen zu Persönlichkeitsbestandteilen ihrer Versorger. Vor allem Hunde und Katzen können sich mit den Gedankenprogrammen ihrer menschlichen »Besitzer« zusammenschließen und ihnen unschätzbare Dienste leisten, indem sie ihnen Zuwendung, Loyalität und Liebesprojektion schenken. Sie nehmen freiwillig die Charakteristika ihrer menschlichen »Frauchen« und »Herrchen« an und entwickeln in manchen Fällen sogar äußerliche Ähnlichkeiten mit ihren »Besitzern«.

Manche weiterentwickelte Tier- und Vogelarten sind dazu in der Lage, der Menschheit Rat zu schenken, und die Urvölker waren sich dessen bewusst. Die Agrargesellschaften, die ihr als »Eingeborenenstämme« bezeichnet, entwickelten intensive Interaktionen mit Mitgliedern des Tierreichs, die sie für ihre Fähigkeiten in Bezug auf natürliche Instinkte, Stärke, Listigkeit und Überlebensfähigkeit anerkannten und respektierten.

Es waren die Gedankenprojektionen dieser Menschen, die eine Schnittstelle bildeten, auf der dann ein Austausch stattfinden konnte. Und die Tiere akzeptierten und erwiderten ihn.

Insofern hat es also bewusste Interaktion, Kommunikation, Lehre und sogar Opfer gegeben, die die verschiedenen Mitglieder des Tierreiches freiwillig dargebracht haben, um der Menschheit zu helfen. Es handelt sich dabei um ein besonderes Paradigma, in dem sich menschliche Gedankenprojektionen mit dem Bewusstsein des Tierreichs koppeln und sich mit diesem vermengen, wodurch ein drittes Bewusstsein erschaffen wird. Versteht ihr?

Um unsere Antwort auf deine Frage zusammenzufassen: Es gibt viele Beispiele für bestimmte Spezies aus dem Tierreich, die sich selbst opfern, um der Menschheit zu helfen, und möglicherweise erwägen manche Tierarten wirklich, die Erde zu verlassen. Aber die aktuellen Szenarien, von denen du gesprochen hast, sind größtenteils unwillkürliche Ereignisse, bei denen durch natürlich und unnatürlich bedingte Veränderungen in der Umwelt Tiere ums Leben kamen. Diese Veränderungen können in einigen Fällen als klare Zeichen dafür aufgefasst werden, dass sich die Erde verändert. Andere Todesumstände von Vögeln und Fischen, wie etwa der Vorfall in Arkansas, sind naturgegebene Risiken und auf besondere Veränderungen in den Zyklen der Erdelemente sowie auf Schadstoffe zurückzuführen.

14

Heilige Geometrie, heilige Stätten und Kraftknotenpunkte

»Die Heilige Geometrie ist die Architektur des Universums. Sie ist der Rhythmus des Lebens, der Tanz des Universums. Sie handelt davon, die perfekten Linien zu erkennen. Welche Muster hat sich eure Seele für dieses Leben ausgesucht? Tanzt ihr im Rhythmus, oder schwimmt ihr gegen den Strom?«

Janosh, multimedialer Künstler

Wir wissen mit Sicherheit, dass all die alten Zivilisationen – wie die Ägypter, die amerikanische Urbevölkerung, die Kelten und Maya – ihre Monumente und Tempel gemäß der Heiligen Geometrie errichtet haben. Alle weiterentwickelten Gesellschaften hatten ein Verständnis für die Lebensenergie, die die heilige Energie liefert. Wenn wir einen Blick auf unsere moderne Gesellschaft werfen und uns ansehen, wie heutzutage Gebäude errichtet werden, wissen wir, dass etwas fehlt. Viele von ihnen sind sehr hässlich. Die Planer sehen die Vorteile des Grundstücks, auf dem sie bauen wollen, ohne einen Gedanken an Natur, Zahlen, Geometrie, Proportionen oder Ausrichtung der Struktur zu verschwenden. Alles scheint in einer Reihe dazustehen ... ein Gebäude neben dem anderen. Es wirkt eher willkürlich und langweilig, ohne eine besondere Berücksichtigung der Energien.

Sind wir vom richtigen Weg abgekommen, indem wir die Heilige Geometrie nicht berücksichtigt haben?

Die Heilige Geometrie ist tatsächlich der Stoff, aus dem das Universum gemacht ist, und sie spielt eine wichtige Rolle für alles Leben. Zwar besaßen manche eurer vergangenen Kulturen ein größeres Verständnis von der Heiligen Geometrie und legten einen stärkeren Fokus auf sie als ihr, doch in den antiken Mysterienschulen vergangener Kulturen wurde nur besonders wissbegierigen Schülern eine wahrhafte Kenntnis dieser Wissenschaft vermittelt, nicht der Gesellschaft im Ganzen.

Kulturen wie die Ägypter, Griechen, Römer und natürlich auch die Atlanter von Poseida kamen allerdings in den Genuss der Vorzüge großartiger Tempel, die nach den Erfordernissen der Heiligen Geometrie errichtet waren.

Selbst eure katholischen Kathedralen in Britannien und Kontinentaleuropa sind nach den Maßstäben der makellosen Heiligen Geometrie erbaut, und nicht nur das, sie befinden sich auch auf besonderen Kraftknoten- und Gitternetzpunkten.

Was euren aktuellen Gesellschaften und Kulturen fehlt, sind große Tempel, in denen man sich versammeln könnte.

Lange Zeit über erwartete ich beim Betreten einer heiligen Stätte, dass ich Energie erhalten würde. Ich dachte, dass ich nichts zu geben hätte, was auch nur ansatzweise so mächtig wäre wie das, was ich empfing. Als ich schließlich begriff, dass Geometrie die Sprache der Seele ist und vom Unbewussten sofort erkannt wird, hat mich das für die Erfahrung der Energien weitaus offener gemacht, denn nun betrat ich die Stätten voller Intention und Gewahrsein. Es kam zu einer Kommunikation mit der Heiligen Geometrie.

Ist die Ursache hinter unserem Bedürfnis, diese Stätten aufzusuchen, das Bedürfnis unserer Seele, sich wieder mit Kraftorten zu verbinden, die dieselbe Sprache sprechen wie die Seele?

Ganz genau. Heilige Stätten aller Arten sind von großer Wichtigkeit für den Planeten, und das war schon immer so. Sie erfüllen unzählige Aufgaben, darunter die Herstellung des Gleichgewichts des Planeten und die Verbindung der Erde mit höheren Dimensionen. Zusätzlich dazu, dass sie die Empfänger und Verteiler der Energie des planetaren Aufstiegs sind, sind sie auch das wichtigste Rüstzeug für den Aufstieg der Menschheit.

Die Wiederverbindung, die an den Kraftknotenpunkten und heiligen Stätten auftritt, ist eine neuerliche Ausrichtung der Seele durch das Ausbalancieren der Chakras. Entsprechend ermöglicht sie eine präzisere innerliche Kommunikation.

Eine heilige Stätte kann als Unendlichkeitspunkt definiert werden, der sowohl für die Erde als auch für die Menschheit von großer Bedeutung ist – für das Innere und das Äußere der Erde, für die überirdischen Himmel und den himmlischen Körper selbst. Sie ist das, was Macht verleiht, sie ist das, was Weiterentwicklung ermöglicht, sie ist das, was die bewusste Fortentwicklung beeinflusst, und sie stellt einen Teil der zellularen Existenz der Menschheit dar. Tatsächlich ist die kristalline Kernexistenz ihrer Energie auch in eurer DNS enthalten und verschmilzt an vollständig aktivierten heiligen Stätten synergistisch mit dem Menschen. Daher rühren die Anziehungskraft dieser Orte und das Bedürfnis, sie aufzusuchen: Sie ermöglichen eine heilige Verbindung. Sie fungieren wie eine Stimmgabel für die Seele und führen zu einer »Wiedereinstimmung«.

Nun sind an einigen speziellen Orten auf eurem Planeten die Drei-in-Eins-Bestandteile des kristallinen 144-Gitternetzes (der Dodekaeder, Ikosaeder und Doppel-Pentadodekaeder) zu konzentrischen Linsen verknüpft, die den zwölf Erddimensionen eine Manifestierung in dinglicherer Form ermöglichen. Dies erzeugt ein Phänomen, das mein Channelmedium als »Raumkomprimierung« oder »harmonikal-dimensionalen Überbau« bezeichnet.

Wenn ihr, als Menschheit, diese besonderen Orte betretet, werdet ihr umgehend von ihnen beeinflusst. Eure Energie steigt an, euer Gewahrsein erhöht sich und eure multidimensionalen Aspekte werden greifbarer. Der Grad eurer persönlichen Entfaltung hängt natürlich von der Ebene des Gewahrseins beziehungsweise dem Lichtquotienten des Einzelnen ab, aber alle Besucher, ob sie jetzt weisheitsuchende Pilger sind oder einfach nur Touristen, werden in dem einen oder anderen Ausmaß beeinflusst. Suchende, die diese Orte mit einer ehrfürchtigen Geisteshaltung betreten, haben die Möglichkeit, ihre Schwingung zu erhöhen, und erhalten die außergewöhnliche Gelegenheit zu einer multidimensionalen Erfahrung.

Mein Channelmedium unterscheidet fünf Kategorien heiliger Stätten:

1. Natürliche tellurische Energien: Mineralablagerungen sowie Gold, Quarz und Diamanten, Berge, Flüsse, Ozeane, Vulkane, Flüsse und Quellen.
2. Von Menschen erschaffene: Pyramiden und Kathedralen, die nach den Anforderungen der heiligen geometrischen Architektur errichtet wurden.
3. Gitternetzpunkte: Punkte auf dem Gitternetz und Punkte kosmischer Ausrichtung.
4. Heiliges Pflanzenleben: durch Eichen, Mammutbäume und andere machtvolle pflanzliche Lebenssysteme erzeugte Felder.
5. Stätten mit den Energiesignaturen von Menschen: beispielsweise die Grabstätten großer Anführer und Stätten, an denen historische oder religiöse Ereignisse stattgefunden haben.

In groben Zügen können wir diese Aufteilung bestätigen. Doch es muss unbedingt noch hinzugefügt werden, worum es sich bei einem Kraftknotenpunkt handelt: *Sie sind die grobe Basis für eine heilige Stätte, aber nicht notwendigerweise schon eine heilige Stätte an sich. Die Menschheit kann Kraftknotenpunkte energetisieren und pflegen, so dass sie heilig werden.* Es sind Energiefelder, die mit einer höheren Schwingung mitschwingen, welche wiederum einer geologischen oder tellurischen Quelle entspringt.

Dabei kann es sich um einen Berg, ein Tal oder eine Flussmündung handeln, die ein vermehrtes Gefühl von Ausgewogenheit, Wohlergehen und Ruhe ausstrahlt. Wenn die Stätte von Menschen, die das Land ehren und ihre Kenntnis und Verehrung energetisch durch Gebete oder Zeremonien mit ihm verschmelzen lassen, bewohnt oder häufig besucht wird, kann aus dem Kraftort auch eine heilige Stätte werden: Die Energien und hehren Absichten der Menschen verschmelzen dann mit der Energie des Kraftortes, der sich daraufhin zu einer heiligen Stätte weiterentwickelt.

Was nun die Stätten menschlicher Abdrücke und ihre Heiligkeit betrifft: Dazu möchten wir euch sagen, dass die Energie eines Kraftknotenpunkts verstärkt, aber nicht notwendigerweise erschaffen werden kann. Zunächst muss die rohe Energie vorhanden sein. Wenn an einem solchen Ort etwas auftritt, das das Channelmedium als wichtiges historisches Ereignis klassifizieren würde, und dieser Ort danach große Besuchermengen anzieht, kann die dadurch angehäufte Energie die Stätte auf eine höhere Schwingung heben. Durch diese Erhöhung entwickelt sich dann eine Art von heiliger Stätte. Aber wir wollen nochmals betonen, dass das nur möglich ist, wenn vorher schon ein kraftvolles Energiepotenzial vorhanden war.

Kraftknotenpunkte

Die meisten Kraftknotenpunkte strahlen ihre anfänglichen Energien über eine Mischung geologischer Quellen aus. Metamorphes Gestein, Eruptivgestein und (in geringerem Ausmaß) Sedimentationsschichten sowie besondere Wasserquellen sind die Quellen der meisten eurer tellurischen geologischen Kraftknotenpunkte. Vor allem metamorphe Mineralformationen aus der sogenannten präkambrischen Ära enthalten haufenweise pegmatitische Erd-schätze. Kristallisierung in metamorphem und eruptivem Gestein ist zurückzuführen auf den gigantischen Druck, der jede Gesteins-formation in seinen reinen Kristallmetamorphismus verwandelt. Ihr seht also, dass selbst jene, die von den Urvölkern als »das Steinvolk« bezeichnet wurden, durch Druck und Zeit zur Kristal-lisierung fortschreiten können!

Eure derzeitige Wissenschaft behauptet, dass eure Erde und euer Sonnensystem schätzungsweise 4,54 Milliarden Jahre alt sind. Doch die ältesten Steine auf eurer Erde können nicht auf ihr Alter hin untersucht werden, weil sie nicht mehr existieren. Sie wurden durch den Druck der Zeitalter gemahlen, zerstört durch den zyklischen Prozess der Plattentektonik. Die Berechnung des Erdalters macht sowieso nur in dreidimensionalen Begriffen Sinn. Eure Wissenschaft kann im Augenblick lediglich Untersuchungen in linearer Zeit anstellen und hat noch nicht begriffen, dass sich die Perspektive der Wissenschaft in der Multidimensionalität verändert. Erst jetzt macht ihr euch wieder vertraut mit der Quan-tenphysik und dem Gedanken, Paralleldimensionen als etwas Re-ales zu betrachten. Die zirkuläre Zeit ist für euch nichts weiter als ein äußerst faszinierendes Mysterium. Wir aber sagen euch, dass innerhalb bestimmter Kraftknotenpunkte und bestimmter heiliger Stätten tatsächlich multidimensionale und parallele innere und äußere Welten manifestiert werden und dass sie unter bestimmten Raum-Zeit-Sequenzbedingungen auch zugänglich werden.

Dennoch ist euer geologisches Verständnis von Gesteinsphasen und Kristallisierung recht zutreffend, wenn es auf Kraftknoten-punkte angewendet wird. Regionen aus reinen Mineralfeldern, Metamorphiten und Eruptivgestein sind die mächtigsten Quellen mineralogischer Energiefelder. Die edelsten mineralogischen Ener-gien eurer Erde entspringen Gold, Platin und allen kristallinen Mineralien und Verbindungen. Kraftknotenpunkte strahlen nicht nur ein elektromagnetisches Feld ab, sondern sind auch in der Lage, Licht auf unzählige Weisen zu biegen, zu brechen und zu zerstreuen. Ihre Fähigkeiten, das Raum-Zeit-Kontinuum zu beeinflussen, sind einzigartig, besonders wenn sie mit bestimmten Himmelsbögen, Winkeln, Elektromagnetismen und Formen der Schwerkraft verknüpft sind.

DIE GITTERNETZGEOMETRIE HEILIGER STÄTTEN

Nun fragt das Channelmedium nach dem Zusammenhang zwischen heiligen Stätten und dem Gitternetz. Heilige Stätten sind nicht unabhängig vom Gitternetz; dennoch sind sie im Augenblick nicht vollständig damit eins. Wir wollen es so ausdrücken: An diesem Prozess wird derzeit gearbeitet. Viele von euch Erdhütern sind an dieser Arbeit aktiv beteiligt.

Einige eurer Wissenschaftler haben zwar versucht, ein spezifisches geometrisches Muster und eine Gitternetzausrichtung auf eure wichtigsten heiligen Stätten zu finden, sind damit aber gescheitert. Die Punkte, die sie verbunden haben, bildeten nicht das Dodekaeder-Muster, nach dem sie gesucht hatten. Allerdings waren sie auf dem besten Weg. Die Suche nach geometrischen Mustern in der Ausrichtung heiliger Stätten ist der richtige Grundgedanke. Sie verfügten nur noch nicht über das gesamte Wissen, das notwendig wäre, um diese Gleichung zu lösen. Euer Verständnis für die Gitternetze ist sehr gering, und ihr besitzt noch weniger Wissen, was die Technologie antiker Stätten aus der Zeit betrifft, in der sie errichtet und aufeinander ausgerichtet wurden und man ihre volle Wirkkraft ausschöpfen konnte.

In jenen Zeiten nutzte man eine andere Geometrie. Meistens befand sich die Erde auf einem anderen Achsenwinkel, und es standen buchstäblich andere Sterne an eurem Himmel. Sie rotierten, wie sie es ja noch immer tun: Sie verändern ihre Position und stehen dann nicht mehr in den ursprünglichen Kraftwinkeln. Damals befanden sich die heiligen Stätten des Planeten in einer fließenden geometrischen Ausrichtung mit dem Gitternetz.

Außerdem sind im Verlauf der Jahrtausende viele der antiken Stätten für euch unzugänglich geworden, so dass ihr sie vergessen habt. Manche liegen inzwischen unter den Meeren, andere wurden durch plattentektonische Verschiebungen zerstört, und viele weitere hat der Sand und Schlamm der Zeitalter begraben. In Ägypten, Äthiopien, China und der Türkei warten wunderbare Pyramiden-komplexe, deren Existenz sich eure Anthropologen im Augenblick nicht einmal in ihren kühnsten Träumen vorstellen können, darauf, wiederentdeckt zu werden. Zwei dieser heiligen Stätten sind noch ziemlich aktiv. Versteht ihr nun, warum die Geometrie in eurem aktuellen Jetzt gar nicht funktionieren kann?

Entsprechend passen die Muster, die im Rahmen dieser Theo-rien angewendet werden, nicht mehr so, wie sie es früher einmal getan haben. Um all das wirklich verstehen zu können, müsste jede heilige Stätte wieder auf genau den Stand zurückversetzt werden, den sie innehatte, als sie entdeckt, energetisiert, errichtet, geehrt und auf alle damals wirksamen Gitternetze ausgerichtet wurde. In vergangenen Zeitaltern wurde jede Stätte geometrisch auf alle anderen bezogen und dann in eine synergistische Wech-selbeziehung mit den Gitternetzsystemen des Planeten und der Sterne gestellt. Wenn man diesen Prozess durchschauen würde, würde sich ein ausgesprochen funktionelles Muster abzeichnen. Doch zurzeit gibt es auf der Erde kein einziges Wesen und keine Organisation, die dazu in der Lage wären. Es gibt keinen Com-puter, der es berechnen könnte, da hierzu ein Bewusstsein, ein Wissen und ein Gewahrsein vonnöten wären, die noch nicht wieder vorhanden sind.

Heilige Stätten verbinden sich auf unterschiedliche Weise mitei-nander. Einige heilige Stätten, wie beispielsweise der Titicaca-See in Og (Bolivien und Peru) und der kalifornische Mount Shasta, sind Mega-Stätten/Satellitenkomplexe, die eine Vielzahl von aus-gleichenden Kraftknotenpunkten innerhalb eines klar umrissenen Gebiets beherbergen. Diese kreisen energetisch um einen Mittel-kern und balancieren die Energie zu einem enormen unabhängigen

Energiesystem aus. In kleineren Systemen bilden heilige Stätten Dreiecke. Alle heiligen Stätten kommunizieren durch Energiesysteme, die auf harmonischer Oszillation, Ley-Linien, Meridianlinien und ätherischen axialtonalen Linien beruhen.

Die kristallisierte Matrix heiliger Stätten projiziert durch Schwingungsenergieimpulse eine besondere harmonische Wellenlänge, die durch harmonische Energieoszillationen kommuniziert. Das wurde mittlerweile auch wissenschaftlich bewiesen. Man bezeichnet dieses Phänomen als »harmonische Oszillation«. Wenn man beispielsweise eine Stimmgabel mit dem Ton C nimmt und dann ein C auf dem Klavier anschlägt, löst die musikalische Schwingung des Klaviers eine Schwingung in der Stimmgabel aus. Dasselbe ereignet sich bei den Schwingungsoszillationen zwischen Kraftorten auf der Erde und in höheren Dimensionen. Deshalb sendet eine heilige Stätte oder ein Kraftknotenpunkt, dessen Energiequelle sich aus Gesteinsschichten aus präkambrischem kristallisierten Granitgneis zusammensetzt, eine Schwingung aus, die alle Formationen identischer Zusammensetzung beeinflusst und mit ihnen kommuniziert, unabhängig davon, wo auf der Erde sie sich befinden. Dasselbe trifft hinsichtlich von Gitternetz, Frequenz der himmlischen Ausrichtung und geometrischer Projektion auch auf heilige Stätten zu. Heilige Stätten können je nach ihrem göttlichen Zweck axialtonale Anziehungsverknüpfungen erzeugen. Manche Berge und Vulkane projizieren etwas, das man als männliche und weibliche Energien bezeichnen könnte, und diese wiederum verbinden sich auf Basis der polaren Anziehungskraft. Versteht ihr?

Wer diese Prozesse wirklich durchschaut, kann auch die komplexen Nuancen und differierenden Aspekte der an verschiedenen heiligen Stätten gespeicherten Macht erkennen. Sogar diese Systeme und Orte haben sich über die Zeitalter hinweg verschoben. Doch Eingeweihte können die Veränderung orten und die Systeme wieder auf die Gitternetze ausrichten. Die Akademiker, die das kürzlich mit modernen wissenschaftlichen Methoden versucht haben, waren allerdings noch nicht so weit. Ihr Vorgehen war amateurhaft.

Einige heilige Stätten sind auf Planeten in eurem Sonnensystem ausgerichtet, andere auf Sterne und Himmelskörper in anderen Sonnensystemen und Galaxien. Machu Picchu beispielsweise, das ein Satellit der Anlage des Titicaca-Sees ist, weist augenblicklich eine Ausrichtung auf den Planeten Saturn aus. Und die Ausrichtung auf stellare Gitternetze und weiter entfernte Systeme erfolgt mittels der Linse eures planetaren 144-Gitternetzes.

Nicht alle heiligen Stätten sind gleichwertig ausgestattet. Nicht alle sind bereits vollständig aktiv im Sinne eines bewussten Megakomplexes, denn sie sollen es noch nicht sein. Wenn eine heilige Stätte vollständig bewusst und vollständig aktiv ist, ist sie mit allen Bestandteilen und Schichten des Drei-in-Eins-Gitternetzsystems verbunden. Ein vollständig aktiviertes System heiliger Stätten enthält Megazentren, Satellitenknotenpunkte und – mangels eines geeigneteren Ausdrucks – Sub-Kraftknotenpunkte. Entsprechend würden, wenn eine heilige Stätte beschädigt oder veraltet wäre, andere Stätten aktiviert werden, um ihren Platz einzunehmen. Wenn es beispielsweise zu einer Verschiebung der Erdachse käme, würden sich daraufhin die planetaren und subplanetaren Chakras neu ausrichten, sich selbst neu erschaffen und reaktivieren und sich entsprechend anders mit dem Gitternetz verbinden.

Diese Prozesse vollziehen sich in der Regel mit multidimensionaler Hilfe, durch ein Wissen, das genau beschreibt, wie heilige Stätten auf differierende Himmelsenergien und Systeme jenseits des 144-Gitter-Netzes ausgerichtet sind. Hierzu gehören auch Geometrien weit von eurem Sonnensystem entfernter Hyperdimensionen, die Lichtgeometrie mit einbeziehen. Dabei handelt es sich um eine formenlose Geometrie, die ihr mit eurem derzeitigen Wissenstand nicht erfassen könnt. Aber jenseits eurer Erde, in weit entfernten Sternensystemen, nutzen Koordinatoren eine auf Lichtgeometrie beruhende Art der Navigation. Dort werden gewaltige Fahrzeuge mittels dieser Geometrie gesteuert.

Wisst ihr, wenn man die Sterne wirklich versteht, wenn man versteht, ob sie anziehend oder abstoßend wirken und wie ihr Schwerkraftfeld beschaffen ist, dann kann man spezielle Festlegungen treffen und dadurch sozusagen ein geometrisches Betriebssystem schaffen, das eine Energiequelle entstehen lässt, die durch reine Geometrie Lebewesen vorwärtsbewegen kann. Und so können selbst Sternenschiffe mittels eines absolut einzigartigen Designs durch den Raum reisen. Die Lichtgeometrie ist also nicht nur eine Form der Steuerung, sondern auch eine äußerst effektive Antriebsquelle. Lichtgeometrie variiert je nach Geschwindigkeit und Dimension, müsst ihr wissen. Im Vergleich mit dem geometrischen Licht des Kosmos ist euer sichtbares Lichtspektrum nur eine Kerze.

Lehrer mittels der Dritten Sprache

Heilige Stätten sind mit einem Bewusstsein ausgestattete Lehrer, und sie lehren in der dritten Sprache, *der stillschweigenden Lichtresonanz.* Die amerikanischen Ureinwohner verstanden das und brachten immer ein Opfer dar und baten um Erlaubnis, ehe sie einen heiligen Ort betraten. Wenn ein Pilger eine heilige Stätte in Ehrfurcht betritt, legt sich eine Energie um sein Aurafeld, und sein gesamtes Sein wird verschoben. Man lernt durch Stille, durch die Ruhigstellung des inneren Erzählers und dadurch, dass man der Weisheit eine Möglichkeit gibt, nach innen zu fließen. In eurem »Göttlichen Geist« und direkt in eurer zellulären DNS wird die Weisheit des »Universalwissens« aktiviert.

Bestimmte Arten von heiligen Stätten, vor allem jene, die ihr Licht durch die geometrische Struktur in Form eines Oktaeders ausstrahlen, reinigen euch. Sie zwingen euch buchstäblich, euren Unvollkommenheiten und den Teilen eurer Lebensmuster, die im Konflikt mit dem Göttlichen Selbst stehen, ins Auge zu sehen. Der Suchende wird durch die Feuerprobe der Selbstprüfung ge-

reinigt. Andere heilige Stätten, jene, die Licht durch die dodeka-
edrische Linse projizieren, wie beispielsweise die Rosslyn-Kapelle,*
unterstützen eure Reise in höhere Reiche. Diese werden als Sternentore bezeichnet. Die schottische Rosslyn-Kapelle beherbergt
eines der mächtigsten Sternentore auf eurem Planeten ... und
dabei dachtet ihr doch, dass ihr Geheimnis mit dem Heiligen
Gral zu tun hätte!

Einige eurer Metaphysiker sprechen davon, heilige Stätten zu
aktivieren, zu heilen und zu verankern. Wir verstehen zwar die
Absicht, die hinter solchen Beschreibungen steckt, doch in den
meisten Fällen ist es genau andersherum. *Ihr* seid es, die durch
die erhöhten Energien aktiviert, geheilt und verankert werdet.
Suchende hinterlassen Abdrücke ihrer Energien an den heiligen Stätten, und diese Energie wird erhöht und verbessert die
Schwingung der Matrix. Aber die Energie, mit der ihr die heiligen
Stätten speist, wird euch exponentiell zurückgegeben durch den
beschleunigten Zustrom höherer Energien und Adamant-Partikel,
der an Kraftknotenpunkten auftritt.

In vergangenen Zeiten war die Bewachung bestimmter Vortex-
Tor-Anlagen notwendig, besonders während des Mittelalters in
Europa und in Teilen des westlichen Mittelmeerraums, wo Ge-
heimgesellschaften diese Aufgabe übernahmen. Geheimgesell-
schaften wie die gelehrten Gnostiker infiltrierten die katholische
Kirche durch Priesterschaft und Gilden und konnten auf diese
Weise starken Einfluss nehmen, und zwar nicht nur, indem sie

---

* Dan Browns Buch und Verfilmung *Sakrileg* machte die Auffassung wieder populär, dass einige Tempelritter 1307 vor ihrer Verhaftung von Frankreich nach Schottland flohen, wo sie in Rosslyn den Heiligen Gral versteckt
haben sollen. Baron William Sinclair, dessen Familie aus der Normandie
stammt, begann dort 1456 mit dem Bau einer Kapelle. Dabei fand umfassend die Heilige Geometrie Verwendung, etwa in komplizierten Gravuren
an Säulen und Bögen, deren Muster in Frequenzen umgerechnet eine Me-
lodie ergeben. Ein namensgleicher Verwandter des Barons wurde 1736 der
erste Großmeister der Großloge von Schottland. – *Der Verlag*

die Zerstörung der angeblich heidnischen heiligen Stätten verhinderten. Tatsächlich ließen sie nämlich auch monumentale Tempel und Kathedralen, die der Heiligen Geometrie entsprachen, direkt über ihnen errichten, um sie zu verstärken. Ihr seid diesen tapferen Seelen weitaus tiefer verpflichtet, als euch bewusst sein dürfte, meine Lieben.

Zum Glück ist diese Krise nun vorüber, und die Rolle der Wächterschaft ist übergegangen in eine der Verwalterschaft. Doch auch diese Aufgabe wird von vielen von euch teilweise missverstanden. Zwar bedürfen bestimmte Restenergien oder Unausgewogenheiten manchmal durchaus der Reinigung, aber im Allgemeinen besteht die Aufgabe der Menschheit einfach nur darin, diese heiligen Stätten und Kraftknotenpunkte absichtsvoll und zeremoniell anzuerkennen und zu ehren als die wunderbaren Leuchtfeuer des Lichts, die sie sind. Im Augenblick solltet ihr einfach nur sicherstellen, dass heilige Stätten anerkannt, erhalten und nicht kommerziell zerstört werden. Wie traurig, dass viele der großen roten Steintempel von Sedona nun von Wal-Mart-Supermärkten und anderen Bauwerken bedroht werden.

Ihr Meister, die Erde möchte euch erhalten, und schenkt euch aus freiem Willen einige ihrer Schätze, Schmuckstücke und Ressourcen. Aber sie müssen sorgfältig genutzt werden. Viele von euch mögen das anders sehen, doch die Erde befindet sich in einem bewussten Gleichgewicht, und ihren mineralogischen Ressourcen wird nichts entnommen, was sie nicht freiwillig gibt. Sie erhält ihr Gleichgewicht. Es ist so.

In den kommenden Jahrzehnten wird euer Raubbau an den Kohlenwasserstoffen ein Opfer seiner eigenen Gier werden und abnehmen. Reinere, ökonomischere und erneuerbare Energiequellen werden dann in erster Reihe stehen. Die derzeit größte Tragödie ist die skrupellose Ernte alter, lange gewachsener Wälder und heiliger, uralter Mammutbaumwälder. Wenn diese einmal fort sind, wird es Jahrtausende dauern, bis sich dieselbe Energie wieder manifestieren kann. Und das, ihr Lieben ist eine gigantische Tragödie.

Vortexe und Torsysteme

Was ist ein Tor? *Es ist etwas, das es einer Energiequelle oder Wesenheit ermöglicht, seine Energie von einer Quelle zur anderen, von einer Welt zu einer anderen zu übertragen, wie beispielsweise von der physischen zur nichtphysischen. Es ermöglicht die zielgerichtete Übertragung und die Umwandlung von Energien.*

Bei manchen Toren erfolgt dies durch Dimensionen, bei anderen durch den Raum, durch die Zeit oder durch Sternenbögen und bei wieder anderen durch all diese Möglichkeiten gleichzeitig. Manche Tore sind direkte Durchgänge zu speziellen Sternengruppen, andere sind breitere Sternendurchgänge zum Kosmos. Der Eingeweihte kann bestimmen, welches Tor welchem Typus angehört. In vorherigen Erfahrungen habt ihr alle über solches Wissen verfügt, und durch eure Reisen zwischen den Kontinenten auf diesem Globus wird es wieder aktiv. Viele von euch verspürten in den vergangenen drei Jahrzehnten den Drang, heilige Stätten zu besuchen. Dahinter verbirgt sich eine großartige Absicht. Wisst ihr, warum? Jede heilige Stätte verleiht euch einen Abdruck ihrer einzigartigen Botschaft, ihrer einzigartigen Geometrie. Könnt ihr euch vorstellen, dass in eurem Feld die Energie jeder heiligen Stätte, jedes Kraftorts und jedes Gitternetzpunktes gespeichert ist, den ihr jemals besucht habt? Ihr alle habt die Fähigkeit, sie mit euch selbst und untereinander zu verbinden, ihr Lieben. Könnt ihr euch vorstellen, dass ihr dabei helfen könnt, sie mit dem sich weiterentwickelnden Gitternetz zu verbinden, und dass ihr die Botschaft verbreiten könnt, wie man das anstellt? Ist es nicht das, was ihr Erdenhüter zu eurer Aufgabe erklärt habt?

An jeder heiligen Stätte steht die Tür zu heiligem Wissen offen, und ein katalytischer Energieaustausch findet statt. Die Schlüssel der Schwingungsweisheit, die für jede heilige Stätte einzigartig ist, prägen sich euch ein, und auf ähnliche Weise tränkt ihr die Energie des Ortes mit eurem Abdruck. Die Stätte versorgt euch mit Lichtenergie, und ihr gebt Energie zurück. Wenn der Suchende anfängt, die Unfehlbarkeit jeder besuchten heiligen Stätte zu manifestieren, erfolgt ein synergetischer Austausch, und sie alle verschmelzen miteinander und bauen aufeinander auf.

Jedes Mal, wenn ein Mensch eine heilige Stätte betritt, wird er Teil von ihr, und beide verändern sich. Und wenn ihr die Zeremonie, mit der ihr die Stätten untereinander und mit dem 144-Gitternetz verbindet, aktiv vollzieht, dann erreicht ihr damit weitaus mehr, als ihr denkt. Ihr verbindet, um es mit euren Worten zu sagen, die Punkte. Ihr legt das geometrische Muster aus, indem ihr eure Energien in diejenigen der Kraftknotenpunkte integriert, die schließlich zu heiligen Stätten werden. Viele eurer UNESCO-Stätten, Kulturerbe-Denkmäler, Nationaldenkmäler, Nationalparks und Naturschutzgebiete sind heilige Stätten, dienen in der modernen Zeit aber nur der Erholung oder dem Naturschutz und werden als heilige Stätten weder anerkannt noch genutzt. Salar de Uyuni in Bolivien, mit zehn Milliarden Tonnen der größte Salzsee der Welt, ist eine von ihnen. Es ist einer der mächtigsten Knotenpunkte auf dem Planeten, aber seine großartigen Heilkräfte und seine dimensionale Zugangsfunktion werden weder anerkannt noch genutzt. Dasselbe trifft auf den Kilimandscharo in Tansania, Torres del Paine in Chile und ganz viele andere Orte zu.

Ihr habt auch nach der Natur der Vortexe gefragt. Um es einfach auszudrücken, handelt es sich bei Vortexen um wirbelnde Strudel elektrischer und magnetischer Energien. Sie sind eine Funktion der Schwerkraft und elektromagnetischer Gitternetze. In der Regel drehen sie sich oberhalb des Äquators gegen den und unterhalb des Äquators im Uhrzeigersinn. Dies ist das natürliche Energiemuster, das auf die Polarität eurer Erde zurückzuführen ist. Nach außen verteilen Vortexe Energie in sogenannten elektrischen Strudeln und nach innen in sogenannten magnetischen Strudeln. Manche weisen beide Funktionen auf.

Können dort unsere Blaupause beziehungsweise unsere inneren Codes erwachen?

In der Tat erwecken derartige Knotenpunkte die höchsten Schwingungen in euch und richten euch darauf aus. Wenn ihr eine Verknüpfung von Ley-Energie, eine heilige Stätte oder einen Strudelkomplex besucht, absorbiert ihr den Code der einzigartigen Botschaft dieses Ortes, seine einzigartige Geometrie. Ihr tragt in eurem Feld die Energie jeder heiligen Stätte, jedes Kraftorts und jedes Gitternetzpunktes, den ihr jemals besucht habt. Ihr habt die Fähigkeit, euch selbst mit ihnen und sie untereinander zu verbinden, ihr Lieben.

Diejenigen unter euch, die man Erdhüter nennt, sowie mein Channelmedium fühlen sich von diesen Orten magisch angezogen und geradezu gezwungen, sie zu besuchen. Solche Menschen können visualisieren, wie sie derartige Orte mit dem 144-Gitternetz verbinden.

So helfen sie ihnen bei der Entwicklung – der ebenfalls erfolgenden Evolution des Gitternetzes. Und bei diesem Prozess verbindet und aktiviert ihr auch euch selbst.

Ist Heilige Geometrie der Punkt, an dem das »Sichtbare« und das »Unsichtbare« aufeinandertreffen?

Mehr als das. Die Heilige Geometrie ist der kristalline Stoff der Realität und untermauert den gesamten Kosmos. Sie ist an allen heiligen Stätten vorhanden und wird in energetischer Hinsicht von bewussten Strömen geometrischer Energieflüsse gespeist.

Ihr bezeichnet solche Energieflüsse als Ley-Linien. Sie sind die energetischen Muster, die ober- und unterhalb der Erdoberfläche verlaufen. Sie umkreisen die Erde in verschiedenen Formen, die auf Gesetzen der auf der Zwölf beruhenden Mathematik, auf Geometrie, auf Schwingungsessenz, geologischer Kraft, Elektromagnetismus und mineralogischen Feldern beruhen. Sie verschieben und bewegen sich, und sie wurden im Laufe der Zeit (sowohl eurer linearen als auch der multidimensionalen Raum-Zeit) auf unzählige Weisen genutzt.

Man kann sagen, dass Ley-Energien in verschiedener Form existieren, in unterschiedlichen Feinheitsgraden vielfältiger Energiearten. In Zeiten größeren Wissens, in Zeiten herausragenderer Technologien, reiste man wie auf Autobahnen auf ihnen. Dazu benutzte man die Kraft stark veredelter Energien. Durch dieses Wissen konnte man Ley-Linien als Röhren für Energieübertragungen und Kommunikation nutzen.

Seit dem Untergang von Atlantis existiert diese umfassende Nutzung nicht mehr, denn die dazu notwendigen Fähigkeiten gingen verloren. Deshalb ist das ausgeklügelte Ley-Netzwerk nicht mehr intakt, und die Ley-Linien liegen heute in einigen Gegenden brach oder wurden unterbrochen. Es macht den Eindruck, als würden diese Autobahnen und Nebenwege überhaupt keinen Sinn ergeben. *Denn sie umschließen nicht mehr den gesamten Globus.*

Die Basisessenz der Ley-Linien entspringt einer natürlichen Quelle: Sie sind Strömungen tellurischer Energie. Als diese verfeinert wurden, kodierte und konstruierte man einige von ihnen entsprechend den neuen Paradigmen, die ihr als fünfte Dimension bezeichnet. Die modifizierten Strömungen ersetzten die alten Strömungen. In den letzten Jahren waren die Mitglieder der Sirianisch-Plejadischen Allianz sehr behilflich dabei, dieses System für den Aufstieg neu auszurichten; sie waren auch die Architekten des ursprünglichen Aufbaus des Ley-Systems, das vor über 30.000 Jahren eingerichtet wurde.

Man kann sagen, dass das Ley-Linien-System als Nervensystem des lebenden Planeten fungiert. Der Planet verfügt außerdem noch über sogenannte Axialtonal-Linien, Meridiane und planetare Chakras. Dabei sind Ley-Linien nicht konstant, viele Faktoren können ihre Verschiebung verursachen. Außerdem entscheiden zahlreiche Faktoren darüber, ob sie einen komplexen Energiegehalt oder einen Energiemangel aufweisen. Tektonischer Druck, Magma, Sonnenenergie, natürlich auftretende elektromagnetische Felder, die von Mineralien wie Quarz aufgebaut werden, und selbst die Zersetzung organischen Materials (die Hitze und elektrische Ladung erzeugt) tragen zur rohen Energie des Ley bei.

Diese Energien akkumulieren sich und fließen entlang der leitfähigen Erdpfade, entweder auf oder ein wenig ober- oder unterhalb der Erdkruste. Die Regionen und Orte auf der Erde, die einen hohen Gehalt an Naturmetall oder leitfähigen Mineralien haben, ziehen die Strömung dieser elektromagnetischen Flüsse an – ebenso wie künstliche Strukturen, die nach den Maßstäben der Heiligen Geometrie errichtet wurden. Durch fast alle heiligen geometrischen Tempel, die von den Asiaten, Römern, Griechen, Ägyptern und Präkolumbianern, den Mesoamerikanern und Maya gebaut haben, fließen Ley-Linien. Einige dieser Strukturen wurden direkt auf Ley-Linien errichtet, andere ziehen sie an.

Viele auf Leys gelegene Orte bilden Vortex-Spiralen. Das geschieht aus verschiedenen Gründen und an fast allen Kraftknotenpunkten und heiligen Stätten. Meist entstehen solche Vortexe durch die Überschneidung zweier Ley-Linien, aber das ist nicht das einzige mögliche Szenario. Sie können auch an Punkten tektonischen Drucks auftreten, an Vulkanen, in der Nähe von spitzen oder pyramidenförmigen Bergen und in der Umgebung von künstlichen Strukturen, die nach den Anforderungen der Heiligen Geometrie errichtet wurden. In der Natur treten Vortexe außerdem an großen Mineralienablagerungen, Basaltbetten, Granitbatholithen, dem Zusammenstrom von Flüssen und Wasserfällen auf. Stets projizieren sie subatomares Plasma, aufgeladene Ionen und elektromagnetische Felder. Diese natürliche Energieform dreht sich von Haus aus, wodurch der Vortex entsteht.

Nun sollten wir verdeutlichen, dass Vortexe an sich noch keine Tore sind und sich auch nicht zwingend zu Toren weiterentwickeln – obwohl es aus eurer Perspektive so scheinen könnte, weil alle Tore einen Vortex anziehen. Vortexe können die Verteilungsmotoren sowohl für die Adamant-Essenz namens Akasha werden als auch für höherdimensionale Energien, die durch Tore empfangen werden. Nicht alle Vortexe beherbergen Tore, aber alle Tore verfügen über einen Vortex. Ist das für euch nachvollziehbar?

Eure Bezeichnung »Ley« ist eine relativ neue Wortschöpfung, die nichts weiter beschreiben soll als eine gerade Linie, die zwei Punkte miteinander verbindet. Aber unser metatronischer Begriff ist viel weiter gefasst. Wir definieren Ley-Linien als den bewussten Kristallaspekt der elektromagnetischen Flusslinien und Strömungen, die den Planeten vernetzen. Ley-Linien sind »gepflegte« Energieflüsse elektromagnetischer Energie und dienen, wenn ich mir die Freiheit des Vergleichs erlauben darf, als das Nervensystem Gaias. Die rohen Erdströmungen werden in euren Begriffen als »Drachenlinien« bezeichnet. Da sowohl Ley- als auch Drachenlinien elektrischer Natur sind, fließen sie die Pfade natürlicher elektrischer Leiter entlang. Diese Elektrizität wird auf eurer Erde durch zahlreiche Quellen produziert. In Bewegung befindliches Wasser wie beispielsweise Wasserfälle, Regen oder brandende Wellen produzieren genauso Ladungen wie der Zerfall organischen Materials, tektonischer Druck, Vulkane, Blitze, Sonnenwärme und Winde. Die ganze Erdoberfläche mit all ihren elektrisch leitenden Gasen, Metallen, halbleitenden Mineralkristallen, ihrem wasserdurchtränkten organischen Material und ihren Elektrolyten stellt ein hervorragendes Medium für die Erhaltung und Produktion elektrischer Strömungen dar. Die Mineralogie der Gesteinsschicht unter der Erdoberfläche leitet auf ähnliche Weise. Aufgeladene Ionen werden vom Boden angezogen, und diese hohe Ionenkonzentration steigert die Intensität der Erdströmungen durch die Elektrodenwirkung.

Als Ergebnis fließt die statische Elektrizität in einem rechtwinkligen, quasistatischen elektrischen Feld parallel zum Boden und bildet dabei Elektrizitätsstrudel und -quellen, die zu Strömungsflüssen werden, die den Planeten vernetzen. Diese Strömungsflüsse folgen Linien aus leitenden Mineralien wie Eisen, Gold, Kupfer und quarzhaltigem Gestein. Naturgemäß fließen sie zu Bergen, Vulkanen, Wassermassen und Mineralien sowie großen

Ablagerungen anderer leitfähiger Formationen und sammeln sich durch, auf und um Kraftknotenpunkte herum. Wie ihr wisst, wird ein strudelnder Vortex erschaffen, sobald sich solche Linien überschneiden.

Wie alle Formen bewusster Energie kann auch diese elektrische Strömung gelenkt werden. Als Ersten gelang dies den Wissenschaftspriestern von Atlantis, die von den Plejaden stammen. Sie entdeckten die Muster der rohen Erdströmungen oder Drachenlinien mit Hilfe der Wissenschaft und verzeichneten sie auf Karten. Dann luden sie sie mental auf und leiteten den Fluss kraft ihres Willens in spezielle Bahnen.

Die Wissenschaftspriester der Atla-Ra entdeckten, dass sie diese Energien nur durch ihre arcturianischen Kristalle und magnetischen Wandler zu schicken brauchten, damit sie verstärkt, verfeinert und als eine Art verflochtener polarisierter crysto-elektrischer Frequenzen aufgetrennt werden konnten. Wenn man sie in die Form ausgewogener Vortexe brachte, ließen sich damit Antischwerkraftfelder erzeugen. Während des Goldenen Zeitalters von Atlantis wurden diese mental aufgeladenen crysto-elektrischen Linien technisch so ausgefeilt, dass man mit ihrer Hilfe ein Tunnellabyrinth errichtete, das der Kommunikation und dem Transport diente. Außerdem kreuzte man die Linien, um Energiefelder für die unterschiedlichsten Zwecke zu erzeugen.

Man lenkte sie in Fabriken, wo sie die Arbeitenden energetisierten, und auf landwirtschaftliche Felder, wo sie das Pflanzen- und Getreidewachstum anregten. Dazu leitete man sie durch Rohre, die mittels Kristallkraft und natürlicher tellurischer Generatoren wie beispielsweise Skellig Michael, einer kleinen Insel vor der Südwestküste Irlands, verlegt und erweitert wurden. Im letztgenannten Fall nutzte man sie als Hilfsmittel zur Aussendung kristalliner Elektrowellen, welche die Energieversorgung darstellten.

Die Vorväter der Sekte, die ihr als »Druiden« bezeichnet, und der Erzpriester der Maya waren Nachkommen der Atla-Ra. Diese Wissenschaftspriester des Goldenen Zeitalters von Atlantis waren fromme, hervorragend ausgebildete Männer und Frauen, die begriffen, dass es notwendig ist, wissenschaftliche Gesetze mit der Energie des Göttlichen zu verbinden. Das bezeichneten sie als »Gesetz des Einen« und bezogen sich damit auf das, was ihr heute das »Kristalline Einheitsfeld« nennt, auch wenn euer aktuelles wissenschaftliches Verständnis von Physik noch nicht das Heilige mit einschließt. Ihr Lieben, ganzheitliche Wissenschaft kann und darf das Heilige, das Göttliche nicht ausgrenzen.

Die Atla-Ra lernten, dass einige der crysto-verfeinerten Ley-Energien in der Lage waren, Absichten und Felder des Gewahrseins aufrechtzuerhalten. Dann fanden sie heraus, wie man natürliche Kraftknotenpunkte als Relais- und Verstärkerstationen verwenden konnte, mit deren Hilfe diese Energie eine für den Weiterbetrieb ausreichende Menge produzieren und speichern konnte, und es wurde ein globales Netzwerk dieser Kategorie von Ley-Energie errichtet. Als in diese Leys noch Unendlichkeits-Scheitelpunkte integriert wurden, enthielt ihr Energiegewahrsein auch den göttlichen Aspekt. Mit Hilfe der Meister von den Plejaden, Arcturus und Sirius B, erschufen die Atla-Ra besondere göttliche Ley-Energierouten, die wichtige Chakra-Punkte auf dem Planeten miteinander verbanden. Diese konnten durch Schallschwingungen und Farben programmiert werden, um die Ruhe und das Wohlergehen der Tempel zu stärken. Sie konnten gekreuzt werden, um heilige Energie-Vortexe zu erschaffen. Skellig Michael ist ein solcher Ort, und obwohl er heute nur noch eine schattenhafte Erinnerung an sein ursprünglich einmal vielfaches Ley-Fassungsvermögen darstellt, zählt er zu den am besten erhaltenen dieser Zeit.

In Wahrheit gab es auf Atlantis also verschiedene Arten von Ley-Systemen, von denen einige ausschließlich für die Erzeugung verschiedener Arten crysto-elektrischen Stroms genutzt wurden, während andere, die teilweise heute noch funktionieren, die Leys des göttlichen Gewahrseins waren.

Die widerstandsfähigsten Überlebenden dieses Systems sind die Ley-Linien, die man heute als die Michael-und-Mary-Linien bezeichnet. Dass sie noch in so hohem Ausmaß intakt sind, haben sie vor allem der Arbeit der Druiden zu verdanken, die vor dem Untergang aus Atlantis in die schon vorhandenen Klöster in Britannien, Europa, Ägypten und Og flohen. Am produktivsten waren die Sekten in Britannien und Frankreich, die Antischwerkraftaspekte von Leys und Klang nutzten, um die Steinkreise zu errichten. Die Michael-Ley-Linie hat aus unzähligen Gründen überlebt. Sie wurde durch Steinkreise und die Kathedralen verstärkt, die nach Maßgabe der Heiligen Geometrie auf ihrer Verlaufslinie errichtet wurden. In Atlantis bezeichnete man sie als den Atlasgürtel, in Ägypten und Og als Thoth-Linie. Ihr heidnischer Name wurde von den eingeweihten Geheimgesellschaften in Michael-und-Mary-Linie geändert, um sie vor der Kirche zu schützen. Die Freimaurer, die Ley-Energie verstärkende Kathedralen errichteten, nutzten die Heilige Geometrie im großen Stil. Fast alle Kathedralen und griechischen Monumente wurden gemäß der heiligen Zahl Phi, die den Goldenen Schnitt benennt, entlang der Ley-Linien direkt auf Kraftknotenpunkten errichtet.

Wie wir bereits gesagt haben, sind Ley-Linien nicht konstant. Mit der Zeit verschieben und verändern sie sich. Was einmal ein widerstandsfähiges System war, ist heute stark vermindert und bruchstückhaft. Das Ley-System ist im Augenblick nur noch ein Schatten seines früheren Selbst und umfasst nicht mehr den gesamten Planeten. Doch die rohe Strömung tut es nach wie vor, und viele Teile davon bestehen ihrer Natur nach aus Ley-Energie. Dieses System wird im Augenblick repariert, besonders von den Sirianern und, in euren multidimensionalen Aspekten, auch von vielen unter euch.

So wie Kraftknotenpunkte zu heiligen Stätten »gezüchtet« werden können, können Drachenlinien mit Energie von der Menschheit und heiligen Stätten aufgeladen und zu Ley-Linien verfeinert werden. Die Fließmuster von Leys sind, grob gesagt, recht speziell. Gewölbte Berge winden sie sich oberhalb des Äquators gegen den

Uhrzeigersinn und unterhalb des Äquators im Uhrzeigersinn hinauf. An pyramidenförmigen Bergen fließen sie in geraden Linien empor. Konische Spitzen winden sie sich nach oben. Deshalb weisen Berggipfel sehr hohe Schwingungen auf. Wenn solche Strömungen durch Strukturen, die gemäß der Heiligen Geometrie errichtet wurden, oder durch das, was ihr als heilige Stätten bezeichnet, fließen, nehmen sie eine höhere Kristallfrequenz auf als geokohärentes Licht und strahlen diese auch ab. Dabei nehmen die Leys eine verfeinerte Bewusstseinsnatur an, die zu kodierter Erinnerung fähig ist. Ley-Kraftorte verbinden sich in energetischer Hinsicht mit dem Kristallgitternetz und bilden eine geometrische Matrix, die dann höhere kosmische Energien anzieht. Diese wiederum werden zu heiligen Stätten, Kraftknotenpunkten und Längenkreispunkten und in manchen Fällen sogar zu Chakras des lebendigen Empfindungsvermögens der Erde.

Jedes Ley, jede heilige Stätte, kann per Induktion das elektromagnetische Feld des Menschen beeinflussen. Zusätzlich nähren und beeinflussen die Lichtbögen und -winkel von Planeten und Sternen die Umgebung tellurischer Energiepools (die in euren Begrifflichkeiten als »elektrische« oder »äußere« Vortexe bezeichnet werden) und können je nach ihrer Ausrichtung Tore mit Sogwirkung oder Öffnungen erzeugen, die in der Lage sind, Lichtenergie von Sternen- und Sonnenlichtphotonen, aber auch von planetaren und höherdimensionalen Gitternetzen zu empfangen. Wenn man das Postulat akzeptiert, dass auf dem Planeten gewisse Punkte erhöhter Energie existieren und dass diese über eine Kristallmatrix verfügen, die ein besonderes geometrisches Muster projiziert, dann kann man auch verstehen, dass diese lebendigen Energiequellen durch harmonische Energieoszillationen kommunizieren. Wir haben euch bereits das Beispiel der auf C gestimmten Stimmgabel genannt, die beim Anschlagen der Klaviertaste C ebenfalls in Schwingung gerät. Auch Schwingungsoszillationen zwischen Kraftorten auf der Erde und in höheren Dimensionen werden darauf »eingestimmt«, in kompatiblen Harmonien zu schwingen.

Genauso wie ihr Menschen Wahrnehmungssysteme und Organe besitzt, die für die Gesundheit des physischen Körpers sorgen, ist es auch mit den Ley-Linien. Sie erhalten die Gesundheit der physischen Erde. Oberhalb der Körperorgane seid ihr außerdem noch mit Meridianlinien ausgestattet, die den Körper in zwei Hälften teilen und dadurch zum Wohlergehen des Menschen beitragen. Diese Energie wird dann in eine andere Form übertragen, die die Organe, die Sinne und das Gewahrsein speist. Und genauso wie euer menschlicher Körper Veränderungen unterliegt, verändert und verschiebt sich auch die Erde. Das Ley-System passt sich auf ganz ähnliche Weise an und verändert sich.

Wir wollen euch damit sagen, dass sich mit dem angekündigten planetaren Aufstieg nicht nur das Empfindungsvermögen der Erde anpassen wird, sondern auch das des Menschen. Oberhalb des Meridiansystems des menschlichen Körpers verläuft das, was wir als die »axialtonalen Linien« bezeichnen. Diese Bezeichnung ist auf eure Sphäre bezogen und recht neu für euch. Wahrscheinlich habt ihr noch nicht sehr viel darüber gehört, aber das Konzept wird mit der Zeit immer bekannter werden. Die axialtonalen Linien sind bestimmte Linien, die den emotionalen, spirituellen, kausalen und ähnliche Körper mit dem aufgestiegenen Körper verbinden. Und genauso ist es mit der Erde.

Auch die Erde verfügt über axialtonale Linien. Sie werden durch spirituelle und himmlische Eigenschaften bestimmt, die wiederum auf der heiligen Mathematik beruhen. Diese berühren sich in bestimmten Gebieten mit den Ley-Linien. Sie berühren sich, verlaufen aber nicht auf ihnen. Vielmehr überschneiden sie sich: Besonders an Stellen, an denen die Ley-Linien ausgeschöpft und unterbrochen sind, fungieren sie als Brücken – Brücken von einer Dimension in die andere, Brücken, die Wissenslücken schließen, Brücken, die Lücken in der Geschichte schließen, Brücken, die energetische Lücken schließen, wenn die Energie erschöpft wurde. Besucht ihr nun eine Verknüpfung von Ley-Energie, eine heilige Stätte oder ein Vortexsystem, dann absorbiert ihr den Code seiner einzigartigen Botschaft, seiner einzigartigen Geometrie. Ihr wisst doch noch, ihr Lieben? Ihr tragt in eurem Feld die Energie jeder heiligen Stätte, die ihr jemals besucht habt, jedes Kraftorts und jedes Gitternetzpunktes. Dadurch besitzt ihr die Fähigkeit, euch mit ihnen und sie untereinander zu verbinden. Und wenn ihr beispielsweise visualisiert, wie ihr sie mit dem 144-Gitternetz verbindet, verbindet und aktiviert ihr euch damit in diesem Prozess selbst.

Der Bereich, den ihr als Michael-Linie bezeichnet, wurde vor etwa 18.000 Jahren mit göttlichem Licht getränkt und von Kraftorten und Punkten kosmischer Ausrichtung angezogen. Wie bereits erwähnt, nannte man die Michael-Linie ursprünglich den Atlasgürtel, bevor man ihr einen jüdisch-christlichen Namen gab. Doch die Energiequelle ist nach wie vor dieselbe. Und diese Umbenennung war ein Akt göttlicher Weisheit. Wie viele christliche Kathedralen, die entsprechend der makellosen Heiligen Geometrie auf dem genauen Vektor und an den Punkten kosmischer Ausrichtung dieser transzendentalen Strömung gebaut wurden, wären in dieser Form errichtet worden, wenn man die Ley-Linien für etwas Heidnisches gehalten hätte? Die alles kontrollierende Kirche hätte es sicher verboten. Und nun existieren trotz aller Kontrolle an den perfekten Orten unglaubliche Tempel, die höherdimensionale Energien verstärken, Energien, die an kein religiöses Dogma gebunden sind, außer an die reine himmlische LIEBE.

Ihr Meister, zum Abschluss dieses Diskurses wollen wir euch das Wissen überlassen, dass sich alles, worüber wir gesprochen haben, auf die Arbeit bezieht, die ihr leistet, um die kristalline Aktivierung zu erreichen. Denn dabei handelt es sich um einen großen Gewinn sowohl für die Suchenden als auch für den Planeten. Tatsächlich vollzieht sich dieser Prozess auf planetarer Ebene durch unzählige Medien und Vorgänge, vor allem durch die Kraftorte, heiligen Stätten und Ley-Linen. Die Vortex-Tore der wichtigsten Kraftorte verfügen über kristalline geometrische Matrizes, die vom Wesen her sehr große Ähnlichkeit mit der oktaedrischen und dodekaedrischen Kristallografie wertvoller

Edelsteine haben. Wenn höherdimensionale Lichtwellen durch diese Linsen empfangen werden, wird der Planet mit platonischer Kristallschwingung aufgeladen.

Durch Absicht und Unfehlbarkeit erreicht der Mensch die Kristallschwingung. Aber was ist Unfehlbarkeit? *Unfehlbarkeit besteht einfach darin, auf Worte Taten folgen zu lassen, integer zu leben, Angst und Sorge abzulegen, immer sein Bestes zu geben, andere zu ehren und – nicht zuletzt – Selbstliebe zu empfangen. Zugegeben, das ist leichter gesagt als getan, aber es ist notwendig für die Aktivierung eures Kristallfelds.*

Kann der Mensch die Aktivierung der Kristalleigenschaften erreichen, ohne heilige Stätten zu besuchen? Ja, auf jeden Fall. Aber jene von euch, die sich entscheiden, es doch zu tun, befinden sich auf den Unendlichkeits-Scheitelpunkten mitten in einem bereits vorhandenen Kristallfeld, und dadurch wird der Prozess stark erleichtert.

Kristallisierung ist nicht nur eine atomar-molekulare Ordnung in den Wissenschaften Physik und Chemie – es handelt sich auch um eine Schwingung, die durch die Metamorphose kristalliner Alchemie erreicht wird. Dabei tritt eine Schwingung auf, die die ganzheitliche Klarheit verfeinert, was wiederum das menschliche elektromagnetische Energiefeld in die reine Heilige Geometrie der Mer-Ka-Na umwandelt.

Wenn ihr es auf euch nehmt, euer Kristallfeld zu aktivieren, erkennt ihr damit die Göttlichkeit des Selbst an und definiert und ermächtigt sie. Ihr tragt dann die wertvollste aller heiligen Stätten mit euch herum, wo auch immer ihr hingeht: das menschliche Herz.

Im Rahmen der Kristallaktivierung sendet das Herz eine goldene, spiralförmige Schwingung aus, die dem Inneren des Sterntetraeders entspringt. Diese Schwingung singt das symphonische Lied des Aufstiegs, und die Instrumente aller heiligen Stätten stimmen in kristalliner Vollkommenheit in ein Lied ein, das durch den gesamten Kosmos hallt.

Es gibt schon jetzt eine Menge heiliger Stätten. Aber ich weiß auch, dass in Zukunft noch viele weitere entdeckt werden. Eine, von der du kürzlich gesprochen hast, ist der Tripel-Pyramidenkomplex in Bosnien, und diese Information finde ich faszinierend. Kürzlich durchgeführte Forschungen weisen darauf hin, dass die künftigen Entdeckungen sogar noch kraftvoller sein könnten als diejenigen, die wir bereits gemacht haben.

Werden die uns wohlbekannten Stätten, wie beispielsweise Stonehenge, Ägypten, Machu Picchu, die Maya-Pyramiden und so weiter, nach 2012 noch immer dieselben Energien aufweisen, oder haben sie ihren Zweck erfüllt und es werden andere auftauchen, die höhere Schwingungen aufweisen?

Alle als Vortex-Tore bezeichneten Kraftknotenpunkte und heiligen Stätten, die mit »Phi« mitschwingen, haben einen einzigartigen, klar eingegrenzten Zweck und eine ebenso einzigartige Schwingung. Sie weisen eine schwingungsmäßige Verbindung zum globalen Netzwerk auf, mit dem sie ein »gemeinsames oder universelles« Ziel verfolgen, das im Zusammenhang mit dem Aufstieg der Erde steht.

Doch diese einzigartigen und vereinigten Energien weisen noch eine andere Konstante auf: Sie sind alle Empfänger und Sender, und das ist eine dynamische Funktion. Phi-Tore befinden sich in einem Zustand ständiger Veränderung. Aufgrund der Veränderung astronomischer Energien und stellarer Downloads und Ausrichtungen sind sie immer im Fluss. Sie sind niemals statisch, sondern lebendige, bewusste Empfänger, die sich in Übereinstimmung mit dem Kosmos bewegen, der sich ununterbrochen ausdehnt.

Sie sind Stimmgabeln, die von der Vollkommenheit der Ersten Ursache inspiriert sind. Sie verströmen die Energie der »Heimat«, des Wohlergehens, und all diejenigen unter euch, die sie mit spiritueller Absicht betreten, erkennen das umgehend. Entsprechend kann man gar nicht anders, als sie aufsuchen und das Muster absorbieren zu wollen, das sie abstrahlen. Dadurch wird man Teil der Ausdehnung der Vollkommenheit.

Während der Tagundnachtgleichen, Sonnenwenden und Dreifachdatumstore in den Jahren 2011 und 2012 verwandeln sich
besondere Punkte auf der Erde in Transduktionstore. Diese sind
Instrumente zur Umwandlung der schneller gewordenen Lichtgeschwindigkeit in beschleunigte Erdzeit.

Die Gitternetzpunkte, Kraftknotenpunkte, heiligen Stätten,
Phi-Komplexe und Tore, die in spezifischen Mustern über den
Planeten verteilt sind und individuelle Zwecke haben, sind Ver-
teilungsmechanismen der höheren Energie, die notwendig ist,
um immer wieder neu den Impuls für die Erhöhung der Schwingungsfrequenz eures Planeten zu setzen.

Jene unter euch, die sich dieser Einstimmung hingeben, können
eine Nähe zur Quelle erfahren, die in dieser Form anderenorts nicht
zugänglich ist. Solche fein abgestimmten Energien sind »Schulen«
osmotischer Schwingung, und wenn diese Energie einmal absorbiert
wurde, ist sie in der Mer-Ka-Na des Individuums gespeichert.

Viele Gegenden auf dem Planeten sind durch jene Tor-Kristall-
gitter, die man als »Himmelsleitern« bezeichnen könnte, bereits
aufgestiegen. Andere Gegenden werden etwas mehr Arbeit erfordern, weil sie eine höhere Dichte aufweisen.

*Wird es in den kommenden fünf Jahren weitere Entdeckungen wie die
bosnische Pyramide geben? Und was werden wir daraus lernen?*

Im Augenblick besteht ein großer Teil der Welt aus Wüste. Was
liegt unter all diesem Sand? Sind es nur Überreste von Atlantis,
oder können wir dort viel mehr als das erwarten?

Es ist weitaus mehr. Der Tripel-Pyramidenkomplex in Bosnien-
Herzegowina ist ein atlantisch-plejadisches Bauwerk. Es wurde
jüngst im Jahre 2010 reaktiviert. Alle Pyramiden sind Geostrom-
generatoren, und die Anlage in Bosnien ist von extremer Wichtigkeit. Im Laufe der Ausgrabungen wird man Entdeckungen zutage
fördern, die den menschlichen Blickwinkel auf die Geschichte
von Grund auf verändern werden.

Die bosnischen Pyramiden sind in irdischer Hinsicht vor allem auf Stonehenge ausgerichtet, die Gizeh-Anlage, die Xi'an-
Pyramiden in China, die Astana-Pyramide in Kasachstan und
den Moody-Pyramiden-Komplex in Galveston. Die wichtigsten
Sternenausrichtungen der bosnischen Pyramiden sind Alpha Reticuli
und der Sirius.

Alle Pyramiden, alle oktaedrischen Strukturen, die der Heiligen
Geometrie gemäß konstruiert sind, gleich ob natürlich oder künstlich erschaffen, spielen eine enorme Rolle für die Tagundnachtgleichen. Sie fungieren als Empfänger für einige der Kristallcodes
und verteilen diese Energie weiter an kristalline Vortex-Regionen
auf dem gesamten Globus.

Einige der wichtigsten pyramidenförmigen Bauwerke auf der
Erde richten sich derzeit durch harmonische Oszillation gleichzeitig neu aus. Danach werden sie alle ein individuelles und ein
gemeinsames Feld abstrahlen, das sowohl mit dem 144-Gitternetz
interagiert als auch energetische Stabilitätsimpulse liefert, weshalb
dieses System (neben unzähligen anderen Funktionen) auch so
etwas wie den Überspannungsschutz für die planetare Transduk-
tion der crysto-elektrischen Aufstiegsenergien darstellt.

Die kürzlich erfolgte Entdeckung des Tunnelnetzwerks in den
bosnischen Pyramiden ist nur der Anfang. Aber sie ist ein wun-
derbarer, ermutigender »Durchbruch«. Die Welt hat Dr. Semir
Osmanagic für seine Beharrlichkeit und seine Einsichten einiges
zu verdanken. Er ist eine sehr fortgeschrittene Seele, die viele
Leben in zahlreichen Epochen dem Studium und der Errichtung
von Pyramiden als Energieerzeugern gewidmet hat. Seine wahre
Herkunft ist die Sirianisch-Plejadische Allianz, und im Augenblick
ist er aus einem ganz speziellen Grund auf der Erde und genau
auf dem richtigen Weg. Er wird sich nicht beirren lassen.

Auch wenn die akademische Welt auf diese enorme Entdeckung
vor sechs Jahren anfangs mit der typischen Skepsis reagierte, wird
es bald unwiderlegbare Beweise geben. Innerhalb der nächsten
zwei bis drei Jahre wird man Kammern mit einzigartigen Hiero-

glyphen finden. Zu gegebener Zeit werden die Skeptiker und Pessimisten zum Schweigen gebracht werden, und man wird die Arbeit von Dr. Osmanagic anerkennen und zu schätzen wissen. In zwei oder drei Jahrzehnten wird das Gelände bereinigt sein und ähnlich aussehen wie Teotihuacán, der große Pyramidenkomplex in Mexiko-Stadt.

Wenn die Mittel für die Weiterführung der Forschungen zusammengetragen sind – und das muss unbedingt geschehen –, dann werdet ihr innerhalb von fünf bis sieben Jahren einzigartige Instrumente finden, die die Welt der Wissenschaft in Erstaunen versetzen werden. Denn sie sind außerirdischen Ursprungs. Ist das nicht verlockend?

Diese Pyramide ist, um es mit linearen Begriffen auszudrücken, älter als Gizeh und beherbergt in ihren Tiefen ein unglaubliches Gerät, das ähnlich (aber nicht von gleicher Bauweise) wie das unter der Rosslyn-Kapelle und der Großen Pyramide in Ägypten ist. Dieses Instrument ist hochkomplex und hat ähnliche Funktionen wie jenes, das ihr als die »Goldenen Sonnenscheiben« bezeichnet. Diese befinden sich unter den wichtigsten Gitternetzpunkten und dienen dazu, den Empfang, die Übertragung und den Ausstoß von Energie des »gitternetzmäßigen Knotenpunkts« und die pyramidale Induktion sowie die Transduktionsgeneratoren zu verstärken und zu regulieren. Pyramidenförmige Phi-Bauwerke enthalten die Schwingungsschlüssel, die planetare Gitternetzsysteme harmonisch verknüpfen und verflechten. Ihre Erbauer wussten genau, was sie tun. Die ursprünglichen Architekten, die unter der Führung von Thoth und der Sirianisch-Plejadischen Allianz arbeiteten, richteten sie auf Sternensysteme aus. Die Sternensysteme wiederum richten die Erde aus, und entsprechend ist die Erde auf das größere himmlische System ausgerichtet.

15

Die Dreifachdatumstore

Erstmals haben wir euch vor über zehn Jahren durch Tyberonn von den Plejaden Informationen über die zwölf Dreifachdatumstore zukommen lassen, die 2001 mit 01.01.01 einsetzten und seitdem regelmäßig aufgetreten sind. Dabei handelt es sich um einzigartige numerische Schwingungstore, die auf der Zwölferreihe beruhen. Sie dienen dem Zweck, den Kristallübergang zu aktivieren. Und obwohl sich viele Mitglieder der Menschheit der energetischen Vitalität dieser Tore verschrieben haben, haben sie den wesentlichen Kern ihrer Bedeutung teilweise völlig übersehen.

Die Dreifachdatumstore sind in mehrfacher Hinsicht ausgerichtet auf die Aktivierung der zwölf geopentagonalen Aspekte des »doppelten Penta-Dodekaeders« des kristallinen 144-Gitternetzes. Die zwölf Aspekte des Kristallgitternetzes sind entsprechend in die »menschlichen« Schnittstellencodes der Versammlungen und Meditationen eingebunden, die zu diesen regelmäßig auftretenden Öffnungsdaten abgehalten werden.

Unser jüngstes Dreifachdatumstor war 11.11.11, und ein weiteres folgt 12.12.12. Zusätzlich zu der an diesen speziellen Toröffnungen entstehenden Schnittstelle mit den Menschen werden zu den Tagundnachtgleichen und den Sonnenwenden kosmisch kodierte Energien in das Kristallgitternetz gespeist, besonders seit dem Meisterkristallerwachen 2008 und den synergetischen Kosmischen Aus-

lösern. Seit der Anfangsphase der Dreifachdatumstore gibt es einen
Versammlungsimpuls, und dieser hat die kritische Masse erreicht,
als das Gitternetz hinreichend energetisiert wurde. Die wachsenden
Energien des Kristallübergangs lösen das Erwachen der planetaren
Pyramidengeneratoren und Sonnenscheiben aus.

Aus genau diesem Grund sind die »Reaktivierungen« und Entdeckungen »antiker« und neuer Pyramiden so wichtig für den Planeten, während er sich schwingungsmäßig auf die höheren Energien
des »neuen« 144-Gitternetzes der aufsteigenden Erde ausrichtet.

Die terrestrische Schwingung der pyramidalen Schwingungshar-
monie ist crysto-elektromagnetischer und geometrischer Natur.
Diese beiden Elemente erzeugen und stützen sich gegenseitig.
Sie stellen dem menschlichen Bewusstsein Tore zur Verfügung,
die Zugang zu Wegen der Verbesserung gewähren. Je besser der
Mensch sein Bewusstsein versteht, desto multidimensionaler wird
die Heilige Geometrie, und so wird sich der geometrische Ausdruck derselben im Mer-Ka-Na-Feld nach oben bewegen. Genau
das geschieht gerade. Erst wird das eine, dann das andere eintreten,
genauso wie sich die Erde jetzt in der dritten Dimension befindet
und dann in der fünften und später in der zwölften sein wird.

Doch was verursacht diesen dimensionalen Aufstieg? Es handelt
sich nicht um ein statisches Bewusstsein, sondern um die dynamische Aktivierung des höheren Bewusstseins. Die Bewusstseins-
aktivierung wird durch das Verständnis des Gitternetzes und die
Aktivierung des Gitternetzes gesteigert, die wiederum den Kosmos
ergänzt und von ihm reflektiert wird. Bei dieser Verschiebung vom
Terrestrischen hin zum Kosmischen spielen viele Faktoren eine
Rolle. Die Pyramidengeneratoren, die Neukodierungen der Sonnenscheiben, das Kristallparadigma – sie alle leisten einen Beitrag
zu dem Netzwerk, das der Planet in diesem neuen System aufbaut.
Dieses erweitert dann die Dimensionalität des Planeten und den
erweiterten dimensionalen Zugang (Mer-Ka-Na) des Menschen.

Und deshalb spielt die bosnische Pyramide so eine extrem wichtige Rolle in der planetaren Harmonie, bei der es sich um eine

Phi-Harmonie handelt ... die von multidimensionalem Aspekt und kristalliner Schwingung ist.

Sobald sich einmal echte phi-pyramidale Komplexe gebildet haben, können sie in der Multidimensionalität Reflexionsreplikate sowie parallele und antimaterielle Umkehrungen von sich selbst erzeugen. Das trifft auf alle heiligen geometrischen Formen in der Physikalität zu, die mit Phi schwingen, einschließlich der kristallinen Formen, die ihr als Platonische Körper bezeichnet. Das Paradoxon besteht also darin, dass bestimmte Pyramiden, sobald sie einmal errichtet wurden, in eurer linearen Zeit keinen Anfang und kein Ende mehr haben.

Ein interessantes Beispiel ist der Moody-Komplex mit der Dreifachpyramide in Galveston, Texas. Er ist ein geläufiges Beispiel dafür, wie ein Replikat einen Manifestationszyklus vollenden kann. In schätzungsweise elf Kilometern Entfernung von der Küste von Galveston Island, wo sich der Komplex augenblicklich befindet, wurde zu atlantischen Zeiten das »Original« errichtet. Damals war die Wasserlinie noch viel niedriger. Nach dem Untergang von Atlantis wurde die Anlage überflutet und ging in den Tsunamiwellen unter. Jetzt wurde ein funktionelles, modernes Replikat auf der Insel erschaffen. Es trägt die Energie des Originals in sich und wurde durch die Energie seiner multidimensionalen Version manifestiert. Es ist kein Zufall, dass sich die Moody-Pyramiden ebenso wie der Gizeh-Komplex auf dem Vektor des 29. Breitengrads befinden.

PHI-HARMONIEN

Die Aktivierung der Phi-Pyramidenharmonien ist ein wichtiger Teil der Verschiebung der Erde hin zu einer höheren Schwingung. Bei ihnen handelt es sich um Oktaederkomplexe, die als Empfänger und Überträger der neuen Kristallcodes fungieren. Entsprechend sind Pyramiden, die auf Gitternetzpunkten errichtet wurden, wie beispielsweise der bosnische Komplex, die toltekischen Hügelpyramiden bei Little Rock, Arkansas, sowie die Komplexe in Galveston, Mexiko-Stadt, China und Kambodscha von überragender Wichtigkeit.

Phi-Energien, die durch das Gitternetz manifestiert und durch Oktaeder-Einheiten empfangen und strategisch platziert wurden, sind unglaublich komplex. Phi-Klänge wurden unter anderem genutzt, um die Pyramiden zu errichten, und zwar erst in ätherischer Form, und dann manifestiert in physischer Materie. Aus genau diesem Grund können Pyramiden wie die von Gizeh so lange ihre physische Form bewahren. Phi-Schall richtet Atome und Moleküle nach oben aus, und zwar nicht nur ihre physische Materie, sondern auch ihre ätherische Essenz. Das ist die »vergessene« Kraft, durch die die Pyramiden der Erosion der linearen Zeit widerstehen können. Mit Hilfe dieser Kraft kann physische Materie in einem halbdichten Zustand, der an Schwerelosigkeit erinnert, angehoben werden. Außerdem erlaubt sie es der Materie, in physischer Form zu erscheinen, zu verschwinden und wieder zu erscheinen. Phi-Pyramiden sind in dieser Hinsicht wahrhaft »zeitlos« und multidimensional.

Diese Energien werden einmal, sobald sie im Verlauf der nächsten paar Jahre mit der kristallinen Aktivierung kombiniert und harmonisch abgestimmt wurden, zu den Energien der Neuen Erde. Sie werden dem Planeten in vielerlei Hinsicht von Nutzen sein. Sie werden den planetaren Gitternetztoren zur Pracht der kristallinen Schwingung verhelfen.

Pyramiden in Phi-Bauweise und -Ausrichtung schwingen mit kohärenten Licht-Geocodes und spezifischen Schallwellen mit. Da Pyramiden dazu in der Lage sind, Akkufunktion zu übernehmen, und die Fähigkeit haben, Generationen zu überbrücken, befinden sich in ihnen inner- und außerdimensionale Tore, die durch kohärentes Geolicht und harmonische Resonanz aktiviert werden können. Tatsächlich werden diese Pyramiden spezifisch dazu genutzt und aktiviert, sich in den Kristallcodes des Aufstiegs zu verankern.

16

Bevorstehende
neue Entdeckungen

In einer kürzlich durchgegebenen Botschaft hast du von einer Entdeckung in Kambodscha erzählt, die große Bedeutung erlangen wird. Würdest du uns mehr darüber verraten?

Innerhalb der nächsten paar Jahre wird man in Kambodscha eine wichtige Entdeckung machen. Der Fund ähnelt dem, was ihr in den Innenkammern der bosnischen Pyramide finden werdet. Es ist kein Zufall, dass sich viele Pyramiden auf präzisen Gitternetzpunkten und spezifischen Breitengradpositionen befinden. Die kambodschanischen Pyramiden liegen zwischen dem 13. und 14. Grad nördlicher Breite, ausgerichtet auf die Positionen ähnlicher Pyramidenstrukturen in Mexiko und Zentralamerika. In der stofflichen Welt gibt es viele derartige Oktaederstrukturen, so wie die Pyramiden von Gizeh und die Moody-Pyramiden, die zwischen dem 29. und 30. Breitengrad ausgerichtet sind. In zukünftigen Generationen wird die Menschheit tieferes Verständnis erlangen und das Muster der Pyramidenstrukturen und des Sonnenscheibenapparats in ihrem spezifischen Netzwerk wiederentdecken, über das sie harmonische Schwingungen auf dem gesamten Planeten erzeugen, die bis in den Kosmos reichen. Die große Pyramide in Gizeh weist beispielsweise vier Sternachsen auf, die auf die Sterne Beta Ursae Minoris, Alpha Draconis, Sirius und Zeta Orionis weisen. Alle Phi-Pyramiden sind präzise auf Sterne ausgerichtet und erfüllen einen wichtigen Zweck.

Sie rotieren ober- und innerhalb des Doppel-Penta-Dodekaeders des kristallinen 144-Gitternetzes. Dadurch werden suprakristalline Schwingungsoszillationen angeregt, eine Schnittstelle mit dem Gitternetz zu bilden. Das würde den vollständigen Zusammenschluss der Kristallenergien des Einheitsfeldes der Großen Zentralsonne ermöglichen. Der Prozess begann mit Downloads im Jahr 2008 und wird über spezifische Kristalllicht-Tore noch das Jahr 2012 hindurch andauern. Das ist es, was das 144-Gitternetz in Kristallschwingungen versetzt, die durch Oktaederstrukturen auf den Planeten übertragen werden.

Aus diesem Grund sollte man sich zu den Dreifachdatumstoren, Tagundnachtgleichen und Sonnenwenden auch in größerer Zahl versammeln, um zielgerichtet an Kraftorten der Erde zu meditieren. Sie stellen die kristalline Schnittstelle dar, wenn die Menschheit Energien programmiert und überträgt, um das Gitternetz anzutreiben, die Sonnenscheiben zu kodieren und die Vortex-Punkte der Erde zu unterstützen. Am wichtigsten sind diesbezüglich die Kristalltore von Arkansas und Brasilien, denn bei ihnen handelt es sich um die größten Ansammlungen von Kristallenergie auf dem Planeten. Sie kommunizieren direkt mit den Oktaederstrukturen, die so wichtig für die Verteilung der neuen Energien sind.

Einfach formuliert, wandeln die Kristallenergien mächtige Himmelsenergiewellen in eine nützliche Form um, die auf der Erdebene leichter empfangen werden kann. Diese aktivierenden Downloads werden vornehmlich durch die größeren Pyramiden-Oktaederenergien und -strukturen auf dem ganzen Planeten empfangen.

Eure religiösen Texte erzählen euch, dass der Schöpfergott allmächtig ist, Alpha und Omega, ohne Anfang und ohne Ende. Das ist eine heilige Wahrheit, ein Axiom, das die Menschheit akzeptieren muss, selbst wenn es unbegreiflich erscheint. Wir haben euch mitgeteilt, dass die Heilige Geometrie der Stoff ist, aus dem alle Universen gemacht sind. Deshalb bitten wir euch, noch ein weiteres Axiom zu akzeptieren: dass die Phi-Geometrie ebenso zeitlos ist und immer schon innerhalb und außerhalb der Form existiert hat.

Ihr Meister, wir wollen euch außerdem sagen, dass mit 2012 eine *Neue Zeit* angebrochen ist. Das Verborgene wird enthüllt und der Menschheit offenbart werden. Und jetzt ist es absolut notwendig, dass die Menschheit die wahre Geschichte des Planeten und ihren eigenen wahren Ursprung versteht. Unklarheiten, Schwindeleien und Aussparung des Themas, alles Taktiken, mit denen die Wahrheit über euren Ursprung und euer wahres Wesen verschleiert werden sollen, können nicht länger geduldet werden.

Die Wiederentdeckung und Aktivierung der bosnischen Pyramiden sind ein wichtiger Teil des Prozesses, in dem sich die Menschheit wieder mit ihrem wahren Ursprung verbindet. In den kommenden Jahren wird es noch häufiger derartige Entdeckungen geben.

Was wäre in Anbetracht der Beschleunigung von Energien und Bewusstsein im Augenblick das beste Vorgehen, um die Energien heiliger Stätten zu nutzen?

Am besten wäre es, die Stätten zu finden, die mit euch mitschwingen, und sie mit der Absicht aufzusuchen, zuzuhören und zu lernen. Ihre Energien für fokussierte Meditation zu nutzen – und dafür, den inneren Fokus auf die Verbesserung des Selbst zu richten.

17

Das Potenzial von Sonneneruptionen und Sonnenwinden

Eine Phase vermehrter Energien wie die unsrige bringt auch vermehrte Energien von überall aus der Galaxis mit sich. Die Sonne ist ein wichtiger Faktor für die Transformation, und es scheint wesentlich zu sein, dass wir ihre Kraft verstehen.

Auch die Sonneneruptionen nehmen zu, und wir müssen uns des Evolutionspotenzials bewusst sein, das die Sonnenaktivität mit sich bringt. Wir können ihre Auswirkungen bisher kaum ermessen. Um unseren Körper in einen Lichtkörper zu verwandeln, benötigen wir das alte Wissen darüber, wie man die Sonnenenergetik richtig nutzt, doch es scheint uns in vergangenen Zeiten verloren gegangen zu sein.

Wie können wir die Frequenz und die Menge an Licht in unseren Zellen steigern? Indem wir mit dem Bewusstsein der Sonne kommunizieren?

Das ist eine ausgesprochen wichtige Frage, Martine, denn die Art, wie die Sonne vom menschlichen Körper absorbiert wird, ändert sich tatsächlich, und das wiederum verändert den materiellen menschlichen Körper.

Seht, liebe Meister, die Erde leuchtet auf verschiedene Weise. Sie empfängt und verbreitet Licht in einer Vielfalt einzigartiger Schwingungen, Formate und Bandbreiten, von denen jede ihre eigenen Vorteile und Eigenschaften aufweist. Im Licht sind Informationen gespeichert, sein Spektrum verschiedenartiger Oszillationen enthält Codes und Farben, und all das unterstützt die Erde und die Menschheit.

Obwohl die Sonne eures Sonnensystems die primäre Quelle für auf der Erde empfangenes Licht darstellt, ist sie doch lange nicht die einzige. Zu den anderen Quellen zählen die Große Zentralsonne, Sterne, Weiße Löcher und Lichtwesenheiten. Um es anders auszudrücken: Lichtwesenheiten, jene Geschöpfe, die euer Verständnis von Engeln bei Weitem übersteigen, strahlen eine Form von Licht ab, die ihr euch nicht einmal vorstellen könnt. Wir wollen noch ergänzend sagen, dass alles Licht von allen Quellen eine natürliche Filtermatrix und eine dimensionale Spektralverteilung aufweist.

Die meisten Menschen können nur Lichtquanten physisch wahrnehmen, die im sichtbaren Bereich des Lichtspektrums liegen. Ihr seid euch bewusst, dass Menschen Sonnenlicht benötigen, um körperlich gesund zu bleiben. Doch wir sagen euch, dass die Geschöpfe, die in der Inneren Erde leben, ebenfalls Licht als notwendigen Nährstoff brauchen. (Wir werfen euch ein Engelszwinkern zu und weisen vorsichtig darauf hin, dass viele der Planeten in eurer besonderen Ecke des Kosmos, darunter auch die Erde, in ihrem Inneren fortschrittlichere menschenartige Lebensformen aufweisen als an der Oberfläche.)

Was also ist die Quelle ihres lebenserhaltenden Lichts? Es ist ein vielfarbiges Licht, das vom Kristallkern der Erde abgestrahlt wird, weit oberhalb der sichtbaren Bandbreite.

Vielfarbiges *reinweißes* Licht arbeitet direkt mit den zwölf Chakras der Mer-Ka-Na. Es ist makellos und vollständig und enthält alle Schwingungen, alle Spektren und alle Schöpfungscodes, und zwar sowohl in Wellen- als auch in Teilchenform. Bei Sonnenlicht ist das nicht der Fall. Ihr werdet letztlich auch die Innere Erde bewohnen.

Die Vervollständigung des Kristallgitternetzes im Jahre 2012 wird die Art und Weise verändern, in der die Erde und die Menschheit Licht empfangen. Das 144-Gitternetz wird im Verlauf der nächsten zwei bis drei Jahrhunderte anfangen, die Richtung von Lichtwellen zu beeinflussen. Es wird die Fähigkeit erlangen, Licht von einem dimensionalen Medium zum anderen anzuziehen, zu brechen und zu verbreiten. Die empfangenen Wellengeschwindigkeiten werden anders sein als die gebrochenen Geschwindigkeiten. Es wird einzelne und doppelte Brechung leisten können. Es wird dazu in der Lage sein, vielfarbiges Licht in einzelne kohärente Teile zu filtern und kohärentes Licht in vielfarbiges. Neue Lichtarten kristalliner und nichtpolarer Gestalt werden ausgestrahlt werden. Das Gitternetz selbst wird atmen, und diese Atmung wird noch komplexere Geometrien in Kraft setzen, die über das doppelte Penta-Dodekaeder des 144-Gitternetzes hinausgehen.

Als direktes Ergebnis dieser Prozesse wird sich die physische Matrix der Menschheit symbiotisch in Formate weiterentwickeln, die morphisch erzeugtes Licht besser speichern können. Der Körper wird sich in eine halbtransparent wirkende Lichtquelle von geringerer Dichte, Masse und Schwerkraft verwandeln.

Die Menschen werden sich physisch von einem auf Kohlenstoff beruhenden Leben zu einem Leben, das auf Silizium beruht, weiterentwickeln. Das ist die kristalline Erleuchtung, denn die kristalline Symbiose von Silizium mit Licht ist einzigartig.

Eure Sonne verändert sich. Sie war von eurer Erde abhängig. Sie hat seit dem Niedergang des Firmaments eine unbemerkte Rolle im Dualitätsaspekt des Planeten Erde gespielt. Wenn das neue kristalline 144-Gitternetz im Jahr 2012 vervollständigt ist, wird es anfangen, die Samen des Neuen Firmaments zu erzeugen. Auf der materiellen Ebene wird es dadurch möglich, dass die Sonne »unabhängiges Licht« liefert. Die ganze Weise, in der die Menschheit Licht absorbiert, wird angehoben werden, ebenso wie die Fähigkeit zu Wahrnehmungen oberhalb der derzeit sichtbaren spektralen Begrenzungen.

Der kristalline Übergang der Erde ist die Hauptquelle des planetaren Aufstiegs. Er bietet der Menschheit bedeutsameres, komplexeres Licht. Entsprechend wird die Menschheit Zugang zu einem größeren Aspekt des Lichts haben, und Licht entfernt Schatten und erzeugt tieferes Verständnis.

Haben Sonnenwinde dieselbe Wirkung wie Sonneneruptionen?

Sonnenwinde sind der Mechanismus, über den die Energie von Sonneneruptionen transportiert wird. Der Inhalt ist bei beiden Phänomenen im Wesentlichen identisch, bei Sonnenwinden ist er aber weitaus schwächer konzentriert. Mit den Worten eurer Wissenschaft ist eine Sonneneruption eine riesige Explosion in der Sonnenatmosphäre, die enorme Energiemengen freisetzen kann – bis zu achtzehn Prozent der gesamten Energieleistung der Sonne pro Sekunde. Ihr könnt euch ihre Intensität also vorstellen. Wir wollen euch darüber aufklären, dass im Augenblick auch Sterneneruptionen auftreten, und obwohl sie nicht immer so intensiv sind wie Sonneneruptionen, sind sie unermessliche Quellen beschleunigter Elektronen, Protonen und Komplexionen, die Strahlungen auf allen Wellenlängen aussenden, genauso wie es bei der solaren Variante geschieht. Sowohl Sternen- als auch Sonneneruptionen erreichen die Erde in Form von »Winden« und produzieren auf allen Wellenlängen, von Radiowellen bis hin zu Gammastrahlen, eine unfassbar starke Strahlung in der Magnetosphäre und dem elektromagnetischen Spektrum des Planeten.

Eure Sonne rotiert und vertauscht ihre magnetischen Pole alle elf Jahre. Die Sonnenaktivität verändert sich in diesem elfjährigen Zyklus entsprechend. Zu den mächtigsten Sonneneruptionen zählen jene, die aus dem zentralen Kern der Sonne selbst stammen, und diese sind in der Regel deutlich kräftiger und dichter. Man bezeichnet sie als »koronale Massenauswürfe«.

Sonnenwinde haben unterschiedliche Zusammensetzungen und Zwecke. Sie sind nur eine Form von Strahlung, die die Veränderung der Erde und der Menschheit positiv beeinflusst.

Einen Zeitraum, in dem die Menschheit diese Energien unbedingt empfangen sollte, gibt es nicht. Im Grunde genommen hüllen sie den Planeten ein und tränken ihn, weshalb man ihnen letztlich überhaupt nicht ausweichen kann.

Die Energie von Sonneneruptionen und -winden unterscheidet sich recht deutlich von den Wellen und Partikeln, die Sonnenlicht aufweist, also von den Photonen.

Die Strahlung von Sternen- und Sonnenquellen ist vielfältig. Jede Eruption, jeder koronale Massenauswurf, jeder Wind ist sozusagen einzigartig, was seine Schwingung und seinen Nutzen betrifft. Besonders die stellare Art und koronale Masseneruptionen durchtränken die Erde mit Kristallenergie und unterstützen das Gitternetz, die Erde und die Menschheit stark. Die Strahlungen, die diese kosmischen Quellen aussenden, sind der äußerliche Ursprung der Veränderung in eurer DNS und RNS, der Ribonukleinsäure. Ihr müsst wissen, euer kristallines 144-Gitternetz modifiziert diese speziellen Energien dodekaedrisch, und entsprechend wird der Übergang zur Zwölf-Strang-DNS ermöglicht.*

Wir wollen euch darüber informieren, dass die bewusste Energie der Sonne von ihrer Rolle in eurer planetaren Weiterentwicklung und Aufwärtsbewegung weiß.

Ihr solltet außerdem wissen, dass eure Sonne in höchstem Grade bewusst und eine weitaus mächtigere Energiequelle ist als eure lebende Erde. Deshalb haben viele eurer wissenderen Gesellschaften in der Vergangenheit die Sonne in Gebeten und Zeremonien anerkannt. Die indigenen Völker ehren die Sonne zeremoniell noch immer als eine der sieben Himmelsrichtungen, und das ist äußerst angemessen.

---

* Ein Hilfsmittel zur Aktivierung der 12-Strang-DNS bietet die CD *Thoth – Meditation zur rechtsdrehenden DNS*, bei Amra Records erschienen. Sie enthält von Meister Thoth gegebene Klangkodierungen und gechannelte Anweisungen, die unter seiner liebevollen Obhut die spirituelle Entwicklung des Menschen fördern, indem sie den Impuls für die Umkehr der Drehrichtung der DNS in unseren Körperzellen setzen. – *Der Verlag*

Wir sagen euch, dass viele alte Gesellschaften der Sonne Tribut gezollt und sie sogar verehrt haben. Sie ist eure wichtigste Lichtquelle. Das Leben auf dem Planeten Erde, so wie ihr es kennt, wäre ganz anders, wenn es die Sonne nicht gäbe.

Symbiotische Lichtebenen

Es gibt weitaus komplexere Formen von Licht als eure einfachen Solarwellen und Photonen. Sie alle werden von eurem Sein absorbiert oder beeinflussen euer Bewusstsein positiv, und zwar stärker als Induktion. Es gibt aber auch unsichtbare Arten von Licht, die euch beeinflussen. Sie liegen jenseits des ultravioletten und Gammalichtspektrums.

Wir engelhafte Wesenheiten sind bewusste Formen von Licht, und wir interagieren nicht nur mit euch und führen euch auf eurem Weg, sondern liefern und erzeugen obendrein Lichtenergien, die ihr absorbiert. Bei diesen Lichtenergien handelt es sich um pranische Lebenskraft. Prana ist eine Art von Licht, das von Lichtwesenheiten bewusst erzeugt wird.

So komplex ist das Licht.

Ich, Metatron, existiere auf zwei getrennten, aber symbiotischen Ebenen. Die den Menschen vertrauteste und zugänglichste ist die des Erzengels Metatron, und auf der höheren Ebene existiere ich als Metatron, *Herr des Lichts*. Doch auch diese Analogie kann mein Wesen nicht umfassen oder definieren. Auch sie vermag das nur in gewissen Aspekten.

Als *Herr des Lichts* erzeuge ich die grundlegenden Einheiten von Realitäten, Licht und Universen. Diese Ebene enthält nichts von dem, was ihr als »Persönlichkeit« bezeichnen würdet. Sie lässt sich mit einem Motor vergleichen, einem göttlichen, bewussten Computer, der sich aus Energieintensitäten jenseits der Gammaebene zusammensetzt, einer Strahlung, die für euch unvorstellbar ist. Und es gibt Ebenen von »Licht«, die weit über mich hinausgehen.

Als Erzengel Metatron nähre ich Leben. Ich kommuniziere mit dem Channelmedium Tyberonn nicht in Worten, sondern in »Päckchen« aus Lichtcodes. Er empfängt diese Kommunikation auf Grund eines Übereinkommens, das wir vor seiner Zeit auf der Erde getroffen haben. Wenn man so will, handelt es sich um einen Dienstvertrag für dieses Leben. In einem höheren Aspekt ist Tyberonn ursprünglich plejadisch und ein Mitglied des Kosmischen Lichtrats. Wir haben zusammen bereits in anderen Leben und Dimensionen gedient. Die Code-Päckchen werden von meinem höheren Aspekt ausgestrahlt, auf der Ebene der Erzengel umgewandelt und durch Tyberonns Höheres Selbst empfangen, und zwar in einer Form, in der sie niedergeschrieben und interpretiert werden können.

Man könnte sagen, dass ich in meinem höheren Aspekt die Quelle der Vielfalt enthalte und die geometrischen Schwingungsbewusstseinscodes von allem erzeuge und aussende, die dann in das himmlische Reich des Lichts übertragen werden. Das Reich der Engel, das durch bewusstes Kristalllicht und Lichtphysik selbstbestimmt ist, weist sowohl einen hierarchischen als auch einen nichthierarchischen Aspekt auf. Man könnte sagen, dass die Lichtwesenheiten aus dem Reich der Engel in metatronischen Begriffen bewusste Einheiten *göttlich entsprungener Gedanken* beziehungsweise *über Gedanken hinausgehender Phänomene* sind, die *Licht* und *das, was über Licht hinausgeht,* erzeugen.

Die Engel des metatronischen Reichs erzeugen kodiertes Licht und gestalten es aus. Derartiges Licht vermengt Materie, Antimaterie, Zeit und Raum. Dies ist keine Vorstellung von Engeln und ihrer Funktion, die die Mehrheit der Menschen teilt, geschweige denn versteht.

Doch liegt in diesem Kontext der Klebstoff, der den heiligen wissenschaftlichen Aspekt der Realität unwiderruflich mit dem heiligen spirituellen Aspekt der Realität verbindet, was der Schlüssel dafür ist, dass die Menschheit sich über die Dualität hinausentwickelt.

In der aktuellen Ära des Aufstiegs entwickelt sich eure Fähigkeit, größeres Licht zu absorbieren, tatsächlich weiter, und Licht ist WAHRHEIT, universelle kosmische Wahrheit über Alles, was ist. In der Dualität, besonders in eurer Gegenwart, wurde die volle Einheit des Bewusstseins der Menschheit verhindert, weil die Wissenschaft das Heilige ausgelassen und das Spirituelle das Wissenschaftliche ausgeschlossen hat.

Entsprechend könnte es einige von euch überraschen, dass es unter den Engeln Hierarchien gibt, LICHTWESEN, die eine praktische Funktion erfüllen und die ihr als *Hüter der Physik* bezeichnen könntet. Wir sind bewusste Konstrukteure der *physikalischen Gesetze*, die dimensionale Realitäten ermöglichen. Und uns ist bewusst, dass die Vorstellung, Engel seien auch Wissenschaftler und Ingenieure, die meisten von euch verwirren wird.

Wir lächeln gerade!

18

Ölpest, Erdbeben und
die veralteten Kriege

Erinnert ihr euch noch an die Ölpest im Golf von Mexiko? Sie war eine Tragödie für die Umwelt und hat dem Leben im Wasser weitaus mehr Schaden zugefügt, als bislang bekannt ist. In den kommenden Jahren werden die Folgen deutlicher werden. Man hat sich sehr bemüht, den Ölteppich in den Griff zu bekommen, und dem Vorfall wurde große Aufmerksamkeit zuteil. Die Abhängigkeit von Kohlenwasserstoff hat dafür gesorgt, dass immer mehr ungeprüfte Gewinnungstechniken zugelassen wurden, mit deren Hilfe die Suche nach Ölreservoirs ohne angemessene Sicherheitsvorkehrungen durchgeführt wurde.

Der Kern dieser Problematik sind die Gier der Großunternehmen und ihre Manipulationen. Die Ölpest kam durch menschliches Versagen zustande, es handelte sich nicht um eine Verschwörung, und das Versagen wiederum war zurückzuführen auf den Druck zu Einsparmaßnahmen. Die Maxime »Zeit ist Geld« wurde über Sicherheit und vernünftige technische Ausführung gestellt. Nichts treibt eure Industrien mehr an als Profit.

Dieser Vorfall birgt das Potenzial in sich, mehr Aufmerksamkeit auf alternative Energiequellen zu lenken. Aber in Anbetracht eurer aktuellen Geschäftsmodelle wird dieser Impuls nicht von euren Konzernen ausgehen, bis der durch »grüne« Energie erzielte Ertrag größer ist als der, der sich aus Kohlenwasserstoffquellen gewinnen lässt.

Wir sagen euch, dass die Technologien rund um das Thema alternative Energien aus Solarkraft, Wasserstoff, Wellen, Wind und Ähnlichem im großen Stil von Ölkonzernen aufgekauft werden. Wenn sie diese einmal erstanden haben, wird nur noch ein relativ kleiner Geldbetrag in ihre Erforschung und Entwicklung investiert. Dabei gibt es im Bereich der alternativen Energien Durchbrüche, die der Menschheit und der Erde große Dienste leisten könnten, wenn sie umgesetzt werden würden. Das Problem ist nur, dass sie in der Hand von Ölunternehmen und mit ihnen verwandten industriellen Megakonzernen liegen, die starkes Interesse an der weiteren Verwendung von Kohlenwasserstoff haben. Die Machtstruktur eurer globalen Megakonzerne ist nicht nur in aller Öffentlichkeit, sondern auch auf verborgenen Wegen mit der OPEC verbunden, und diese Organisationen überschneiden sich wiederum mit Regierungen und politischen Persönlichkeiten, die gewaltige Lobby-Zahlungen und Spenden erhalten und entsprechend im Interesse der Unternehmen handeln.

Es findet also eine vielschichtige Manipulation innerhalb der Konzernwelt, aber auch ausgehend von ihr über die breite Masse statt, damit sie weiterhin Kohlenwasserstoff verwendet, bis es profitabel ist, eine Wende herbeizuführen. Und dieser Zeitpunkt liegt noch mehrere Jahrzehnte weit entfernt. Alle unter euch, die Autos fahren, Flugzeuge benutzen und Ähnliches, sind dabei unwissentlich Partner der Ölsyndikate. Selbst eure Elektrohybridautos sind Produkte der Automobilindustrie, die ein hohes Eigeninteresse daran hat, weiterhin benzin- und dieselbetriebene Fahrzeuge herzustellen.

Wir möchten euch damit nicht raten, wieder zu Pferden und Fahrrädern zu greifen, sondern euch vielmehr das Ausmaß der augenblicklich vorliegenden Manipulation und die Machtstrukturen, die den Wandel verhindern, verdeutlichen.

Wir wollen euch darüber aufklären, dass die Gefahr weiterer Ölkatastrophen zwar absolut vorhanden ist, aber eine erheblich kleinere Bedrohung für die Menschheit und den Planeten darstellt als der fortlaufende Prozess, in dem Ölkompanien durch Rissverfahren und Flutbohrungen Ölquellen anzapfen.

Beim Rissverfahren, das die Ölproduktion steigern soll, werden im Grunde genommen durch kontrollierte Explosionen winzige Erdbeben in öl- und erdgashaltigen Formationen ausgelöst, damit die unterirdischen Gesteinsschichten bersten. Dies geschieht auf der ganzen Welt, besonders in Nordamerika. Das Ergebnis dieser Praktik ist eine massive Verschmutzung von Wasserreservoirs und Wasserschichten. Während der Bush-Cheney-Regierung wurden Gesetze erlassen, die Ölkonzerne davor schützen, für derartige Verschmutzungen haftbar gemacht zu werden. Das hatte zur Folge, dass riesige Gebiete mit Bohrungen im sogenannten Rissverfahren und chemischen Flutbohrungen, die lebenswichtige Wasserquellen verseuchen, behandelt wurden. Beides wird im großen Maßstab praktiziert und ist für die Erde weitaus bedrohlicher als selbst die durch Ölkatastrophen hervorgerufene Zerstörung.

Es gibt mittlerweile Gruppierungen, die sich der Gefahren der Wasserverseuchung durch Ölkonzerne bewusst sind, und diese müssen das Bewusstsein dafür steigern. Das ist unerlässlich für euch.

ERDBEBEN

Ein kürzlich erfolgter Anstieg von Erdbeben hat euren Planeten über Monate hinweg erschüttert. In Haiti, Chile, Neuseeland und Japan hat dieses Phänomen viele Leben vernichtet. Uns ist bewusst, wie tiefe Traumata und Sorge und wie großes Leid und Elend Katastrophen wie diese Erdbeben begleiten, ebenso wie den Tsunami in Indonesien. In dieser Zeit der Erdveränderung ein Mensch zu sein, ist für viele von euch ausgesprochen schwierig, und wir bitten euch darum, all jenen, die quälende Verluste erleiden, eure Gebete zu schicken. Wir aus dem Reich der Engel sind bei euch. Obwohl es tragische Verluste von Leben und Zerstörung an Land und Infrastruktur gegeben hat, erfüllen diese Erdbeben nicht die Funktion irgendeines Karmas, einer Bestrafung oder überhaupt irgendeine Funktion.

DIE VERALTETEN KRIEGE

Kriege sind ganz klar eine der niedersten Energien, die es gibt, und als Form der Konfliktlösung sind sie völlig veraltet. In einem Krieg gibt es niemals einen Gewinner. In dieser Zeit werden noch viele, viele Kriege ausgefochten. Sie töten nicht nur Hunderte unschuldiger Menschen, sondern ruinieren das Land, in dem sie ausgetragen werden, auch in finanzieller Hinsicht. Aber wir alle wissen, dass die andere Seite von Konflikten darin besteht, dass sie gut für die Wirtschaft des Landes sind, das in den Krieg zieht, wie die USA. Ein verheertes Land wiederaufzubauen, ist immer ein sehr teurer und langer Prozess.

Werden während der Zeitenwende einige der größeren Kriege enden?

Die Kriege und Konflikte im Nahen Osten, auf die du dich hier beziehst, sind in einem ganz direkten Sinn die letzten Kämpfe der Fortführung jenes Aufruhrs, der auf die Kreuzzüge zurückgeht. Viele der an dem Konflikt beteiligten Führer waren und sind in der Tat reinkarnierte Seelen, die bereits an den echten Kreuzzügen beteiligt waren, besonders Saddam Hussein, Osama bin Laden, George Bush, George W. Bush und Dick Cheney, versteht ihr? Rache für die Zerstörung der Zwillingstürme am 11. September und natürlich auch Öl spielten hierbei eine wichtige Rolle. Und obwohl es großen Zweifel und viele Spekulationen rund um die wahren Ursachen für den 11. September gibt, ein Ereignis, das eine offenkundige »Rechtfertigung« dafür bot, den Einmarsch einzuleiten, ist es nicht unsere Aufgabe, unsere Energien in die Verifizierung oder Falsifizierung von Verschwörungstheorien und Ähnlichem zu investieren. Ebenso wenig werden wir ein Ende für den Konflikt voraussagen.

Wir wollen unsere Antwort auf diese Frage zusammenfassen, indem wir sagen, dass der Krieg nicht dadurch beendet wird, dass man den Krieg hasst. Der Krieg wird durch die Liebe zum Frieden beendet.

Wird eine Zeit kommen, in der wir das Geld, das in Krieg gesteckt wird, in die Bedürfnisse der Menschheit investieren?

Ihr Lieben, die Erschaffung und Dirigierung der Aktivitäten der Menschheit auf der Erde liegt ganz in der Hand der Menschheit.

Es hat auf dem Planeten immer schon Schwarzseher gegeben, Menschen, die Dunkelheit und Unheil vorhersagen und angsteinflößende Warnungen aussprechen. Und diese dienen in der Dualität einem Zweck. Aber es handelt sich um eine alte Energie. Und es handelt sich nicht um die Rolle Spirits. Wir werden euch niemals befehlen, euren freien Willen aufzugeben. Unsere Botschaft besteht darin, euch von eurer Göttlichkeit zu erzählen.

Im Kern der Dualität liegen die Dualitäten von Liebe und Angst, aber auch Liebe und Macht. Wenn sich die Menschheit entschließt, Angst durch Liebe zu ersetzen, wenn die Menschheit die Liebe zur Macht durch die Macht der Liebe ersetzt, dann wird ein großer Sprung erfolgen. Und wir dürfen euch eines sagen: Es geschieht gerade jetzt, bei einem Herz nach dem anderen!

Viele eurer Religionen strotzen nur so vor Kontrolldogma, Warnungen und Einschränkungen. Sie programmieren euch mit falschen Vorstellungen einer »Ursünde« und Armutsgelübden und ermuntern euch, euer Augenmerk auf das zu richten, was ihr *nicht* tun solltet. Ihre Kontrollmechanismen gründen auf Angst und betonen, dass jene, die ihre Gesetze übertreten, bestraft werden müssen. Darüber hinaus erzeugen sie Gruppendenkweisen, in die sie euch einsperren. Das begünstigt Fanatismus und Zelotismus. Sie erzeugen Selbstgerechtigkeit und arbeiten mit Vergeltungsandrohungen: Macht es so wie wir, sonst ... Es ist eine alte Energie, es ist Angst. Ihr Meister, ihr dürft niemals zu Stadien niedrigeren Gewahrseins zurückkehren. Das Leben ist Entfaltung, Erweiterung.

Spirit spricht von LIEBE. Spirit greift niemanden an. Jede derzeit existierende Religion auf eurer Erde hat ihre Wahrheiten und Verzerrungen. Urteilsvermögen ist der Schlüssel. Es ist notwendig, dass ihr selbst entscheidet, was wahr ist und was nicht, und zwar mit Hilfe eures Herzens, NICHT eurer ANGST. Keine wahrhaft geheiligte Äußerung beschränkt ihre Wahrheit, ihre Schönheit auf eine Gruppierung.

Ihr seid tatsächlich verantwortlich für eure Handlungen, und ihr tragt diese Verantwortung vor eurem SELBST. Ihr seid ein souveräner Funke des Göttlichen. Und der echte Spirit wird niemals versuchen, euch Angst einzujagen.

Während ihr euch dem Aufstieg nähert, fließt die Polarität ins Gleichgewicht, und der Bogen der Dualität wird sich verringern. Aber nichtsdestotrotz werden die Agonien der Angst, Selbstgerechtigkeit und des fanatischen Dogmas der alten Energie einer Feuerprobe unterzogen, damit alle sie deutlich sehen können. Konfliktgeladene Ereignisse werden verzerrt, um den Eindruck zu erwecken, dass die Verkünder der Macht und der Angst freigesprochen wurden. Wenn ihr euch auf eurem Planeten umseht, werdet ihr erkennen, wie die alte Energie um die Kontrolle kämpft. Diese Schwarzseher machen ihre Arbeit, und sie machen sie gut.

Achtet auf die LIEBE, ihr Lieben, achtet auf Meinungsfreiheit in diesem LICHT, das die wahre Liebe und der wahre erleuchtete Weg Spirits ist. Und während das Licht in der Dualität heller zu leuchten beginnt, werdet ihr entdecken, dass Licht Käfer anlockt! Aber findet Unfehlbarkeit und lasst euch nicht von der Angst ablenken – gebt ihr nicht nach. Das Leben ist voller Überfluss.

Versucht nicht, anderen euren Willen aufzuzwingen, und erlaubt anderen nicht, euch den ihren aufzuzwingen. Findet Souveränität in der LIEBE und hört auf euer Herz, eure innere Stimme. Und Urteilsvermögen ist der Schlüssel dazu. Liebe ist der Schwingungsschlüssel der *Ersten Ursache*. Ihr seid hier auf dem Planeten, weil ihr die Aufgabe habt, zu wachsen und zu lernen, und wir ehren euch auf diesem PFAD.

19

Ein Bewusstsein für unsere Parallelleben entwickeln

Mit dem Dünnerwerden des Schleiers erleben wir alle unterschiedliche Situationen und Visionen anderer Leben, es findet eine Art »Abfärbung« des Parallellebens statt. Meistens gehen wir davon aus, dass es sich um vergangene Leben handelt, aber eigentlich handelt es sich um Parallelleben.

Es scheint, dass wir uns unserer alternativen Identitäten im Wachzustand, unserer Träume und Meditationen immer bewusster werden. Sind diese Erfahrungen ein Weg zum »Erkennen« des »größeren Bildes« unseres Potenzials?

Wie können wir diese an die Oberfläche steigenden Erfahrungen besser steuern, so dass wir verstehen, dass sie alle ein Teil unserer selbst sind?

Parallele Realitäten zu dem, was ihr für euer aktuelles Leben haltet, sind in Wahrheit nichts anderes als das, was ihr als vergangene oder zukünftige Leben bezeichnet, weil alle Realitäten in der nichtlinearen JETZT-Zeit existieren.

Parallele Realitäten des »aktuellen« Lebens sollten besser als »wahrscheinliche« Realitäten bezeichnet werden, aber in der Mentalmechanik sind sie nicht mehr oder weniger zugänglich als vergangene oder zukünftige Wahrscheinlichkeiten, weil selbst die Leben, die ihr als vergangen betrachtet, in simultanen Hologrammen des augenblicklichen Moments vonstattengehen.

Die »Realitäten«, die ihr in irgendeinem (simultanen) Leben erfahrt, sind nur ein Ausschnitt aus einer unendlichen Liste von Potenzialen, die IHR zu erleben beschließt, und diese können in weitaus größerem Ausmaß geändert werden, als euch bewusst ist – und sie *werden* auch faktisch geändert. Alle Lebenszeiten sind zweckgerichtete Illusionen, die IHR in eure scheinbare Realität hineinträumt.

Die Vergangenheit und die Zukunft, so wie sie eurer Meinung nach aussehen, existieren als eine Anzahl elektromagnetischer Rezeptoren, die im kristallinen Bereich des physischen Gehirns und im ultravioletten Feld des nichtphysischen Geistes gelagert sind. Diese elektromagnetischen Rezeptoren können verändert werden und befinden sich in ständigem Fluss. Ihr selbst schreibt das Drehbuch eures Schicksals, und euer Schicksal verläuft nicht linear, sondern ausgesprochen dynamisch. Die dynamische Erzeugung eurer Vergangenheit ist genauso wichtig wie die aktive Erzeugung eurer Gegenwart und Zukunft. Eure geistigen Prozesse und Überzeugungen erzeugen eure Vergangenheit, und es gibt so viele gültige Versionen der Vergangenheit, wie es gültige Versionen der Zukunft gibt.

Das liegt daran, dass der dreidimensionale Dichteaspekt der physischen Struktur des Menschen in seiner dualen Manifestation innerlich abläuft und ein Ergebnis des »Programms« der linearen Zeit ist, das die Erfahrung einer irdischen Ebene überhaupt erst ermöglicht. Dieses lineare Wahrnehmungsprogramm bestimmt in hohem Maße die »normalen« Resonanzmuster auf die Art empirischer Wahrscheinlichkeiten, die die Menschheit wählt, projiziert und wahrnimmt, während sie vom Basispunkt der dichten Physikalität aus in ein größeres Bewusstsein hineinwächst.

Aber wir können euch versichern, dass die Quellrealität, der alle Lebenszeiten entspringen, nicht »in Stein« gemeißelt ist, weshalb eure Erfahrung niemals wirklich vorherbestimmt ist. Ihr wählt aus einem Angebot von Potenzialen die Erfahrungen aus, die ihr machen wollt. Sowohl der Kosmos als auch alles darin und außerhalb davon enthaltene Leben werden immer im Augenblick des JETZT erschaffen.

Und obwohl eure dreidimensionale Vorkonditionierung linear ist, habt ihr nicht nur die Fähigkeit, die physische Programmierung zu überwinden, sondern es ist auch euer übergeordnetes Ziel, genau das zu erreichen. Der lebendige physische Körper wird zwar vom menschlichen Bewusstsein bewohnt, fungiert aber als intensiver Brennpunkt für die Erfahrung auf der irdischen Ebene. Die Aggregation des Bewusstseins innerhalb des physischen Körpers fokussiert auf allen Ebenen sein eigenes, unendlich starkes Netzwerk der Sinneswahrnehmung und Kommunikation, und zwar sowohl auf den Ebenen des Gewöhnlichen als auch auf denen des Ungewöhnlichen. Was Letzteres anbelangt: Ihr nehmt deshalb ständig Echos der Prozesse wahr, die ihr mit euren »gewöhnlichen« Körpersinnen gar nicht erfassen könnt. Es gibt große Bereiche von Farben, Klängen, elektromagnetischen Codes und Sinneswahrnehmungen, die ihr ebenso auf einer zellularen wie auf einer kristallinen Ebene chakrischer Netzwerke seht und wahrnehmt. Deren Quelle liegt im Quantenbewusstsein, und sie beeinflussen euch geometrisch und schwingungsmäßig. Dieses Netzwerk ist durch harmonische Oszillation mit allen anderen verbunden, die ihm ähneln.

Aber die Menschheit ist sich dieser ungewöhnlichen Interaktionsebenen, die zwischen allen Spektren von Körpern biologisch in crysto-elektromagnetischer und stofflicher Hinsicht stattfinden, im Augenblick noch nicht sonderlich bewusst. Diese Schnittstelle befindet sich im Crysto-Mer-Ka-Na-Lichtkörper und ist viel folgenreicher, als die meisten Menschen glauben. Und doch können die stofflichen biologischen Zellen aufeinander reagieren und tun das auch, und ihre Aktivität löst sogar noch höher gelegene Zentren des Kristalllichtkörperbewusstseins aus, die eine Verbindung mit der linearen Zeit und darüberliegenden Ebenen herstellen – Verbindungen in die Multidimensionalität.

Eure Leben können mit den Unterprogrammen eines Computers verglichen werden. Um eine Analogie zu benutzen: Euer

Windows-Programm ermöglicht es anderen Programmen wie Word, Excel und PowerPoint, innerhalb seines Matrixformats zu existieren. Diese können durch das Meisterprogramm jederzeit abgerufen, verändert und bearbeitet werden, solange man sich an spezielle Anweisungen oder Regeln hält.

Folgt man dieser Analogie, sind Leben Hologramme, die sich in einem Zeitprogramm befinden. Und in dieser Anwendung, wie ich es jetzt nennen will, können Zeithologramme gesteuert und abgerufen werden und werden ununterbrochen verändert. Im kristallinen Lichtkörper, der Mer-Ka-Na, findet die optimale Zeitnavigation statt, und dieser Prozess wird in den Metatronischen Schlüsseln gelehrt.

Die Navigation aller Zeithologramme erfolgt mer-ka-nisch durch ein bewusstseinsveredeltes bioplasmisches Feld, und obwohl dieser Prozess in Bezug auf den Zeitvektor natürlich unterstützt wird durch Kristallschwingungen, wird er in erster Linie durch den Lichtbewusstseinsquotienten des Reisenden gesteuert. Ihr alle reist im Traumzustand ziemlich oft durch die Zeit, und darin liegt der Schlüssel dazu, wie ihr am besten lernen könnt, in erweiterten Bewusstseinszuständen bei klarem Verstand zu bleiben. Dies wird bewusst erreicht und steht euch allen zur Verfügung durch die Kristallenergien des Aufstiegs und die damit verbundene Entwicklung des Mer-Ka-Na-Lichtkörpers.

Die Mer-Ka-Na unterscheidet sich recht stark von der Magnetik und Polarität der Mer-Ka-Ba. Sie ist nicht-geschlechtlich und wird auf der Anfangsebene der fünften Dimension vom Kristallgitternetz erzeugt. Die Mer-Ka-Ba agiert nur in der dritten Dimension, der polar-dualen Umgebung, und wird hauptsächlich vom magnetischen Gitternetz erzeugt.

Es gibt in der Tat physikalische Gesetze, die sich darauf anwenden lassen, wie Zeit und Raum inter- und intradimensional gesteuert werden. Eines Tages wird die Menschheit diese Gesetze wiederentdecken. Und wenn es so weit ist, werden die scheinbaren Grenzen zwischen Vergangenheit, Gegenwart und Zukunft besser verstanden werden. Wie wir bereits erklärt haben, enthält die Dualitätserfahrung in der dritten Dimension programmierte Parameter, die die erweiterte Dimensionswahrnehmung der Menschheit begrenzen.

Es ist genau so: Die dreidimensionale, singuläre Linse erzeugt die lineare Illusion einer aufeinanderfolgenden Entfaltung der Zeit. Deshalb glaubt die Menschheit, dass ein Augenblick existiert und dann für immer vorbei ist und dass dann der nächste Augenblick kommt und sich wie der vorige ebenfalls im großen, trügerischen Nebel der Vergangenheit auflöst. Die Wahrheit ist, dass alles in und auf der Omni-Erde, ja sogar im ganzen Multiversum, auf einmal existiert, gleichzeitig. Die Vergangenheit, die Gegenwart und die Zukunft erscheinen nur jenen, die in der dreidimensionalen Realität existieren. Und die Programme, die Zeitepochen auf der Omni-Erde erzeugen, können gesteuert werden.

Als in der Dualität verhaftete Menschen nehmt ihr es als gegeben hin, dass gegenwärtiges Handeln die Zukunft verändern kann, aber gegenwärtige Handlungen können genauso die Vergangenheit verändern, und das tun sie auch. Die Vergangenheit ist nicht weniger separiert oder unabhängig von eurer Gegenwart als die Entscheidungen, die ihr heute trefft.

Wir wollen euch eine große Wahrheit mitteilen, damit ihr über sie nachdenken könnt: *Alles, was ihr tut, beeinflusst eure Vergangenheit, und entsprechend könnt ihr all das entfernen, was ihr als Traumata und Fehlentscheidungen bezeichnen würdet und was euch vor Jahren oder in anderen Leben widerfahren ist. Es ist sogar erforderlich, dass ihr das tut!*

Die elektromagnetischen kristallografischen Tore im menschlichen Gehirn werden von jedem Einzelnen von euch auf jeweils einzigartige Weise vollständig und umfassend geschaffen und verhüllt. Die wahrscheinliche Vergangenheit kann verändert werden, und derartige Veränderungen sind alles andere als ungewöhnlich. Sie geschehen spontan auf einer unbewussten Ebene. Ihr könnt jetzt lernen, diesen Prozess bewusst zu vollziehen, indem ihr über die Mer-Ka-Na, den kristallinen Lichtkörper, das *Quantenbewusstsein* betretet.

Der lineare Aspekt der Vergangenheit hat wenig mit dem gemeinsam, was ihr in Erinnerung habt. Vielmehr ordnet ihr mit der Erfahrung jedes neuen Moments, jedes neuen Ereignisses ununterbrochen eure Erinnerung neu. Es handelt sich um eine konstante Metamorphose jedes Moments einer jeden gegebenen empirischen Erfahrung. Eure Hypnotherapeuten sind sich der Tatsache sehr wohl bewusst, dass Pseudoerinnerungen fiktiver oder veränderter vergangener Ereignisse durch Induktion im Tiefenzustand ins menschliche Gehirn eingepflanzt werden können. Und diese »künstliche« Erinnerung und die Form, in der sie die Gegenwart der Person beeinflusst, werden in einem sehr realen Sinn ziemlich echt. Es lässt sich also schlussfolgern, dass die Zukunft, die Gegenwart und die Vergangenheit immer und von jedem Individuum neu erschaffen werden, wenn sich seine Überzeugungen, Einstellungen und Assoziationen weiterentwickeln und verändern.

Aber denkt daran, dass das, was dabei stattfindet, eine echte Neuschöpfung in der Realzeit ist, keine metaphorische. Die Veränderungen, die ihr vollzieht, sind ziemlich real. Das kleine innere Kind befindet sich faktisch noch im erwachsenen Menschen, während dieser immer älter wird. Aber auch dieses innere Kind ist dynamisch, es weist keine dauerhafte Form auf, die unablässig so bleibt, wie sie war. Das Kind im Menschen verändert sich unaufhörlich an jedem Tag, genauso wie das Ich des Teenagers, des jungen Erwachsenen und der älteren Person in euch, die ihr in der Zukunft sein werdet.

Entsprechend bleibt es nun euch überlassen, während ihr in die Aufstiegsenergien eintretet, die Macht des JETZT zu ergreifen und zu verstehen, dass ihr die Vergangenheit verändern könnt und müsst: eure individuelle Vergangenheit, jedenfalls aus dem Blickwinkel des Jetzt ... Im JETZT könnt ihr euch in die Mer-Ka-Na verwandeln und als solche die Kontrolle über alles, was sich in eurer

Multidimensionalität ereignet, erlangen. Dies ist eine geheiligte universelle Wahrheit, und diese Wahrheit erweitert sich, wenn ihr in sich eintretet. Sie weitet sich aus zu einer Macht, die euch im singulären Augenblick des JETZT Zugang zum Mittelpunkt der Mitschöpfung ermöglicht, oberhalb der linearen Zeit und des hologrammhaften Aufenthalts in der Zeit der Omni-Erde.

Wir wollen euch sagen, dass persönliche Probleme und Blockaden auftreten werden, wenn die angemessene Weiterentwicklung der Vergangenheit verhindert wird und sich nicht spontan vollziehen kann.

In einigen Fällen treten ernst zu nehmende Neurosen deshalb auf, weil ein Individuum seine oder ihre Vergangenheit *nicht* geändert hat. Beispielsweise könnte ein Leben gewählt worden sein, in dem man Opfer einer Katastrophe wird und auf traumatisierende Weise zu Tode kommt. Es gibt unzählige auf das innere Wachstum bezogene Gründe, so eine Erfahrung machen zu wollen. Um nur ein Beispiel für solche Gründe zu nennen: Dieses Individuum wird in darauffolgenden Inkarnationen die Zeit, die es mit seinen Liebsten verbringt, weitaus mehr zu schätzen wissen, weil es gelernt hat, dass das Leben ganz unerwartet zu einem scheinbaren Ende kommen kann.

Doch derartige machtvolle Traumata, die wir in einer unserer Inkarnationen gewählt haben, um etwas zu lernen, sind emotional oft so befrachtet, dass sie abfärben und damit andere Lebenszeitprogramme negativ beeinflussen. Dieses unerwünschte Abfärben kann seinen Ausdruck beispielsweise in Form intensiver Flugangst finden oder vielleicht in der Angst vor Wasser, weil man einmal ertrunken ist, und so weiter. Ihr Meister, ihr könnt das Quantenbewusstsein betreten, alles Negative daraus entfernen, dennoch das erlernte Wachstum erhalten und das Ereignis durch eine positive Alternative vollständig ersetzen. Ihr könnt die Vergangenheit verändern!

Zwar obliegt es euch, wahrhaftes Verständnis dafür zu entwickeln, dass es einen Grund dafür gab, dass ihr die Erfahrung eines bestimmten Traumas gewählt habt. Doch es ist ebenso wahr, dass manche der traumatisierenden oder weniger wünschenswerten Erfahrungen einfach dazu dienen, euch zu zeigen, was geschehen kann, wenn ihr nicht bewusst eure eigenen Realitäten erschafft. Wenn ihr mental an dem Glaubenssatz festhaltet, die Welt sei schlecht oder ihr unwürdig, dann wird diese individualisierte mentale Projektion, die ihr seid, die unerwünschte Erfahrung, die sich in eurer Denkweise manifestiert hat, getreulich in die physische Realität übertragen.

In allen Fällen habt ihr aber die Möglichkeit und auch das Bedürfnis, die darin enthaltene Lektion zu lernen und die vergangene Erfahrung zu verändern, sie durch etwas Positiveres zu ersetzen. Dieser Prozess ist notwendig und kann auf den Mer-Ka-Va- und Mer-Ka-Na-Ebenen des Bewusstseins willentlich vollzogen werden. Wieder liegt der Schlüssel im Begreifen, dass alle Realitäten im Fluss sind. Sie können alle verändert werden.

20

Loslassen

Auch wenn man ein höheres Bewusstsein erreicht hat, fällt es meiner Ansicht nach den meisten Menschen immer noch ausgesprochen schwer, einfach loszulassen. Nicht loslassen zu können beruht häufig darauf, dass wir uns wünschen, die Vergangenheit wäre anders verlaufen. Aber die Vergangenheit kann niemals anders sein, nicht wahr?

Warum fällt uns das so schwer? Wie können wir lernen, loszulassen, ohne Angst zu haben?

Die Vergangenheit ist nicht in größerem Ausmaß kristallisiert als die Zukunft. Wir haben schon früher erklärt, dass ihr in Wahrheit nicht nur die Fähigkeit habt, die Vergangenheit zu ändern, sondern in vielen Fällen auch das Bedürfnis habt, genau das zu tun.

Es kann auch andere Gründe als Angst geben, die Individuen davon abhalten, notwendige Veränderungen in ihrem Leben durchzuführen. Selbstzufriedenheit, Apathie und auch einfache Faulheit sind drei Beispiele für solche Gründe.

Wenn aber der Urgrund tatsächlich die Furcht vor dem Loslassen ist, dann handelt es sich in den tiefsten Wurzeln um ... Angst.

Ihr Lieben, Angst ist immer die große duale Herausforderung. In der Polarität ist sie stets die störende, gegnerische Kraft, die Statik und Brüche im Schwingungsfeld erzeugt. Nicht der Hass ist das wahre Gegenteil von Liebe, sondern die Angst. Am Grund aller negativen Gefühle liegt die Angst.

Angst kann abgebaut werden, indem man ihr mit der Absicht, sie loszulassen, ins Gesicht sieht. So schwer und gleichzeitig einfach ist das.

Manifestierte Angst ist einer der ganz großen Stolpersteine, denen die Menschen auf der Mikro- wie auf der Makroebene ihr Leben lang begegnen. Angst kann lähmend wirken. Sie kann Gruppen und Individuen dazu bringen, gegen ihr besseres Wissen etwas zu unterlassen, das sie eigentlich tun sollten, und nicht das zu werden, was sie werden sollen. Es sind die Angst und die menschliche Reaktion auf diese Angst, die euch als Individuen voneinander trennen und darüber bestimmen, was man in einem Leben erreicht und was nicht.

Eure Gefühle, die positiven wie die negativen, bewegen sich in Form von elektrischen Energien durch euer Nervensystem fort und beeinflussen dabei sowohl das Aurafeld als auch den physischen Organismus. Durch negative Gedanken hervorgerufene Angst verändert die Funktion jeder einzelnen Zelle und aller Organe und verursacht sogar Risse im Aurafeld.

21

Was danach kommt

Wir wissen, dass die Veränderungen schon vor mindestens einhundert Jahren einsetzten, sich um die Zeit der Harmonischen Konvergenz herum beschleunigten und innerhalb dieses Jahrzehnts nun ihren Höhepunkt erreichen werden.

Demnächst wird sich eine Menge ereignen: wichtige Ereignisse, bedeutende Bewusstseinsveränderungen, viele großartige, aber auch schwierige Augenblicke und zahlreiche Erdveränderungen. Ich gehöre zu denjenigen, die glauben, dass wir die Wahrheit kennen müssen, damit wir uns darauf vorbereiten und auf diese Weise etwas dagegen ausrichten können.

Metatron, was sollten wir über die Neue Zeit wissen?

DAS NEUE KRISTALLFIRMAMENT

Dann wollen wir euch also berichten, dass sich während der Vervollständigung der Gitternetze jenseits der kristallinen 144-Geometrie die geodätische 120-Polyedersphäre zeigen wird. Sie nahm 2011 ihren Anfang, wird 2012 in Gang kommen und sich im Jahr 2024 vervollständigt haben. Wenn im Jahr 2012 der multidimensionale vollständige Zugang zum kristallinen 144-Gitternetz ermöglicht wird, wird durch seine Vervollständigung das neue

Firmament geboren. Betrachtet diese Vervollständigung als eine Blume, die ihre volle Blüte erreicht. In diesem Augenblick findet dann eine kosmische »Bestäubung« statt, und ein energetisches Samenfeld wird wirksam werden.

Wisst ihr, die gesamte Vervollständigung der perfekten geometrischen Form wird aus seiner vereinten Perfektion ein neues Feld keimen lassen. Und dieses Feld kann als das neue Kristallfirmament bezeichnet werden, das in Form zweier großer, kreisförmiger Energiebänder in Erscheinung treten wird, die sich in 90-Grad-Winkeln um den Planeten herumwinden und überschneiden.

Ein Band wird die Farbe und Essenz von Platin aufweisen, das andere die Farbe und Essenz von Gold. Ihre Energien werden in reguliertem Widerstand zirkulieren, und das zwischen ihnen erzeugte Feld wird den Planeten auf sphärische Weise umschließen.

Dieses Kristallfirmament wird das ermöglichen, was die alten Völker den Tausendjährigen Frieden nannten.

WICHTIGE DATEN

Die in energetischer Hinsicht äußerst bedeutsamen Daten im Jahr 2012 sind ausgesprochen komplex und von beeindruckender Wandlungskraft und außergewöhnlicher Wirksamkeit. Die am häufigsten verkündeten Daten sind natürlich die Aufstiegsschlüsseldaten des 12.12.12 und des 21.12.12 – der Wintersonnenwende am 21. Dezember.

Im November 2012 ereignet sich im Abstand von nur zwei Wochen etwas, das man als eine weibliche und männliche Sonnenfinsternis bezeichnen könnte.

Die totale Sonnenfinsternis zwischen dem 13. und 14. November öffnet, gefolgt von der Halbschatten-Mondfinsternis am 28. November, das Tor zum 12.12.12.

In derselben Weise folgt im Mai und Juni auf eine Sonnenfinsternis am 20. Mai eine Mondfinsternis am 4. Juni. Im Schlepptau findet dann die Sonnenwende am 22. Juni statt. Ihr Meister, 2012 ist ein unglaubliches Jahr, und jeder Tag ist wichtig. Das Muster der Beschleunigung wird fortgeführt. Die Intensität wird weitergehen. Die genannten Daten haben die größte Kraft.

Die verbleibenden Tagundnachtgleichen, die im Countdown zum Aufstieg vor euch liegen, werden nicht durch die lineare Zeit oder die dimensionalen Zugangsbeschränkungen in eurem derzeitigen Raum-Zeit-Paradigma begrenzt. Jedes dieser Daten ist unfassbar mächtig, und ihr werdet die Intensität dieser Energie spüren. Ihr müsst das sorgsam planen, denn es wird eine Achterbahn der Energien werden.

Dieser »Cocktail« verschiedener Energien, die 2012 eine Rolle spielen, bildet ein äußerst vorrangiges Torpotenzial und einen Angelpunkt massiver Veränderung für die gesamte Menschheit, und zwar sowohl auf der Mikro- als auch auf der Makroebene.

Wie die Menschheit diese intensiven Schwingungen nutzt und einsetzt, wird der Maßstab für eure Zielstrebigkeit und euren Fortschritt beim Aufstieg sein. Es ist eine großartige Möglichkeit, ja ein *Geschenk* an die Menschheit! Aber es muss in positiver Schwingung, mit einer positiven Einstellung bewerkstelligt werden. Die Ausarbeitung der Astrologie, die den kommenden Aufstieg umgibt, hat beträchtliche Mühen gekostet.

Ihr alle erweitert eure Grenzen und schreitet voran in ein größeres Bewusstsein, in neue Paradigmen. Bei solchen Veränderungen gibt es immer auch einen Faktor, mit dem man sich nicht so wohlfühlt. Liebe Menschen, wir haben Verständnis für die Schwierigkeiten, die Mühsal, die Anstrengungen, mit denen ihr in diesen Übergängen konfrontiert seid, und wir sind hier im Jetzt, um euch zu unterstützen und euch zu helfen. Wir ehren euch dafür, dass ihr euch entschieden habt, zu dieser Zeit hier zu sein, dafür, dass ihr die Entscheidung getroffen habt, aufzusteigen.

In diesem Sinn muss sich jeder einzelne Mensch, der jetzt auf der Erde lebt, nun mit »kosmischen« Schwingungen verbinden, die sich enorm ausdehnen. Doch die bloße Anerkennung dieser Ausdehnung ist nicht genug. Es handelt sich dabei einfach nur um den ersten Schritt, und das ist nicht dasselbe wie eine optimale Verbindung mit der kosmischen Ausdehnung. Es sind noch größere Bemühungen, noch größerer Fortschritt, ein noch größerer Fokus nötig!

Optimale Integration besteht in expansivem Wachstum, und eine solche Beschleunigung, eine derartig schnelle Veränderung wird unausweichlich zu dem neuerlichen Gefühl führen, aus seiner Haut herauszuwachsen. Zu gegebener Zeit werden neue Gefühle der Intensität, des Unwohlseins und des Eingeschlossenseins aufkommen, wodurch ein noch stärkerer Fokus auf eine noch größere Evolution erforderlich wird.

Seid euch also der Tatsache bewusst, ihr Meister, dass ein Wachstum, das an die feuerprobengleiche Energie von 2012 angepasst ist, harte Arbeit ist, und dass Reinigung und Loslassen immer Teil von ihr ist. Und sie beeinflusst jeden Einzelnen von euch.

Tatsächlich ist diese Energie eine Intensität von großer und immer größerer Bewusstseinsausweitung, und wie ihr damit umgeht, ob ihr sie mit offenen Armen willkommen heißt oder sie ignoriert, hat großen Einfluss auf euren Lebensverlauf und eure Energie. Lasst euch nicht entmutigen, ihr habt es fast schon geschafft!

Ihr Meister, wenn ihr diese Empfindungen verspürt, dann ehren wir euch und gratulieren euch, weil sie der untilgbare Beweis des exponentiellen Wachstums sind. Ihr seid wahrhaftig auf dem richtigen Weg des persönlichen Aufstiegs ... und wir sind immer an eurer Seite. Aber, ihr Meister, die Zeiten des Zauderns sind mit der Beschleunigung schon lange an euch vorbeigezogen. Zaudern ist nicht die beste Entscheidung für jene, die den Weckruf des planetaren Aufstiegs vernommen haben.

IHR HABT EUREN WEG GEMEISTERT

Eine Frage, die ein Meister niemals stellt, lautet: »Wie viel Arbeit kostet es denn?« Und das liegt daran, dass die Mühen der natur-gegebene Weg zu eurem Zuhause, zu eurem Schicksal im Reich der LIEBE sind. Ihr Lieben, seid euch bewusst, dass ihr nicht allein seid. Wir aus dem Reich der Engel sind bei euch. Wisst, dass sich die Erde selbst dafür rüstet, euch bei dieser Befreiung zu unterstützen, indem sie die Reinigung, die ihr als »Aufstieg« bezeichnet, weiterverarbeitet. Versucht nicht, anderen euren Willen aufzuzwingen, und erlaubt anderen nicht, euch den ihren aufzwingen. Findet Souveränität in der LIEBE und hört auf euer Herz, eure innere Stimme. Und Urteilsvermögen ist der Schlüssel dazu. Liebe ist der Schwingungs-schlüssel der *Ersten Ursache*. Ihr seid hier auf dem Planeten, weil ihr die Aufgabe habt, zu wachsen und zu lernen, und wir ehren euch auf diesem PFAD.

Jetzt, wo ihr das letzte Jahr des kristallinen Aufstiegs der Erde erlebt, sagen wir euch, dass der Aufstieg der Erde in zwei oder drei Jahrhunderten die kritische Massenbewegung der physischen Menschheit hervorbringen wird – alle freien Willens und auf-grund freier Entscheidungen. In dieser Zeit wird es keinen Welt-krieg, keine hungernden Massen mehr geben. In den nächsten zwei Jahren wird die Liebe zur Macht langsam durch die Macht der Liebe ersetzt werden. Zweifelt nicht daran, denn es steckt in jedem von euch. Von daher müsst ihr die Veränderung *sein,* die ihr erleben wollt!

Was ihr da erschafft, ist eine Zukunft des Aufstiegs, und wir sa-gen euch, dass dieser Zeitraum von nicht einmal drei Jahrhunder-ten im Handumdrehen vergehen wird. Wir bezeigen euch Ehre. Ihr seid auf dem richtigen Weg. Euch stehen ein unglaubliches Erwachen und unglaubliche Vervollständigung bevor. Dieses Jahr ist der Zenit der Aufstiegstrias und eine Zeit allmächtiger Justie-rung und Erweiterung – und auch des Feierns. Jeder von euch hat etwas bewirkt, und wenn ihr diesen Planeten verlasst, werdet ihr ein größeres Licht sein als bei eurer Ankunft. Und ihr habt es auf eure Weise getan – voller Liebe.

**Ich lade euch dazu ein, Freude zu empfinden,
denn ihr habt es verdient!**

**Ich bin Metatron, und ich teile
diese Wahrheiten mit euch. Ihr werdet geliebt.
Und so ist es.**

DREI

DIE HATHOREN UND MARIA MAGDALENA

Wie ich es von hier aus sehe

Eine Einführung von Judi Sion

Viele Menschen sorgen sich darum, ob die Menschheit die uns bevorstehenden Zeiten überleben wird. Um ganz offen zu sein, besteht meine Sorge eher darin, ob wir es als *Spezies* überhaupt verdient haben, diese Zeiten zu überleben.

Vergessen Sie nicht, dass ich mit einem Klangheiler zusammenlebe, der auch Hirnforscher und seit über 25 Jahren praktizierender Psychotherapeut ist. Er glaubt, dass Heilung dadurch entsteht, dass man all den Dingen eine Stimme verleiht, die die Menschen gern für sich behalten. Darüber hinaus arbeite ich mit Maria Magdalena, die so aufrecht zu dem Credo »Sprich deine Wahrheit aus« stand, dass nun auch ich langsam lerne, mit dem, was ich für wahr halte, nicht mehr hinter dem Berg zu halten – selbst wenn es die Menschen um mich herum herausfordert, sogar diejenigen, die ich liebe. Und da mir dieses Buch die Möglichkeit gibt, meine Meinung zu sagen, werde ich das aussprechen, was meiner Meinung nach viele Leute denken, aber aus Angst in der Öffentlichkeit niemals laut sagen. Es wird Leute geben, die über meine Worte außer sich vor Wut sein werden, und sie werden mich mit Mistgabeln und Fackeln verfolgen wollen.

Aber wenn das, was ich zu sagen habe, auch nur einen einzigen Menschen dazu bewegt, eine neue Perspektive in Betracht zu ziehen, habe ich mein Ziel erreicht.

Lassen Sie mich Ihnen meine Lieblingsgeschichte darüber erzählen, was es heißt, »nur für einen einzigen Menschen etwas zu bewegen«.

Es lief einmal ein Mann am Strand entlang. In der Ferne konnte er etwas erkennen, das er für die Silhouette einer alten Frau hielt. Die alte Frau bückte sich, lief ein paar Schritte weit, warf etwas ins Meer, und dann ging alles wieder von vorn los. Als der Mann näher kam, sah er, dass durch den Gezeitenwechsel Tausende von Seesternen an den Strand gespült worden waren und dort verendeten. Die Frau hob die Seesterne einen nach dem anderen auf, lief an die Wasserlinie und warf sie ins Meer zurück.

»Warum machen Sie das denn?«, fragte er die Frau. »Sie können die Seesterne sowieso nicht alle retten. Warum plagen Sie sich dann überhaupt damit ab, wo doch ohnehin so viele sterben? Was Sie da tun, macht keinen Unterschied.«

Sie bückte sich, hob einen Seestern auf, ging an die Wasserlinie und warf ihn zurück ins Wasser. »Für diesen einen hier macht es einen Unterschied«, sagte sie.

Und für *diesen einen* schreibe ich den vorliegenden Text.

Meine persönliche Realität sieht so aus, dass sich in meinem eigenen Leben niemals etwas verändert hat, wenn ich lieb und freundlich darum gebeten habe. Ich musste immer mit den Füßen aufstampfen, um die für die Veränderung notwendige Aufmerksamkeit zu bekommen. Vielleicht funktioniert Mutter Erde genauso.

Das erinnert mich an einen Hopi-Ältesten, der nicht mehr unter uns weilt, Thomas Banyacya.* Durch eine Laune des Schicksals

---

* Thomas Banyacya (1909–1999) war ein Sprecher der Hopi-Nation. Er hielt am 10. Dezember 1992, im »Internationalen Jahr der Indigenen Völker«, vor den Vereinten Nationen eine Rede über den Zustand der Welt. Darin ging es um die Verpflichtung der Menschen zur Heilung der Erde. Leider war nur eine Handvoll Delegierter anwesend. Andertags ereigneten sich, ausgelöst durch einen Sturm, die schlimmsten Überschwemmungen in der Geschichte

bin ich ihm auf Flughäfen in den ganzen USA über den Weg gelaufen. Oft begegnete ich diesem Hopi-Ältesten, wenn er wie ein Fisch auf dem Trockenen etwas verloren durch irgendwelche Flughafen-Terminals wanderte. Meist war er auf dem Weg zu Vorträgen, um die Aufgabe zu erfüllen, um die ihn seine Ältesten gebeten hatten. Anfangs zögerte ich, auf ihn zuzugehen und ihn zu fragen, ob ich ihm helfen könne. Dann fing er an, mich wiederzuerkennen und mir sein Ticket zu zeigen, und wir fanden gemeinsam heraus, wohin er als Nächstes musste. Als er älter wurde, suchte ich immer jemanden mit einem Elektrofahrzeug, der ihn zu seinem Anschlussgate fuhr.

Um die Stirn trug er stets einen dünnen roten Schal. Ich habe ihn niemals ohne diesen Schal gesehen. Er war einer von vier Hopi-Männern, denen man mitgeteilt hatte, dass ihre Arbeit darin bestünde, an alle Enden der Welt zu reisen, um die Hopi-Botschaft des Friedens und ihre Prophezeiung zu verbreiten.

Als ich Thomas zum letzten Mal sah, erzählte er eine Geschichte, die ich niemals vergessen werde. Es war die Geschichte einer modernen Familie: Mutter, Vater, Sohn und Tochter und ein Baby.

In Thomas' Geschichte steht die Mutter, geweckt von dem Baby, noch vor Morgengrauen auf. Nachdem sie das Baby gefüttert hat, bereitet sie das Frühstück für ihre Familie zu. Sie bäckt Brot und sammelt frische Eier. Sie packt ein Pausenbrot für jedes Familienmitglied.

Alle essen hastig, schnappen sich ihr Pausenbrot und eilen davon, um ihrem Tagwerk nachzugehen. Der Ehemann geht arbeiten, und die Kinder gehen in die Schule. Alle sind wohlgenährt und mit allem versorgt, was sie brauchen.

New Yorks. Spontan rief Banyacya alle Teilnehmer der noch stattfindenden Konferenz, Indigene und UN-Offizielle, zu einem Gebet zusammen; der Sturm flaute ab. In Zürich hatte er kurz zuvor laut eines Hörers seines dort gehaltenen Vortrags (Thomas Notter) einen Gewitterregen verursacht, der die hitze- und smoggeplagte Stadt vollkommen reinigte. – *Der Verlag*

Die Mutter erledigt den Frühstücksabwasch, füttert das Baby und pflegt den Garten. Dann fängt sie an, das Abendessen vorzubereiten. Alle anderen kommen nach Hause und nehmen das Abendessen zu sich, und während sie fernsehen, wäscht die Mutter ab. Das Baby greint und hält die Mutter in dieser Nacht lange wach.

Aber sie steht trotzdem morgens auf und macht Frühstück für alle. Es ist Wochenende, weshalb der Ehemann Golfspielen geht. Die Kinder verschwinden nach draußen und spielen den ganzen Vormittag über, während die Mutter wieder den Frühstücksabwasch erledigt und das Mittagessen zubereitet. Sie füttert das Baby, dann kommen alle ins Haus und essen. Danach stürmen sie wieder nach draußen, und die Mutter räumt alles auf und erledigt die Wäsche.

Sie hängt die Wäsche auf die Leine und erntet im Garten Gemüse. Das Baby wird krank und fängt zu schreien an. Sie füttert es, dann putzt sie das Gemüse und bereitet das Abendessen zu. Alle essen, dann sehen sie fern, während die Mutter den Tisch abräumt und das schreiende Baby beruhigt. Das Baby hält sie fast die ganze Nacht über wach, so dass sie keine Ruhe bekommt.

Noch vor Sonnenaufgang beginnt ihr neuer Tag, ohne dass sie geschlafen hat.

Sie bereitet das Frühstück zu, und jeder bekommt etwas Gesundes zu essen. Ihre Familie wacht auf und frühstückt, dann hasten alle los. Wieder räumt die Mutter den Tisch ab. Währenddessen hält sie das Baby, das noch mehr weint, weil es sich nicht gut fühlt.

Aus vielfältigen Nahrungsmitteln bereitet sie das Mittagessen für ihre Familie zu, denn sie liebt ihre Familie, und das ist es, was die Mutter tut. Sie gibt ihnen gutes Essen, grünes Gemüse, Proteine, Wasser.

Und ihre Familienmitglieder laufen wieder los und haben Spaß am Leben, während die Mutter nach dem Mittagessen den Tisch abräumt und ihre nachmittäglichen Pflichten erledigt. Sie kümmert sich um den Garten, erntet mehr Gemüse und füttert das

Baby, bereitet das Abendessen zu und deckt den Tisch, und dann kommen alle nach Hause, setzen sich und essen hastig, damit sie möglichst bald fernsehen können.

Als Thomas diese Geschichte erzählte, ging sie weiter und weiter, Tag für Tag gab die Mutter ihrer Familie alles, was sie brauchte, und putzte hinter ihr her, und alle nahmen einfach, was die Mutter zu geben hatte, und hinterließen jedes Mal ein einziges Chaos, wenn sie wegliefen, um Sachen zu tun, die ihnen Spaß machten.

Und eines Tages, nachdem alle vom Esstisch aufgesprungen sind, um ihrer eigenen Wege zu ziehen, haut die Mutter mit der Faust auf den Tisch und sagt: »Ich habe euch Nahrung und Wasser und alles, was ihr braucht, gegeben, und ihr helft mir nicht einmal beim Aufräumen! Ihr zeigt mir keinen Respekt. Die Mutter ist erschöpft und macht das nicht mehr mit.«

Es war ein ziemlicher Schock, weil dieser winzige Hopi-Älteste, um seinen Punkt zu unterstreichen, mit seiner Faust so fest auf das Podium hieb, dass das Mikrofon wackelte. Der ganze Saal erschrak fürchterlich. Dann erklärte Thomas, dass es sich bei der Mutter um Mutter Erde handelt. Und dass sie in Form von Erdbeben und Überflutungen mit der Faust auf den Tisch haut und in Form von Vulkanausbrüchen Dampf ablässt, weil sie uns alles gegeben hat, was wir brauchen – und mehr als das. Aber anstatt etwas zurückzugeben oder wenigstens hinter uns aufzuräumen, wollen wir immer mehr und mehr. Wir nehmen immer weiter und geben nichts zurück. Wir zeigen der Mutter keinen Respekt.

Mir ist klargeworden, dass sich diese Zivilisation, so wie ich sie durch meine nicht ganz so rosafarbene Brille sehe, nicht ändern wird, bis sie dazu gezwungen ist. Ich habe den Eindruck, dass kaum ein Mensch seinen/ihren persönlichen Lebensstil aufgeben wird, damit die Erde freier atmen kann. Die Leute werden nicht aufhören, Ressourcen zu nutzen, bis es einfach keine Ressourcen mehr gibt. Ja, einige von uns werden verzichten, aber es werden nicht genug sein, und die Mächte, die »am Werke sind«, werden den Verzicht niemals ermutigen, geschweige denn fordern.

Und das Patriarchat wird weder Macht abgeben noch ein Gleichgewicht zulassen, bis das Fass über- und die Sanduhr abgelaufen ist. Meiner Meinung nach gibt es nur eines, das genug Macht hat, um das Fass zum Überlaufen zu bringen und die Sanduhr ablaufen zu lassen. Und das ist Mutter Erde selbst.

Die Schuld gebe ich der Bibel und George Bush. Aber Ihr solltet wissen, dass ich der Religion und George Bush die Schuld für fast alle Missstände auf dem Planeten gebe. Und daran wird sich niemals etwas ändern.

Ich habe beobachtet, dass die tyrannische Reaktion auf den 11. September (wer auch immer dieses Ereignis herbeigeführt hat) eine ganze Nation von Tyrannen, ja eine ganze Welt von Tyrannen freigesetzt hat. Sie waren schon immer Tyrannen, aber bis dahin hatte man sie nicht gefeiert und geehrt, und sie wurden erst zu Königen auf dem Spielplatz, als George auf eine schreckliche Tat mit einer noch viel schrecklicheren Tat reagiert hat: Er erklärte zwei Ländern die Krieg, ohne dass sie ihn angegriffen hätten. (Und dann, als Nachfassaktion, wurden über Nacht wie durch Magie neue Gesetze geschrieben, die den Eingriff in die Privatsphäre unschuldiger Bürger erlaubten. Man nahm uns »zu unserem eigenen Schutz« durch neue Gesetzen unsere garantierten Freiheiten weg. So umfassende Anordnungen können nicht in so kurzer Zeit verfasst worden sein, was mehr als nur darauf hinweist, dass diese Gesetze schon in den Startlöchern saßen und nur auf einen solchen Anlass, den sogenannten »US Patriot Act«, gewartet hatten.)

Ganz gleich, welche politische Einstellung Sie auch haben: Diese Tatsache kann man nicht leugnen. Die Vereinigten Staaten sind in zwei Länder eingefallen, die nicht den ersten Stein geworfen hatten. Und bitte beleidigen Sie meine Intelligenz nicht, indem Sie versuchen, mich davon zu überzeugen, dass der Grund für den Einmarsch darin bestand, dass diese Länder Massenvernichtungswaffen besaßen. Die wenigsten, die das hier lesen, sind von gestern.

Die Ignoranz und der religiöse Eifer sowie das schamlose, dreiste Verlangen nach Macht machen das Herz der Kriege aus, die im

Augenblick ausgetragen werden. Und wir erkennen noch nicht einmal, dass die Mächte hinter diesen »künstlich erschaffenen« Religionen einfach nur ein Glaubenssystem benutzen, um Kontrolle zu erlangen und Angst zu erzeugen.

Öffnen Sie den Vorhang. Dort ist nichts. Es ist genauso wie mit dem Mann hinter dem Vorhang im *Zauberer von Oz* oder den Menschen in dem Metallmonster in *Stargate*. Reißen Sie ihnen die Maske herunter. Hinter dem Vorhang ist nichts, also vor wem oder was katzbuckeln Sie?

Auf die eine oder andere Weise hat jede Religion Herz und Seele der Menschheit großen Schaden zugefügt. Die Religionen haben uns Angst, Schuldgefühle und Aberglauben eingeflößt, und für den Fall, dass Schuldgefühle und Angst nicht ausreichen, hat das Christentum, nachdem es uns erst einmal Schuldgefühle eingeimpft hatte, dann auch noch die Dreistigkeit besessen, unsere Egos mit Genesis 1:28 aufzublähen: »Und Gott segnete sie und sprach zu ihnen: Seid fruchtbar und mehret euch und füllet die Erde und macht sie euch untertan und herrschet über die Fische im Meer und über die Vögel unter dem Himmel und über das Vieh und über alles Getier, das auf Erden kriecht.«

Da spricht ganz eindeutig das Patriarchat.

Ich möchte nichts unterdrücken, und ich möchte nicht unterdrückt werden. Ich habe mein gesamtes Leben damit verbracht, darüber hinwegzukommen, dass ich von meiner Mutter, meiner Regierung und der Religion unterdrückt wurde. Ich entscheide mich, gleichberechtigt zu sein. Ich begegne jedem auf Augenhöhe und verbeuge mich vor jedem gleichermaßen respektvoll. Aber ich werde mich nicht aus *Unterwürfigkeit* vor irgendjemandem verbeugen, und niemand sollte gezwungen werden, so etwas zu tun.

Wir leben auf einer Ebene der Dualität, weshalb fast alles auch eine dunkle Seite hat, ganz gleich, ob die Menschen, die dem »Liebe und Licht«-Glauben anhängen, das für richtig halten oder nicht. Dies trifft sowohl auf die Religion als auch auf die Politik zu.

Im Folgenden werde ich nur von einer Religion sprechen, weil es diejenige ist, mit der ich mich am besten auskenne. Aber das Argument trifft, um ehrlich zu sein, auf jede Religion zu, die das hat, was man als eine »dunkle Seite« bezeichnen könnte. In der Vergangenheit wurde die Wahl des Dalai Lama beispielsweise hin und wieder durch politische Aspekte beeinflusst, um eine neue Interessengruppe zu etablieren oder eine bestimmte Interessengruppe zu besänftigen. (Damit Sie mich nicht falsch verstehen: Auf den aktuellen Dalai Lama trifft das nicht zu, aber in der Vergangenheit kam es schon mehrmals vor. Die Politik kann ihr hässliches Gesicht überall zeigen!)

Das Christentum ist ein Produkt der Politik und wurde so ausgestaltet, dass man die Bauern in Schach halten und kontrollieren konnte, die hin- und hergerissen waren zwischen dem Alten Testament mit seinem eifersüchtigen, wütenden, zornigen Gott, und den Gerüchten um einen ganz erstaunlichen jungen Lehrer, der von den Toten auferstanden war und Lektionen der Liebe erteilte. (Das Römische Reich befand sich in einer, wir wollen sagen: Glaubenskrise, die möglicherweise alles hätte entwurzeln können. Heutzutage geben allerdings einige Historiker dem Christentum eine Teilschuld am Fall Roms, was ziemlich skurril ist!)

Und so kam es, dass Kaiser Konstantin eine Möglichkeit entdeckte, die Probleme in den Griff zu bekommen. Er wies eine Gruppe von Männern an, gemeinsam darüber zu entscheiden, wie die »wahre« christliche Geschichte verlaufen war. Und so verbannten sie einige Bücher, verbrannten einen ganzen Haufen anderer Bücher und verkündeten eine offizielle Version.

Wenn man eine Spur aus Brotkrumen ausstreut, an deren Ende das ewige Leben winkt, das das Elend im Leben vor dem Tod rechtfertigt, wird es immer ein paar Leute geben, die dieser Spur folgen. Und das lohnt sich, denn wenn die Menschen die Regeln nicht befolgen wollen, nur weil es ihnen die Regierung befohlen hat, werden sie sich dank dieser Methode vielleicht an die Regeln halten, weil »Gott« es ihnen befohlen hat. Besonders wenn man ihnen verspricht, dass ihre Straße nach dem Tod mit Gold gepflastert sein wird.

Und so erklärten sie einen erstaunlichen, von Liebe erfüllten jungen Lehrer zum »einzigen Sohn« des eifersüchtigen, wüten-den, zornigen Gottes und erzählten uns, dass wir niemals so sein könnten wie er.

Aber Moment mal: Sie sagten uns, dass man uns alles falsche Verhalten vergeben würde, wenn wir ihn nur als unseren Retter lobpreisen, weil er für unsere »Sünden« gestorben ist – und da sind wir nun.

Wie logisch ist das denn bitte?

Dies ist die kürzeste Geschichte der christlichen Religion, die Sie jemals zu hören bekommen werden. Ich könnte weitererzählen und die Verbindungen zwischen den heidnischen Geschichten über andere Helden, die starben und wiederkehrten und von einer Jungfrau geboren wurden, aufzeigen.

Das Volk der Irokesen-Konföderation erzählt beispielsweise eine ganz ähnliche Geschichte von seinem Propheten, und dieser ist nicht nur ein einziges Mal gestorben. Als sich die Männer zum Konzil von Nicäa versammelten und beschlossen, welche Version der christlichen Geschichte verwendet werden sollte, kursierte eine Menge solcher Erzählungen.

Und lassen Sie mich gar nicht erst anfangen mit der Fehlüberset-zung besonders wichtiger Begriffe. Die Bibel wurde vorwiegend auf Hebräisch und Aramäisch, gewürzt mit ein paar Brocken Persisch verfasst. Aber Jeschua* sprach Aramäisch, das dann ins Hebräische und in manchen Fällen auch ins Griechische zurückübersetzt wur-de, und so ging das immer weiter. Ich war einen Großteil meines Erwachsenenlebens als Redakteurin tätig, und ich kann Ihnen garantieren, dass ein einziges Wort die Bedeutung vollkommen verändern kann.

---

* Eine der Urformen des Namens »Jesus«. – *Der Verlag*

Die Version des Vaterunsers, die wir am häufigsten zu hören bekommen, beginnt beispielsweise mit den Worten »Vater unser«. Sicher ist sie Ihnen allen sehr vertraut.

Aber die aramäische Version des Vaterunsers beginnt nach der Übersetzung von Neil Douglas Klotz mit den Worten »O Gebärender! Vater-Mutter des Kosmos ...«

Eine andere Übersetzung des aramäischen Originaltextes beginnt sogar folgendermaßen: »O kosmischer Gebärer, von dem der Hauch des Lebens stammt.«

Und in einer weiteren Übersetzung, in der G. J. R. Ouseley den aramäischen Originaltext für sein Werk *The Gospel of the Holy Twelve* ins Altenglische übertrug, lautet der Anfang wie folgt: »Unsere Vater-Mutter, die dort droben und im Innern sind ...«

Und dann ist da noch meine Lieblingsversion aus dem Kaddisch, einem der wichtigsten Gebete des Judentums, das von dem christlichen Gelehrten Hochwürden John Gregorie übertragen wurde. Er umschiffte das gesamte Thema der Geschlechtszugehörigkeit einfach und schrieb Folgendes: »Unser Elternteil, das im Himmel ist ...«

Ich würde diese geschlechtsneutrale Version der patriarchalischen »Vater unser«-Version jederzeit vorziehen! Wie anders würde die Welt nur aussehen, wenn wir dem Weiblichen seinen Platz im Ehebett Gottes wieder zugesprochen hätten, und zwar als die gleichberechtigte Schöpferin, die sie ist. Sie, die weder Jungfrau noch Hure ist.

Aber um meine Tirade über das Konzil von Nicäa und die »Schöpfungsgeschichte« des Christentums fortzusetzen: Wussten Sie, dass es bei der Einberufung des Konzils von Nicäa noch keine christliche Doktrin war, dass Jeschua göttlichen Ursprungs oder der »einzige Sohn ›Gottes‹« sei? Das wurde erst bei der Konzilsversammlung von einer Gruppe von Männern beschlossen. Während der Versammlung wurden beträchtliche Kämpfe darüber ausgetragen, wer denn nun recht habe. Und das Neue Testament, mit dem wir heute leben, entstand in dieser Form einfach nur deshalb, weil ein Mann einen Streit gegen einen anderen gewann. Die Meinung eines Mannes besiegte die Meinung eines anderen Mannes. Und so wurde befunden, dass Jeschua ben Joseph von nun an und für immer offiziell göttlich und der einzige Sohn »Gottes« sei und es keinen anderen geben könne.

Und was für Auswirkungen hatte das?

Dieser Beschluss änderte Ihr Leben, falls Sie christlich erzogen wurden oder ein Bewusstsein um die wesentlichen Grundzüge des Christentums haben. Er hat verhindert, dass Sie jemals das Gefühl entwickeln konnten, genauso gut zu sein wie er. (Obwohl sich eine der erstaunlichen Äußerungen, die Jeschua getätigt hat, durch das Lektorat mogeln konnte, denn in Johannes 14:12 heißt es: »Wer an mich glaubt, der wird die Werke auch tun, die ich tue, und er wird noch größere als diese tun.«)

Ganze 325 Jahre nach dem Tod von Jeschua ben Joseph versammelten sich Männer, um zu entscheiden, welche von all den Geschichten, die ihn umrankten, man am besten erzählen sollte, um eine neue Religion zu erschaffen.

Meine Tochter und ich haben unterschiedliche Erinnerungen an unsere persönliche Vorgeschichte, und wir leben zur selben Zeit. Können Sie sich vorstellen, wie grundverschieden die Geschichten waren, von denen es 325 Jahre nach dem Tod dieses Mannes nur so wimmelte?

Wie anders wäre es gelaufen, wenn diese Gruppe von Redakteuren und Zensoren eine andere Geschichte geschrieben hätten?

»Wir alle werden mit Schöpfungskräften geboren. Wir werden göttlich geboren, wir sind von Göttlichkeit, und wir alle tragen die Liebe und Schönheit und Macht des Kosmos in uns. Geht und lebt euer Leben in Schönheit und Freude. Liebe ist der Klebstoff, der den Kosmos zusammenhält, und die Straße, die nach Hause führt, trägt den Namen Freude. Und vergesst nie, andere so zu behandeln, wir ihr selbst behandelt werden möchtet.«

Wie anders würde Ihr Leben aussehen, wenn so die Geschichte gelautet hätte, die man Ihnen als Kind erzählt hat? Wenn das Ihre Ethik des gegenseitigen Gebens und Nehmens wäre?

Daher kommt es, dass ich nicht dafür »bete«, dass die Erdveränderungen aufgehalten oder hinausgezögert werden. Ich bete nicht dafür, dass man uns noch weitere fünfhundert Jahre gibt, in denen wir alles Leben auf unserem Planeten restlos zerstören können.

Ich bete, dass wir uns alle darüber bewusst werden, wie verdreht die »Wahrheit« ist, die uns von alldem abgehalten hat, was wir sein können. Wir sind göttlich, wie Jeschua es war und ist, wie es Magdalena war und ist, und wir sind alle im Besitz der Schöpferkräfte. Wir tun es jeden Tag. Wir erschaffen jeden Tag unseres Lebens.

Unser Leben, unsere Entscheidung, wie wir es führen, ist der lebendige Beweis dafür.

In Wahrheit haben wir kein zutreffendes Bild von der Entstehung irgendeiner Religion, die von einem großen Anführer geschaffen wurde: nicht von der christlichen und ganz sicher nicht von der Religion der Maya.

Wir haben keine Ahnung, wie viele Maya-Codices es ursprünglich gegeben hat. Ich habe den Bericht eines spanischen Soldaten gelesen, der die Zerstörung von 106 Codices an nur einem einzigen Tag beobachtet hat. Wir wissen also, dass es Hunderte davon gegeben haben muss, die durch Vertreter der katholischen Kirche zerstört wurden. Und doch haben wir beschlossen, zahlreiche Prophezeiungen, stundenlange Sendezeiten und bewusst verbreitete Angst einem Datum zu widmen, das wir aus der Analyse von gerade einmal vier von Hunderten von Codices gewonnen haben?

Aber ganz egal, ob dieses Maya-Ablaufdatum nun eine *Große Veränderung* mit sich bringt oder nicht: Wenn es nicht zu einem radikalen Wandel kommt, werden wir den schmerzhaft langsamen, selbst verschuldeten Tod der Zivilisation, so wie wir sie kennen, durchleben. Und ich gebe Gier und Dummheit die Schuld, und einer Religion, die uns erst Schuld und Sünde um die Ohren gehauen und dann unser Ego gefüttert hat, indem sie behauptete, wir würden über die Erde herrschen.

Im Großen und Ganzen hat die Menschheit, so wie ich sie sehe, nicht einmal die Herrschaft über sich selbst im Griff. Wir haben kein Recht darauf, irgendetwas anderes beherrschen zu wollen als unseren persönlichen Lebensweg.

Ich sehe, wie die Mutter ihre Faust schüttelt und auf die Erde haut. Ich sehe, wie sie im Zuge ihrer Geburt, die sie emporheben wird, überflutet wird. Wie sie schreit. Aber ich betrachte ihre Veränderungen als unser potenzielles Sicherheitsnetz, als das voraussichtlich Einzige, was eine weltweite Machtübernahme aufhalten kann, die in einem vollständigen Verlust der persönlichen Freiheit enden würde. In Anbetracht der Richtung, die die Regierungen dieser Welt eingeschlagen haben, werden wir schon bald mit etwas konfrontiert sein, das schon lange prophezeit wurde: der vereinheitlichten Neuen Weltordnung. Wir bewegen uns nicht nur einfach auf diese Neue Weltordnung zu, nein, wir rasen ungebremst auf weltweiten Faschismus zu! Die Menschen kämpfen um ihre persönliche Freiheit, aber nur, um danach zusehen zu müssen, wie die Bibeltreuen an die Macht kommen, nachdem ihnen der Weg geebnet wurde. Der Weg zur Freiheit entwickelt sich also zu einem weiteren Pferch der Versklavung.

Oh, man wird uns die Illusion lassen, dass es noch immer verschiedene Länder mit unterschiedlichen Kulturen gibt. Aber in Wahrheit werden wir einer vereinheitlichten Weltordnung unterstehen, in der es kaum mehr persönliche Freiheiten und Privatsphäre gibt und die Menschenrechte beschnitten wurden. In der Tendenz zur Tyrannei, die sich auf internationaler Ebene ausbreitet, erkenne ich einen widerwärtigen Ruck hin zu dem, was irrigerweise als Konservatismus bezeichnet wird. Und Angst und Religion werden als Motor genutzt, der uns in Schach halten soll, so wie es schon seit über zweitausend Jahre gemacht wird. Angst wird genutzt, um eine konservative, bibeltreue Form von Religion wieder in unser Zuhause und unsere Schulen einzuschleusen – und in die Frage, wer das Recht hat, Entscheidungen über den weiblichen Körper zu treffen.

Vor etwa fünfzehn oder zwanzig Jahren hatte ich noch den Eindruck, wir würden uns auf eine Atmosphäre der Liebe und

Großzügigkeit zubewegen. Die Zeichen waren überall, und das Licht wurde so stark, dass es denen, die uns kontrollierten, denen, die uns auch weiterhin kontrollieren und unterdrücken würden, Angst einjagte. Zunächst stürmten sie durch die US-Präsidentschaftswahl die Bühne, und dann erzeugten sie ein Ereignis, eine Katastrophe, die weltweite Aufmerksamkeit auf sich zog. Sie nutzten dieses Ereignis, um Angst zu erzeugen und uns all die Gebiete wegzunehmen, die wir bei unserem Versuch, eine Welt des Lichts und der Freiheit zu erschaffen, bereits erobert hatten. Dann haben sie uns die Angst sozusagen ampullenweise injiziert, und zwar in Form von kontinuierlicher Ankündigung bedrohlicher Krankheiten und Epidemien, die so furchterregend waren, dass wir aus dem Blick verloren, was wirklich wichtig war. Später verwirrten sie uns mit finanziellem Hokuspokus. Sie nahmen uns die finanzielle Sicherheit, um Angst und Hysterie weiter zu schüren. Und wir klammern uns an die Steine am Flussufer und versuchen, an dem festzuhalten, was von dem uns vertrauten Leben noch übrig ist, während von allen Fronten Geröll auf uns geschleudert wird. Angst und Religion sind eine gefährliche Mischung.

Wir sind von unserer ersten Schöpfung an kontrolliert worden. Die Schöpfungsgeschichte ist nicht das Märchen, das man uns erzählt hat (als Einführung in das Thema empfehle ich wärmstens Zecharia Sitchin). Man hat uns fortwährend auf grob vereinfachende, aber überwältigende Weise belogen. (Es ist erstaunlich, wie viel Nutzen man daraus ziehen kann, Menschen zu erzählen, dass sie in einem Zustand der Sünde geboren wurden.)

Wenn Sie wüssten, dass Sie nur ein Gewand tragen, das Sie anziehen, wenn Sie dieses Leben betreten, und wieder ablegen, wenn Sie dieses Leben hinter sich lassen, wovor haben Sie dann Angst? Wenn Sie wüssten, dass niemand in Ihrem Umfeld für Sie sterben würde, würden Sie dann weiterhin für andere und nicht für sich selbst leben? Wovor muss man noch Angst haben, wenn man weiß, dass man ein ewig währendes Geschöpf ist?

Wenn Sie sich Ihre Macht zurückholen und sie nicht länger auf den Mann hinter dem Vorhang übertragen, dann erst werden Sie wirklich verstehen, dass *Sie* die Macht hinter Ihrem eigenen Vorhang sind. Sie haben weitaus mehr Macht, als Sie jemals zu träumen gewagt haben. Ein absolut großartiges Geschöpf sagte einmal zu mir: »Jeder von euch ist nur eine Zelle eurer Überseele, so gigantisch seid ihr.«

Und wenn Magdalena recht hat, dann sind wir nicht allein. Es gibt andere Geschöpfe, deren Ziel unsere endgültige Freiheit ist. Während wir unseren täglichen Aktivitäten nachgehen und jammern und stöhnen, lachen und spielen, wird eine intergalaktische Schlacht ausgetragen, genau in diesem Augenblick. Herrliche Geschöpfe, manche von ihnen von körperlicher Gestalt, aber auch andere, körperlose, die uns aus höheren Ebenen der Lichtreiche beobachten, Rat geben und Energie senden, kämpfen buchstäblich in unserem Interesse, um die negativen Mächte zu bezwingen, die uns eine Ewigkeit lang kontrolliert haben. Gigantische Raumschiffe, neben denen unsere größten Städte winzig erscheinen würden, schwingen sich in unserem Interesse durch andere Dimensionen. Die Krieger, die diese Schlacht austragen, sind atemberaubend schöne, hoch entwickelte Geschöpfe, die ihre körperlichen Hüllen für unsere Freiheit aufs Spiel setzen, weil sie uns lieben, weil sie unsere Situation verstehen und Mitgefühl haben. Und weil es der Galaxie so ergeht, wie es der Erde ergeht.

In einem schwachen Moment sagte ich einmal zu Magdalena: »Ich habe keine Hoffnung.« Und sie sagte zu mir: »Du musst auch keine Hoffnung haben. Aber kannst du wenigstens offen dafür sein, dass eine Veränderung möglich ist?«

Ich bleibe also offen dafür, dass eine Veränderung möglich ist, und in meinen Momenten des Zweifels halte ich es mit den Hathoren. Denn sie sagen, dass sich alles innerhalb eines Augenblicks verändern kann, dass es sich buchstäblich im letzten Moment verändern kann. Und deshalb bleibe ich offen dafür, dass eine Veränderung möglich ist.

Was können wir tun, um zu helfen? Die Erde kann sich gut um sich selbst kümmern. Wissenschaftler behaupten, dass die Erde nicht einmal einhundert Jahre brauchen würde, um das Land zurückzuerobern, wenn die Menschheit verschwinden würde. Aber mit dem Leben an Bord der »Schule Erde« sieht die Sache anders aus. Die eigentliche Frage lautet also: Was kann man tun, um sich selbst zu helfen?

Finden Sie Ihre Wahrheit und stehen Sie zu ihr. Leben Sie Ihr Leben im Licht dieser Wahrheit. Suchen Sie sich das heraus, was Sie glücklich macht, und tun Sie es, und zwar voller Leidenschaft und Inbrunst. Leben Sie Ihr Leben nach der Ethik des wechselseitigen Gebens und Nehmens: Behandeln Sie andere so, wie Sie gerne behandelt werden möchten. Entziehen Sie sich diesem Grundsatz niemals. Aber in erster Linie: Lassen Sie Ihre Intuition Ihr Navigationsgerät sein.

Einführung von
Tom Kenyon

Es gibt Menschen, die das Gefühl haben, dass die Welt untergehen und die Zeit zum Stillstand kommen wird, wenn die Berechnungen des großen Mayakalenders ihr Ende erreichen.

Ich zähle nicht zu ihnen.

Ich halte den Mayakalender für eine Art kosmischen Kilometerzähler. Es ist so, als ob wir alle Mitfahrer im Fond eines riesigen Autos seien. An dem fraglichen Datum werden wir das kosmische Äquivalent von 100.000 Kilometern erreichen. Dann stellt sich der Kilometerzähler zurück und fängt wieder bei null an.

Wenn der Mayakalender zur Wintersonnenwende am 21. Dezember 2012 endet (was natürlich nur der Fall ist, wenn die Berechnungen korrekt sind), bedeutet das, dass wir in einen neuen Zeitzyklus und, wie ich glaube, einen neuen Schöpfungszyklus eingetreten sind. Vielleicht haben wir, wie einige Gelehrte glauben, die Schwelle aber auch schon überschritten.

Unabhängig davon, wann der neue Zyklus nun beginnt, kann man jedenfalls sagen: Wenn der Kalender die richtigen Grundannahmen über die *evolutionäre Zeit* trifft, dann steht uns allen eine einmalige Fahrt bevor.

Ich persönlich bin der Meinung, dass diese Fahrt schon längst angefangen hat und wir bereits ein gutes Stück des Wegs hin zu dem, was *es* auch sein mag, zurückgelegt haben. Und mit

»wir« meine ich neuesten Schätzungen zufolge fast sieben Milliarden Menschen.

Aber nicht nur für uns Menschen bedeutet das, was sich gerade auf der Erde entfaltet, eine Herausforderung. Auch alle anderen Lebensformen auf diesem Planeten scheinen damit zu kämpfen zu haben. Von den Lemuren auf Madagaskar, die einfach aufgehört haben, sich fortzupflanzen, bis hin zu den Eisbären in der Arktis, die ihren Lebensraum und ihre Nahrungsquellen verlieren, befindet sich die ganze Natur in einer Notlage.

Ich brauche die Umwelt-Litanei nicht weiter zu zitieren, da Sie sie zweifellos kennen. Es gibt genug Beweise, welche die Schlussfolgerung nahelegen, dass das Ende der Welt oder zumindest der Menschheit bevorsteht.

Natürlich wird die Zeit zeigen, ob das stimmt oder ob unsere Ängste eher denen unserer Urahnen ähneln, die vor über tausend Jahren dachten, dass die Welt im Jahr 1000 nach Christus enden würde. Heute wissen wir, dass es anders kam, aber wir haben auch den Vorteil einer rückblickenden Perspektive.

Im Augenblick stehen wir alle mitten im Leben. Wir sind an Zeit und Raum gebunden. Es gibt Menschen, die die Wahrnehmung von Zeit und Raum durch Meditation oder andere geheimnisvolle Methoden überwunden haben und einen Blick in unsere Zukunft werfen konnten. Aber auch sie können nur Wahrscheinlichkeiten sehen. So wie in Schrödingers quantenphysikalischem Gleichnis von der Katze in der Kiste können wir nicht mit Sicherheit wissen, wie das Leben nach 2012 aussehen wird, bis wir diesen Zeitpunkt erreicht haben und die Kiste öffnen können.

Aber was auch immer geschieht und was für kosmische Kräfte auch im Interesse des Lebens intervenieren mögen: Ich glaube, dass jeder von uns in jedem einzelnen Augenblick seines Lebens die Samen für seine eigene Zukunft sät.

Und in Anbetracht der Lawine von Veränderungen, die uns überrollt, und der menschlichen Tendenz, in Stresssituationen zu glauben, dass wir keinen Einfluss auf mögliche Veränderungen hätten, ist das meiner Meinung nach ein wichtiger Punkt. Es mag stimmen, dass wir auf viele der Veränderungen, die uns um die Ohren wirbeln, keinen Einfluss haben. Aber wir können unser eigenes Bewusstsein und in mancherlei Hinsicht das gesamte menschliche Kollektiv beeinflussen, indem wir uns dafür entscheiden, zu denken und zu fühlen, und indem wir entscheiden, was wir tun und was wir unterlassen.

Für mich persönlich spielt es in mancherlei Hinsicht überhaupt keine Rolle, womit das Jahr 2012 nach Christus aufwartet. Wirklich wichtig ist, was ich mit der Zeit anstelle, die ich als »mein Leben« bezeichne. Einige Menschen, die das hier lesen, werden den ersten Morgen der zukünftigen Mayawelt zweifellos nicht mehr erleben. Schließlich ist das Leben eine unbeständige, flüchtige Angelegenheit. Und wir alle sind ausnahmslos nur Besucher auf Zeit.

Mir hat sehr gut gefallen, was die Hathoren am Ende einer langen Liste von möglichen Veränderungen, die die Erde durchleben könnte, hinzufügten: Sie wiesen darauf hin, dass diese Möglichkeiten keine in Stein gemeißelten Tatsachen, sondern etwas Veränderliches, Wandelbares sind. Sie können den gesamten Text ab Seite 290 nachlesen. Am hilfreichsten erschien mir dabei ein Kommentar, den sie ganz am Ende ihrer Botschaft abgaben:

»Was auch immer der Welt und dem Leben auf ihr widerfährt: Ihr seid hier, um in dieser Zeit und diesem Raum unter dem Druck der Existenz Diamanten zu erzeugen. Ihr seid auf dieser Welt, um Diamanten der Einsicht und des Verstehens hervorzubringen, die auf eurer Reise durch die Erderfahrung entstehen. Diese Diamanten werden ein Teil der unermesslichen interdimensionalen Realität, die ihr in andere Welten, in andere Reiche des Seins mitnehmen werdet. Sie sind ein Geschenk, das ihr während eurer Zeit hier auf der Erde erhaltet.«

Ich wünsche Ihnen eine angenehme Reise.

Maria Magdalena spricht
für die wenigen, die verstehen werden

J UDI: Weil ich Probleme hatte, auf dem Weg, den ich für dieses Buch ging, Halt zu finden, wendete ich mich an Maria Magdalena, so wie sie durch Tom spricht. Ich fragte sie, was im Angesicht dessen, was uns bevorsteht, wohl die beste Vorgehensweise sei. Sie antwortete, dass nur wenige Menschen verstehen würden, was sie zu sagen habe.

MARIA MAGDALENAS BOTSCHAFT

»So, wie ich es sehe, befindet sich diese Erde mitten in einem verhängnisvollen Reinigungsprozess. Dieser ist nicht durch die Handlungen Gottes, sondern ganz einfach durch das Wesen des Planeten selbst und den Kosmos hervorgerufen worden. Und es gibt wenig, das ein einzelner Mensch bewirken kann. So wie ich es sehe, ist etwas nötig, das die meisten Menschen nicht erreichen können. Und das ist die Fähigkeit, flussaufwärts gegen die Strömung zu schwimmen.

Die »Strömung«, von der ich spreche, besteht in der Kontrolle, der evolutionären Implosion, dem Faschismus, dem spirituellen Fanatismus und der auf Angst begründeten Manipulierung durch Kräfte, die in großem Umfang das Schicksal der Menschen bestimmen. Es liegt also in der Hand jeder einzelnen Person, eine Möglichkeit zu finden, flussaufwärts zu schwimmen. Und dafür sind Meisterschaft, Intelligenz und ein hoher Grad von Kreativität und Flexibilität nötig.

Eine Möglichkeit, gegen den »Strom« zu schwimmen, besteht darin, sich mit der Schwingung der Liebe – der unpersönlichen Liebe – zu verbinden und dann innerhalb der Blase zu verweilen, während man sich der Realitäten bewusst ist, die einen umgeben. Lasst euch nicht zu dem Glauben verleiten, dass alle um euch herum sich in demselben Zustand der Liebe befinden. Wenn man so will, besteht die Kunst also darin, sich in einem Schwingungsfeld aufzuhalten, das euch von der Denkweise der Menschen in eurer Umgebung zu trennen scheint. Und tatsächlich müsst ihr eine Denkweise erzeugen, die eure Fähigkeit unterstützt, stromaufwärts gegen die Strömung zu schwimmen. Und wenn ihr in diesem Schwingungszustand lebt, solltet ihr euch all der euch umgebenden Elemente in hohem Maße bewusst sein.

Paare verstärken diesen Zustand ineinander, wenn ihre Beziehung wirklich alchemistisch ist. Aber nur sehr wenige Paare führen eine wirklich alchemistische Beziehung.

Ich würde sagen, dass es schwerer ist, diesen Zustand allein zu erreichen. Aber man muss mit der richtigen Person zusammen sein, wenn man sich in einer Beziehung befindet. Die meisten Paare sind das genaue Gegenteil davon. Wer eine solche Beziehung führt, kann diesen Zustand besser erreichen und ausleben, wenn er allein ist.

Wasser ist wie die unpersönliche Kraft der Liebe. Wenn ihr im Wasser schwimmt, umgibt es euch, aber trotzdem befinden sich in diesem Fluss auch Steine und unbewegliche Objekte. Die Meisterschaft des Schwimmens besteht darin, um die Dinge herumzuschwimmen, die nicht das sind, wonach man sucht. Umschwimmt die Hindernisse und lasst sie, ohne sie eines weiteren Blickes zu würdigen, hinter euch zurück.

Die größten Schätze, die ein Mensch besitzt, sind nicht materieller Natur. Sie sind nicht das Gold dieser Welt. Sie sind Bewusstseinsattribute, die im Laufe des Lebens entwickelt werden. Und wenn ihr dieses Leben verlasst, nehmt ihr diese Bewusstseinsattribute mit euch in andere Reiche.

Es ist ein gewisser Intelligenzgrad nötig, um den Wert eines solchen Attributs zu erkennen und zu wissen, wie man dieses Attribut – die unpersönliche Liebe – verwendet, um eine Blase zu erzeugen, ein Schwingungsfeld, das es euch ermöglicht, durch die Hindernisse in der Strömung zu manövrieren und stromaufwärts zu schwimmen, obwohl die Strömung in die andere Richtung verläuft.

Die Erde ist eine Schule für die Seele, und manche schaffen ihren Abschluss, andere nicht. Dieses Leben, das ihr lebt, ist zeitlich begrenzt, aber das Bewusstsein ist etwas Ewiges.

In der Dichte und dem Leid des Lebens entscheidet die Art und Weise, auf die ihr mit dieser Dichte und diesem Leid umgeht, darüber, was für Attribute ihr aus diesem Leben gewinnt. Und einer der größten Bewusstseinsschätze, eines der wichtigsten Attribute ist die Fähigkeit zu unpersönlicher Liebe. Denn sie erzeugt ein Schwingungsfeld, das sich von Natur aus stromaufwärts bewegt und euch mitzieht.

Wenn ihr euch in einer Beziehung befindet, in der ihr einander wahrhaft respektiert, dann könnt ihr eine dritte Kraft erzeugen. Und diese dritte Kraft könnt ihr dann nutzen, um das Feld, die Blase zu erzeugen.

Wenn ihr eine Beziehung mit jemandem führt, der nicht die erforderlichen Attribute und die nötige Intelligenz besitzt, dann müsst ihr allein stromaufwärts schwimmen. Die drei Stufen lassen sich nach wie vor anwenden: Erkennt den Wert des Attributs, des Schatzes, lebt in diesem Attribut, in diesem Schwingungszustand, und schützt diesen Schwingungszustand vor störenden Eingriffen.

Lebt voll und ganz in dieser Welt, um so viele Erfahrungen zu sammeln, wie ihr könnt, aber verbringt jeden Tag in dem Wissen, dass ihr nicht von dieser Welt seid. Und wenn ihr auf diese Weise mit der ganzen Kraft eures Seins lebt, dann könnt ihr die Erfahrung dieses Lebens mit größerer Meisterschaft und mehr Anmut durchlaufen.

Ich würde sagen, dass der Weg des Initianten darin besteht, unabhängig davon, was in seiner äußerlichen Umgebung geschieht, nach oben gerichtet zu leben und die Schätze im eigenen Inneren zu finden – die Fähigkeit, unpersönlich zu denken, zu fühlen und zu lieben. Und diese Schätze dann als Hilfsmittel zu nutzen, um durch die Gegebenheiten und Umstände des Lebens zu steuern und niemals die Schätze aus dem Blick zu verlieren. Das ist der Weg.«

22

Ein Bewusstseinsexperiment

Im Jahre 2010 hatten mich die Hathoren gebeten, der Welt eine neue Meditation nahezubringen, die sie als *Der Kristallpalast im Inneren und das Öffnen der Hallen von Amenti* bezeichneten. Um diesen Prozess zu erleichtern, baten sie mich, die Energetik dieser Meditation durch Veranstaltungen in drei Städten *auszusäen*, erst in Wien, dann in Montreal und schließlich, am 31. Oktober 2010, in Seattle. Bei dieser finalen Veranstaltung ermöglichten es die Hathoren, dass Hunderttausende von Menschen aus der ganzen Welt an der Meditation teilnahmen – dass sie sich in einem meditativen Zustand vereinigten, der einem gemeinsamen Zweck diente: Sie alle wollten sich selbst und die Menschheit anheben.

DIE PHILOSOPHIE HINTER DER MEDITATION

Die Meditation *Der Kristallpalast im Inneren und das Öffnen der Hallen von Amenti* gründet auf einer recht esoterischen Vorstellung, laut der eine Gruppe von Individuen als *Agens zur mentalen und emotionalen Veränderung* fungieren kann, das die Kultur, deren Teil sie sind, positiv beeinflusst.

Vielen Menschen dürfte diese Vorstellung radikal und unglaubwürdig erscheinen. Doch es hat Untersuchungen gegeben, die ergaben, dass Menschengruppen ihre Umgebung durchaus beeinflussen können, besonders wenn sich die Individuen körperlich und geistig in einen einheitlichen Zustand versetzen. Der Großteil dieser Untersuchungen wurde durch die Maharishi-Universität angestellt. Man beobachtete Gruppen von Meditierenden, die den Zustand des Samadhi (die yogische Trance) erreicht hatten beziehungsweise, um es mit der Sprache der Transzendentalen Meditation (TM) auszudrücken, transzendiert waren. Wenn die Meditierenden diesen transzendenten Zustand erreicht hatten, strahlten sie Einheitlichkeit auf ihre Umwelt ab. Dieser Prozess wurde einfach dadurch ermöglicht, dass sie sich in einem transzendenten Zustand *befanden*. Sie sendeten keine Energie an ihre Umgebung. Sie befanden sich einfach nur in einem Zustand großer Einheitlichkeit, was ihre Umgebung ganz von selbst positiv beeinflusste.

Um ein besseres Verständnis der Elemente dieser ungewöhnlichen Meditationsform zu gewährleisten, könnte es hilfreich sein, einige Begriffe zu erläutern, die aus den Bereichen Biologie und Informationstheorie sowie aus einem sich ausbreitenden gesellschaftlichen Segment stammen, das manchmal auch als »die Kulturell Kreativen« oder »die Kulturschöpferischen« bezeichnet wird.

Genetik und Informationen

Als der Evolutionsbiologe Richard Dawkins entdeckte, dass sich die Wirkkraft eines Gens manchmal über die Grenzen eines einzelnen Organismus hinaus erstrecken und Einfluss auf die Umgebung des jeweiligen Organismus, darunter auch die Körper anderer Organismen, nehmen kann, prägte er einen Begriff für dieses Phänomen: das *Mem*.

Nachdem Dawkins seine Überlegungen zu Memen veröffentlicht hatte, lag für andere Wissenschaftler der logische Schritt nahe, *Ideen als Memen* zu betrachten – ein Schritt, der ironischerweise selbst ein Mem ist. Mittlerweile wird der Ausdruck in den verschiedensten Kontexten benutzt, auch in der Kultur- und Informationstheorie sowie in Bezug auf die rasante Verbreitung von Gedankenformen durch das Internet. Die schnelle Ausbreitung von Memen (radikalen Ideen) durch das Internet ähnelt in mancher Hinsicht der Weitergabe von genetischen Informationen durch Viren, weshalb man den Begriff »viral« auch im Zusammenhang mit dem Internet verwendet.

Ein Mem ist ziemlich mächtig. Es kann in rasendem Tempo sowohl das Denken als auch die Wahrnehmung radikal verändern. Es ist naturgemäß ergebnisoffen und kreativ und kann neue Möglichkeiten eröffnen, die zuvor undenkbar waren. Wenn ein Mem aber so konstruiert wurde, dass es nicht ergebnisoffen ist und Kreativität hemmt, kann es neue Möglichkeiten auch verhindern und genutzt werden, um Kontrolle über andere auszuüben.

Wenn ein Mem in ein kulturelles Überzeugungssystem integriert wird, hat das häufig radikale Auswirkungen auf diese Kultur.

Schädliche Memen

Laut den Hathoren wird die Menschheit durch zwei hoch schädliche Memen, die im Augenblick auf unsere westliche Kultur einwirken, negativ beeinflusst. Ironischerweise entspringen sie beide religiösen und spirituellen Traditionen.

Das erste dieser Memen ist die Überzeugung, dass der Mensch ein angeborenes (und gottgegebenes) Recht darauf hat, die Natur zu beherrschen und zu plündern. Dieses feindselige Verhältnis zur Natur wird am deutlichsten in der Bibel, Genesis 1:28, formuliert: »Und Gott segnete sie und sprach zu ihnen: Seid fruchtbar und mehret euch und füllet die Erde und macht sie euch untertan und herrschet über die Fische im Meer und über die Vögel unter dem Himmel und über das Vieh und über alles Getier, das auf Erden kriecht.«

Das zweite schädliche Mem ist laut den Hathoren die Vorstellung, dass wir eine Form von Mittelsmann (also einen Priester, einen Guru oder eine Institution) brauchen, der zwischen uns und dem Göttlichen oder, wie die Hathoren es nennen, dem *höheren Aspekt des Selbst*, steht.

Die Meditation *Der Kristallpalast im Inneren und das Öffnung der Hallen von Amenti* beruht auf zwei Memen, die den Gegensatz zu diesen beiden Memen bilden. Sie gründet auf dem Gedanken, dass die Erde ein mit einem Bewusstsein ausgestattetes Lebewesen ist und die Natur geehrt und gepflegt werden muss. Zudem erfordert eine angemessene Beziehung zur Erde nach diesem Verständnis Verantwortungsbewusstsein und Kooperationsbereitschaft im Gegensatz zu Beherrschung und Ausbeutung.

Der zweite Grundgedanke, auf dem die Meditation beruht, ist die Annahme, dass jeder von uns über eine direkte Verbindung zum Mysterium (oder zum Göttlichen) verfügt. Indem wir unsere innere Verbindung zu dem, was die Hathoren als den »höheren Aspekt des Selbst« bezeichnen, öffnen, können wir neue kreative und lebensbejahende Lösungen für unsere aktuellen kulturellen und planetaren Probleme finden.

Wer an der weltweiten Meditation teilgenommen hat, von der ich hier spreche, oder allein mit dieser Meditation arbeitet, leistet also einen aktiven Beitrag zur Wandlung der beiden zentralen kulturellen Memen.

Kulturell Kreative

Individuen, die sich trauen, *über den Tellerrand ihrer eigenen Kultur hinauszublicken*, werden in manchen Zusammenhängen als »Kulturell Kreative« bezeichnet. Der Begriff wurde von dem Soziologen Paul H. Ray und der Psychologin Sherry Ruth Anderson geprägt. Er beschreibt nicht notwendigerweise rebellische Persönlichkeiten, auch wenn manche Kulturell Kreative sicherlich Rebellen sind.

Andere wirken aber auch ausgesprochen sanftmütig, und man würde niemals auf die Idee kommen, dass ausgerechnet sie Ansichten über die Realität und das menschliche Potenzial pflegen, die wenig mit der in ihrer Gesellschaft vorherrschenden Meinung zu tun haben.

Ein Kulturell Kreativer ist eine Person, die zwar Teil einer Kultur, aber nicht an diese gebunden ist. Solche Menschen denken außerhalb der gesellschaftlich vorgegebenen Grenzen und experimentieren mit neuen Handlungs- und Seinsmöglichkeiten. Kulturell Kreative neigen dazu, ergebnisoffen und kreativ zu denken. Sie sind lebendige *Agenzien zur Veränderung*, die ihre Kultur durch ihre Denkweise beeinflussen, aber auch durch die Handlungsweisen, die sie wählen oder ablehnen.

Die Geschichte ist voller Beispiele für solche Agenzien zur Veränderung, die ihre Kultur bereichert haben, indem sie es gewagt haben, jenseits der kulturellen Beschränkungen ihrer Epoche zu leben.

PLATONS HÖHLENGLEICHNIS

All das erinnert mich an Platons Höhlengleichnis, das in seinem Hauptwerk *Politeia* auftaucht. Es handelt sich um eine metaphorische Erzählung, in der Platon eine Gruppe von Menschen beschreibt, die ihr gesamtes Leben in der Dunkelheit einer tiefen Höhle verbringen. Sie kennen nichts anderes als diese Dunkelheit und können sich auch nichts anderes vorstellen.

Eines Tages bringt einer dieser Menschen den Mut auf, einem Gang zu folgen, der nach draußen ins Licht führt. Er betritt eine Welt, von deren Existenz er nichts wusste und die nur so sprudelt vor Möglichkeiten, die in der Dunkelheit der Höhle nicht einmal denkbar waren. Er sieht eine Sonne, eine leuchtende Lichtkugel, die an einem strahlend blauen Himmel steht. Aufgeregt kehrt er zu seinen Höhlenfreunden zurück und erzählt ihnen von der

Welt da draußen, einer Welt, die viel mehr Potenzial besitzt als die Dunkelheit, in der sie leben.

Alle glauben, dass er verrückt geworden sei, und keiner will mehr etwas mit ihm zu tun haben. So eine Welt kann sich doch nur ein Irrer ausdenken, sagen sie sich.

Die Akzeptanz gegenüber kulturell implizierten geistigen und/oder spirituellen Einschränkungen sind ein Markenzeichen all jener, deren Verstand in den Begrenzungen des *Herdentriebs* verbleibt (damit meine ich die unreflektierte Übernahme der allgemeinen Meinung). Kulturell Kreative teilen, ganz gleich wie unterschiedlich ihre Philosophien und Lebensweisen auch sein mögen, ein gemeinsames Merkmal: Sie sehen ihr Leben als kreativen Akt an, der eine Herausforderung für kulturelle Annahmen und Überzeugungen (Memen) darstellen kann.

Alle Menschen, die an der Weltmeditation teilnahmen, aber auch all diejenigen, die für sich mit dieser Form der Meditation arbeiten, sind definitionsgemäß Kulturell Kreative. Denn diese Meditation fordert verschiedene kulturelle Memen heraus, beispielsweise die vorherrschende Auffassung über Zeit und Raum, die Beschaffenheit des angeborenen Zugangs zum *Mysterium* (auch »Spirit« oder »das Göttliche«) und die Frage, ob die Menschheit das Recht hat, die Natur zu beherrschen und zu plündern.

Viele von uns spüren, dass die Menschheit an einem gefährlichen Kreuzweg steht, dass unsere kollektive Seinsweise dem Leben dieser Welt schadet und dass unsere Kultur und unsere Gesellschaft in ihrer jetzigen Form untragbar sind.

Und damit landen wir wieder direkt bei dem Zweck, den die Meditation *Der Kristallpalast im Inneren und das Öffnen der Hallen von Amenti* erfüllte und noch immer erfüllt. Ich sage »noch immer«, weil viele Menschen auf der ganzen Welt auch weiterhin regelmäßig allein oder in Gruppen meditieren. Zum einen tun sie das, weil diese Form der Meditation tiefgehende Einsichten und Seinszustände ermöglicht. Viele Menschen, die sie praktizieren, haben darüber berichtet. Zum anderen ist diese Art der Medita-

tion ein kreativer Akt, mit dem sie die positiven Memen stärken
können, auf denen die Meditation beruht (also die Ehrung und
Kooperation mit der Natur und die Herstellung einer direkten
Verbindung mit dem höheren Aspekt des Selbst, ohne auf einen
Vermittler zurückzugreifen).

Kostenloser Download der Meditationsmusik

Im Folgenden finden Sie die Anleitung für die Meditation *Der
Kristallpalast im Inneren und das Öffnen der Hallen von Amenti*, wie
sie mir von den Hathoren durchgegeben wurde. Denjenigen, die
sich mit Meditationen noch nicht so gut auskennen, sei geraten,
sie sich als Reisegefährte in andere Bereiche ihres Bewusstseins
vorzustellen. Treten Sie mit einfacher Neugier ein – um zu sehen,
was mit Ihnen geschieht.

Den Soundtrack zur Meditation finden Sie als Gratisdownload
auf www.TomKenyon.com. Gehen Sie einfach auf diese Website
und klicken Sie in der Menüleiste links auf »Sound Gifts« (»Klangge-
schenke«). Auf der folgenden Seite müssen Sie sich mit den Bedin-
gungen für den Download einverstanden erklären, indem Sie auf
I agree with the terms and conditions of the Listening Agreement! klicken.
Die Liste auf der Seite, die sich anschließend öffnet, enthält *The
Crystal Palace Within: An energy-meditation.* Klicken Sie unten auf
Download Audio File, und es öffnet sich eine MP3-Datei, die Sie auf
Ihren Rechner oder Ihr I-Phone hinunterladen können.

Das Stück ist knapp sechzehn Minuten lang. Ich schlage vor,
dass Sie nach der Meditation ein paar Minuten damit verbringen,
sich in der Stille auszuruhen. Wenn Sie möchten, können Sie das
Stück auch wiederholen und die Meditation nacheinander so
oft hören, wie es Ihnen beliebt. Beachten Sie aber bitte, dass die
Wiederholung der Meditation starke bewusstseinsverändernde
Zustände auslösen kann, die es umso dringlicher machen, sich

anschließend in der Stille auszuruhen. Anders ausgedrückt: Stürzen Sie sich danach nicht gleich wieder in äußere Aktivitäten. Bleiben Sie eine Weile bei sich und spüren Sie in sich hinein, um festzustellen, was in Ihren feinstofflichen Bereichen (Gedanken, Emotionen und Gefühlen) geschieht.

Achtung: Aus offensichtlichen Gründen sollten Sie diese Meditation nicht in Situationen durchführen, die Aufmerksamkeit von Ihnen verlangen, etwa beim Autofahren und dem Bedienen von Maschinen.

DIE MEDITATION: DER KRISTALLPALAST IM INNEREN UND DAS ÖFFNEN DER HALLEN VON AMENTI

Durch diese Meditation könnt ihr höhere Ebenen der Weisheit und Einsicht erlangen, indem ihr Kontakt zu eurer *Höheren Absicht* herstellt – einem Aspekt eures Bewusstseins, der nicht den Einschränkungen von Raum und Zeit unterworfen ist.

Anleitung

Der Kristallpalast im Inneren arbeitet mit der Zirbeldrüse, weil ihre Struktur kristalline Elemente aufweist. Diese kleinen Kalkspatkristalle besitzen piezoelektrische Eigenschaften, die auf die höheren Reiche des Lichts reagieren können. Indem ihr diese Kristallpotenziale in eurer Zirbeldrüse aktiviert, öffnet ihr ein Tor zu eurer Höheren Absicht. Und dadurch könnt ihr und die Menschheit einen Zustrom von Weisheit und Einsicht erfahren und kreative Lösungen für persönliche und kollektive Herausforderungen finden.

Die Meditation läuft in drei Phasen ab:

Erste Phase

In der ersten Phase aktiviert ihr euer Herzchakra und beginnt, mit der Erde mitzuschwingen und diese Schwingung auch tief zu empfinden. Durch diese Verbindung werdet ihr über euer Herz an die Weisheit der Erde und den Aufstiegsprozess, den euer Planet gerade durchläuft, angeschlossen. Dies geschieht durch eure Gefühlsnatur, speziell dadurch, dass ihr der Erde Dankbarkeit und Wertschätzung entgegenbringt.

Dabei handelt es sich um eine sehr bedeutende Phase der Meditation, da die Erdenergie viel umfassender ist als eure eigene. Sie kann euch helfen, in dem Prozess Stabilität zu finden, und euch zu einem Teil des Aufstiegsprozesses werden lassen.

Im ersten Teil der Meditation richtet ihr eure Aufmerksamkeit auf euer Herzchakra, das sich mitten in eurer Brust befindet. Ihr empfindet Wertschätzung und Dankbarkeit für die Erde – für das Leben selbst. Je nach eurem Grad der Entwicklung werdet ihr vielleicht einfach in diesem Gefühl der Wertschätzung und Dankbarkeit verharren. Vielleicht werdet ihr aber auch spüren, wie diese Energien aus euch hinaus in die Erde fließen. Andere Meditierende, die ihre interdimensionalen Fähigkeiten schon weiterentwickelt haben, werden vielleicht das Gefühl haben, durchs Weltall zu schweben, und senden ihre Wertschätzung und Dankbarkeit von diesem günstigen Ausgangspunkt und/oder aus einem im höchsten Grad entfalteten Seinszustand auf die Erde hinab.

Diese Phase bringt auch die energetische Transformation einer kollektiven Gedankenform der Menschheit. Bei dieser Gedankenform handelt es sich um den Glauben, dass die Erde für menschliche Zwecke genutzt, ja sogar missbraucht werden kann, ohne die Auswirkungen auf andere Lebensformen zu berücksichtigen.

Diese Gedankenform muss aufgelöst und transformiert werden, wenn die Menschheit den Übergang in eine neue Welt schaffen will. Durch einfache Wertschätzung oder Dankbarkeit der Erde gegenüber verbindet ihr euch also mit dem Aufstieg der Erde und leistet einen Beitrag zur Transformation einer hochgradig zerstörerischen Gedankenform – der Überzeugung, dass die Menschheit die Erde beherrschen kann.

Zweite Phase

Nachdem ihr mindestens fünf Minuten lang in diesem Schwingungsfeld der Wertschätzung und Dankbarkeit *verblieben* seid, richtet ihr eure Aufmerksamkeit von eurem Herzzentrum auf die Zirbeldrüse in der Mitte eures Kopfes und hört *Dimensional Attunement, eine Klangreise zur dimensionalen Abstimmung der Erde.* *

Diese besondere Klangmeditation ist gut fünf Minuten lang und wurde speziell dafür entwickelt, euch bei der Aktivierung ungenutzter Potenziale innerhalb der kristallinen Struktur eurer Zirbeldrüse zu unterstützen.

Die Klänge, die ihr dabei hört, entsprechen den Fluktuationen in den Reichen des Lichts. Sie erzeugen eine Feinabstimmung der Empfänglichkeit und der feinstofflichen Wahrnehmungsfähigkeiten der Zirbeldrüse. Die Wirkung dieses Prozesses ist ein bisschen so, als würdet ihr eine Antenne einschalten und sie auf die höheren Reiche des Lichts und das ausrichten, was wir als eure Höhere Absicht bezeichnen.

Während der gesamten Dauer der Klangmeditation, dieser *dimensionalen Abstimmung,* ruht eure Aufmerksamkeit auf dem Zentrum eures Kopfes, also im Bereich der Zirbeldrüse. Ihr braucht nichts weiter zu tun, als euer Gewahrsein auf diese Region zu richten. Wenn eure Gedanken abzuschweifen beginnen, fokussiert euch wieder auf die Zirbeldrüse.

Lasst die Klänge nachhallen und erlaubt ihnen, diesen Bereich eures Gehirns zu aktivieren. Auch hier kann die Wirkung je nach der Ebene eures Gewahrseins unterschiedlich ausfallen. Manche Meditierenden erfahren einfach subtile, undefinierte Verschiebungen in diesem Bereich. Andere erleben komplexe Lichtgeometrien. Wieder andere haben das Gefühl, sich außerhalb ihrer selbst zu befinden,

---

* Unter dem Titel *The Pituitary Dimension* Attunement finden Sie diese Meditationsmusik als kostenlosen Download auf www.TomKenyon.com. In elffacher Wiederholung ist sie auch auf einer CD enthalten, die Bestandteil des Buches *Aufbruch ins höhere Bewusstsein* ist, Amra Verlag, Hanau 2009. – *Der Verlag*

und beobachten echte Energiefluktuationen in ihrer Zirbeldrüse. Es gibt noch viele weitere mögliche Wahrnehmungsformen. In dieser Phase ist es wichtig, nicht »zu versuchen«, bewusst irgendetwas zu bewirken. Erlaubt dem Prozess einfach, sich zu entfalten. Wenn ihr diese Meditationsphase abgeschlossen habt, geht ihr zur dritten und letzten Phase über, die wir als das *Öffnen der Hallen von Amenti* bezeichnen.

Dritte Phase

Die *Hallen von Amenti* sind in diesem Zusammenhang eine Metapher, die einen Seinszustand beschreibt, in dem ihr Kontakt mit eurer Höheren Absicht aufnehmen könnt.

Diese Phase der Meditation gewährt euch direkten Zugang zu eurer Höheren Absicht und ihrem gewaltigen Potenzial. Anders als die beiden anderen Meditationsphasen ist diese Art von Gewahrsein auf mehrere Punkte gleichzeitig gerichtet.

Einige Menschen können ihr Gewahrsein nur auf einen Punkt richten. Andere können ihre Aufmerksamkeit auf mehrere Punkte gleichzeitig richten. Konzentriert euch einfach auf so viele Punkte wie möglich. Wenn ihr diese Methode häufiger anwendet, werdet ihr irgendwann die Fähigkeit entwickeln, euer Gewahrsein auf mehrere Punkte zu richten. Diese Fähigkeit ist ein hochgradig wirksames Training für euer interdimensionales Gewahrsein.

Der erste und wichtigste Fokuspunkt ist der BA-Punkt. Er ist nicht der Ort, an dem sich eure Himmlische Seele (BA) oder euer Höheres Selbst befindet. Es handelt sich vielmehr um einen energetischen Eintrittspunkt.

Wenn ihr eure Hände über den Kopf hebt und eure Fingerspitzen zusammenführt, »berührt« ihr den BA-Punkt. Aber bitte nehmt während der Meditation nicht diese Haltung ein – sie dient nur dazu, euch einen Eindruck davon zu verschaffen, wo sich der BA-Punkt befindet.

In dieser abschließenden Meditationsphase ruht euer Gewahrsein auf dem BA-Punkt. Ihr schenkt diesem Aspekt eurer selbst, der außerhalb von Zeit und Raum beheimatet ist, Wertschätzung und Dankbarkeit, und zwar in erster Linie dafür, dass er euch einen Zufluss von Weisheit, Einsicht, Kreativität und Inspiration sowie Problemlösungen ermöglicht.

Dieser Teil der dritten Phase ist sehr wichtig. Die Harmonie – oder Schwingungssignatur – der Wertschätzung und Dankbarkeit aktiviert das BA, also eure Himmlische Seele oder euer Höheres Selbst. Durch diesen Prozess öffnet ihr ein Tor zu eurer Höheren Absicht, und ihr macht Schluss mit einer weiteren beschränkenden negativen Gedankenform, welche die Menschheit schon seit Ewigkeiten plagt.

Bei dieser Gedankenform handelt es sich um die Überzeugung, dass die Menschen von ihrer eigenen Göttlichkeit abgetrennt sind – dass sie weniger wert sind als ihre Gottheit und es nicht verdient haben, die Geschenke dieser Gottheit anzunehmen.

Diese Gedankenform wurde von den Religionen eingeführt, um Kontrolle über die Menschheit auszuüben. Sie ist hochgradig beschränkend und schädlich, denn sie verweigert den Menschen den Zugang zu ihrer eigenen höheren Weisheit, ihren spirituellen Visionen, der Fähigkeit, Wahrheit und Lüge zu unterscheiden, und der Fähigkeit, die eigene Realität nach Belieben zu verändern.

Wir können gar nicht genug betonen, wie heimtückisch diese beschränkende Gedankenform wirkt und wie wichtig es ist, dass ihr die neue Gedankenform (laut der ihr nicht von eurer Himmlischen Seele, eurem Höheren Selbst und eurer Göttlichkeit getrennt seid) annehmt, indem ihr eure Wertschätzung und Dankbarkeit gegenüber eurem BA ausdrückt.

Ihr bittet nicht, fleht nicht, bettelt nicht und betet nicht zu eurer Himmlischen Seele, eurem Höheren Selbst oder zu einem Gott. Ihr öffnet einfach nur einen Kanal zu einem anderen Teil eures Seins. Im Verlauf dieser Phase werdet ihr eine Reaktion von eurer Himmlischen Seele wahrnehmen. Ihr werdet spüren, wie euer BA-Punkt in die Zirbeldrüse absinkt.

Dies ist der Abstieg der Energie eurer Höheren Absicht samt all ihrer Einsichten und Ermächtigungen in jenen Aspekt eures Seins, den ihr als euren Körper und eure Seele bezeichnen würdet. Obwohl ihr euch dessen vielleicht nicht bewusst sind, weisen diese Ermächtigungen die Form spiritueller Lichtmuster auf.

Während ihr es zulasst, dass die Energie vom Ba-Punkt aus weiter hinabsteigt, richtet sich euer zweiter Fokuspunkt auf die Zirbeldrüse, so dass die Energie der Himmlischen Seele nun in die Kristallstruktur der Zirbeldrüse selbst absinken kann.

Wenn es euch möglich ist, solltet ihr noch einen dritten Punkt mit einbeziehen, das Herzchakra im Zentrum eurer Brust, damit der Zufluss von der Himmlischen Seele in die Zirbeldrüse gleich ins Herzzentrum weitergeleitet werden kann.

Und all jene unter euch, die weiter fortgeschritten sind, können ihr Gewahrsein noch auf einen vierten Punkt lenken – auf den Erdkern. Der Zufluss aus eurer Höheren Absicht verläuft dann über eure Zirbeldrüse in euer Herzchakra und weiter hinab in den Erdkern.

Denkt nicht weiter darüber nach, auf wie viele Bezugspunkte ihr euch gleichzeitig fokussieren könnt. Für den Anfang reicht der erste, also der BA-Punkt, vollkommen aus.

Wenn ihr diese Meditation lange genug praktiziert, werden eure Fähigkeiten allmählich wachsen.

Der Zweck dieser Meditation besteht darin, ungenutzte Potenziale und Fähigkeiten eurer interdimensionalen Natur zu aktivieren und euch Zugang zu eurer Höheren Absicht zu gewähren. Diese neuen Möglichkeiten könnt ihr dann nutzen, um euer Leben mit neuen Einsichten, neuem Verständnis, neuen Inspirationsformen und neuen kreativen Problemlösungen für individuelle und kollektive Belange zu bereichern. Wenn ihr euch für die Potenziale eurer Höheren Absicht öffnet, helft ihr auch euren Mitmenschen, diesen Zustand zu erreichen.

Die Veranstaltung: Ein Blick
hinter die Kulissen

Als mich die Hathoren das erste Mal darum baten, die Weltmeditation auszurichten, hatte ich einige Vorbehalte.

Einer davon war intellektueller Natur: Er konfrontierte mich mit
einem Mythos aus dem alten Ägypten, einer mythischen Geschichte,
die sich nun in unserer modernen Zeit entfalten würde.

In seiner einfachsten Form erzählt der Mythos davon, dass vor
Tausenden von Jahren einige erleuchtete Meister eine Reihe von
Tunneln unter der Sphinx bauten, die auf dem Gizeh-Plateau bei
Kairo steht. Diese Tunnel führen in eine Hauptkammer, in der die
Meister ätherische Strukturen platzierten, die extrem feinstoffliche
Energieformen umgaben. Diese Energien dienten als Speicher
von Informationen und technologischem Fachwissen, das es der
Nachwelt ermöglichen sollte, zu einem zukünftigen Zeitpunkt die
Menschheit anzuheben.

Die Hathoren klärten mich darüber auf, dass dieser zukünftige
Zeitpunkt nun gekommen sei. Mit anderen Worten: Wir leben in
der Zeit, die jene Meister auf übernatürliche Weise vorausgesehen
und für die sie einen Informationsspeicher vorbereitet haben.

Schön und gut, das klingt ja alles ganz bezaubernd, aber ich
bin nun einmal Rationalist auf Gedeih und Verderb. Und die
vielen Archäologen, die auf dem Gizeh-Plateau gearbeitet haben,
konnten kein Tunnelnetzwerk und auch keine Kammern unter
der Sphinx entdecken. Das muss nicht automatisch bedeuten,
dass es keine solche Tunnel oder Kammern gibt, aber es hat sie
eben noch niemand gesehen, und deshalb beruht die gesamte
Theorie auf reiner Spekulation.

Zwar wusste ich, dass der Hellseher Edgar Cayce diese Tunnel
bei einigen seiner Lesungen beschrieben hat und dass viele andere Medien von ähnlichen Eindrücken berichtet haben. Aber es
hat keinerlei objektive Entdeckungen gegeben, die diese These
bestätigen würden. Und um es noch komplizierter zu machen,

berichteten andere Medien von Eindrücken, laut denen sich die
Hallen von Amenti überhaupt nicht unter Gizeh befinden. Ihrer
Theorie nach sollen sie sich ganz woanders befinden, in abgele-
genen Bergketten und im Erdkern.

All die Widersprüche bereiteten mir Probleme. Für mich änderte sich die Sachlage erst, als mir die Hathoren erzählten, dass
eines der wichtigsten Ziele der Meditation eine innere Öffnung
der Meditierenden sei, durch die sie Zugang zu ihrer Höheren
Absicht erhalten und Herz und Verstand verbinden können.

Und genau dieser Punkt macht einen wichtigen Teil meiner
Arbeit aus. Denn ich habe entdeckt, dass häufig Wunder geschehen, wenn Menschen im Zusammenhang mit Heilung oder zum
Zweck der Bewusstseinserweiterung in andere Bewusstseinszustände versetzt werden. Manchmal entdecken sie dann Schätze
in sich selbst, von denen sie keine Ahnung hatten. Mit Schätzen
meine ich neue Einsichten über sich selbst und die Welt, erhöhte
Kreativität und in manchen Fällen auch gesteigerten Mut.

Diese Art von Metamorphose habe ich immer wieder beobachten können – diese dem Menschen angeborene Fähigkeit,
seine Selbstbegrenzung zu transzendieren und in die höheren
Bereiche unseres Seins aufzusteigen. Und ich wusste auch, dass
die Hathoren Meister dieser Kunst sind. Deshalb erklärte ich
mich bereit, die Veranstaltung durchzuführen, denn nun wusste
und erwartete ich, dass die Meditation für viele Menschen einen
Wendepunkt bedeuten würde.

So machte ich während der Meditation eine höchst persönliche Reise in die anderen Reiche der Existenz, über die ich nicht
viel erzählen möchte. Ich kann aber sagen, dass ich nach der
weltweiten Meditation durch mein inneres Auge eine gewaltige
Lichtexplosion beobachten konnte, die unter der Sphinx hervor-
drang und sich in kürzester Zeit von Gizeh aus über die gesamte
Erde ausbreitete. Und währenddessen sagten die Hathoren, dass
sich die Hallen von Amenti nun zum Wohle der Menschheit
geöffnet hätten.

WER SIND DIE HATHOREN?

Für all die Leser, die nicht mit dieser Gruppe nichtmaterieller Intelligenzen vertraut sind, möchte ich ein paar Worte dazu sagen.

Ich werde ganz direkt und sachlich über diese Wesenheiten und meine Erfahrungen mit ihnen sprechen. Und ich rate Ihnen, die sogenannte »imaginäre Kiste« zu nutzen. Dabei handelt es sich um ein gedankliches Hilfsmittel, dessen Gebrauch ich allen Menschen, die mit mir lernen, nahelege. Und so funktioniert die Kiste: Man schmeißt einfach alles hinein, das einem jemand erzählt und das man sinnlos findet. Ich halte es für sehr wichtig, dass wir neue Informationen, von wo und wem auch immer sie stammen, mit Hilfe unserer eigenen Lebenserfahrung, unserer Logik und vor allem unseres Wertesystems sortieren. Wenn man eine Idee einfach schluckt, ohne sie vorher auf diese oder eine ähnliche Weise verarbeitet zu haben, riskiert man eine Art mentaler/emotionaler Verdauungsstörung. Und gegen diese Art von Problem gibt es keine Säureblocker. Ich möchte Sie also bitten, Ihre Kiste in Reichweite zu halten, wenn ich Ihnen schildere, wie ich die Hathoren sehe. Denn dabei handelt es sich um meine Erfahrungen, nicht um Ihre. Wenn meine Worte in für Sie irgendeine Beweiskraft haben, dann werden sie eine Resonanz in Ihnen erzeugen – vielleicht ein Aha-Erlebnis oder eine Form von mentaler/-emotionaler Öffnung. Wenn das, was ich erzähle, nicht zu Ihnen passt und Ihnen zu haarsträubend erscheint, um auch nur im Entferntesten möglich zu sein, dann schmeißen Sie es einfach in die Kiste.

Immer, wenn ich Kontakt zu den Hathoren habe, befinde ich mich in einem Bewusstseinszustand, den manche als Traumzeit (oder meditative Trance) bezeichnen, aber ich schlafe nicht. In diesem Bewusstseinszustand erzeugt mein Gehirn eine Menge Alpha- und Thetaaktivität. Ich selbst erlebe diese Phasen als Quasi-Traumzustand. In meinen Workshops bezeichne ich diese Art von Erfahrungen oft als Wachträume. Es ist ein einzigartiger körperlich-seelischer Zustand, bei dem das Gehirn einen dualen Gewahrseinszustand erzeugt. Das heißt, wer einen solchen Wachtraum hat, ist sich seiner Umgebung bewusst, durchlebt aber gleichzeitig *auch traumartige Erfahrungen. Die Wahrnehmung der Realität ist also fließender als normalerweise.*

Wenn ich den Hathoren begegne, nehme ich sie auf übersinnliche Weise mit meinem geistigen Auge wahr. Mit anderen Worten: Ich sehe sie nicht physisch. Meistens spüre ich sie auch in meinem Herzchakra, da sie eine starke Schwingungspräsenz ausstrahlen, die ich als Liebe bezeichnen würde. Von meinem ersten Kontakt mit ihnen an, der fast 25 Jahre zurückliegt, haben sie mich ihr Wissen über die den menschlichen Gefühlen innewohnende Kraft gelehrt. Gefühle sind kreative Kräfte, und besonders wichtig sind den Hathoren die Kraft der Liebe, der Wertschätzung und der Dankbarkeit.

Die Hathoren sind ihren eigenen Beschreibungen nach interdimensionale Geschöpfe, die in Reichen des Lichts existieren, sie sich von der fünften bis zur zwölften Dimension des Bewusstseins erstrecken. Mir persönlich erscheinen solche Beschreibungen mehr oder minder bedeutungslos, da die meisten von uns kein Bezugssystem für solche Begriffe haben.

Dieses Dilemma erinnert mich an den Roman Flächenland, *den der Satiriker Edwin A. Abbott im 19. Jahrhundert schrieb.* Allen, die sich darin versuchen, mit veränderten Bewusstseinszuständen und nichtkörperlichen Intelligenzen zu arbeiten, kann ich die Lektüre dieses kurzen Büchleins nur ans Herz legen. Es ist nicht nur sehr unterhaltsam, sondern regt den Leser auch dazu an, darüber nachzudenken, was wohl geschehen würde, wenn ein dreidimensionales Objekt (wie eine Kugel) in einer zweidimensionalen Welt (wie einer Ebene) erscheinen würde. Die Bewohner der zweidimensionalen Welt (also dem Flächenland) sind überhaupt nicht dazu in der Lage, die wahre Beschaffenheit eines dreidimensionalen Objekts zu verstehen, weil es in ihrer Welt kein Bezugssystem für ein solches Phänomen gibt.*

---

* Der englische Schuldirektor Edwin Abbott [sic!] Abbott (1838-1926) schrieb die mathematische Satire *Flächenland* im Jahre 1884. Eine empfehlenswerte deutsche Ausgabe dieses »mehrdimensionalen Romans, verfasst von einem alten Quadrat«, erschien im Renate Götz Verlag, Laxenburg 1999. Die Übersetzung folgt der längst vergriffenen klassischen Ausgabe von Klett Cotta. - *Der Verlag*

Ich glaube, dass etwas ganz Ähnliches geschieht, wenn wir die Beschaffenheit von Wesenheiten zu verstehen versuchen, die in Dimensionen jenseits unserer eigenen existieren.

Als ich gerade sagte, dass sich die Hathoren selbst als interdimensionale Wesenheiten beschreiben, meinte ich damit, dass sie sich beliebig durch die Bewusstseinsdimensionen bewegen können.

Mir erscheint es außerdem interessant, dass die Hathoren in ihrer eigentlichen Form wie leuchtende, ovale Lichtkugeln aussehen. Wenn sie sich aber in die Dimensionalität herabbegeben, können sie menschenähnliche Gestalt annehmen und sind dann in der Regel dreieinhalb bis gut vier Meter groß.

Die Vorstellung interdimensionaler Geschöpfe mag vielen Menschen fremd erscheinen, weshalb ich zur näheren Erklärung ein bisschen abschweifen möchte. Wenn die Hathoren von anderen Bewusstseinsebenen erzählen, die über die physische Realität hinausgehen, verwenden sie das Wort »interdimensional«. Man könnte auch den Begriff »spirituell« wählen, um nichtphysische Bewusstseinsdimensionen zu beschreiben, aber ich persönlich ziehe die Formulierung »interdimensional« vor, da sie keinem religiösen oder spirituellen Dogma unterliegt.

Die Hathoren haben mir wiederholt erzählt, dass alle Menschen interdimensionale Geschöpfe sind, die in mehreren Bewusstseinsdimensionen gleichzeitig leben. Die meisten von uns sind sich nur der Dimensionen ihrer physischen Verkörperungen bewusst. Wenn wir uns unserer Multidimensionalität bewusst werden würden, könnten wir uns laut den Hathoren genauso wie sie bewusst und ganz einfach durch andere Dimensionen bewegen.

Außerdem sagen sie, dass wir nicht nur physische Geschöpfe sind, sondern gleichzeitig auch in den Reichen des Lichts leben und dass unsere Erscheinungsform Licht und Liebe seien. Die Art von Liebe, die sie meinen, ist nicht romantischer Natur. Laut Hathoren ist es eine mächtige, unpersönliche Liebe, die sich durch das Universum bewegt und es zusammenschweißt. Wer sich dafür entscheidet, sich auf dieser Schwingungsebene des Bewusstseins aufzuhalten, schwingt mit der Macht des Kosmos mit. Zugegebenermaßen gehören solche Beschreibungen des Kosmos einer anderen Ordnung an als die, die wir im 21. Jahrhundert verwenden.

Ich habe den Verdacht, dass viele Menschen Vorstellungen wie unpersönliche Liebe und nichtkörperliche Intelligenz für reinen Unsinn halten. Und viele von ihnen haben den gesamten Grundgedanken wahrscheinlich schon in die große imaginäre Kiste geschmissen.

Ich bin mir der intellektuellen Herausforderung, die all das mit sich bringt, absolut bewusst. Trotz meiner persönlichen Erfahrungen mit vielen verschiedenen Arten von nichtkörperlichen Wesenheiten (darunter die Hathoren) bin ich in erster Linie ein Rationalist und habe zehn Jahre in der Hirnforschung auf dem Buckel. Aus diesem Grund achte ich sehr auf die physiologischen Veränderungen, die im menschlichen Gehirn auftreten, wenn wir diese Art von Erfahrung machen. Und ich weiß diese körperlichen Veränderungen sehr zu schätzen. Trotzdem bezweifle ich, dass es sich um reine Chemie handelt, und ich glaube auch nicht, dass wir ausschließlich in Zeit und Raum lokalisiert sind. Dabei beziehe ich mich allerdings auf unsere Seelen (unsere mentalen Erfahrungen), nicht auf unsere physischen Körper – obwohl ich den Verdacht habe, dass die Atome und subatomaren Teilchen, aus denen unsere Körper bestehen, gleichzeitig lokalisiert und nicht lokalisiert sind.

Laut den Hathoren können wir durch die Tätigkeit unseres Geistes (unseres mit einer Absicht gekoppelten Bewusstseins) positive Veränderungen in unserer Kultur bewirken. Mit anderen Worten: Nicht nur unsere Handlungen zählen. Unser Denken und Fühlen sind innere Realitäten, die unausweichlich unsere äußere Realität formen – also die Welt, in der wir leben.

23

Selbstveränderung
durch Klang

Magie und Macht kommen zu all jenen, die sich ihre Stimme zu eigen machen. Ich glaube, dass unsere moderne westliche Gesellschaft uns von der *Kunst der Klangerzeugung* entfernt hat. Heute sind wir Klangkonsumenten. Die ganze Branche, in der Klang und Musik in eine Ware verwandelt wird, die man anderen verkaufen kann, hat in kultureller und ökonomischer Hinsicht sicherlich ihre Geltungsberechtigung. Doch ich glaube, dass wir den Kontakt zu unserer angeborenen menschlichen Fähigkeit verlieren, selbst Klänge und Musik zu erzeugen, wenn wir Musik zu einer Ware machen.

Und das ist ein riesiger Verlust, denn wenn wir in Hinsicht auf Klänge passiv statt aktiv werden, verkümmern wir auf eine Weise.

Die Hirnforschung hat beispielsweise gezeigt, dass Menschen, die Klänge und Musik erzeugen, ihr Gehirn in komplexerer Weise nutzen als Personen, die nur zuhören. Komplexität bedeutet hier, dass das Gehirn von Menschen, die singen und/oder Musik machen, komplexere neuronale Netze hervorbringt. Dieses Mehr an neuronalen Netzen ist in vielerlei Hinsicht vorteilhaft. Einer der Vorteile besteht darin, dass wir kreativer und einfallsreicher werden, je mehr aktive neuronale Netzwerke wir nutzen.

Um das Thema umfassender vertiefen und einige praktische Vorschläge machen zu können, möchte ich gern zwei Formen von Klängen betrachten: einmal die *äußeren Klänge*, die wir durch unser Gehör wahrnehmen, und dann den sogenannten *inneren Klang*, also das, was wir durch seelische beziehungsweise mentale Eindrücke hören.

Nehmen wir beispielsweise an, dass Sie diesen Text leise für sich lesen. Währenddessen wiederholen Sie den Klang meiner Worte vermutlich in Ihrem Kopf. Genau das sind *innere Klänge*. Sie können diese inneren Klänge aber auch in die äußere Welt übertragen, indem Sie sie stimmlich artikulieren. Die anderen können dann hören, was Sie lesen.

Wenn wir unser inneres Erfahren Kraft unserer Stimme ausdrücken und es in die Außenwelt übertragen, damit andere es hören können, setzen wir einen bemerkenswerten Prozess in Gang: Wir verändern die Welt! Der Großteil dieser Veränderungen ist für das bloße Auge nicht sichtbar, aber trotzdem sind sie vorhanden.

Aus der Forschung wissen wir, dass Worte äußerst wirksame biochemische Reaktionen in unserem Leib-Seele-Komplex auslösen können. Stellen Sie sich einen Augenblick lang vor, was geschieht, wenn jemand wütend auf Sie ist und dieser Feindseligkeit Ausdruck verleiht. In Ihrer geistigen und emotionalen Realität geschieht etwas, und auch Ihr Körper reagiert auf diese Wut. Ihre innere Realität hat sich verändert.

Das erinnert mich an ein wunderbares mythisches Symbol aus dem Yoga. Bei manchen Yogaformen, die ihre Wurzeln im Hinduismus sehen, gilt Brahma als der Schöpfergott. Kraft seiner Stimme erschuf er die Welt – durch den Urklang OM.

Diese Arten von Yoga gehen davon aus, dass in jedem unserer sieben Hauptchakras eine Gottheit angesiedelt ist. Brahma wohnt in der Kehle, was symbolisiert, dass unserer Stimme die Kraft der Schöpfung innewohnt.

Aus der mystischen Perspektive des Yoga sind wir von Natur aus mit einer wirksamen kreativen Kraft ausgestattet, und diese beruht vor allem darauf, dass wir mit unserer Stimme Klänge erzeugen können. Diese Klänge können die äußere Welt, also unsere Umgebung, beeinflussen, aber auch unsere inneren Welten: unsere Biochemie, unsere Gedanken und Gefühle.

Die Forschung hat gezeigt, dass wir alle ununterbrochen die innere, biochemische, gedankliche und emotionale Welt unseres Körpers verändern, indem wir mit anderen und uns selbst sprechen (innerer Dialog).

So simpel das auch erscheinen mag: Eine der wirksamsten Möglichkeiten, mit unserer Stimme unser Leben zu verändern, besteht darin, dass wir uns darüber bewusst werden, wie wir sprechen. Und zwar nicht nur mit anderen, sondern auch mit uns selbst.

Die Brücke zu unseren inneren Welten

Wenden wir uns nun unserem inneren Klang zu, einem Konzept, das in vielen spirituellen und schamanischen Traditionen vertreten ist. Das Interessante an diesem Konzept ist, dass wir äußere Klänge nutzen können, um Zugang zu unserem inneren Klang zu erlangen, und dadurch den großen Bereich des Bewusstseins betreten können.

Klang wird schon seit Jahrtausenden als Zugang zu den inneren Wahrnehmungswelten genutzt, und wir sind die Erben dieser verschiedenen Methoden. Derzeit wird auch wissenschaftlich belegt, dass viele ursprüngliche und spirituelle Techniken, bei denen Klang zum Einsatz kommt, die Wahrnehmung tiefgreifend verändern.

Einige schamanische Trommelrhythmen steigern beispielsweise die Thetaaktivität im Gehirn, ein Zustand, der mit traumartigen Stadien wie beispielsweise Visionen assoziiert wird. Außerdem konnte wissenschaftlich bewiesen werden, dass sowohl laut als auch gedanklich rezitierte Mantras die Gehirnaktivität und Wahrnehmung verändern können.

Bei meinen Workshops erklärte ich das Geheimnis der äußeren und inneren Welten manchmal durch die Metapher von der

Brücke. Diese Brücke ist eine Art mentale Türschwelle. Wenn wir sie überschreiten, lassen wir unsere alltägliche Wahrnehmungswelt hinter uns zurück und betreten eine magische Welt, die nicht an Zeit, Ort oder äußere Umstände gebunden ist.

Ich bezeichne diese andere Welt manchmal scherzhaft als das Hokuspokusland, weil sie so anders ist als die Welt, welche die meisten von uns für real halten. Diese Unterschiede sind vor allem auf folgenden Sachverhalt zurückzuführen: Unsere linke Gehirnhälfte ist das *Mutterland der Logik und der Sprache.* Wenn diese Seite des Gehirns stark aktiv ist, neigen wir dazu, die Welt durch einen logischen und zeitlich geordneten Filter wahrzunehmen. Wenn aber unsere rechte Gehirnhälfte neurologisch aktiver ist, nehmen wir die Welt ganz anders wahr. Aus diesem Blickwinkel wirkt die Realität fließender, paradoxer und sozusagen wundersamer. Dieser Zustand ist der Ursprung von Träumen und Visionen, tiefer Einsicht und großer Kreativität.

Und Klang ist eine Brücke in diese uns allen eigene innere Welt.

Von all den Instrumenten und Möglichkeiten der Klangerzeugung, mit denen eine Bewusstseinsveränderung herbeigeführt werden kann, ist die menschliche Stimme meiner Meinung nach am kraftvollsten. Und diese Kraft ist uns allen angeboren. Sie ist Teil unserer Natur.

Deshalb möchte ich zwei einfache und hochwirksame Methoden beschreiben, mit denen Sie experimentieren können. Bei beiden nutzt man seine Stimme als Vehikel, um die *Brücke* zu überqueren und das Mysterium in seinem Inneren zu erkunden.

JAPA

Das Wort *Japa* stammt aus dem Sanskrit und bezeichnet die laute oder gedankliche Wiederholung eines Mantras. Die Geschichte des *Japa* reicht weit zurück und hat viele mögliche Wurzeln, da dieses Konzept nicht nur im Hinduismus, sondern auch in verschiedenen

Yoga-Arten und in einigen Formen des Buddhismus auftaucht. Es handelt sich dabei um eine Klangmeditation, bei der der Klang das Mantras zum Objekt der Aufmerksamkeit wird.

Für unsere Zwecke schlage ich die Verwendung eines einfachen *Bija*-Mantras vor: des OM.

Bijas sind *Samenklänge*, die für sich stehen oder Teil eines komplexeren Mantras sein und ein kraftvolles Evolutionspotenzial transportieren können. Ich möchte Ihnen vorschlagen, das *bija* OM auf eine eher ungewöhnliche Weise zu verwenden.

Finden Sie einen langsamen Atmungsrhythmus, mit dem Sie sich wohlfühlen. Intonieren Sie beim Ausatmen das Mantra. Beginnen Sie dabei mit dem »Oh« und gehen Sie erst zum »Mmmm« über, wenn Sie zur Hälfte ausgeatmet haben. Für das »Mmmm« werden die Lippen leicht aufeinandergelegt, so dass das Geräusch leicht vibriert.

Wählen Sie dabei eine leichte, ungezwungene Lautstärke. Wiederholen Sie das *bija* OM ein bis zwei Minuten lang und achten Sie dabei auf den Klang Ihrer Stimme. Spüren Sie den Schwingungen nach, die sie in Ihrem Körper erzeugt.

Nun können Sie die Lautstärke Ihrer Intonation langsam senken, so dass Ihre Stimme bei jedem Ausatmen etwas leiser wird. Hören Sie weiter genau auf sich selbst und spüren Sie die Schwingung in Ihrem Körper. Nach ein oder zwei Minuten erklingt Ihre Stimme nur noch ganz, ganz leise – fast schon unhörbar. Wenn Sie diesen Punkt erreicht haben, flüstern Sie das Mantra noch ein paar Mal, wobei Sie wieder genau auf den Klang und die dadurch erzeugte Schwingung achten.

Dann chanten Sie weiter, nun aber lautlos. Wiederholen Sie das Mantra einige Minuten lang schweigend beim Ausatmen. Achten Sie dabei auf den inneren Klang Ihrer Stimme und die Schwingung, die das lautlose Mantra erzeugt.

Nun gehen Sie wieder zum äußeren Klang über, indem Sie das Mantra einige Male flüstern. Dann steigern Sie langsam die Lautstärke, bis Ihre Stimme wieder so laut ist wie ganz am Anfang der Übung. Chanten Sie ein bis zwei Minuten lang laut. Nun senken Sie die Lautstärke ein weiteres Mal. Der Klang wird mit jedem Ausatmen leiser, bis er kaum mehr zu hören ist. Wie zuvor flüstern Sie das OM nun noch einige Male und hören dann auf, es zu intonieren – auch mit Ihrer inneren Stimme. Verharren Sie einfach in der inneren und äußeren Stille.

Achten Sie auf Ihren Geist und lauschen Sie dem *inneren Klang des Mantras*. Damit meine ich den mentalen beziehungsweise seelischen Abdruck, den das Mantra hinterlassen hat. Denn er wird noch immer wiederholt, nun aber, ohne dass Sie etwas dazu beitragen: Das Mantra entwickelt ein *inneres Eigenleben*.

Wenn Ihnen diese *Japa*-Methode vertrauter wird, werden Sie vermutlich den Wunsch entwickeln, die einzelnen Phasen der Meditation (also die laute Intonation, das Flüstern, die lautlose Wiederholung und das Schweigen) zu verlängern. Sie sollten aber nur dann mehr Zeit mit der Meditation verbringen, wenn Sie dabei wahre Freude empfinden. Denn Freude spielt bei dieser Meditation eine wesentliche Rolle. Wenn Sie sich wirklich auf die Meditation einlassen und die inneren Realitäten erkunden, zu denen Sie in diesem Zustand Zugang erhalten, entsteht spontan Freude.

Wenn Sie sich entspannen, kann diese Form der Klangmeditation Ihnen Türen zu den gewaltigen Perspektiven des Unterbewussten öffnen. Falls Ihr Verstand besonders aktiv ist, könnte es länger dauern, bis Sie den inneren Klang hören können. Aber am Ende werden auch Meditierende mit besonders reger Verstandesaktivität den deutlichen geistigen beziehungsweise seelischen Eindruck gewinnen, dass das Mantra auf einer feinstofflichen Bewusstseinsebene eigenständig weiterklingt.

Wenn Sie mit diesem inneren Klang weitermeditieren, werden Sie immer feinstofflichere Gewahrseinszustände erreichen, die schließlich zu veränderten Bewusstseinszuständen führen.

Wichtig ist nur, dass Sie ganz ungezwungen damit umgehen. Üben Sie keinen Druck aus, weder auf Ihre Atmung noch auf das Mantra oder sonst ein Element der Meditation. Seien Sie einfach neugierig, was dieser Prozess zutage fördert. Wenn Sie beharrlich meditieren, werden sich Ihnen immense innere Schätze eröffnen.

VOKALISIERUNG

Vokalisierung bedeutet in diesem Zusammenhang, seine innere Stimme zu nutzen, um Gefühlen oder energetischen Anomalien im Körper oder der Seele Ausdruck zu verleihen.

Dass diese Technik so einfach ist, täuscht darüber hinweg, was für starke Auswirkungen die Vokalisierung auf die innere Verwandlung – oder Transformation – hat.

Ich habe bei Personen, die angefangen haben, diese Form der Klangarbeit zu praktizieren, ganz erstaunliche Fälle von emotionaler und körperlicher Heilung beobachten können.

Die Grundidee hinter der Vokalisierung besteht darin, dass Gefühle und/oder blockierte feinstoffliche Energien irgendwo im Körper lokalisiert sind. Nur in sehr seltenen Fällen halten sie sich außerhalb des Körpers in dem feinstofflichen Energiefeld auf, das den Körper umgibt. In manchen Traditionen wird dieses Feld auch als *Aura* bezeichnet. Diese energetischen Muster können emotionaler Natur oder das Produkt feinstofflicher Energien sein. In beiden Fällen haben sie eine *Klangsignatur*.

Klangsignaturen sind nonverbale Ur-Tonmuster, die durch die menschliche Stimme ausgedrückt werden können. Erzeugen Sie authentisch und mit vollem Ausdruck so eine Klangsignatur, unterstützen Sie damit das Gleichgewicht von Körper und Geist.

Aber was genau meine ich mit Klangsignatur?

Stellen Sie sich beispielsweise vor, im Nebenzimmer würde ein Kleinkind spielen. Sie hören, dass es spielt und zufrieden vor sich hinbrabbelt, und achten entsprechend nicht weiter auf die Geräusche, die es erzeugt. Aber was, wenn es hysterisch zu schreien beginnt? Was tun Sie dann? Gute Eltern werden losstürmen, um herauszufinden, was passiert ist.

Diese emotionsgebundene Form der Kommunikation spielt sich auf einer urwüchsigen, instinktiven Ebene ab. Die Stimme des Kindes drückt die *authentische Klangsignatur* seiner Gefühle aus. Und Wohlergehen hat eine andere Klangsignatur als Leid. Bei Erwachsenen verschwinden schwierige Gefühle (besonders die chronischen) manchmal sozusagen im Untergrund. Sie können jahre-, ja sogar jahrzehntelang unterdrückt werden. Viele auf Energetik beruhende Formen der Medizin, beispielsweise die chinesische Medizin und die Akupunktur, gehen davon aus, dass sich negative Gefühle in verschiedenen Körperorganen ablagern können, was dann Disharmonie in den Körpersystemen verursacht. Behandelt man diese Disharmonie nicht, kann sie Krankheiten auslösen.

Feinstoffliche Formen der Energetik können meiner Meinung nach die verschiedensten Ursachen haben, beispielsweise einflussreiche Gedankenformen und tief verwurzelte Überzeugungssysteme. Manchmal handelt es sich auch um Nachwirkungen interdimensionaler und/oder überpersönlicher Erfahrungen. Genauso wie Gefühle haben sie Klangsignaturen, was bedeutet, dass sie vokalisiert werden können.

Vokalisierung ist eine Methode, authentischen Kontakt zu energetischen Mustern im Körper herzustellen und diesen eine Stimme zu verleihen – Ihre Stimme. Wenn sich diese inneren Realitäten ausdrücken können, wird dadurch in der Regel eine große Quelle des Wohlergehens erzeugt.

In der einfachsten Form von Vokalisierung richten Sie Ihr Gewahrsein, also Ihre Aufmerksamkeit, auf einen Bereich Ihres Körpers, in dem Sie Verkrampfung, Schmerzen oder ein sonst wie unübliches, unangenehmes Gefühl verspüren.

Atmen Sie tief in diese Körperregion hinein, so als würde sich Ihr Atem nicht in Ihren Lungen, sondern im betroffenen Gewebe ausbreiten.

Wenn Sie sich vorstellen, wie Ihr Atem in die Regionen eindringt, auf die Sie sich konzentrieren, erhöhen Sie dadurch Ihren geistigen Fokus und unterstützen die *Transformation* der Energetik in diesen Regionen.

Beim Ausatmen seufzen Sie einfach laut. Geben Sie ein hörbares Geräusch von sich. Lassen Sie dieses Geräusch direkt aus der Körperregion kommen, auf die Sie sich konzentrieren. Beim Einatmen lassen Sie den Atem dann wieder direkt in die betroffene Stelle fließen.

Nachdem Sie mehrere Atemzüge oder sogar Minuten lang geseufzt haben, lassen Sie Ihr Gewahrsein tiefer in die fokussierte Körperregion vordringen. Stellen Sie sich vor, dass Sie die fragliche Stelle mit Ihrem Geist beziehungsweise Ihrer Aufmerksamkeit umschließen. Wenn Sie nun ausatmen, geben Sie einfach das Geräusch von sich, das aus dieser Körperregion entspringt. Anfangs werden die Klänge wahrscheinlich nur zögerlich kommen. Aber nach einer Weile werden Sie sich sicherer fühlen und dazu in der Lage sein, Ihre Stimme die Töne (wie auch immer sie klingen mögen) einfach ausdrücken zu lassen, ohne sie zu zensieren.

Wenn die Energetik in der entsprechenden Körperregion intensiv ist, werden es auch die Klänge sein. Manche dieser aus dem Inneren strömenden Klänge sind eine Art Urschrei, andere ätherisch beziehungsweise entrückt, die meisten irgendetwas dazwischen. Wichtig ist, dass Sie zulassen, dass sich diese Klänge authentisch ausdrücken, dass Sie sie also nicht bremsen oder verfremden.

Praktizieren Sie diese Technik so lange, bis sich die betreffende Körperregion befreit beziehungsweise gereinigt anfühlt. Wie lange das dauert, hängt hauptsächlich von zwei Faktoren ab: davon, wie intensiv und/oder verdrängt ein Energiemuster oder Gefühl ist, und davon, wie authentisch die Klänge sind, die Sie erzeugen. Wenn Sie ein Geräusch unterdrücken oder verfremden, weil Sie es als unangenehm oder unangemessen empfinden, unterdrücken Sie damit den Prozess, in dem sich die Energetik auflöst. Wenn Sie eine Möglichkeit finden, die Klänge einfach aus Ihrem Inneren hervorquellen zu lassen, ohne dass Sie sich ein Urteil darüber bilden, setzen Sie die Energetik deutlich schneller frei.

Wenn sich die Energetik vollständig aufgelöst hat beziehungsweise die Gefühle ihren vollen Ausdruck gefunden haben, empfinden Sie in der behandelten Körperregion ein Gefühl der Weite, Freiheit oder auch Wärme. Häufig fühlt sie sich regelrecht leer an, als würde dort ein Vakuum herrschen. An diesem Punkt ist es meiner Meinung nach wichtig, dieses Gefühl der Leere mit etwas Positivem zu füllen.

Den meisten Menschen gelingt das am leichtesten, wenn sie sich an etwas erinnern, das sie glücklich oder zufrieden macht. Sie erinnern sich an dieses Gefühl des Glücks oder der Zufriedenheit und richten währenddessen ihre Aufmerksamkeit auf die Körperregion, die sie gerade behandelt haben. So lösen sie an der entsprechenden Stelle eine ganze Kaskade an positiver feinstofflicher Energetik aus. Dieser einfache Schritt ist ausgesprochen wohltuend und hilft uns dabei, die Erfahrung zu verarbeiten – besonders dann, wenn sie aufgrund der Beschaffenheit der Energetik oder Gefühle besonders intensiv war.

Zudem finde ich es hilfreich, mich nach diesem Prozess einige Minuten lang auszuruhen oder sogar hinzulegen. Mit anderen Worten: Stürzen Sie sich nicht gleich in äußerliche Aktivitäten. Nehmen Sie sich etwas Zeit, bei sich selbst zu sein.

24

Seelenklang und Medizin

*M*ich beschäftigt schon lange eine Frage, die ich den Hathoren gern stellen möchte: Hat eigentlich jeder Mensch einen Seelenton, der so einzigartig ist wie ein Fingerabdruck?

Sei gegrüßt, Martine. Unseren Erfahrungen nach sind Menschen komplexe Ansammlungen von Klang und Licht. Und mit »Klang« meinen wir in diesem Zusammenhang seine feinstofflichsten Manifestationen in Form von Schwingung.

Zu behaupten, dass ein einzelner Mensch auf einen einzelnen Klang reduziert werden kann, wie es bei einem solchen »Seelenklang« der Fall wäre, ist ein bisschen so, als würde man behaupten, dass alle Kompositionen eurer Meisterkomponisten auf einen einzelnen Ton reduziert werden können. Wir können dieser Aussage nicht beipflichten. Sie entspricht nicht unserer Erfahrung.

Der menschliche Körper ist aus etwa einer Billion Zellen zusammengesetzt. Diese Zellen sind wie *Sterne* im gigantischen All des menschlichen Körpers. Jeder dieser *Sterne* gibt eine Schwingung beziehungsweise einen feinstofflichen Klang ab. Diesen könnt ihr zwar nicht mit den Ohren hören, aber ihr könnt ihn *seelisch spüren*, wenn ihr im Besitz der Fähigkeit seid, die man auch als »Hellhörigkeit« bezeichnet.

Jede einzelne Zelle in eurem Körper ist nun wiederum aus Atomen und subatomaren Teilchen zusammengesetzt, die Frequenzen ausstrahlen, die man auch als »Schwingungen feinstofflichen Klangs« bezeichnen kann. Sie unterscheiden sich von den Schwingungen feinstofflichen Klangs der Zellen. Wenn sich Zellen zu Organen zusammenschließen, erzeugt auch diese Verbindung Schwingungen feinstofflichen Klangs. Jedes menschliche Organ weist eine einzigartige Bandbreite von Frequenzen beziehungsweise Tönen auf.

Wenn die Zellen, die sich zu einem Organ zusammengeschlossen haben, in der richtigen Beziehung zueinander stehen, weisen die Schwingungen, die sie ausstrahlen, eine bestimmte Form von *Harmonie* auf. Und aus dieser Form von Harmonie geht Gesundheit hervor.

Aus unserer Sicht strahlt der menschliche Körper nicht einen einzelnen Ton, sondern zahlreiche Schwingungen feinstofflichen Klangs ab. Und wenn wir die Menschen aus der Perspektive ihrer interdimensionalen Erscheinungsform betrachten, also der Form, die sie in anderen Dimensionen ihres Seins annehmen, dann entsteht sogar ein noch komplexeres Bild. Die Schwingungen feinstofflichen Klangs, die Frequenzen, um die es hier geht, sind so überwältigend und komplex, dass es das Vorstellungsvermögen übersteigt.

Unserem Verständnis nach gibt es also keine einzelne Note, die die Wahrhaftigkeit eines menschlichen Wesens ausdrücken könnte.

MEDIZIN UND KLANG

Bereits in wenigen Jahrzehnten werden die medizinischen Methoden, die ihr im Augenblick anwendet, als mittelalterlich und primitiv gelten. Die Medizin eurer Zukunft wird mit Hilfe von Nanotechnologie in den menschlichen Körper eindringen und dort Schäden reparieren können. Durch Fortschritte in den Genwissenschaften wird die Medizin außerdem dazu in der Lage sein, die DNS zu reprogrammieren, wodurch ein ganzes Heer an genetisch verursachten Problemen gelöst werden wird.

Zudem wird die Zukunft Technologien bringen, die es euch ermöglichen werden, durch den Einsatz besonderer *klangerzeugender Methoden* tiefgreifende physische Veränderungen am Körper vorzunehmen.

Endlich wird die Wissenschaft beweisen, dass Bewusstsein und Materie verschiedene Ausdrucksformen ein und derselben Sache sind, die durch unterschiedliche Schwingungsgeschwindigkeiten erzeugt werden. An diesem Punkt eurer Zukunft wird die Medizin hoch komplizierte Quantentechnologie mit dem Bewusstsein verschmelzen lassen, um physische Prozesse im Körper zu beeinflussen.

25

Energie entsenden, um die Erde zu heilen

Wenn Menschengruppen Energie »entsenden«, entsteht ein energetisches Dilemma. Teilweise ist dieses Dilemma auf die Tendenz emotionaler Energien zurückzuführen, sich in solchen Situationen zu zerstreuen.

Zunächst sollte gesagt werden, dass man einer anderen Person niemals Energie »schicken« sollte, ohne vorher eine eindeutige Erlaubnis von dieser Person erhalten zu haben. Tut man es doch, verletzt man damit den freien Willen des anderen.

Wenn sich Gruppen von Individuen versammeln, entsteht aus der Summe der Absichten der Einzelpersonen eine *dritte Kraft*. Die Stärke dieser dritten Kraft hängt von der individuellen Klarheit und Fähigkeit der Einzelpersonen ab. Gute Absichten sind nicht ausreichend. Um erfolgreich Energie zu entsenden, ist eine Form von emotionaler und energetischer Meisterschaft erforderlich. Die Schwierigkeiten, die entstehen, wenn sich Gruppen versammeln, um Energie zu entsenden, entstehen also zum Teil auch dadurch, dass die dritte Kraft in den meisten Fällen beeinträchtigt ist.

Stellt euch das folgendermaßen vor: Jede Person ist ein Sender, und das Signal, das sie aussendet, entspringt der emotionalen Energie dieser Person und der geistigen Klarheit hinter der zugrunde liegenden Absicht. Wenn ihr gleichzeitig Absicht und Energie aufbringt, habt ihr Schöpfungskraft.

Wenn aber eines dieser beiden Elemente ins Wanken gerät, nimmt diese Kraft ab. Sie verringert sich. Unserer Erfahrung nach sind die meisten Menschen nicht dazu in der Lage, für einen nennenswerten Zeitraum einen einzelnen Gedanken oder ein einzelnes Gefühl aufzubringen. Sicherlich haben sie das Potenzial dazu, aber ein Potenzial zu haben bedeutet nicht automatisch, eine Fähigkeit zu besitzen. Wenn sich eine Menschengruppe versammelt, um eine Energie zu erzeugen und zu entsenden, wird dabei unserer Erfahrung nach bisweilen der freie Wille von anderen verletzt, weil niemand daran gedacht hat, eine Erlaubnis einzuholen. In ihrem narzisstischen Irrglauben denken sie, dass das Gefühl, ihr Handeln wäre angemessen, ausreichen würde. Und selbst wenn der Empfänger der Energie seine Erlaubnis erteilt hat, sind die meisten Gruppierungen nicht imstande, eine nennenswerte dritte Kraft entstehen zu lassen. Das ist auf die Diskrepanz zwischen der Klarheit der Absicht und die Klarheit der Gefühle zurückzuführen.

Den Wunsch von Individuen, sich zusammenzutun, um eine dritte Kraft zu erzeugen, mit der man etwas bewegen kann, verstehen wir natürlich als einen Akt guter Absicht. Doch etwas zu *sein* ist weitaus besser, als etwas zu entsenden.

Wenn Individuen ihre Absicht in ihrem eigenen Leben fortentwickeln, hat das also eine stärkere energetische Wirkung, als wenn sie sich mit anderen Menschen zu einer Gruppe zusammentun. Denn wenn ihr in einem bestimmten Bewusstseinsbereich lebt, strahlt ihr diesen ganz von selbst ab, was dann direkte Auswirkungen auf die Welt hat. Wenn ihr voller Freude lebt, wenn ihr den Weg zu eurem persönlichen Glück findet, dann wirkt sich das auf die Menschen in eurer Umgebung aus. Ein solcher Zustand verbreitet auf natürliche, organische Weise Freude in der Welt, und das ist weitaus besser, als sich mit anderen zu versammeln, um »Freude« in irgendeinen Teil der Welt oder zu einer Person, die eurer Meinung nach freudlos ist, zu entsenden.

Im Zuge unserer Arbeit haben wir manchmal Menschen, die zusammengekommen waren, dazu veranlasst, einen einheitlichen seelisch-körperlichen Zustand anzunehmen. Für gewöhnlich bezeichnen wir dies als einen Zustand der Wertschätzung oder Dankbarkeit. Situationsabhängig haben wir Gruppen von Individuen hin und wieder gebeten, Wertschätzung und Dankbarkeit zur Erde zu entsenden. Aber das ist etwas anderes, als einer Person oder Personengruppe Energie zu schicken. Beim erstgenannten Vorgang drückt ihr Dankbarkeit und Wertschätzung gegenüber der Erde aus, weil sie euch das Geschenk des Lebens gemacht hat – weil sie euch die Möglichkeit gibt, eine materielle Form anzunehmen und auf einem Planeten zu existieren, auf dem Leben gedeihen kann. Doch Wertschätzung und Dankbarkeit an die Erde zu »entsenden« ist etwas ganz anderes, als etwas oder jemandem Energie aufzuzwingen. Denn dabei handelt es sich um eine Gabe an dieses großartige Wesen, um eine Ehrung.

Das ist etwas ganz anderes, als »Heilenergie« an die Erde zu entsenden. Die Erde braucht eure Heilenergie nicht.

Für die Erde ist es wichtig, dass ihr bewusst auf diesem Planeten lebt. Dass ihr begreift, dass ihr in ihrem Haus der Überflusses Gäste seid. Und dass ihr sie durch eure Lebensweise und die Entscheidungen, die ihr trefft, ehrt. Eure Heilung braucht sie nicht. Der Aufstieg gelingt ihr ganz von allein, mit Hilfe anderer kosmischer Körper. Was sie brauchen könnte, sind ein bisschen Wertschätzung und dass ihr zeigt, dass ihr bewusst lebt.

Auch in dieser Hinsicht verstehen wir das Bedürfnis der Individuen, inmitten dieser gewaltigen Unermesslichkeit etwas zu tun. Die Veränderungen, die ihr gerade durchlauft, sind so unüberschaubar, dass ein Individuum schnell das Gefühl bekommen kann, winzig klein zu sein und keinen Beitrag leisten zu können. Und dann mag es so scheinen, als wäre es eine gute Idee, sich zu Gruppen zusammenzuschließen, um eine bestimmte Eigenschaft, eine Energie oder ein Gefühl zu entsenden. Doch wir möchten euch einen anderen Weg vorschlagen: *Werdet zu dem, was ihr euch für diese Erde und eure Beziehungen zu anderen wünscht.*

26

Der Golf von Mexiko und Erdveränderungen

Seit 2004 sind dem britischen Energieunternehmen BP viele »Unfälle« unterlaufen. Ich habe den Eindruck, dass es sich bei diesen Geschehnissen einfach um die Konsequenzen außer Kontrolle geratener Ambitionen handelt. Wie sieht die Situation heute aus?

Um ganz ehrlich zu sein, sind wir eigentlich nicht geneigt, diese Art von Informationen zu teilen. Wir tun es nur, weil du ganz direkt gefragt hast, Martine, und weil wir hoffen, dass wir damit eine Form von Motivation erzeugen können.

Aber bevor wir ins Detail gehen, möchten wir zunächst einmal darauf hinweisen, dass alle Äußerungen, die wir zu Veränderungen in der Umwelt der Erde treffen, unter der Voraussetzung betrachtet werden sollten, dass alle Vorhersagen auf Wahrscheinlichkeiten beruhen. Es handelt sich nicht um harte Fakten. Jedes zukünftige Ereignis, das vorausgesehen wird, kann verändern werden. Wir schildern also Eindrücke, die aus der Perspektive des aktuellen Zeitpunkts entstanden sind. Die Wahrscheinlichkeit, dass sich unsere Vorhersagen auch in der Realität manifestieren, ist von vielen Faktoren abhängig.

Nun, wo wir das gesagt haben, können wir zur Beantwortung deiner Frage kommen. Die durch die *Deepwater Horizon* verursachte Ölpest hat das Ökosystem im Golf von Mexiko stark beeinträchtigt. Aufgrund unternehmerischer Interessen und geheimer Absprachen der Regierungen wurden die tatsächlichen Geschehnisse und das Ausmaß des Schadens sowie die Verhandlungen, die hinter den Kulissen vor sich gingen, vertuscht. Diverse ökologische Nischen in dieser Region des Meeres haben mit ernst zu nehmenden Problemen zu kämpfen. Es wird Jahrzehnte dauern, bis sie sich erholt haben.

Unter dem Meeresboden befinden sich Erdspalten, die den Kontinentalschelf in dieser Region stark gefährdet haben. Falls, und wir können dieses Wort gar nicht genug betonen, *falls* in dieser Region eine größere geologische Erdveränderung wie beispielsweise ein Erdbeben hoher Stärke auftreten sollte, könnte das den Meeresgrund aufreißen, was schreckliche Konsequenzen für das Wasser in dieser Region und die angrenzenden Landmassen hätte. Ein weiteres mögliches Szenario – und wieder sprechen wir von einer *Möglichkeit,* nicht von einer Tatsache – könnte sein, dass bei Auftreten einer geologischen Veränderung in dieser Region noch mehr Erdgas und Erdöl ins Wasser sickern und den Atlantik durchqueren, wodurch dann auch Europa und Afrika betroffen wären. Dies könnte die thermohaline Zirkulation*, auch als »globales Förderband« bezeichnet, verlangsamen oder sogar ganz zum Stillband bringen. In Hinsicht auf Wetterveränderungen wäre das eine Katastrophe, da es zu einem Abfall der Durchschnittstemperatur kommen würde, was mit großer Wahrscheinlichkeit direkte Auswirkungen auf die Landwirtschaft hätte.

Aber die möglichen Schwierigkeiten im Golf stellen nur einen Bruchteil der Herausforderungen dar, mit denen ihr euch in Bezug auf die Umwelt konfrontiert seht. Zum einen werden die zuneh-

---

* Der Begriff »thermohalin« bezeichnet die Eigenschaft des Meerwassers, durch Temperaturänderungen oder Änderungen des Salzgehalts seine Dichte zu ändern. Sie hält die »thermohaline Zirkulation« in Gang – eine Kombination von Meeresströmungen, die vier der fünf Ozeane miteinander verbindet und einen Kreislauf von globalen Ausmaßen bildet. – *Der Verlag*

menden Sonneneruptionen noch mehrere Jahre lang weitergehen. Diese beeinflussen das Wettergeschehen auf der Erde bereits, und dieser Einfluss wird noch zunehmen. Eure Telekommunikationssysteme sind sehr empfänglich für Sonnenaktivitäten. Auch sie werden unter den Auswirkungen der Sonneneruptionen leiden. Im Augenblick kommt es bereits vermehrt zu heftigen Stürmen, und in der nahen Zukunft werden sie mit einiger Wahrscheinlichkeit noch stärker werden. Außerdem wird es vermehrt zu »Superstürmen« kommen. Genau in diesem Augenblick, während wir euch diese Informationen mitteilen, wurde Australien von einem Zyklon der Klasse fünf getroffen, nur kurz nachdem verheerende Überflutungen bereits großen Schaden in der Region angerichtet hatten. Ein Großteil der USA musste gerade erst einem über dreitausend Kilometer breiten Orkan trotzen, und Europa hat einen der schlimmsten Winter durchstanden, die jemals dokumentiert wurden.

Aus unserer Warte heraus ist die Wahrscheinlichkeit hoch, dass auch weiterhin so viele Stürme dieser Art auftreten. Und wenn sich dieses Szenario bewahrheitet, wird durch die Probleme, mit denen die Landwirtschaft dann zu kämpfen hat, Nahrungsmittelknappheit entstehen. In einigen Regionen der Welt geschieht das bereits, auch wenn eure Medien das Thema noch nicht für sich entdeckt haben. Die Länder, die einen Großteil ihrer Nahrung importieren, sind am verwundbarsten.

Wir sehen auch voraus, dass der Sauerstoffgehalt auf der Welt immer mehr abnehmen wird, falls sich die Wahrscheinlichkeiten nicht ändern. Dieser Umstand ist vor allem durch die Abholzung der Regenwälder und anderer bewaldeter Regionen erzeugt worden, aber auch durch die Mengen an Giftstoffen, mit denen sich die im Ozean beheimateten Sauerstoff produzierenden mikroskopischen Lebensformen konfrontiert sehen.

Darüber hinaus sehen wir das fast unvermeidliche Aussterben vieler Lebensformen, deren Lebensräume durch menschliche Aktivitäten gefährdet oder schlichtweg zerstört werden.

Und schließlich sehen wir, dass ihr mit hoher Wahrscheinlichkeit mindestens eine, vielleicht auch zwei Polverschiebungen erleben werdet. Die erste ist magnetischer Natur, und ihr Anfangsstadium ist bereits erreicht. Der magnetische Nordpol bewegt sich, was auch eure Wissenschaft bestätigt hat. Aller Wahrscheinlichkeit nach wird er sich auf lange Sicht auf eine Position verschieben, die sich nahe der jetzigen Position des Südpols befindet. Dies ist ein Naturphänomen, das mit Veränderungen in der Erde selbst zu tun hat.

Die zweite Form der Polverschiebung ist physikalischer Natur. Der Planet dreht sich auf den Kopf, so dass die Pole (so wie sie jetzt sind) die Seiten wechseln. Falls es dazu kommt, werden zahlreiche Leben ausgelöscht werden, besonders in meernahen Regionen, da ein solches Ereignis starke Tsunamis auslösen und tief liegende Gebiete überfluten würde. Ausgehend von vorherigen Erdveränderungen vermuten wir, dass Regionen, die niedriger als sechshundert Meter über dem Meeresspiegel liegen, am anfälligsten für diese Form von Überflutung sind.

Wenn sich der Magnetpol vollständig verschiebt, wird es unserer Meinung nach eine Gnadenfrist geben, ehe es zu der physikalischen Polverschiebung kommt. Die Dauer dieser Frist ist von vielen Faktoren abhängig – es könnten viele Jahre, aber auch nur wenige Tage sein. Ihr solltet aber wissen, dass diese Vorhersagen aus der Vorgeschichte des Planeten abgeleitet wurden. Doch was im Augenblick mit Mutter Gaia, eurer Erde, geschieht, hat es nie zuvor gegeben – und zwar ihren Aufstieg in höhere Dimensionen des Seins. In vielerlei Hinsicht ist also alles offen.

Wie wir schon sagten, geben wir diese Art von Informationen über Erdveränderungen normalerweise nur widerwillig heraus. Unsere diesbezügliche Zurückhaltung rührt von unserer Beobachtung her, dass es viele Individuen gibt, die an »Endzeit«-Prophezeiungen glauben, und wir wollen durch unsere Aussagen kein *Öl ins Feuer gießen*. Denn so widrig die Umstände auch sein mögen: Situationen können durch die Kräfte des Bewusstseins immer geändert werden. Die Frage ist nur: wie? Und das bringt uns zum Kern unserer Überzeugungen über das menschliche Schicksal.

Erdveränderungen sind nichts Neues. Die Erde war von Anfang an Veränderungen ausgesetzt und wird es auch weiterhin sein. Diese besondere Zeit ist unter anderem deshalb so interessant und fesselnd, weil die Erde als mit einem Bewusstsein ausgestattetes Wesen zu einer höheren Seinsebene aufsteigt. Das Verschwinden bestimmter Lebensformen, ökologischer Systeme und sogar Zivilisationen ist eine bedauerliche Notwendigkeit. Aber all die Systeme, die Lebensformen, darunter auch die menschliche, und die Zivilisationen, die dazu in der Lage sind, für sich und in Zusammenklang mit dem Aufstieg der Erde eine höhere Ebene zu erreichen, werden fortbestehen. Und diejenigen, die nicht dazu in der Lage sind, werden verschwinden. Mit anderen Worten: Wenn ihr die Leiter des Bewusstseins hinaufsteigt, bewegt ihr euch immer auch gemeinsam mit Gaia nach oben. Eine neue Welt wird entstehen, die sich grundlegend von allem euch Bekannten unterscheidet.

Diese Welt wird direkt vor euren Augen hervorgebracht, und ihr befindet euch buchstäblich und im übertragenen Sinn inmitten dieser Geburt.

Wir raten euch dazu, euch nicht so viele Sorgen wegen der Erdveränderungen zu machen und auch nicht darüber, was eure Mitmenschen eurer Meinung nach an sich selbst ändern sollten. Richtet eure Aufmerksamkeit lieber darauf, euer eigenes Leben aufwärts gerichtet zu leben. Denn die bittere Wahrheit lautet: Ihr könnt nur euch selbst ändern.

Zumindest für euch selbst seid ihr das Zünglein an der Waage – und zwar in dem Ausmaß, in dem ihr aufsteigt und ein von Beschränkungen befreites Leben führt, ein Leben, das durch einen Akt der reinen individuellen Wissenskraft freudvoller wird. Und je mehr von euch so leben, desto eher wird eine Welle der Veränderung aufkommen. Sie wird durch individuelle Personen entstehen, die ihr Leben unter Bezugnahme auf sich selbst leben – die in ihrem eigenen Leben den Weg finden, der nach oben führt.

Schlussendlich seid ihr weder euer Körper noch rein menschlich. Ihr seid eine Seele, die eine menschliche Erfahrung durchlebt, und euer Sein transzendiert Zeit und Raum. Ironischerweise seid ihr vom Wesen her unendlich, lebt aber in einer endlichen, begrenzten Realität.

Es ist ganz ähnlich wie mit der Herstellung von Diamanten: Die Kohle wird komprimiert, und durch diesen Druck wird sie in einen Diamanten verwandelt. Und obwohl das nur eine Metapher ist, steckt doch Wahrheit in dieser Analogie.

Was auch immer der Welt und dem Leben auf ihr widerfährt: Ihr seid hier, an diesem Ort und zu dieser Zeit, um unter dem Druck der Existenz Diamanten zu erzeugen.

Ihr seid auf dieser Welt, um Diamanten der Einsicht und des Verstehens hervorzubringen, die auf eurer Reise durch die Erderfahrung entstehen. Diese Diamanten werden ein Teil der unermesslichen interdimensionalen Realität, die ihr in andere Welten, in andere Reiche des Seins mitnehmt. Sie sind ein Geschenk, das ihr während eurer Zeit hier auf der Erde erhaltet.

27

Die Kunst, Zeitlinien
zu springen

Manchen mag es paradox erscheinen, aber eure Zeitlinie – euer Leben – ist nur eine von vielen gleichzeitigen Möglichkeiten. Und es ist sehr wohl möglich, ja es gehört sogar zu eurem Geburtsrecht, eure Zeitlinie und die Potenziale eures Lebens zu verändern.

Eure Kultur hat euch aus verschiedenen Gründen hypnotisiert, so dass ihr glaubt, ihr wäret auf eine einzige Zeitlinie beschränkt. In dieser Botschaft möchten wir euch erklären, wie wir die Zeitlinien verstehen und wie ihr sie verändern könnt.

Jedes Mal, wenn es zu einem vermehrten Auftreten chaotischer Ereignisse kommt, findet eine Konvergenz einer Vielzahl von Zeitlinien statt. Da euer Planet in einen Chaotischen Knoten eingetreten ist und Chaos in ständig wachsendem Ausmaß erfährt, gibt es auch eine Zunahme dessen, was wir *Zeitknoten* nennen.

Zeitknoten treten auf, wenn zwei oder mehr Zeitlinien zusammenlaufen. Als Resultat der Nähe zwischen diesen Zeitlinien treten manchmal *Oszillationseffekte* auf, wenn die Realitäten einer Zeitlinie *durchsickern* oder von den Menschen auf der benachbarten Zeitlinie psychisch wahrgenommen werden. Starke Zeitlinien können buchstäblich Möglichkeiten und/oder Wahrscheinlichkeiten einer anderen Zeitlinie innerhalb eines Zeitknotens beeinflussen. Mit anderen Worten: Häufig kommt es in Zeitlinien zu schöpferischen und neuen Effekten, wenn sie in einen Zeitknoten eintreten (also in die Nähe anderer Zeitlinien geraten).

Dabei handelt es sich um evolutionäre Impulse, die es euch ermöglichen, eure Entwicklung enorm zu beschleunigen, wenn ihr versteht, wie ihr diese Zeitknoten nutzen könnt. Aufgrund der flüchtigen Natur der Ereignisse auf eurem Planeten, tauchen gegenwärtig zahlreiche Zeitknoten auf. Das ist eine ziemlich komplexe Angelegenheit, und wir möchten sie euch in allen Einzelheiten erläutern, weil wir glauben, dass diese Informationen von entscheidender Bedeutung für all jene sind, die sich in einem Aufstiegsprozess befinden, und weil dieses Wissen für euch schlichtweg überlebenswichtig ist. Befassen wir uns zunächst mit den großen Zusammenhängen. Im Anschluss daran werden wir euch individuelle Strategien vorschlagen.

Hintergrund

Eurem Planeten steht eine völlige Verwandlung unmittelbar bevor. Diese Transformation findet auf vielen Ebenen statt, und es hängt von euch – als Kollektiv – ab, wie diese Entwicklung verläuft.

In einigen dieser möglichen Zeitlinien erfüllen sich die Prophezeiungen planetarer Zerstörung und Reinigung. In anderen Zeitlinien, anderen Ausdrucksformen eures Seins, verläuft die Entwicklung ganz anders.

Eine plötzliche, unerwartete Veränderung im menschlichen Bewusstsein könnte die Kontrolleure, die einen so negativen Einfluss auf euer Schicksal ausgeübt haben, in die Knie zwingen. Und zwischen diesen beiden Polaritäten gibt es noch Hunderte von anderen möglichen Zeitlinien. Es gibt in eurer Gesellschaft Gruppen, die ein starkes Interesse daran haben, eure Hypnose aufrechtzuerhalten und euch auch weiterhin glauben zu machen, ihr wäret auf eine einzige Zeitlinie, eine einzige Lebenserfahrung beschränkt.

Doch ihr verfügt über die natürliche Fähigkeit, sogar noch bis zum letzten Augenblick eines Ereignisses Zeitlinien zu wechseln und Wahrscheinlichkeiten zu verändern – sei es persönlich oder kollektiv. Wir sagen das nicht, um »positiv« zu sein und euch Mut zu machen, es handelt sich um eine nüchterne Feststellung eures Potenzials. Ob ihr kollektiv in der Lage sein werdet, dieses Potenzial zu nutzen, muss sich erst noch zeigen. Aber der Pfad des Eingeweihten besteht darin, stets nach dem höchsten Potenzial zu streben, ungeachtet dessen, was rings um ihn oder sie geschehen mag. Daher werden wir in dieser Botschaft erklären, was ihr tun könnt und wie.

So wie wir es sehen, setzt sich eure kollektive Bestimmung aus der Summe der individuellen Entscheidungen zusammen, die jeder Einzelne von euch trifft. Sie wirken in Kombination mit evolutionären und terrestrischen Kräften, die sich vollständig eurer Kontrolle entziehen. Auch sind daran kosmische Energiemuster und Absichten beteiligt, die aus Gebieten außerhalb eures Sonnensystems kommen, denn ihr seid Teil jener komplexen kosmischen Matrix, die euer Universum ist.

Um es metaphorisch auszudrücken, könnte man sagen, dass ihr, als Menschheit, euch auf einem großen Ozeandampfer befindet. Aber viele von euch schlafen, und jemand steht am Steuer des Schiffes, der dort gar nicht sein sollte. Aus vielen historischen und auch aus transhistorischen Gründen, auf die wir hier nicht näher eingehen wollen, haben bereits mancherlei Wesen euer Schiff befehligt.

Aber wie sich nun die Zeiten ändern! Immer mehr von euch wachen auf. Allerdings taumeln einige, lediglich halbwach, über das Deck und sehen, wie sich der Sturm eurer sich dramatisch verändernden Welt über ihnen zusammenbraut. Die Kontrolleure wissen, dass viele von euch aufwachen – und dass es so viele sind und ständig mehr werden, gefällt ihnen ganz und gar nicht.

Ihr lebt wirklich in interessanten Zeiten!

Die momentane ökologische Situation am Golf von Mexiko ist ein Beispiel für multiple Zeitlinien. Trotz der Versuche eurer Massenmedien, die Lage herunterzuspielen, spüren viele von euch, wie düster sie in Wahrheit ist, und in der Tat gibt es in der Golfregion Komplikationen, die sich, buchstäblich und im übertragenen Sinne, unter der Oberfläche abspielen.

In unserer vorherigen Botschaft sind wir auf mehrere mögliche Zeitlinien für dieses Ereignis eingegangen. Welche dieser möglichen Zeitlinien sich in eurer dreidimensionalen Realität entfalten wird, ist weder in Ölschlamm noch in Stein geschrieben, sondern unterliegt durchaus eurer Einflussmöglichkeit. In dieser Botschaft möchten wir erläutern, wie ihr, als Individuen, von einem Augenblick zum anderen in eine andere Zeitlinie und somit ein anderes Schicksal wechseln könnt. Das lässt sich letztlich auf eure gesamte Zivilisation übertragen, die ebenfalls in andere Zeitlinien wechseln kann, aber das ist ein Thema, mit dem wir uns zu einem späteren Zeitpunkt befassen werden.

Jetzt wollen wir unsere Aufmerksamkeit erst einmal euch zuwenden, den Einzelmenschen, und euch erläutern, wie ihr aus einer katastrophalen Zeitlinie – einem Resultat, das ihr euch nicht wünscht – zu einer Zeitlinie wechseln könnt, die angenehmer, lebensfreundlicher und reich an evolutionärem Potenzial ist.

Der Vollständigkeit halber sei gesagt, dass es technologische Methoden gibt, Zeitlinien zu wechseln, aber die Informationen, die wir euch hier geben, befassen sich mit dem menschlichen Bewusstsein und damit, wie ihr, durch die Macht eurer eigenen Bewusstheit und Absicht, Zeitlinien wechseln könnt. Für dieses Unterfangen verfügt ihr von Natur aus bereits über zwei der größten Schätze – *euren souveränen Willen* (um Entscheidungen zu treffen) und *eure Fähigkeit zu fühlen*. Wenn ihr diese beiden Schätze in richtiger Weise kombiniert, wird euch das in die Lage versetzen, ganz nach Wunsch von einer Zeitlinie in eine andere zu springen. Ihr seid dann Mitschöpfer eurer Realität und nicht Bauern, die auf einem Schachbrett herumgeschoben werden.

Das Fundamentale Prinzip

Das fundamentale Prinzip für das Wechseln von Zeitlinien besteht darin, einige bedeutsame intentionale Felder zu koordinieren.

1. Ihr identifiziert die Zeitlinie, in die ihr wechseln wollt.
2. Ihr passt euren Schwingungszustand an sie an.
3. Ihr stabilisiert diesen Schwingungszustand, so dass er keinen Schwankungen unterliegt.
4. Ihr führt eine Handlung aus, die ein Ausdruck der neuen Zeitlinie ist.
5. Ihr behaltet euren neuen Fokus beharrlich bei.

In diesem fünften Stadium geht es darum, den Schwingungszustand der neuen Zeitlinie, die ihr gewählt habt, aufrechtzuerhalten und Entscheidungen zu treffen, die im Einklang mit der neuen Zeitlinie stehen, und diesen Fokus beharrlich aufrechtzuerhalten, auch wenn eure Sinne euch Informationen liefern, die im Widerspruch dazu stehen.

Diese letzte Phase der Beharrlichkeit ist wichtig, weil eure gegenwärtige Zeitlinie eine Akkumulation eurer Überzeugungen und Absichten ist. Je nachdem, wie stark diese Überzeugungen und Absichten sind, müsst ihr eine riesige Menge Energie akkumulieren, um das feste Muster eures bisherigen Lebens zu überwinden.

Die Informationen, die wir euch hier geben, könnt ihr auf jede Zeitlinie, jede Form des Lebensausdrucks anwenden, selbst auf die alltäglichsten Situationen. In dieser Botschaft werden wir diese Methode zum Wechseln der Zeitlinie vor allem im Hinblick auf den Aufstiegsprozess erörtern und euch erklären, wie ihr in Zeitlinien überwechseln könnt, die anders sind als die Zeitlinie der Kultur, in der ihr gegenwärtig lebt.

Für manche ist das eine revolutionäre Idee, aber für uns ist es einfach eine wahre Aussage über eure Natur. Ihr seid Schöpfergötter und -göttinnen, und es handelt sich bei dem, worüber wir euch hier informieren, einfach um natürliche Rechte und Freiheiten, die euch von Geburt an zustehen. Wir erinnern euch gerade jetzt daran, weil wir erwarten und hoffen, dass viele von euch die Zeitlinie wechseln, den Kurs ihres Schiffes ändern und es in sichere, angenehme Gewässer steuern.

Nun genug der Metaphern – schauen wir uns in der Praxis an, wie ihr Zeitlinien wechseln könnt.

AUFSTIEG

Aus unserer Perspektive wird bei eurem Aufstiegsprozess euer zweiter Körper, euer KA, energetisiert, so dass er höher schwingt und mehr Licht emittiert. Dadurch entwickelt er sich schließlich zum SAHU, dem unsterblichen Energiekörper. Es gibt viele Möglichkeiten, die Schwingung des KA anzuheben. Eure spirituellen Traditionen haben jeweils ihre eigenen Methoden, eure Schwingungen anzuheben. Leider sind viele davon durch Dogmen, Tabus und störende Muster belastet. Bei diesen störenden Mustern handelt es sich um Gedankenformen, deren Urheber nicht wollen, dass ihr frei werdet, weil sie von eurer Unfreiheit profitieren.

Leider müssen wir euch sagen, dass manche eurer spirituellen Traditionen – das gilt besonders für eure Religionen – heimtückische Fallen sind, und der spirituelle Aufstieg wird euch nur gelingen, wenn ihr lernt, die Wahrheit von der Falschheit zu unterscheiden. Diese Aufgabe könnt ihr nur selbst bewältigen, denn sie ist eine der Voraussetzungen für Meisterschaft. Dies ist eine Linie im Sand des Bewusstseins für jene, die den Aufstieg ihres eigenen Seins gewählt haben. Sie werden zu Meistern der Wahrheit, die nicht davor zurückscheuen, die Realität klar von der Falschheit zu trennen. Sie befreien sich aus der Sklaverei der Dogmen. Sie verneigen sich vor niemandem, nur vor ihrer eigenen Göttlichkeit.

Vom energetischen Standpunkt aus betrachtet beginnt der Aufstiegsprozess, wenn eure Lebenskraft, von den alten Ägyptern *Sekhem* genannt, ihren Aufstieg durch den *Djed* beginnt, den heiligen Pfad der Chakras. Das ist der Aufstieg in seiner einfachsten Form. Es ist eine Erweiterung des Bewusstseins und der Bewusstheit.

Wenn eure Lebenskraft in eure höheren Hirnzentren eintritt und euer KA-Körper energetisiert wird, beginnt für euch eine andere Phase des Aufstiegs. In dieser Phase fangt ihr an, unmittelbar Licht zu verstoffwechseln. Mit Licht meinen wir spirituelles Licht, ein Licht, das auf den spirituellen Ebenen existiert. Dieses Licht nährt den KA-Körper und erhöht seine Schwingung. Wenn der KA-Körper eine bestimmte Schwingungsfrequenz erreicht und es euch gelingt, diese Frequenz zu stabilisieren, entzündet sich im KA ein ätherisches Feuer, wodurch er sich in SAHU verwandelt, den »Unsterblichen Energiekörper«. Das könnte man als eines der finalen Stadien dieser besonderen Form des Aufstiegs betrachten. Aber wir möchten euch sehr deutlich darauf hinweisen, dass jede Aufwärtsbewegung des Bewusstseins und jedes Aufsteigen der Lebenskraft durch den *Djed*, ungeachtet der verwendeten Methode, Teil des Aufstiegsprozesses ist.

Wir werden nun einige grundlegende Konzepte und Trainingsstrategien erörtern und euch damit eine einfache Methode zum Wechseln von Zeitlinien an die Hand geben. Dann werden wir unsere Aufmerksamkeit der Frage zuwenden, wie ihr eine neue Wahrscheinlichkeit für euch erschaffen könnt, selbst wenn ihr anscheinend gerade in großen Schwierigkeiten steckt. Und, was am wichtigsten ist, wir werden euch eine wichtige evolutionäre Chance aufzeigen, die in eurem gegenwärtigen Zeitknoten existiert.

Zu den Aufgaben, die ihr als Erstes bewältigen müsst, wenn ihr in eine andere Zeitlinie hinüberspringen wollt, zählt es, eure Angst zu überwinden. Die meisten Menschen fürchten sich vor dem Unbekannten, aber es ist hierbei noch ein anderes, sehr heimtückisches Element im Spiel. Die Kontrolleure, jene, die euer Schicksal beherrschen und davon profitieren wollen, sind

Meister darin, Ängste zu projizieren. Sie setzen enorme Ressourcen an Bewusstseinskontrolle und Hypnose ein, um den Menschen mit Hilfe der Massenmedien einzuimpfen, dass es sehr viel gibt, wovor ihr euch fürchten solltet. Offen gesagt sind eure Ängste zum Teil wirklich nicht unbegründet, doch die höhere Wahrheit wird euch verschwiegen.

Die höhere Wahrheit, wie wir sie sehen, besteht in eurer Fähigkeit, eure Realität zu verändern. Zu diesem Zweck verfügt ihr über zwei euch angeborene Schätze, nämlich *euren souveränen Willen* und *die Fähigkeit zu fühlen*. Das ermöglicht es euch, in neue Zeitlinien zu wechseln. Darauf wollen wir nun genauer eingehen.

Die Art von Aufstieg, mit dem wir uns hier befassen wollen, beginnt also damit, dass eure Lebenskraft entlang des *Djed*, oder der Wirbelsäule, aufsteigt und eure höheren Hirnzentren erreicht. Indem das geschieht, werden die Energieräder in eurem KA-Körper, die sogenannten Chakras, auf neue Art aktiviert. Dadurch erhaltet ihr Zugang zu neuen Möglichkeiten, neuen Erkenntnissen, neuen Formen der Inspiration und schöpferischen Entfaltung. Doch wenn das Bewusstsein durch Angst blockiert ist, bleibt es in den unteren Energiezentren gefangen, wo die Impulse um das Überleben, um Sex und Macht kreisen.

Aus verschiedenen historischen und transhistorischen Gründen gibt es nun, wie bereits erwähnt, eine geheime, schon lange Zeit bestehende Übereinkunft, die Menschheit auf der Ebene der unteren Energiezentren zu halten, um durch das Schüren von Ängsten ihr Schicksal zu kontrollieren. Daher muss jeder Meister, der den Pfad des Aufstiegs gewählt hat, als eine der ersten Hürden *das Tal der Furcht* durchqueren – jenen Bereich, wo sich die projizierten Gedankenformen der eigenen Kultur befinden. Danach müsst ihr das Tor in die Freiheit durchschreiten und die Lügen und falschen Begrenzungen hinter euch lassen, die euch sogar noch von euren heiligsten Religionen eingeredet wurden.

Aber nehmen wir an, ihr besitzt den Mut und die seelische Stärke für ein solches Unterfangen, und nehmen wir weiter an, um des Beispiels willen, dass ihr in eine Zeitlinie hinüberspringen wollt, die angenehm ist und sich durch liebevolle Güte auszeichnet. Hier sagen wir euch, wie das gemacht wird, wobei diese Regeln sich auf jede Zeitlinie anwenden lassen, die ihr für euch erschaffen wollt.

Vorbereitung und Training

Der erste Schritt besteht darin, die Zeitlinie zu identifizieren, die ihr erschaffen wollt, um künftig darin zu leben. In diesem Fall handelt es sich um eine Zeitlinie liebevoller Güte.

Der zweite Schritt besteht darin, sich in den Schwingungszustand zu versetzen, der zu dieser Zeitlinie passt. In diesem Fall handelt es sich dabei um den *Gefühlszustand liebevoller Güte.* Ihr solltet so viel Zeit wie irgend möglich in diesem Zustand verbringen. Damit meinen wir, dass ihr gegenüber euch selbst und anderen liebevolle Güte zeigen sollt.

Der dritte Schritt besteht darin, dieses Schwingungsfeld zu stabilisieren, so dass ihr es dauerhaft aufrechterhalten könnt. Das ist beim Wechseln der Zeitlinie ein wichtiger Aspekt, weil der alte Schwingungszustand ein Eigenleben hat. Dass ihr euch dafür entschieden habt, eine neue Zeitlinie zu erschaffen, und in einen Schwingungszustand eingetreten seid, der zu dieser Zeitlinie passt, ist keine Garantie dafür, dass die Zeitlinie sich manifestiert oder stabil bleibt. Ihr müsst das Schwingungsfeld dauerhaft stabilisieren, nur dann werdet ihr auch dauerhaft Zugang zu der neuen Zeitlinie haben.

Für die ersten beiden Schritte macht ihr von eurem souveränen Willen Gebrauch. Ihr wählt eine Zeitlinie aus, die ihr erfahren wollt. Ihr wählt einen Schwingungszustand, der zu dieser Zeitlinie passt. Und beim dritten Schritt – um den Schwingungszustand dauerhaft zu stabilisieren – macht ihr vom zweiten Schatz eurer Natur Gebrauch: eurer Fähigkeit zu fühlen.

Um den Schwingungszustand *fühlen* zu können, in den ihr euch versetzen wollt, müsst ihr ihn verstärken und intensivieren. Und wenn ihr außerdem einen emotionalen Zustand hinzufügt, zum Beispiel Wertschätzung oder Dankbarkeit für die Schwingungsrealität, beschleunigt ihr damit die Geburt des neuen Schwingungszustands.

Diese einfache Handlung, die neue Zeitlinie wertzuschätzen und Dankbarkeit für sie zu empfinden, ist ein geradezu atemberaubender Katalysator für ihre Verwirklichung. So werden die zwei Schätze eurer Natur in diesen drei Schritten miteinander verknüpft. Für den nächsten Schritt benötigt ihr wieder euren souveränen Willen. Ihr müsst nun hartnäckig die Vision eurer neuen Zeitlinie und des dementsprechenden Schwingungszustandes aufrechterhalten, ungeachtet dessen, was eure Sinne euch sagen. Daran scheitern viele.

Für die Manifestation einer neuen Zeitlinie in eurer dreidimensionalen Realität ist die Akkumulation von Energie erforderlich. Wenn ihr hartnäckig an der Vision der neuen Zeitlinie festhaltet, mit dem Schwingungsfeld (Gefühl) und der Dankbarkeit dafür, dass die neue Realität bereits existiert, werdet ihr Energie akkumulieren.

Die Kunst besteht hierbei darin, eurer Vision treu zu bleiben, während ihr aufmerksam darauf achtet, was eure momentane Realität euch zeigt. Es geht nicht darum, etwas vorzugeben, was nicht wirklich da ist. *Es geht darum, euch der Realität zu stellen, wie sie sich euch präsentiert, während ihr gleichzeitig eine höhere Vision aufrechterhaltet.* Mit anderen Worten, ihr kümmert euch um die Realitäten eures Lebens, während ihr gleichzeitig an der Vision eines anderen Lebens festhaltet. Das ist die Kunst.

Um bei unserem Beispiel zu bleiben: Wenn ihr den Wunsch hegt, ein Leben zu erschaffen, das reicher an liebevoller Güte ist, könnt ihr euch in diesen Schwingungszustand versetzen, indem ihr andere Menschen gütig und liebevoll behandelt. Wenn ihr außerdem Dankbarkeit für diesen Schwingungszustand empfindet, beschleunigt das die Erschaffung der neuen Zeitlinie.

In der Realität wird es eine Phase geben, in der ihr erkennt, dass nicht alle Menschen zur liebevollen Güte fähig sind oder dazu, von euch das Geschenk liebevoller Güte anzunehmen. Eure Vision wird dadurch feiner auf die Realitäten des Lebens abgestimmt, und diese Reifung eures Bewusstseins wird sich ganz natürlich vollziehen, indem ihr euch bewusst um die Erfordernisse eurer momentanen Zeitlinie kümmert, während sich gleichzeitig die neue Zeitlinie immer mehr manifestiert.

Ein Resultat dieser Vorgehensweise wird sein, dass ihr Meister der liebevollen Güte werdet und Meister im Umgang mit jenen Menschen, die nicht in der Lage sind, solche Schwingungszustände zum Ausdruck zu bringen. Schließlich werdet ihr ein Leben mit mehr liebevoller Güte erfahren, in dem mehr Menschen diese Qualität euch gegenüber zum Ausdruck bringen und ihr sie ihnen gegenüber. Und wenn euch jemand begegnet, der nicht in der Lage ist, diese Qualität zu zeigen, werdet ihr besser fähig sein, mit ihm oder ihr angemessen umzugehen, ohne eurerseits diese Qualität zu verlieren.

So solltet ihr vorgehen, wenn ihr euch eine neue Zeitlinie und eine neue Realität erschaffen wollt.

Wenden wir uns nun der kollektiven Zeitlinie zu.

Wie bereits erwähnt, handelt es sich bei Zeitknoten um Verbindungsstellen, an denen mehrere Zeitlinien zusammenlaufen, und ihr könnt dort von einer Zeitlinie zu einer anderen springen, wenn ihr wisst, wie man das macht. Eben haben wir euch das Grundprinzip erklärt, wie es bei individuellen Zeitlinien funktioniert. Nun wollen wir erörtern, wie ihr in eine andere Zeitlinie springen könnt, die sich von jener der Gesellschaft, in der ihr lebt, unterscheidet.

Auch wenn euch das paradox erscheinen mag, ist es durchaus möglich, individuell in einer anderen Zeitlinie zu leben und andere Erfahrungen zu machen als die Menschen um euch herum.

Anders ausgedrückt ist es durchaus möglich, im Himmel zu leben, während andere Qualen erleiden. Auf den tiefsten

Ebenen des Bewusstseins ist das einfach eine Frage der persönlichen Entscheidung.

Selbstverständlich sind wir uns bewusst, dass ihr von Kräften manipuliert wurdet und noch immer werdet, die den Wunsch haben, euch in Unfreiheit zu halten. Aber es ist unsere Absicht, euch mit dieser Botschaft einen Schlüssel an die Hand zu geben, mit dem ihr euch aus dieser Gefangenschaft befreien könnt. Dafür ist es nicht nötig, näher auf die Geschichte dieser Unterdrückung einzugehen oder euch die Identitäten der Verantwortlichen zu enthüllen. Die wahren Kontrolleure sind für euch ohnehin unsichtbar. *Sie ziehen im Hintergrund wie Puppenspieler an den Fäden.*

Jetzt, wo die chaotischen Ereignisse immer stärker eskalieren, werden sich für euch viele Gelegenheiten ergeben, in andere Zeitlinien zu wechseln. Prägt euch daher die von uns beschriebenen Schritte gut ein. Erprobt die Methode, indem ihr ein Experiment durchführt. Wählt etwas aus, von dem ihr euch wünscht, dass es in eurem Leben reale Gestalt annehmen soll. Benutzt dann die geschilderte Methode und beobachtet, was ihr auf diese Weise erschaffen könnt.

Physisches und spirituelles Überleben

Der eigentliche Grund für diese Botschaft geht weit über das Verwirklichen persönlicher Wünsche hinaus. Es geht schlichtweg um euer Überleben, physisch und spirituell.

Wegen der Eskalation chaotischer Ereignisse wird die Intuition für euch wichtiger werden als jemals zuvor. Manche Leute nennen es »Vorahnungen«. Ohne zu wissen, woher dieses Wissen kommt, wisst ihr in einer Situation plötzlich, was zu tun ist.

So arbeitet die Intuition. In solchen Momenten der Intuition befindet ihr euch an einer Verbindungsstelle - einem Zeitknoten. Dort könnt ihr in eine andere Zeitlinie und zu einem anderen Resultat hinüberspringen.

Diese Steigerung der intuitiven Wahrnehmung gehört zu den Kennzeichen des persönlichen Aufstiegs, der Aufwärtsbewegung eures Bewusstseins. Und dass eine besser entwickelte Intuition euch Überlebensvorteile bringt, ist offensichtlich.

Wir haben eben etwas gesagt, dass manchen Menschen paradox erscheinen mag. Wir sagten, dass die Fähigkeit, Zeitlinien zu wechseln, physische und spirituelle Überlebensvorteile bietet.

Damit meinen wir, dass die Fähigkeit, in eine andere Zeitlinie zu springen, euch in bestimmten Situationen das physische Leben retten kann. Und mit spirituellem Überleben meinen wir, dass es Gefahren für euer spirituelles Erwachen gibt. Wenn ihr eure eigene Wahrheit aus den Augen verliert, wenn ihr die zwei Schätze verliert, die Teil eurer Natur sind – dann seid ihr spirituell in Gefahr. Achtet darauf, immer in Kontakt zu diesen inneren Schätzen zu bleiben. Je mehr die chaotischen Ereignisse zunehmen – und das wird geschehen, denn ihr erlebt gerade die Geburt einer neuen Welt –, desto mehr werden die Kontrolleure ihre Bemühungen verstärken. Seid auf der Hut vor Bewusstseinsmanipulationen und allen Gedankenformen, die auf eine Beschränkung eures souveränen Willens und eurer Fähigkeit zu fühlen abzielen, aus welcher Quelle diese Manipulationsversuche auch kommen mögen – und sei es aus einer eurer »heiligen« Religionen.

Eine Gedankenform mag im Gewand der Religiosität oder der politischen Korrektheit daherkommen – wenn sie eure souveräne Entscheidungsfreiheit einengt oder eure Fähigkeit zu fühlen, dann solltet ihr sie meiden. Das ist unerlässlich für diejenigen, die diese Zeit des Übergangs spirituell intakt überleben wollen.

DIE KONVERGENZ VON ZEITLINIEN UND DIE ÄNDERUNG VON WAHRSCHEINLICHKEITEN

Wenden wir unsere Aufmerksamkeit nun dem Hauptgrund für diese Botschaft zu. Bei allem, was wir bis zu diesem Punkt gesagt

haben, handelt es sich um Hintergrundwissen und Handlungs-
empfehlungen, die ihr benötigt, um euer Bewusstsein für den
Sprung zwischen zwei Zeitlinien zu trainieren.

Jetzt werden wir uns mit zwei hoch bedeutsamen Zeitlinien befassen, die unabhängig von euren eigenen Schöpfungen existieren.
Sie gehören einer anderen Existenzordnung an. Sie wurden nicht
aufgrund eurer persönlichen Entscheidungen erschaffen. Und sie
stehen in diametralem Gegensatz zueinander.

Ihr existiert, wie wir schon bei zahlreichen Anlässen gesagt haben, gleichzeitig in einer Anzahl von Zeitlinien und Wahrscheinlichkeiten. Eine der Zeitlinien, in denen ihr und die Menschheit
gegenwärtig lebt, ist eine Erfüllung der Untergangsprophezeiungen
von weltweiter Zerstörung. Das ist eine sehr reale Zeitlinie. Aber
es ist dennoch nur eine mögliche Zeitlinie. Ihr befindet euch an
einem Konvergenzpunkt, einem Zeitknoten, wo es möglich ist, von
den Weltuntergangs-Wahrscheinlichkeiten hinüberzuspringen auf
eine Erde neuer Art und in eine neue Existenzordnung.

Bei dieser Zeitlinie, die wir die *Neue Erde* nennen, handelt es sich
um eine ganz andere Erfahrungsdimension als eure jetzige Realität.
In dieser Zeitlinie wird die Erde vom Großteil der Menschheit zutiefst wertgeschätzt und mit Respekt und Dankbarkeit behandelt,
und die Menschen wissen um die Verbundenheit allen Lebens.

Hier wird die Erde nicht aus Profitinteressen geplündert und
ausgebeutet – zum Schaden ihres Ökosystems. Eure Technologien
wurden durch den Aufstieg des menschlichen Bewusstseins transformiert. Die lebensbedrohlichen Technologien und lebensfeindlichen
Denkmuster eurer heutigen Ära gibt es nicht mehr. Kriege gehören
der Vergangenheit an. Die Kontrolleure, die in der Vergangenheit
Religionen, Ökonomie und internationale Politik manipulierten
und dadurch einen negativen Einfluss auf euer Schicksal ausübten,
haben ihre Macht über euch verloren. Das Leben selbst wird als
heilig betrachtet, und die Menschheit öffnet sich für ein neues
Verständnis der Heiligkeit aller Materie. In dieser neuen Welt gibt
es keinen Krieg zwischen Himmel und Erde.

Wir könnten noch mehr über diese Zeitlinie sagen, aber wir hoffen, dass wir euch einen Eindruck vermitteln konnten, welcher Unterschied zwischen dieser Zeitlinie und jener anderen besteht, die letztlich zu Untergang und Zerstörung führt.

Da ist noch etwas, das wir euch über diese Zeitlinie der Neuen Erde sagen möchten. Es ist eine Eigenschaft, die wir besonders wertschätzen. In dieser neuen Zeitlinie sind die Schleier zwischen den Welten dünn, und es findet ein größerer Austausch zwischen den Menschen und intergalaktischen Wesen statt – solchen wie wir, aber auch mit dem, was man die devischen und spirituellen Welten nennen könnte.

An dieser Stelle möchten wir betonen, dass es nicht unsere Absicht ist, euch zu beeinflussen, denn wir glauben an die Nichteinmischung. Wir werden immer euren freien Willen respektieren. Jedoch gehört es zu unserer Freiheit, euch unsere Sicht der Dinge mitzuteilen.

Im alten Ägypten gab es eine Göttin namens Maat, die eine Waage trug. Nach dem Tod wurde das Herz des Initianten in die eine Waagschale gelegt und eine Feder in die andere. Wenn das Herz *so leicht wie die Feder* war, erhielt der Initiant Zutritt zu den himmlischen Welten – womit in diesem Fall höhere Bewusstseinszustände gemeint sind. War das Herz hingegen schwer vor Negativität, Reue und Sorge, wurde der Initiant abgewiesen und musste in die unteren Welten zurückkehren.

Auf sehr reale Weise tritt heute die Menschheit vor Maat hin. Jeder Mensch, der an die Zeitlinie von Untergang, Zerstörung und Schrecken glaubt, wird zur Realität dieser Zeitlinie beitragen. Alle, die die Zeitlinie der Neuen Erde *für ebenso real halten*, werden zur Realität dieser positiven Zeitlinie beitragen.

Ihr seid in dieser Situation nicht machtlos. In eurem Wesen verfügt ihr über die Macht, radikale Veränderungen für euch selbst und den gesamten Planeten herbeizuführen – besonders aber für die Menschheit. Wenn diese Zeitlinie der Neuen Erde eine positive Resonanz in euch auslöst und wenn ihr euch dafür entscheidet, in dieser neuen Seinsordnung zu leben, werft ihr sozusagen euer Gewicht in die Waagschale und tragt dazu bei, dass die Waage sich in diese Richtung neigt.

Wir möchten etwas wiederholen, das wir schon früher gesagt haben, denn es ist von entscheidender Bedeutung. Es ist für euch möglich, im Himmel zu leben, während die Menschen um euch herum Qualen erleiden. Das hat weniger mit eurem Aufenthaltsort in Zeit und Raum zu tun als mit eurem Schwingungszustand.

Wenn ihr fühlt, dass das, was wir sagen, wahr ist, und ihr euch für diese Neue Erde entscheidet, dann heißen wir euch in einer neuen Zeitlinie und einem neuen Schicksal willkommen.

Wir schlagen vor, dass ihr die Schritte zum Wechseln von Zeitlinien, die wir euch vorgestellt haben, nun praktisch erprobt und mit dem großen Experiment beginnt. Springt hinüber in die Zeitlinie der Neuen Erde und seid bereit für die Wunder, die dort auf euch warten.

Ein letzter Rat: Lauscht auf das, was die Erde euch sagt. Öffnet euch für ihre Liebkosungen, für ihr tiefstes Wissen und ihre Weisheit. Sie wird euch während der Veränderungen, die nun bevorstehen, eine wundervolle Verbündete sein.

In zukünftigen Botschaften werden wir euch weitere Informationen über die Neue Erde und das Springen von einer Zeitlinie zur anderen geben. Doch einstweilen hoffen wir, dass ihr jetzt über das erforderliche Grundwissen verfügt, um in bessere Zeitlinien wechseln zu können.

Selbst inmitten der großen Schwierigkeiten, mit denen ihr nun konfrontiert seid, erhalten wir für euch, die menschliche Familie, stets eine höhere Vision aufrecht. Wir sehen eure verborgene Größe, auch wenn ihr sie vielleicht selbst nicht sehen könnt. In dieser dunklen Stunde sind wir für euch ein Licht am Weg. Dieses Licht soll euch an das wunderbare Licht erinnern, das ihr selbst in eurem Inneren tragt. Es ist an der Zeit, dass ihr euer inneres Licht befreit und es hell leuchten lasst. Künftige Generationen werden durch euren Aufstieg gesegnet sein. Möge es geschehen.

Toms Gedanken und Betrachtungen

Bei dieser Botschaft sprangen mir mehrere Dinge ins Auge. Zuerst einmal benutzten sie einen Begriff, »transhistorisch«, den ich nie zuvor gehört hatte. Als ich sie danach fragte, sagten sie, damit seien bestimmte Arten von intergalaktischen Einflüssen gemeint, welche die lineare Zeit transzendieren würden. Demnach wurden die Einflüsse, von denen sie sprachen, außerhalb der Zeit erzeugt, wie wir sie verstehen, manifestierten sich dann aber in unserer Zeitlinie von der Frühgeschichte bis in die Gegenwart. Ich verstehe nicht alles, was sie hier sagen. Ich gebe es lediglich weiter.

Da sie so viel Aufhebens darum gemacht haben, wie wichtig Zeit-knoten sind und wie man von einer Zeitlinie zu anderen springt, habe ich sie gefragt, wie lange denn der gegenwärtige Zeitknoten dauern wird. Sie sagen, dass dieser Zeitknoten von großer Bedeu-tung ist, weil er viele Zusammenflüsse möglicher/wahrscheinlicher Zeitlinien enthält, die sich auf unseren Planeten und das Schicksal unserer Spezies auswirken werden. Zwei Zeitlinien, die sie beson-ders erwähnten, sind eine Zeitlinie, in der sich die Prophezeiungen einer planetaren Reinigung und Zerstörung erfüllen, und eine parallel dazu laufende Zeitlinie, die sie als Neue Erde bezeichnen und die in eine neue, erfreulichere Zukunft führt.

Wann hat also dieser Zeitknoten begonnen, und wann wird er enden? Sie sagen, dieser besondere Zeitknoten sei im Juli 2010 in unserer 3D-Realität aufgetaucht und werde in verschiedenen Permutationen bis zum Juli 2013 andauern.

Beachten Sie bitte, dass die Hathoren *nicht* sagen, dass die Zeit-linie der Neuen Erde während dieses Zeitknotens begonnen hat. Fakt ist vielmehr, dass ihnen zufolge diese wohltätige Zeitlinie schon einige Zeit besteht. Aber die gegensätzlichen Zeitlinien planetarer Zerstörung versus planetarer Erneuerung haben sich jetzt stark angenähert (das ist der Zeitknoten-Aspekt). Wenn also jemand weiß, wie man von einer Zeitlinie zur anderen springt, lässt sich das viel leichter durchführen, wenn die Zeitlinie, zu der man wechseln möchte, der bisherigen gerade sehr nahe ist.

Die Bedeutung dieses Zeitknotens besteht darin, dass die Menschheit an einem Wendepunkt steht und entscheiden muss, welche Zeitlinie sie als kollektive Realität erleben wird. Den Hathoren zufolge wird die künftige Realität durch die Entscheidungen verankert, die wir jetzt treffen, als Individuen ebenso wie als Kollektiv.

In dieser Botschaft haben die Hathoren eine einfache Basis-Methode weitergegeben, mit der man von einer Zeitlinie in eine andere springen kann. Es handelt sich, wie sie gesagt haben, um grundlegende Informationen für jene von uns, die sich dafür entscheiden, in einer anderen und angenehmeren Realität zu leben als jener zunehmend surrealistischen und lebensverneinenden Realität, in der die Menschheit derzeit lebt.

Ohne Zweifel lässt sich der Abschnitt »Vorbereitung und Training« in dieser Botschaft auch als Methode zur persönlichen Manifestation nutzen. In der Tat werden jene, die Erfahrung mit solchen Dingen haben, die Einfachheit dieser Manifestationsmethode zu schätzen wissen. Das sollte aber nicht über die Tiefgründigkeit hinwegtäuschen. Die Hathoren sind Meister der Vereinfachung komplexer Konzepte und Methoden, und das zeigt sich auch in diesem Fall. Die Manifestation unserer Wünsche ist aber nicht der eigentliche Grund, dass sie uns diese einfache Methode präsentieren, auch wenn sie durchaus für diesen Zweck eingesetzt werden kann; vielmehr wollen sie uns eine Methode an die Hand geben, mit der wir die planetare Realität verändern können – und falls nicht für das größere Kollektiv unserer menschlichen Familie, dann wenigstens für uns selbst.

Mir gefällt die Metapher, die sie gewählt haben, um unsere gegenwärtige Lage zu beschreiben – ein Schiff auf hoher See. Tatsächlich erinnert mich unsere Situation an das, was sich auf der *Titanic* abspielte, bevor sie unterging. Das Schiff war mit einem Eisberg kollidiert, und die unteren Decks liefen voll Wasser. Zuerst

versuchte man, die Gefahr vor den Passagieren auf den oberen
Decks zu verbergen. Daher ging die Party weiter, und die Kapelle
spielte, bis das nahende Ende offensichtlich war.

Im manipulierten Medien-Hype unserer vom Konsum besesse-
nen Kultur weisen nur wenige darauf hin, dass unser Schiff, die
MS *Westliche Zivilisation*, heftige Schlagseite bekommen hat oder
gefährlich tief im Wasser liegt.

Die Hathoren glauben, dass viele der Katastrophen-Prophezei-
ungen bezüglich unseres Planeten sich nicht verwirklichen werden, wenn genug Menschen die Zeitlinie wechseln, weg von der
Zeitlinie voller dunkler Prophezeiungen über weltweite Tragödien
hin zu der erfreulicheren und lebensbejahenderen Realität dessen,
was sie die Neue Erde nennen.

Aber sie teilen uns auch unmissverständlich mit, dass selbst
dann, wenn das Menschheitskollektiv nicht in eine höhere Bestimmung wechselt, etwas Bemerkenswertes all jene erwartet, die den
Mut besitzen, eine andere Realität zu leben als die, die uns von
unserer gegenwärtigen Kultur aufgedrängt wird. *»Es ist durchaus
möglich, im Himmel zu leben, während andere Qualen erleiden.«*

Diese Botschaft enthält noch etwas anderes, das ich für entschei-
dend wichtig halte – vor allem für jene von uns, die den Sprung
in eine andere Zeitlinie tatsächlich versuchen wollen. Und dieses
»Etwas« hat mit unserer menschlichen Neigung zu tun, sich Selbst-
täuschungen oder »magischem Denken« hinzugeben. Für den Fall,
dass Ihnen dieser Begriff nicht geläufig ist: Magisches Denken ist
eine Denkstörung, bei der ein Mensch glaubt, es genüge, etwas
einfach nur zu denken, um es real werden zu lassen, ohne jedes
eigene Bemühen.

Meiner Meinung nach gibt es im New-Age-Denken ein sehr
toxisches Element, durch das Menschen eingeredet wird, Lebens-
probleme ließen sich lösen, indem man ihre Existenz leugnet (das
heißt magisches Denken). Gewiss fällt es vielen von uns zunehmend schwerer, mit dem eskalierenden Wahnsinn unserer Welt
zurechtzukommen. Aber falls jemand, der diese Botschaft liest,

glauben sollte, Leugnung wäre eine akzeptable Möglichkeit, mit den Realitäten unserer gegenwärtigen Zeitlinie umzugehen, weise ich darauf hin, dass die Hathoren etwas völlig anderes sagen.

Zur Kunst, Zeitlinien zu wechseln, gehört es, die Vision und Schwingungssignatur der Zeitlinie aufrechtzuerhalten, die wir gern erleben möchten. Aber gleichzeitig müssen wir den Realitäten der Zeitlinie Aufmerksamkeit widmen, in der wir uns aktuell noch aufhalten. Dann leben wir zwischen den Welten, was genau die Art von Meisterschaft ist, zu der die Hathoren uns inspirieren wollen.

Ich vermute, dass diejenigen von uns, die sich für Zeitliniensprünge entscheiden (mich selbst eingeschlossen), eine Lernkurve durchmachen werden. Anfangs wird uns der Sprung nicht gelingen, oder wir schaffen es nicht, dauerhaft in der neuen Zeitlinie zu bleiben. Das ist völlig normal, wenn man eine neue Fähigkeit erlernt, und ja, es handelt sich weitgehend um eine neue Fähigkeit – zudem eine sehr tiefgründige. Daher lautet mein Rat an uns Neulinge des Zeitlinienspringens, sanft mit uns selbst zu sein, uns nicht zu verurteilen und uns mit einer gesunden Portion Humor auf diese Lernerfahrung einzulassen. Schließlich ist das alles, aus mindestens einer Perspektive, ein großer kosmischer Witz.

Das Hin-und-her-Navigieren zwischen den Realitäten einer sich transformierenden (manche würden sagen sterbenden) Zivilisation, während wir gleichzeitig Herz und Sinne auf die Zeitlinie ausrichten, in der wir leben möchten, wird zweifellos zu einer neuen Kunstform werden.

Und daher ... hebe ich mein Glas und trinke auf meine *Kolleginnen und Kollegen in der Kunst des Lebendigen Mysteriums*, die ihre Vision im Herzen tragen und bereit sind, den Sprung zu wagen.

Ich trinke auf euch und das große Unterfangen, das wir gemeinsam beginnen und das nicht weniger ist als der Aufstieg zu unseren höchsten Qualitäten als spirituelle Wesen, die eine menschliche Erfahrung durchleben.

28

Heilung und Schutz
bei radioaktiver Strahlung

Die jüngsten Erdbeben, zuerst in Neuseeland und dann in Japan, sind eindeutige Anzeichen dafür, dass ihr in eine schwierigere Phase des Chaotischen Knotens eingetreten seid. Wir möchten euch nun eine Methode als Schutz gegen radioaktive Verseuchung und andere körperliche Störungen und zu deren Heilung vorstellen. Wir nennen sie *Lichtmedizin.*

Hier besteht natürlich ein Zusammenhang zu den weltbewegenden Ereignissen in Japan. Doch in naher Zukunft können auch an anderen Orten der Erde ähnliche Herausforderungen auftreten. Diese Methode wird euch helfen, euch sowohl gegen Schäden durch Radioaktivität wie auch durch Neurotoxine und mutierte Bakterien und Viren zu schützen sowie bereits eingetretene Schädigungen zu heilen. Wir sehen voraus, dass solche Gefahren und Schäden in naher Zukunft vermehrt auftreten werden.

Bei dieser Methode nehmt ihr Verbindung zu eurer Himmlischen Seele auf, dem BA. Dies dient dazu, mit der Lichtdimension in Kontakt zu treten, die Teil eures Seins ist. Alles, was in eurem Kosmos existiert, kann als *eine Lichtqualität oder eine energetische Ausdrucksform des Lichts* betrachtet werden – selbst die dichtesten Materieformen sind letztlich eine Form von Licht.

Bei dieser Methode verbindet ihr euch mit eurer Himmlischen Seele. Konzentriert euch dabei auf die Absicht und Erwartung, dass sie euch eine Energie übermitteln wird, die euch schützt und/oder heilt. Diese Absicht könnt ihr eurer Himmlischen Seele übermitteln, indem ihr die emotionale Schwingung von Wertschätzung oder Dankbarkeit in euch wachruft. Durch die Herstellung einer solchen Schwingungsresonanz könnt ihr auf einfache Weise diesen höheren Aspekt eures Seins aktivieren.

Sobald ihr eure Absicht zusammen mit der Schwingung von Wertschätzung oder Dankbarkeit an euren BA übermittelt habt, lenkt eure Aufmerksamkeit in euer Herzchakra, denn ihr werdet die Energie der Heilung und des Schutzes dort in eurem Herzchakra empfangen. Es kann sein, dass ihr die Energie als Licht wahrnehmt oder als geometrisches Muster, oder ihr spürt einen Zustrom von Energie. Vielleicht erlebt ihr die Energie auch einfach als Gedanke/Gefühl.

Wenn ihr die Energie im Herzchakra empfangen habt, ist sie bereit dafür, von euch ausgesendet zu werden.

Dazu benötigt ihr sauberes Wasser, weil Wasser sich besonders gut dafür eignet, diese Art von Information aufzunehmen. Haltet ein Gefäß mit Wasser in den Händen und sendet dann die Energie mit bewusster Absicht vom Herzchakra aus durch eure Arme und Hände. Lasst sie an den Chakras in euren Handflächen austreten, so dass sie von dort in das Wasser strömt.

Wir empfehlen euch, diese Prozedur zwei Mal zu wiederholen, sie also drei Mal hintereinander auszuführen. Dadurch wird ihre Wirkung verstärkt. Trinkt dann das Wasser. Es wird die Energie auf das Wasserelement in eurem Körper übertragen. So gelangen die heilenden und schützenden Eigenschaften in jede Körperzelle.

Durch diese Methode lenkt ihr Licht von hoher Qualität durch die zentrale Energiebahn eures Körpers in euer Herz und von dort in das Wasserelement. Das Bewusstsein des Wassers empfängt diese Lichtenergie, und wenn ihr das Wasser trinkt, empfängt sie euer Körper.

Wenn ihr radioaktiver Verseuchung ausgesetzt wart, wendet die Methode wie beschrieben an. Dann wird die Energie aus eurem

BA euch vor den schädlichen Folgen schützen oder bereits eingetretene Schädigungen heilen. Wenn ihr noch andere Möglichkeiten habt, euch zu schützen, solltet ihr diese selbstverständlich ebenfalls anwenden. Aber selbst wenn euch nichts mehr bleibt außer den Hilfsmitteln eures eigenen Bewusstseins, könnt ihr euch selbst schützen und heilen.

Falls ihr Neurotoxinen ausgesetzt wart, wendet die Methode in gleicher Weise an, ebenso wenn eine Epidemie infolge mutierter Bakterien oder Viren ausbricht.

Künftig, während ihr als Kollektiv immer mehr in diese komplexe und schwierige Phase des Chaotischen Knotens eintretet, werden Bakterien und Viren schneller mutieren. Diese Methode der Lichtmedizin versetzt euch in die Lage, euch gegen diese mutierenden Lebensformen zu schützen oder durch sie verursachte Infektionen zu heilen.

Dabei solltet ihr unbedingt verstehen, dass ihr diese heilenden und schützenden Kräfte in eurem eigenen Bewusstsein mobilisiert. Ihr habt unmittelbaren Zugang zu eurer eigenen Lichtdimension. Es ist euer Geburtsrecht, dieses Licht zu eurem Wohl und dem Wohl euch nahestehender Menschen einzusetzen.

Verabreicht euch also, wann immer ihr euch einer der hier genannten Gefahren gegenübersehet, diese Lichtmedizin – also das von euch selbst mit Lichtenergie aufgeladene Wasser – mehrmals täglich, so wie es sich für euch intuitiv richtig anfühlt.

Die materiellen Folgen der Erdbebenaktivität in Japan und des von ihr ausgelösten Tsunamis stellen eine große Herausforderung dar. Aber wir möchten eure Aufmerksamkeit von den materiellen auf die mentalen, emotionalen und spirituellen Folgen einer solchen Katastrophe lenken.

Aufgrund der Tatsache, dass ihr euch in einem Chaotischen Knoten befindet und Energien aus der Tiefe des Weltraums mit der erhöhten Eruptionsaktivität auf der Sonne zusammenwirken, seid ihr als Kollektiv sehr stark betroffen, denn dieser Prozess hat unmittelbare Folgen für eure Energiekörper. Damit meinen wir, dass es euch schier das Herz zerreißt, das Leid eurer Mitmenschen mitansehen zu müssen. Ihr erkennt, wie leicht ihr auch selbst in eine solche Notsituation geraten könntet. Diese Erkenntnis kann bei euch eine Öffnung des Herzens bewirken. Und durch das Herz – euer Herz – werden die höheren Bewusstseinsstadien verwirklicht. So ist das Erdbeben in Japan in vielerlei Hinsicht ein Erdbeben des kollektiven Herzens.

Euch stehen schwere Zeiten bevor. Aus unserer Perspektive sind starke Erdveränderungen zu erwarten. Aber ein Ergebnis solcher Ereignisse besteht darin, dass ihr von Grund auf erschüttert werdet und dadurch die Massenhypnose für einen Moment unterbrochen wird. Durch solche absoluten und surrealistischen Zerstörungen wird euch überdeutlich vor Augen geführt, dass eure gesamte Zivilisation auf sehr unsicherem Boden steht. Wir meinen das sowohl wörtlich wie auch im übertragenen Sinn.

Unser Rat an euch während dieser Phase des Chaotischen Knotens lautet also: Lernt, die Lichtmedizin für euch zu erzeugen, damit ihr diese Kraft des Schutzes und der Heilung, die ein natürlicher Bestandteil eures Wesens ist, jederzeit anwenden könnt, falls eine entsprechende Situation eintritt. Und wir schlagen euch vor, euch in diesen Zeiten nicht nur auf euren Verstand zu verlassen. Öffnet eure Herzen – lasst euch im Herzen berühren, denn der Weg, wie ihr zu eurer wahren Größe aufsteigen könnt, führt über euer Herz.

ADDENDUM

Was wir mit reinem Wasser meinen ...

Wir haben euch empfohlen, zur Herstellung von Lichtmedizin Wasser zu verwenden, weil es ein besonders guter Träger für diese Art von Information ist. Mit »reinem Wasser« meinen wir ganz einfach physisch sauberes Wasser. Die Art des Wassers spielt keine Rolle. Ihr könnt sogar Leitungswasser nehmen.

Wenn kein reines Wasser verfügbar ist ...

In den seltenen Fällen, in denen ihr keinen Zugang zu Trinkwasser habt, führt die Methode so durch, wie von uns beschrieben, nur dass ihr die schützende und/oder heilende Energie vom Herzchakra nicht durch Arme und Hände in äußeres Wasser leitet. Sendet die Energie stattdessen direkt in das Wasser, aus dem euer Körper zu einem großen Teil besteht. Mit anderen Worten: Ihr benötigt dazu überhaupt kein externes Wasser! Da euer Körper überwiegend aus Wasser besteht, wird er die Lichtmedizin ganz ähnlich aufnehmen, als würdet ihr von dem energetisierten Wasser trinken.

Jedoch raten wir euch, wenn möglich externes Wasser aufzuladen, weil dieses äußere Ritual für die meisten Menschen die wirkungsvollste Art ist, Lichtmedizin zu erzeugen. Da die meisten Menschen vertraut damit sind, Medizin als Tablette oder in flüssiger Form einzunehmen, hinterlässt dieses Ritual, das aufgeladene Wasser zu trinken, einen besonders tiefen Eindruck im Unterbewusstsein, so dass eure Selbstheilungskräfte intensiver aktiviert werden.

Wenn ihr nur radioaktiv verseuchtes Wasser zur Verfügung habt ...

Solltet ihr euch in einer Situation befinden, bei der das einzige euch verfügbare Trinkwasser radioaktiv kontaminiert ist und ihr gezwungen seid, es zu trinken, um zu überleben, empfehlen wir euch die beiden folgenden einfachen Schritte.

Erster Schritt: Ladet das Wasser (bevor ihr es trinkt) mit schützender/heilender Energie auf, ganz so wie bei der Erzeugung von Lichtmedizin. Trinkt von dem Wasser nur so wenig, wie es für euer Überleben erforderlich ist, in dem Wissen, dass ihr es kraft eurer Absicht mit schützender und heilender Energie gegen radioaktive Vergiftung aufgeladen habt.

Zweiter Schritt: Erzeugt nun eine Lichtmedizin ohne äußeres Wasser (wie wir es oben beschrieben haben), für Schutz und/oder Heilung bei radioaktiver Verseuchung. Mit diesem Schritt ladet ihr unmittelbar das Wasser in eurem Körper auf. Denkt euch diesen zweiten Schritt als eine energetische Vorsorgemaßnahme.

Dieser Schritt bezieht sich darauf, dass ihr das Wasser in eurem Körper aufladet. Um es noch einmal zu betonen: Nachdem ihr das Wasser behandelt habt, das ihr zum Überleben und Trinken benötigt, sendet ihr die schützende und/oder heilende Energie aus eurem Herzchakra direkt in euer körpereigenes Wasser. Verwendet für diesen Schritt kein externes Wasser. Da euer Körper zum größten Teil aus Wasser besteht, wird er die Lichtmedizin ganz ähnlich aufnehmen, als würdet ihr von dem energetisierten Wasser trinken.

Wenn ihr während des Tages Wasser trinkt, wendet die beiden hier beschriebenen Schritte so lange an, bis kein Verdacht auf radioaktive Kontamination mehr besteht.

Uns ist bewusst, dass es unter solchen Umständen sehr schwierig ist, Emotionen der Furcht und Paranoia zu transzendieren, aber für die kurze Zeit, während der ihr das Wasser aufladet, ist das notwendig. Denkt immer daran: Wie schwierig die äußere Situation auch sein mag, eure Himmlische Seele (euer Höheres Selbst) wohnt in der Lichtdimension und kann euch jederzeit jenen Frieden bringen, der größer ist als alle Vernunft. Selbst in den schwersten Notlagen ermöglicht es euch diese Insel des Friedens, euch in einen emotionalen Zustand der Wertschätzung und/oder Dankbarkeit zu versetzen (durch den eure Himmlische Seele aktiviert wird). Und mit Hilfe dieser Schwingung könnt ihr jederzeit Lichtmedizin erzeugen – sei es in äußerer Form zum Trinken oder indem ihr unmittelbar euer Körperwasser energetisiert.

Toms Gedanken und Betrachtungen

Ich channele die Hathoren inzwischen seit ungefähr zwanzig Jahren, und mit der Veröffentlichung ihrer Planetenbotschaften habe ich im Februar 2003 begonnen. Während der ganzen Zeit habe ich noch nie gespürt, dass sie die Veröffentlichung einer Botschaft als so dringend empfanden wie bei dieser. Normalerweise lassen sie mir mehrere Tage Zeit, in Ruhe über eine Botschaft nachzudenken, ehe ich meine Kommentare schreibe. Aber jetzt existiert dieser Luxus nicht. Sie haben Judi und mich gebeten, diese Botschaft so schnell wie möglich ins Internet zu stellen. Das haben wir vor dieser Veröffentlichung auch getan.*

Die zentrale Botschaft lautet hier, dass alle Menschen über die Fähigkeit verfügen, das zu erzeugen, was die Hathoren »Lichtmedizin« nennen. Dieser Art von Medizin wohnt das Potenzial inne, uns nicht nur vor radioaktiver Vergiftung, sondern auch vor den schädlichen Auswirkungen von Neurotoxinen sowie von bakteriellen und Virusinfektionen zu schützen beziehungsweise deren Auswirkungen zu heilen.

Diese Methode ist einfach und praktisch. Da einige Leserinnen und Leser möglicherweise noch nicht mit der Idee einer Himmlischen Seele (BA) vertraut sind, möchte ich einige klärende Anmerkungen zu deren Sitz machen und dazu, wie wir uns für sie öffnen können. Der BA, oder die Himmlische Seele, ist ein Aspekt Ihres Bewusstseins, der sich außerhalb der Grenzen von Raum und Zeit befindet. Manche bezeichnen die Himmlische Seele auch als Höheres Selbst. Aber welche Bezeichnung Sie auch bevorzugen mögen, Ihre Himmlische Seele existiert in jenem Bereich, den die Hathoren als »Lichtdimension« bezeichnen. Dieser Aspekt Ihres Seins wird jedes Mal aktiviert, wenn Sie Wertschätzung oder Dankbarkeit ausstrahlen.

---

* Alle bis 2009 erschienenen Botschaften sowie eine Farbfotostrecke mit Abbildungen der ägyptischen Göttin Hathor, die Namensgeberin der Hathoren ist, finden Sie in dem Buch *Aufbruch ins höhere Bewusstsein. Wie wir die Herausforderungen unserer Zeit meistern*, 256 Seiten, Amra Verlag 2009. Es enthält außerdem eine Meditations-CD zur Aktivierung der Zirbeldrüse und zusätzliches Material über den Vorgang des Channelns. Hörproben zahlreicher CDs von Tom Kenyon und die seitdem erschienenen Botschaften der Hathoren in deutscher Übersetzung finden Sie auf www.AmraVerlag.de. – *Der Verlag*

Ihr BA lässt sich nicht in Raum und Zeit verorten, weil er sie transzendiert. Doch er besitzt einen Eintrittspunkt in Ihr Energiefeld. Dieser Punkt liegt ungefähr eine Armlänge oberhalb Ihres Kopfes. Wenn Sie die Hände über dem Kopf ausstrecken und dabei die Fingerspitzen einander berühren lassen, befindet sich der Eintrittspunkt in etwa da, wo die Fingerspitzen Ihrer Hände sich treffen. Dorthin sollten Sie während der ersten Phase der Erzeugung der Lichtmedizin Ihre Aufmerksamkeit lenken. (Das Platzieren der Hände über dem Kopf dient lediglich zur Orientierung. Während Sie die Lichtmedizin erzeugen, ist es nicht notwendig, die Hände wirklich in dieser Position zu halten.)

Wenn Sie Ihre Aufmerksamkeit auf Ihren BA-Punkt gerichtet haben, konzentrieren Sie sich auf die Lichtqualität, die Sie gern empfangen möchten. Nehmen wir beispielsweise an, Sie waren gefährlich erhöhter Radioaktivität ausgesetzt, so dass Strahlenschäden drohen. Oder Sie wissen, dass ein solches Ereignis bevorsteht. Konzentrieren Sie sich dann, nachdem Sie Ihre Aufmerksamkeit auf den BA-Punkt über Ihrem Kopf gerichtet haben, auf die Absicht, dass die Energie, die Ihnen aus dem BA zufließt, vor radioaktiver Verseuchung schützen oder deren Schäden heilen soll.

Senden Sie dann das Gefühl der Wertschätzung oder Dankbarkeit von Ihrem Herzchakra nach oben zu dem BA-Punkt über Ihrem Kopf – während Sie sich gleichzeitig darauf konzentrieren, dass die Energie aus Ihrem BA Sie vor radioaktiver Verseuchung schützen oder deren Schäden heilen wird.

Verlagern Sie Ihre Aufmerksamkeit dann von Ihrem BA-Punkt zu Ihrem Herzchakra (in Brustmitte unter dem Brustbein) und erwarten Sie, dort die schützende, heilende Energie aus dem BA zu empfangen.

Wenn diese Methode noch neu für Sie ist, kann es sein, dass Sie mehrere Male Wertschätzung oder Dankbarkeit kombiniert mit der jeweiligen Absicht an Ihr BA übermitteln müssen, bis Sie eine Reaktion bemerken. Senden Sie Ihre Absicht zusammen mit Wertschätzung oder Dankbarkeit dann einfach so lange, bis Sie spüren, wie der Energiefluss aus Ihrem BA einsetzt. Wenn Sie spüren, dass Ihnen Energie aus Ihrer Himmlischen Seele zufließt, verlagern Sie Ihre Aufmerksamkeit auf Ihr Herzchakra. Öffnen Sie sich dafür, dass Ihr Herzzentrum diese schützende und heilende Energie empfängt.

Nehmen Sie dann ein Gefäß mit sauberem Wasser in beide Hände oder halten Sie Ihre Hände darüber. Senden Sie die von Ihrer Himmlischen Seele empfangene Energie in das Wasser. Die schützende/heilende Energie wird von Ihrem Herzchakra durch Ihre Arme strömen und an den Chakras in Ihren Handflächen austreten. Von dort wird sie auf das Wasser übertragen.

Wiederholen Sie diesen Vorgang insgesamt drei Mal. Trinken Sie das Wasser. Wenn Sie sich in einer gefährlichen Situation befinden, raten Ihnen die Hathoren, mehrmals täglich eine solche Lichtmedizin zu erzeugen und so oft von dem Wasser zu trinken, wie es sich für Sie intuitiv richtig anfühlt.

Die Hathoren weisen darauf hin, dass die Lichtmedizin nicht nur bei Strahlenbelastung, sondern auch in vielen anderen Fällen angewendet werden kann. Man kann sie einsetzen, um sich vor Neurotoxinen zu schützen oder dadurch verursachte gesundheitliche Störungen zu heilen. Ebenso hilft sie bei Infektionen durch Bakterien oder Viren. Die Hathoren haben es in ihrer Botschaft selbst zwar nicht erwähnt, aber ich fragte sie hinterher, ob die Methode auch bei anderen Krankheiten funktioniert, etwa bei Krebs. Sie antworteten, dass die Lichtmedizin auch mit der Absicht erzeugt werden kann, bei solchen und vielen anderen Krankheiten und Problemen zu helfen.

Natürlich gilt es, wenn Sie es mit ernsten Fällen von Verstrahlung, Vergiftungen und/oder epidemischen Infektionen zu tun haben, jede mögliche medizinische Hilfe in Anspruch zu nehmen. Mit anderen Worten, diese Methode soll keine ärztliche Behandlung oder öffentliche Gesundheitsmaßnahme ersetzen, sondern ist als Ergänzung hierzu gedacht – *etwas, das Sie zusätzlich für sich selbst tun können.*

Nach der Übermittlung der Botschaft fragte ich die Hathoren, ob wir die Lichtmedizin auch für andere herstellen können, die dazu selbst nicht in der Lage sind, etwa Kinder oder Haustiere. Sie antworteten, man solle dazu die gleiche Methode anwenden, mit dem Unterschied, dass man die Absicht passend für das Kind oder das Tier formuliert, dem man die Medizin verabreichen möchte. Wenn Sie beispielsweise Lichtmedizin herstellen, um sich selbst vor Strahlenvergiftung zu schützen oder davon zu heilen, sollten Sie den Gedanken aussenden, dass die Energie, die Sie von Ihrer Himmlischen Seele bekommen, Ihrem eigenen persönlichen Schutz oder Ihrer Heilung dient. Wenn Sie es für ein Kind oder Haustier tun, sollten Sie den Gedanken aussenden, dass die Energie, die Sie von Ihrer Himmlischen Seele bekommen, dem Schutz oder der Heilung des Wesens dient, dem Sie die Medizin geben werden, also Ihrem Kind oder Ihrem Haustier.

An dieser Stelle möchte ich noch etwas bemerken. Es ist viel besser, wenn Sie anderen zeigen, wie sie die Lichtmedizin selbst herstellen können, als eine Abhängigkeit zu erzeugen. Jeder Mensch besitzt die Fähigkeit, Lichtmedizin für sich und andere zu erzeugen. Das ist Teil unseres multidimensionalen Erbes. Wenn Sie andere in die Lage versetzen, dies selbst zu tun, dienen Sie damit deren spiritueller Entwicklung.

Ich fände es sehr bedauerlich, wenn »Heiler« diese Methode dazu benutzen würden, Lichtmedizin für andere herzustellen, indem sie behaupten, über besondere Fähigkeiten zu verfügen. Diese Methode zur Herstellung von Lichtmedizin ist eine natürliche Fähigkeit aller Menschen, und sie sollte meiner Meinung nach auch allen frei und kostenlos zugänglich gemacht werden.

Es gibt noch vieles, was ich Ihnen über diese einfache Methode der Erzeugung von *Lichtmedizin* mitteilen möchte, aber philosophische und metaphysische Betrachtungen muss ich auf einen späteren Zeitpunkt verschieben.

29

Verwandlung durch das Weibliche

Ein besonderes Ereignis
auf französischem Gebiet

S ie werden im Folgenden drei Versionen ein und derselben Geschichte lesen. Es handelt sich sozusagen um ein Experiment in Sachen Perspektive. Der Bericht beschreibt einen Zwischenfall, der sich im Jahr 2010 während eines Maria-Magdalena-Seminars in Südfrankreich ereignete. Dieses Seminar wurde von Tom Kenyon und Judi Sion geleitet, und zwar zusammen mit Maria Magdalena, die Sie aus der Einleitung und dem *Manuskript der Magdalena* kennen.[*] Der Ort des Geschehens ist ein kleines Dorf in Südfrankreich, auf einer Bergspitze gelegen; dort steht eine winzige, Magdalena geweihte Kirche. Das Dorf befindet sich genau der Stelle, wo in alten Zeiten ein Isis-Tempel errichtet war, weshalb der Ort schon seit sehr langer Zeit dem Weiblichen gewidmet ist. Bei ihren Magdalena-Seminaren scheinen Tom und Judi immer wieder zu den alchemistischen Grundlagen ihrer Beziehung geführt zu werden. Sie scheinen, bildlich gesprochen, in aller Öffentlichkeit über glühende Kohlen zu laufen, einer Art Feuerprobe unterzogen zu werden.

Die drei folgenden Berichte erzählen die Geschichte einer solchen »Feuerprobe«. Zuerst kommentiert Maria Magdalena die

---

[*] *Das Manuskript der Magdalena* von Tom Kenyon und Judi Sion erschien 2003 im Koha Verlag, Burgrain. Weitere Botschaften der Weggefährtin Jesu, aber auch der Hathoren, gechannelt von Tom Kenyon, finden Sie in dem Buch *2012 – Die Große Veränderung*, Amra Verlag, Hanau 2009. – *Der Verlag*

Ereignisse, dann schildert Judi Sion die Geschehnisse aus ihrer Sicht, und schließlich beschreibt Tom Kenyon seine Erfahrung. Wie Magdalena sagt: »Vor jedem wichtigen spirituellen Ereignis treten Hindernisse auf, die es zu verhindern versuchen.«

Martine Vallée, die Herausgeberin des Buches, war Zeugin dieses »Zwischenfalls« und hat Tom und Judi gebeten, darüber zu schreiben, da er wichtig für die Annalen der Wiederkehr des Weiblichen zu sein scheint.

MARIA MAGDALENAS SCHILDERUNG

Die Wiederkehr der Göttin bedeutet nicht, dass sie mit flammendem Schwert aus dem Himmel herabsteigt. Sie bedeutet vielmehr, dass die Göttin in den Herzen und Seelen der Frauen verkörpert wird und dass diese Frauen den Mut finden, ihre Wahrheit auszusprechen und all die Maßnahmen zu ergreifen, die ihrer Meinung nach notwendig sind, um eine Veränderung herbeizuführen.

In Südfrankreich, fast schon am Fuß der Pyrenäen, gibt es eine einzigartige Region. Wie durch alle Orte auf der Erde verlaufen auch durch diese Landschaft feinstoffliche Energiebahnen, die man als die Meridiane des Erdkörpers betrachten kann.

In der als »Languedoc« bekannten südfranzösischen Region ist das Netzwerk aus Energielinien besonders komplex. Diese Gegend hat eine lange Geschichte, die bis in heidnische Zeiten zurückreicht. Früher gab es in dieser Region Tempel, die der kosmischen Mutter Isis geweiht waren.

Später, als das Christentum Wurzeln schlug, errichtete man auf vielen dieser heidnischen Energiestätten Kirchen, und die weiblichen Mysterien wurden durch die neuen, männlich dominierten Religionen überdeckt. Und so vergingen Jahrhunderte.

Doch nun ist die Zeit der Wiederauferstehung des Weiblichen gekommen – und dieses Mal wird es sich im Gleichgewicht mit dem Männlichen befinden.

Es wird weder ein Matriarchat noch ein Patriarchat vorherrschen. Vielmehr werden sich beide im Gleichgewicht miteinander befinden. In der Alchemie wird dieser Zustand durch das Gleichgewicht zwischen Sonne und Mond symbolisiert. Dies ist die Geburt des heiligen Androgynen – des vollkommenen Gleichgewichts des Männlichen und des Weiblichen. Und wenn dieser Zustand eintritt, werden die mystischen Reiche des Menschen enthüllt.

Und so kam es, dass ich Thomas bat, in der kleinen Kirche zu singen, um dort eine Energie zu verankern, die das Weibliche freisetzen sollte – sozusagen, um die schlafende Göttin anzurufen. Dies erfolgte durch Klang, den ich durch Thomas channelte. Diese Klänge wurden von der Erde und den Energielinien empfangen, jenen Wirbeln aus irdischem Licht.

Ich bat ihn aus persönlichen Gründen, ausgerechnet in der kleinen Kirche zu singen, weil ich ein Problem mit der römisch-katholischen Kirche habe.

Ich, die Frau Jeschuas, die ihm näherstand als all seine anderen Schüler, wurde in den Hintergrund gedrängt. Petrus, der »Fels, auf den die römisch-katholische Kirche gebaut wurde«, hatte so seine Probleme mit machtvollen Frauen, und im Zuge des aufkommenden Patriarchats wurden meine Stellung und meine Lehren verschleiert.

Und als die römisch-katholische Kirche im Zuge der »Großen Inquisition« Frauen auf dem Scheiterhaufen verbrannte und Heilerinnen bezichtigte, Hexen zu sein, griff sie damit ganz direkt die heidnischen Heilungsmethoden an, die mit Erdenergien arbeiteten. Und diese Methoden waren mein Erbe. Meine Heilungsmethoden nutzten nicht nur das Licht anderer Welten, sondern auch das Licht dieser Erde – Erdenergien, Kräuter und Öle.

Als die römisch-katholische Kirche das vernichtete, was sie als das »Böse« bezeichnete, griff sie also ganz direkt das Weibliche an. Doch nun hat das Blatt im Verlauf der Zeit angefangen, sich zu wenden, und ich habe einige Hühnchen mit der Kirche zu rupfen.

Deshalb bereitete es mir Vergnügen, deshalb jubelte mein Herz, als Thomas in der Kirche sang, die meinen Namen trägt. Denn er sang ein Lied für die Göttin, er ehrte das große Weibliche an genau dem Ort, der dieser Kraft einst geweiht worden war und dann von der Kirche gestohlen wurde. Aus diesem Grund bereitete dieses Ereignis mir ganz besondere Freude.

Vor jedem wichtigen spirituellen Ereignis treten Hindernisse auf, die es zu verhindern versuchen.

Als Jeschua beim letzten Abendmahl seine letzten Lehren verkündete, bevor er gekreuzigt wurde, waren nur Männer anwesend. Er saß nur mit Männern an einem Tisch. Ich war die einzige anwesende Frau. Und derjenige, der Jeschua hereinlegte, war Judas, ein Mann.

Und hier haben wir nun Tom, der sich anschickt, die Samen der Befreiung des Weiblichen in einer römisch-katholischen Kirche zu säen, die das zentrale Symbol des Patriarchats ist. Er sitzt an einem Tisch voller Frauen, und dann kommt eine Frau dazu, die ihn abzulenken versucht, indem sie die Situation mit Angst auflädt. Und das reicht aus, um Thomas in eine Zeit zurückzuversetzen, in der man aus ganz realen Gründen Angst davor haben musste, sich gegen die Kirche zu stellen. Doch diese Zeit liegt Hunderte von Jahren zurück. Von diesem Augenblick an agierte Thomas also in zwei zeitlichen Dimensionen: der gegenwärtigen und der vergangenen. Diese vergangene Zeit beinhaltete Thomas' Erinnerungen an die Inquisition, und er taumelte zwischen diesen beiden Zeiten hin und her. Es war eine wirklich seltsame Situation.

Und so musste die Frau, die er liebt und die zufällig auch eine sehr mächtige Frau ist, eingreifen und ihn in die gegenwärtige Realität zurückrufen. Sie musste ihn daran erinnern, weshalb er eigentlich hier war: um in der Kirche zu singen und den Samen der Befreiung für das Weibliche zu säen, weil ich, Magdalena, ihn darum gebeten hatte. Der bedeutsame Teil dieser Geschichte besteht darin, dass eine Frau versucht hatte, ihn abzulenken, und dass eine machtvolle Frau, die er liebt und der er vertraut, ihn durch das Labyrinth der

Erinnerungen an vergangene Leben und Gefühle zurückgeleitete. Und nun gelangen wir endlich zur Kirche und zu dem Grund, aus dem genau diese Umstände so bedeutsam waren.

Mit Ausnahme von Thomas waren alle wichtigen beteiligten Personen Frauen.

Ich würde sagen, dass für Thomas der Akt des Singens in der Kirche in Anwesenheit so vieler scheinbar feindlich gesonnener Kräfte bedeutsam war. Als er in der Kirche sang, wurde er zu einer vollständigen Verkörperung seiner selbst, womit ich das Höhere Selbst meine. Er sang mit der ganzen Kraft seines Seins für das Weibliche und für mich. Und er tat es in einer männlich-patriarchalischen Kirche, trotz seiner uralten Vorgeschichte, in der er der Mutter Kirche gedient hatte.

Ich habe es Judis Eingreifen zu verdanken, dass ich die Form von Erbauung, von Lernvergnügen erhalten habe, auf die ich gehofft hatte ... Ich lernte, dass Thomas sich erheben und gegen von außen gewaltig wirkende Widerstände ansingen konnte. Und durch Judis Eingreifen wurde die Befreiung des Weiblichen in eine zentrale Geometrie eingepflanzt.

Für mich handelte es sich bei diesem Ereignis also um die Vervollständigung dieses Energiekreises und eine Notiz im Buch der Zeit, welche die Wiederkehr des Weiblichen und seinen Aufstieg zum Gleichgewicht mit dem Männlichen herausposaunte. Und der zweite Grund, der zweite *wesentliche* Aspekt dieses Ereignisses besteht darin, dass dieser Samen der Befreiung in einer römisch-katholischen Kirche und in energetischer Hinsicht im gesamten Gebäude des Katholizismus gesät wurde. Es ist ein Samen der Veränderung, ein Samen, der alle in der Kirche dazu aufrief, aufzuwachen und sich zu verändern. Und ich glaube daran, dass dieser Samen wie ein Senfkorn ist: Im Augenblick mag er noch bedeutungslos sein, doch seine Stärke und sein Wirkungsbereich werden wachsen. Es ist ein Weckruf der Göttin selbst, der an die Hallen des Patriarchats gerichtet ist: »Jetzt ist die Zeit gekommen, eure Macht zu teilen. Teilt sie zu gleichen Teilen. Ansonsten werdet ihr sie verlieren.«

Es war der Klang des Samens der Befreiung des Weiblichen, und er wurde in die Erde einer römisch-katholischen Kirche gepflanzt, die auf den Ruinen eines Tempels der Göttin errichtet worden war. Leitet daraus ab, was ihr wollt.

JUDIS VERSION

Um dieser Geschichte wirklich gerecht zu werden, muss ich ein paar Schritte zurückgehen und von meiner tiefen Frustration darüber erzählen, wie das Weibliche in der westlichen Welt behandelt wird. Im Westen leben Frauen in einer subtilen Form der Versklavung. Allerdings muss gesagt werden, dass die Frauen hier tagtäglich vornehmlich mit relativ unbedeutenden Dingen konfrontiert werden. Ich verbeuge mich in demütigem Mitgefühl vor all den Frauen in anderen Ländern, die schwere körperliche Misshandlungen, Erniedrigung und buchstäbliche Versklavung erdulden müssen. Im Großen und Ganzen sind die Probleme der westlichen Frauen bezüglich Ungerechtigkeit trivial im Vergleich mit den Problemen von Frauen im Kongo oder im Nahen Osten.

Und doch halten uns sozialer Druck und gesellschaftliche Erwartungen in einer beinahe unsichtbaren emotionalen Zelle gefangen, in der wir nur darauf warten, »Ja, Sir, wie kann ich dienen?« zu jedem männlichen Wesen zu sagen, das auf uns schaut.

Vor etwa zwölf Jahren sind Tom und ich einer der erstaunlichsten Lehrerinnen begegnet, die ich jemals kennengelernt habe: Maria Magdalena.*

---

* Im Originaltext ist von Maria *Magdalen* die Rede. Laut Judi Sion entspricht dies einer Bitte Magdalenas, weil so die von Tom Kenyon gechannelten Botschaften von denen anderer Medien, die behaupten, Magdalenas Energie weiterzugeben, unterschieden werden können. Tom und Judi veröffentlichten 2002 gemeinsam das Buch *The Magdalen Manuscript*, das auf Deutsch im Koha Verlag erschien. – *Der Verlag*

Das Buch, das wir mit ihrer Hilfe verfassten, war ein Liebesdienst, dessen Niederschrift und Veröffentlichung drei Jahre in Anspruch genommen hat. Sie bat uns, das Manuskript, das sie uns gegeben hatte und das genau all das wiedergibt, was sie über ihr Leben verraten wollte, zusammen mit einer Erklärung der Vorgänge innerlicher Alchemie zu veröffentlichen, für die Tom genau der richtige Autor war. Und mich bat sie, als letzten Teil des Buches meine Lebensgeschichte niederzuschreiben.

Und so kam es, dass wir ein Buch über die Wiederkehr des Weiblichen veröffentlichten. Wir erzählten die Geschichte von Maria Magdalena und porträtierten sie als eine Frau, die ihrem Geliebten, Jeschua, gleichgestellt war. Das ganze Buch handelt von dem Gleichgewicht zwischen dem Männlichen und dem Weiblichen – von Gleichberechtigung. Und doch begannen in den ersten paar Jahren so gut wie alle E-Mails, die wir als Reaktion auf den Text erhielten, ungefähr folgendermaßen: »Lieber Tom, ich liebe dein Buch, und Judis Abschnitt hat mich auch sehr berührt.«

Wie schwer kann es sein, »Lieber Tom und liebe Judi« zu schreiben? Oder, und jetzt wird's ganz kompliziert: »Liebe Judi und lieber Tom«?

Die Macht der Männer einfach hinzunehmen ist uns in Fleisch und Blut übergegangen; wir können gar nicht anders, als zunächst den Weg über die männliche Macht zu wählen. Ich nenne das die »Weibliche Fehlsteinstellung«.

Im Weiblichen scheint es eine uralte, prähistorische, inkorporierte Tendenz zu geben, sich selbst sozusagen auf das Männliche umzulenken. Ich kenne mich mit diesem Themenbereich gut aus. Es ist derselbe, mit dem Magdalena konfrontiert war, und das Schockierende ist, dass sich in den letzten zweitausend Jahren nicht sonderlich viel geändert hat.

Zu ihrer Zeit wurde Magdalena von den Anhängern Jeschuas nicht ernst genommen. Für diese war es offenbar undenkbar, dass sie genauso viel wissen könne wie Jeschua und ihm gleichberechtigt sein könne. Und dieses Piktogramm des Weiblichen hat sich über zweitausend Jahre lang in unsere Psyche eingegraben.

Dank dem »Wort Gottes«, so wie es vom rein männlichen Konzil von Nicäa im Jahr 325 nach Christus verkündet wurde, haben die katholischen Kirchen absolut nichts mit der Gleichberechtigung am Hut. Die Genesis sollte so anfangen: »Am Anfang waren ein echt garstiger Außerirdischer und das Konzil von Nicäa, und auf Anweisung Konstantins brachte Rom eine Religion hervor, mit der das Volk, besonders aber das Weibliche, kontrolliert und unterdrückt werden konnte.«

Irgendwo zwischen dem Mythos vom Apfel, den man nutzte, um der Frau den Stempel des Bösen, Sündigen aufzudrücken, und einem späteren Papst, der Magdalena bezichtigte, eine Prostituierte gewesen zu sein, ist es der katholischen Kirche gelungen, die Macht des Weiblichen an sich zu reißen. Sie nutzte frei erfundene Texte, um Frauen zur Schande zu machen und zu erniedrigen – ein Verbrechen, für das die Kirche, so hoffe ich jedenfalls, irgendwann, irgendwie, irgendwo, in irgendeiner Dimension bestraft wird.

Aber ich schweife ab.

Eigentlich geht es darum, dass wir ein Buch über Gleichberechtigung geschrieben hatten, die meisten Antworten aber an den »Lieben Tom« gerichtet waren. Es geht hier nicht um mein Ego. Mein Ego ist mir völlig wurst. Es geht um Gleichberechtigung und Ausgewogenheit.

Zum Teil wenden Frauen sich deshalb lieber an Männer, weil machtvolle Frauen konfrontativ sein können.

Okay, ja, ich bin konfrontativ. In meinem Leben sind Veränderungen immer nur als Ergebnis von Konfrontationen zustande gekommen. Wie gern würde ich Ihnen erzählen, dass ich Wandel bewirken konnte, indem ich jemandem freundlich ins Ohr flüsterte: »Schatz, es wäre wirklich besser, wenn du nach dem Duschen das Wasser vom Boden aufwischst, sonst rutscht noch mal jemand aus und verletzt sich.« Aber außer meinen Töchtern hat noch niemals jemand sein Verhalten geändert, bloß weil ich ihn freundlich darum gebeten habe.

Nachdem freundliches und liebevolles Verhalten bei keinem der Männer, mit denen ich im Laufe meines Lebens zu tun hatte, etwas bewirken konnte, entdeckte ich also irgendwann die Konfrontation für mich. Ich wünschte, dass ich mir diese Vorgehensweise schon viel früher zu eigen gemacht hätte. Das hätte mir eine Menge schmerzhafter Erfahrungen erspart.

Es hat ein ganzes Leben gedauert, aber langsam lerne ich Konfrontationen wirklich zu schätzen. Sie rufen Veränderungen hervor. Wenn wir alle Probleme bezüglich Ungerechtigkeit und Unrecht in ruhiger Wahrheit offen ansprechen würden, ein wie viel besserer Ort wäre die Welt dann heute? Und wie viel gesünder wären die Menschen, wenn sie ihre Gefühle nicht unterdrücken würden?

Der Schlüssel liegt in dem Ausdruck »ruhige Wahrheit«.

Der innere Wachstumsprozess, der mich schließlich zu dieser »ruhigen Wahrheit« führte, war langsam und schmerzhaft.

Wie die meisten Menschen schluckte ich vieles hinunter und köchelte Ewigkeiten lang vor mich hin – bis ich plötzlich explodierte, nachdem ich jahrelang ignoriert oder an den Rand gedrängt worden war, damit das wichtigere Männliche genug Platz hat – ganz gleich, welche Form es gerade angenommen hatte: mein Ehemann, der Vater meiner Kinder, mein Chef. Es spielt überhaupt keine Rolle. Das hochwichtige Männliche!

Die Gottesfigur.

Und wessen Schuld ist das? Wessen Schuld ist es, dass wir beim Gedanken an Gott einen Mann vor Augen haben? (Und aus genau diesem Grund hatte ich das Wort »Gott« aus meinem Vokabular gestrichen, bis ich dazu in der Lage war, innerlich eine Vorstellung von »Gott« heraufzubeschwören, ohne an etwas zu denken, das außerhalb meiner selbst liegt, und ohne in eine männliche Denkweise zu verfallen. Ich erdulde die Vorstellung nicht, dass so ein Geschöpf existiert. Ich *bin* dieses Geschöpf.)

Die Ignoranz, die sich dahinter verbirgt, sich Gott als Mann vorzustellen, beruht auf einem direkten Einfluss der Kirche, jeder existierenden Kirche, aber ganz besonders der römisch-katholischen!

Und nun lasse ich ein ganzes Jahrzehnt, in dem ich anderen den Vortritt gelassen habe, hinter mir, nur um schon wieder das Männliche zu unterstützen. Aber, bei der Göttin, diesmal habe ich eine gute Wahl getroffen. Der Mann, den ich unterstütze, ist der freundlichste, liebenswerteste, rücksichtsvollste und klügste Mensch, dem ich jemals begegnet bin.

Und er hat sein Leben ganz dem Zweck geweiht, das Weibliche in jeglicher Hinsicht zu unterstützen, und mittlerweile legt er auch einen Badevorleger vor die Duschkabine.

In all den Jahren, in denen wir dieses Dörfchen in Südfrankreich besucht hatten, hatte ich davon geträumt, dass er in dieser winzigen Kirche singen würde. Er ist in vielerlei Hinsicht sehr schüchtern und würde sich niemals in den Mittelpunkt drängen, wenn man ihn nicht darum bittet. Und weil er niemanden verletzen wollte, der die Kirche zufällig gerade besuchte, hätte er meine Bitte fast abgeschlagen.

Aber in diesem Jahr bat ihn während unserer Vorbereitungen für das Seminar in Südfrankreich Magdalena selbst darum, in der kleinen Kirche zu singen, die ihr geweiht war. Da er ihr niemals einen Korb geben würde, stimmte er zu.

Es sollte ganz unauffällig ablaufen, da es unmöglich ist, eine Erlaubnis für eine derartige Veranstaltung zu erhalten. In der kleinen Kirche werden außer bei sehr seltenen Gelegenheiten nicht einmal mehr Gottesdienste abgehalten. Die Kirche wird von der Frau kontrolliert, die direkt nebenan die Eintrittskarten für das Museum verkauft. Man sagte uns von Anfang an, dass wir einfach nur leise singen müssten, da man uns keine offizielle Erlaubnis erteilen könne, obwohl wir mehrfach angefragt hatten. Man riet uns, einfach zu singen und, falls nötig, rückwirkend um Erlaubnis zu bitten.

Die offizielle Kirchenaufsicht hatte der Bischof einer größeren Stadt, die etwa eine Stunde entfernt lag. Entsprechend besuchte er die kleine Kirche fast nie. Wir wussten aber, dass er einmal zufällig jemanden erwischt hatte, die in der Kirche ein Instrument gespielt hatte, und die Musikerin umgehend vor die Tür setzte.

Um Besucher davon abzuhalten, in der Kirche zu singen, spielen sie dort grauenhaft laute mittelalterliche gregorianische Choräle, die umgehend jeglichen Funken von Kreativität oder Erstaunen, den man aus Versehen hegen könnte, ersticken.

An dem Tag, an dem Tom in der Kirche singen wollte, tranken wir mit der gesamten Gruppe Tee in einer danebenliegenden Burg. Es war ein kleines Vergnügen, das wir für die Gruppe arrangiert hatten. Und da saßen wir nun und tranken gut gelaunt unseren Tee, als plötzlich eine Person, die wir kannten, die aber nicht Teil unserer Gruppe war, hereinplatzte, um uns zu sagen, dass Tom nicht in der Kirche singen dürfe. Tom und ich saßen mit einer Gruppe von Frauen, die alle unser Seminar besuchten, am Tisch und unterhielten uns prächtig, und plötzlich kam diese Person herein, um die Botschaft zu überbringen ... dass er nicht in der Kirche singen dürfe. Dass es *gefährlich* sei.

Unsere Bekannte berichtete, dass die Frau am Kartenschalter angeblich mitbekommen habe, dass Tom Kenyon in der Kirche singen wollte, und geschworen habe, dass sie das nicht zulassen würde. Und nun hieß es, dass sie die Polizei informiert habe und die Beamten auf Abruf stünden, um einzugreifen.

Die Information ließ Tom erblassen.

In mir sträubte sich alles.

Es wurde schnell entschieden, dass er nicht singen würde, ohne dass er mir auch nur zugenickt oder gefragt hätte, was ich davon hielt.

Innerlich tobte ich ein Weilchen lang vor Wut und wartete auf eine Gelegenheit, meine Meinung zu sagen, aber alle waren ganz und gar mit den neuen Informationen beschäftigt. Und obwohl ich in jeglicher Hinsicht Toms Partnerin bin, hat mich niemand nach meiner Meinung gefragt. Keiner schien diese Informationen infrage zu stellen.

Ich stelle alles infrage.

Ich möchte nicht vertiefen, aus welchen Gründen ich in diesem Fall meine Zweifel hatte. Also werde ich es einfach so ausdrücken, dass ich das Argument nicht schluckte. Aber aufgrund der Umstände hatte ich nicht sofort die Möglichkeit gehabt, darüber zu sprechen.

Nach kurzer Zeit schlug unsere Bekannte vor, dass Tom in einer anderen nahe gelegenen Kirche singen könne, die auch früher schon Ungläubigen und Ketzern Unterschlupf gewährt habe. Diese Aussage nahm ich unserer »Informantin« wirklich übel.

Magdalena und ich hatten ihn beide darum gebeten, in einer Kirche zu singen, die ihr geweiht war. Im Augenblick spielten sie dort nur grauenhaften gregorianischen Männergesang, der die Kirche verfinsterte und eine Atmosphäre der Schwere und Mühsal erzeugte. Tom würde Licht und eine Ehrung des Weiblichen in eine Maria Magdalena geweihte Kirche bringen. Aber anstatt dass das jemand zu schätzen gewusst hätte, schlug man uns vor, dass wir besser in eine Kirche gehen sollten, die bei Ketzern besonders beliebt war.

Wie bitte? Die kleine Kirche, in der Magdalena ihn zu singen gebeten hatte, hatte einem Priester Unterschlupf gewährt, der selbst ein radikaler Häretiker gewesen war. Er war es gewesen, der diese winzig kleine Kirche Maria Magdalena geweiht hatte. Er hatte einen Turm für sie errichten lassen. In der Kirche hatte er einen klauenfüßigen, gehörnten Erdschützer aufgestellt, der das Weihwasserbecken trug! Das hätte wohl jedem den Stempel des Ketzers eingebracht, also warum ermunterte man uns, unser Licht wieder einzupacken und uns in einer fünfzehn Kilometer entfernten Kirche zu verstecken, um dort unser Loblied auf das Weibliche, auf Magdalena, zu singen?

Zum Glück wartete in der Kirche ein Filmteam auf uns. Wenn wir die Leute abholten, würde ich auf der Hinfahrt Zeit haben, mit Tom zu sprechen, der schon beschlossen hatte, dass er lieber in der Ketzerkirche singen wollte, als eine Konfrontation mit der Polizei zu riskieren.

Es wurde entschieden, dass die Person, die uns gewarnt hatte, die Busfahrt zu der kleinen Kirche in der benachbarten Stadt anführen würde, da wir keine Ahnung hatten, wo genau sich die Ketzerkirche befand. Tom und ich wollten nur schnell den Berg hinauffahren, das Filmteam einsammeln und uns dann vor der »Ketzerkirche« zu den anderen gesellen. Da wir das Städtchen kannten, in dem sie lag, wussten wir den ungefähren Weg und würden den Bus dort sofort finden.

Die Person, die uns gewarnt hatte, bot an, dass auch sie das Filmteam abholen könne. Eigentlich drängte sie uns mehr oder weniger, dass wir doch sie gehen lassen sollten, aber sie wusste ja nicht einmal, wie die Filmleute aussahen, und Tom und ich waren verantwortlich für das Team. Da konnten wir ja schlecht jemanden zu ihnen schicken, den sie noch nie im Leben gesehen hatten. Aber viel wichtiger war, dass wir jemanden brauchten, der dem Busfahrer den Weg zu der anderen Kirche zeigte. Und unsere »Informantin« behauptete, dass sie sogar wisse, wo ein Schlüssel versteckt sei, falls abgeschlossen war.

Und ich für meinen Teil brauchte ein paar wertvolle ungestörte Momente mit Tom, die wir bei unserer Fahrt zur Magdalena-Kirche haben würden.

Also beschlossen wir, dass unsere Bekannte die Busfahrt in die Nachbarstadt betreuen und dafür sorgen würde, dass wir dort auf offene Türen stießen. Tom und ich würden zu den anderen stoßen, sobald wir das Filmteam eingesammelt hatten.

Als ich den Berg zur Kapelle hinauffuhr, bemerkte ich, dass das Auto unserer »Informantin« hinter uns herfuhr. Das war nicht der Weg in die nächste Stadt, was mir ziemlich merkwürdig vorkam.

Ich fing an, Tom zu bearbeiten, aber ich hatte nur ein paar Minuten unter vier Augen, um die Ursache seiner Angst zu finden.

»Wovor genau hast du Angst?«

»Geht es um ein vergangenes Leben?«

»Befürchtest du, dass dich die römisch-katholische Kirche auf dem Scheiterhaufen verbrennt, wenn du singst?«

Immerhin befanden wir uns in der Gegend, in der sich die Massaker an den Katharern ereignet hatten, und Tom hat in vielen vergangenen Leben im Dienst der katholischen Kirche gestanden. Die Kirche hat Tausende unschuldiger Katharer der Ketzerei bezichtigt und verbrennen lassen, weil sie an Gleichberechtigung glaubten und den Materialismus verabscheuten. Je nach Quelle wurden bei diesen Massakern schätzungsweise zwischen einer halben und einer Million unschuldiger christlicher Frauen, Kinder und Männer abgeschlachtet.

»Dann hat diese Frau eben angeblich die Polizei informiert. Aber was sollen die Polizisten schon mit dir machen? Selbst wenn diese Drohung real ist, was könnten sie dir antun? Denk doch mal darüber nach. Wovor hast du Angst?«

»Warum solltest du nachgeben und einknicken, obwohl dich Magdalena darum gebeten hat?«

Dieser Tage bin ich ziemlich hartnäckig.

»Die Kirche ist ihr geweiht. Sie hat dich gebeten, dort zu singen. Warum kneifst du jetzt?«

Ich hätte nicht aufhören können, ihn zu konfrontieren, auch wenn ich gewollt hätte. Die Worte strömten einfach so aus meinem Mund. Ich hatte keine Zeit, innezuhalten und darüber nachzudenken, was ich sagte. Irgendwie fühlte sich das, was Tom an diesem Tag tat, ausgesprochen wichtig an.

Und es brachte die alchemistische Weise, auf die wir unsere Beziehung führen, mit ins Spiel. Wenn ein Außenstehender versucht, einen von uns zu etwas zu überreden, dann muss er auch an dem anderen vorbei. Wir begegnen jeder Anfrage ganz offen. Niemand wendet sich mit einer Bitte nur an einen von uns, ohne dass dieser es mit dem anderen besprechen würde. Aber diese Sache hatte ihn förmlich angefallen, und zwar vor einer ganzen

Menschengruppe. Was ich davon hielt, war nicht einmal in Betracht gezogen worden. Und das ist nicht die Art, auf die ich Beziehungen führe.

Wenn man auf die Weise, für die wir uns entschieden haben, Teil einer Beziehung wird, befindet man sich in einem alchemistischen Prozess, und dabei wird das Feuer ziemlich heiß. Genau darin besteht der ganze Sinn der Vorstellung von der Gießerei. Um Stahl zu biegen und seine Form zu verändern, muss das dazu verwendete Feuer genauso heiß sein wie das Feuer, das den Stahl in seine ursprüngliche Form gebracht hatte. Und deshalb geht es in alchemistischen Beziehungen manchmal ziemlich hitzig zu. Das muss es auch, damit der Stahl gebogen werden kann, in den sich die Beziehungspartner im Laufe der Zeit verwandelt haben. Es muss heiß werden, damit eine Veränderung überhaupt möglich ist.

Schließlich gelang es uns, zu einem der letzten Bereiche vorzudringen, die Tom Sorge bereiteten. Und das waren die gregorianischen Gesänge. Er wollte auf keinen Fall versuchen, diese schrecklichen gregorianischen Gesänge zu übertönen, die über einen Gettoblaster hinter dem Mittelschiff abgespielt wurden.

Als wir auf dem Bergplateau ankamen, fanden wir dort eine kleine Gruppe von Frauen vor, die sich vor einem winzigen Laden für spirituelle Literatur versammelt hatten. Der Laden befindet sich in einem Gebäude, das auf einer Seite offen ist, weshalb er praktisch im Freien liegt. Die Ladenbesitzerin hatte mich bei meinen Besuchen in dem Dorf in den letzten fünfzehn Jahren häufig gesehen und erkannte mich jedes Mal wieder. Sie verstand zwar Englisch, sprach es aber nicht, und ich kann kein Französisch. Entsprechend hatten wir fünfzehn Jahre über durch Lächeln und mit Händen und Füßen kommuniziert.

Die Frauen standen im Grüppchen vor dem Laden und unterhielten sich über das Gerücht, dass man Tom gesagt habe, er solle besser nicht in der Kirche singen, weil die Kartenverkäuferin die Polizei eingeschaltet habe.

»In Frankreich dürfen Polizisten keine Kirchen betreten«, sagte eine der Frauen. »Das ist ein Gesetz, also können sie nichts ausrichten.«

Ich warf Tom einen »Na siehst du«-Blick zu. Aber er war in einer anderen Welt. Er war noch fest im Griff der katholischen Kirche und sowohl innerlich als auch äußerlich in eine andere Richtung abgedriftet. Offenbar sah er sich mit allen Problemen aus seinen vergangenen Leben konfrontiert. In diesem Augenblick ließ ihn die Kirche gerade in Flammen aufgehen.

Einer der Männer aus dem Dorf ist ein aktuelles Mitglied der Tempelritter. Er hatte uns ausrichten lassen, dass es zu gefährlich sei und Tom besser nicht singen sollte.

Aber all die Frauen wollten, dass er sang.

Als er zu uns zurückschlenderte, fragte ich ihn immer wieder, was denn nun so gefährlich daran sein solle. Die Polizisten würden ihn ja wohl kaum erschießen, nur weil er in der Kirche sang, und außerdem habe sich herausgestellt, dass die Beamten sakrale Gebäude gar nicht betreten dürften, so dass es wirklich keinerlei Bedrohung gäbe.

Dann sagte eine der Frauen: »Ich werde mich an den Hintereingang der Kirche stellen und jeden aufhalten, der sie betreten will und versuchen könnte, Tom aufzuhalten.«

Eine andere Frau meldete sich zu Wort: »Ich gehe mit ihr. An mir kommt keiner vorbei.«

Damit standen wir aber immer noch vor dem Problem der gregorianischen Choräle, diesen schaurigen, düsteren mittelalterlichen Klängen, die durch die Kirche hallten.

Und das ist der Augenblick, in dem die liebe Frau, der der Buchladen auf dem Bergplateau gehört, vortrat und ihren Platz in dieser Geschichte einnahm. Ich erinnere mich noch daran, wie ich sie zum ersten Mal gesehen habe. Es war an dem Tag, an dem meine Töchter und ich auf dieses magische kleine Dorf auf dem Berg gestoßen waren. Damals kaufte ich in ihrem Laden einen blauen Keramikkelch, obwohl es absoluter Unsinn war, einen Keramikkelch zurück in die USA zu schleppen. Ich besitze ihn noch immer und schätze ihn als ein Symbol der Magdalena. All das ereignete sich vor Tom Kenyon und dem Buch über Magdalena.Die Ladenbesitzerin stand in Hörweite hinter ihrem Verkaufstresen, und sie hatte unser ganzen Hin und Her mit anhören können.

»Na dann«, hörte sie mich sagen. »Jetzt haben wir nur noch ein Problem. Tom möchte nicht über die gregorianischen Choräle singen.«

»Warten Sie.« Sie verließ ihren Verkaufstresen und kam zu uns. »Ich kümmere mich um die Musik. Ich stelle sie aus.«

Danach kam alles wie von selbst ins Rollen, und Tom war bereit zu singen. Wir nahmen Kontakt zu dem Busfahrer auf, der unsere Gruppe chauffierte und dem im Augenblick niemand den Weg wies, weil die Person, die ihn zu der Ketzerkirche hätte führen sollen, uns den Berg hinauf gefolgt war. Unsere Seminarteilnehmerinnen tauchten quasi im Handumdrehen auf und füllten die Kirchenbänke, zwischen denen das Kamerateam auch seine Ausrüstung versteckte.

Wir alle saßen reglos in unseren Bänken und hatten keine Ahnung, was als Nächstes geschehen würde.

Würden Polizisten die kleine Kirche stürmen? Würde man uns gesammelt hinauswerfen? Wir saßen dort eine gefühlte Ewigkeit lang wie Geiseln der grausigen gregorianischen Choräle.

Und dann kam aus dem hinteren Bereich der Kirche diese wunderbare Französin. Sie erreichte die Brüstung, die Frauen davon abhalten soll, ins Hauptschiff einzudringen, sah mich direkt an und zwinkerte. Dann hob sie ihren Rock, damit sie die Beine über die Eisenbrüstung schwingen konnte, und sprang ins Hauptschiff. Danach legte sie verschwörerisch einen Finger auf die Lippen. Schließlich zog sie den Stecker des Gettoblasters aus der Wand und brachte damit die gregorianischen Choräle zum Verstummen, lüpfte wieder ihren Rock, kletterte über das schmiedeeiserne Geländer und verschwand.

Tom stand auf und fing an zu singen.

Ich weinte die ganze Zeit über.

Wir waren so kurz davor gewesen, das zu verlieren, wofür wir eigentlich gekommen waren. Tom hätte fast einen Rückzieher gemacht. Wenn ich ihn in den wenigen Augenblicken, die ich auf der Autofahrt gehabt hatte, nicht so gezielt konfrontiert hätte, dann hätte er nicht gesungen. Sicher, das wäre nicht das Ende der Welt gewesen, aber es wäre eine riesige Enttäuschung gewesen, für die Gruppe, für mich, für Magdalena.

Und es waren Frauen, die die Eingänge bewachten und den Raum schützten, keine Ritter. Und es war eine Frau, die den Stecker des Patriarchats zog, damit ein Mann für eine Frau singen konnte.

Und so kam es, dass ein Mann zu Ehren des Weiblichen aufstand und in einer Kirche sang, die dem Weiblichen geweiht war. Und niemand versuchte mehr, uns aufzuhalten.

TOMS VERSION – ZWISCHEN ZWEI WELTEN

Unsere Gruppe hatte sich in einer sanierten Burg versammelt, um ihre »gute Arbeit« während eines Magdalena-Seminars zu feiern, das sich jetzt dem Ende zuneigte. Wir wollten in der Burg Tee trinken und einen Imbiss zu uns nehmen und dann zu einer kleinen, Maria Magdalena geweihten Kirche in einem nahe gelegenen Dorf fahren. Dort würde ich für Magdalena und das Mysterium der Göttin singen und eine mythische Ebene erzeugen – den Aufstieg des Weiblichen, das im Gleichgewicht mit dem Männlichen steht.

Der Gesang war eine äußerliche Geste, um die innere Reise zu ehren, die jeder von uns während des Seminars durchlebt hatte, und es fühlte sich besonders an, für Maria Magdalena in einer Kirche zu singen, die ihr geweiht war.

Für mich hatte die Reise, die zu diesem Augenblick führte, schon viele Jahre zuvor begonnen ... als ich eine Beziehung mit Judi Sion einging.

Wenn ich heute darauf zurückblicke, war dies eines der zentralsten Ereignisse in meinem Leben.

Judi ist eine Frau von großer Kraft, Glaubwürdigkeit und innerer Überzeugung. Sie ist eine direkte Nachfahrin von Patrick Henry, dem amerikanischen Patrioten, der verkündete: »Gebt mir die Freiheit, oder gebt mir den Tod!« Und vielleicht ist es sein Blut, das sie zu einer so inbrünstigen Verteidigerin der Freiheit macht – nicht nur der inneren, sondern auch der äußeren.

Aber eigentlich glaube ich, dass ihre Attribute von einem Strom herrühren, der tiefer reicht als bis zur bloßen Ebene ihrer Ahnen. Während ich diese Frau immer besser zu kennen und immer mehr zu lieben begann, begriff ich, dass sie, wie die meisten Frauen auf der Welt, eine Verkörperung des weiblichen Mysteriums ist – der Göttin, wenn man so will. Aber diese fleischgewordene Göttin interessiert sich nicht sonderlich für Kuschelwolken und Regenbögen. Sie ist die Verkörperung glühender Leidenschaft und lebt ihr Leben mit einer Verpflichtung zur Wahrheit und einer Ehrlichkeit, wie ich ihr zuvor selten, wenn überhaupt jemals begegnet bin.

Und so kam es, dass ich meine Vereinigung mit Judi einging. Danach war mein Leben, meine Welt niemals wieder so wie zuvor (der Göttin sei Dank!). Und all das führt uns zu jenem schicksalhaften Nachmittag, an dem wir Tee in einer Burg tranken.

Um den runden Tisch herum saßen Judi, ein paar Frauen und ich. Der Rest der Gruppe hatte sich über das ganze Zimmer verteilt. Alle plauderten, tranken Tee und hatten eine tolle Zeit.

Eine Bekannte, die nicht an dem Seminar teilgenommen hatte, stürmte herein und kam auf Judi und mich zu. Auf ihrem Gesicht lag ein Ausdruck tiefer Verzweiflung. Zuvor hatten wir mit ihr darüber gesprochen, wie wir es am besten anstellen sollten, dass ich ungestört singen konnte. Sie war derselben Meinung wie alle anderen im Dorf, mit denen wir geredet hatten: Geht einfach rein und singt. Es gab keine Formalitäten zu klären, und es machte auch keinen Sinn, um Erlaubnis zu fragen, weil es niemanden gab, der sie hätte erteilen können. Sie sagte, dass sie die Leute kenne, die ein Auge auf die Kirche hatten, und mit ihnen sprechen würde. Ich war davon ausgegangen, dass alles in Ordnung war. Doch nun erklärte sie, dass das genaue Gegenteil der Fall sei. Sie sagte, dass es sich im Dorf herumgesprochen habe, dass ich in der Kirche singen wolle. Dass unsere Pläne der Person, die die Verantwortung für die Kirche trug, nicht gefallen würden. Deshalb habe diese Aufseherin unserer Bekannten mitgeteilt, dass sie die Polizei einschalten würde, sollte ich es wagen, in der Kapelle auch nur einen Ton von mir zu geben. Ich war verblüfft, ja ich erinnere mich, für ein paar Augenblicke buchstäblich sprachlos gewesen zu sein.

Mein Schock rührte daher, dass Magdalena mich ausdrücklich gebeten hatte, in dieser Kirche zu singen, um die Arbeit, die wir in dem Seminar geleistet hatten, zu vervollständigen. Aber jeder, der mich besser kennt, weiß, dass es mir sehr wichtig ist, niemanden vor den Kopf zu stoßen. Ich mag es nicht, öffentliche Szenen zu verursachen. Wenn mein Singen irgendjemanden belästigte, dann war mein erster Impuls, Schweigen zu bewahren. Aber Magdalena hatte mich darum gebeten. Ich saß also in der Klemme.

Und als wäre ich nicht schon durcheinander genug gewesen, hatte mich in dem Augenblick, in dem unsere Bekannte sagte, dass die Polizei eingeschaltet worden sei, auch noch eine dunkle Ahnung erfasst. Das Gefühl von drohendem Unheil umfing mich wie die Ranken einer Giftpflanze. Aber so seltsam und surreal das Ganze auch war, am seltsamsten war, dass die Wurzeln dieser Ranken nicht aus diesem Jahrhundert stammten. Mein Unwohlsein stammte aus einer völlig anderen Zeit. Aber ich konnte es weder abschütteln noch ein klares Gespür für seine Ursprünge entwickeln. In meinem Rachen breitete sich ein seltsam metallischer Geschmack aus, der nach Angst und reinem Grauen schmeckte.

Ich hörte mich selbst wie im Traum sprechen. »Dann werde ich nicht singen«, sagte ich.

Unsere Bekannte kam schnell mit einer Lösung auf uns zu. Sie sagte, dass es in einem nahe gelegenen Dorf eine Kirche gebe, die seit Jahrhunderten von Ketzern genutzt worden sei. Dort sei es sehr hübsch, und die Akustik sei gut. Außerdem kenne sie die Kirche gut und könne uns leicht Zugang verschaffen. Ich fand, dass das ein annehmbarer Ersatz sei, und sorgte rasch dafür, dass der Busfahrer unsere Teilnehmer in das kleine Nest kutschieren würde. Ich bat unsere Bekannte, ihm den Weg zu zeigen, da niemand wusste, wo genau sich diese winzige Kirche befand. Sie stimmte zu und sagte, dass sie mit ihrem Auto vorausfahren würde. Wir trennten uns, und Judi und ich fuhren die gewundene Straße zu der Kirche hinauf, in der ich eigentlich hatte singen wollen, weil dort ein kleines Filmteam auf uns wartete. Wir wollten die Leute abholen und mit uns in die kleinere Kirche auf der anderen Seite des Tals nehmen.

Ich bat Judi zu fahren, da ich in diesem Moment nicht dazu in der Lage war – ich war gefangen zwischen zwei Welten, zwischen der Gegenwart und der Vergangenheit.

Ich fühlte mich, als würde ich in irgendeinem seltsamen, surrealen Film mitspielen. Und die Angst und das Grauen wurden immer stärker.

Als wir ins Auto sprangen, entbrannte ein epischer Streit zwischen Judi und mir. Es ging um vergangene Leben, darum, dass ich eine Abmachung mit Maria Magdalena einzuhalten hatte, und darum, dass wir mit dem Kopf voran in *die Gießerei* stolperten.

»Die Gießerei« ist ein Ausdruck, der aus dem *Manuskript der Magdalena* stammt. Er beschreibt einen ungewöhnlichen Augenblick in zwischenmenschlichen Beziehungen. Solche Augenblicke entstehen, wenn zwei Menschen in einer Beziehung unterschiedlicher Auffassung sind. Je unterschiedlicher sie einen Sachverhalt wahrnehmen (besonders, wenn es um emotionale Differenzen geht), desto intensiver wird der Aufenthalt in der Gießerei.

Es sind Augenblicke glühender Wahrheit, und man kann sie nur heil überstehen, wenn man seine eigene Wahrheit ungeschönt ausspricht – ganz gleich, wie beschämend oder unangenehm sie auch aussehen mag. Ich hatte den Eindruck, dass Judi und ich nur Sekunden nach dem Auftauchen unserer Bekannten schon die gewundene Straße zur Magdalena-Kirche emporrasten – zu der Kirche, in der ich nur wenige Augenblicke zuvor noch hatte singen sollen.

Judi warf mir einen Blick zu, als sie eine Kurve nahm.

»Was machst du denn bloß?«, fragte sie.

Ich sah sie ungläubig an.

Sie redete weiter, ihre Stimme zitterte vor einer Leidenschaftlichkeit, die ich von vorherigen Besuchen mit Judi in der Gießerei wiederkannte.

»Wovor hast du Angst?«, fragte sie mich. Sie sah mich vom Fahrersitz aus an, während unser gemieteter Peugeot den Berg hinaufschoss.

Judi mag schnelle Autos und liebt es, mit Vollgas zu fahren, wann immer es möglich ist. Wir mussten hoch zu der kleinen Magdalena-Kirche, das Filmteam einsammeln und weiter in das Dorf auf der anderen Seite des Tals fahren, weil unsere Leute dort auf uns warteten. Judis Augen waren von einer lodernden Energie erfüllt, die mir verriet, dass wir uns direkt am Rand einer psychologischen Hölle befanden.

Das Seltsame an Momenten in der Gießerei ist, dass die physische Welt weiterbesteht, auch wenn die emotionale Welt gerade in Scherben zerbricht.

Unbeeindruckt von meinem Schweigen redete Judi weiter.

»Hast du wirklich Angst vor der Polizei? Jetzt denk doch mal nach ... Du brichst doch nicht mal ein Gesetz. Du willst doch einfach nur singen, verdammt noch mal! WOVOR«, rief sie laut, um ihre Worte zu unterstreichen, »hast du Angst? Geht es hier um ein vergangenes Leben?«

Ihre Worte waren wie eine Sense, die einen Pfad durch die Angst und das Grauen schlug. Jetzt wusste ich, woher diese Gefühle rührten. Sie überfluteten mich, sie überschwemmten mich wie ein Sturzbach. Es waren lebhafte Erinnerungen und Gefühle aus vergangenen Zeiten. Diese Erinnerungen waren brutal und grausam, und sie flossen aus einer düsteren, mittelalterlichen Epoche direkt in meinen Verstand.

Ich hatte den Ursprung der giftigen Ranken bis zu seinen Wurzeln zurückverfolgt. Und so war ich direkt in den Klauen der grauenhaften Inquisition gelandet.

Plötzlich wurde ich von lebhaften Erinnerungen, Eindrücken und Gefühlen aus dieser Zeit überflutet, und es spielt keine Rolle, ob sie real waren oder nicht. Als mir klar wurde, dass sie die Quelle meines Unwohlseins waren, wandte ich mich Judi zu und gestand ihr die beschämende Wahrheit: dass ich aus Angst, aus großem Schrecken heraus handelte, der aus den Erinnerungen an die abscheulichen Qualen entstanden war, denen die Inquisitoren all diejenigen ausgesetzt hatten, die sich gegen die römisch-katholische Kirche richteten.

Für mich war das ein grauenhafter Augenblick, denn ich musste zugeben, dass ich mich von der Angst hatte aufhalten lassen. Doch obwohl ich die Angst erkannt hatte, wütete das Grauen unvermindert weiter. Ich wandte meine Aufmerksamkeit meiner inneren Welt zu, während Judi einen niedrigeren Gang einlegte, um eine scharfe Kurve zu nehmen.

Was ging hier nur vor sich? Erinnerungen an die Inquisition? Und dann? Ich lebte im 21. Jahrhundert, verdammt noch mal, und diese schreckliche Zeit lag Hunderte von Jahren zurück! Der starke Arm der Kirche konnte mich hier nicht erreichen.

Doch während der Wagen den Berg hinaufraste, wanderte mein Blick über das Tal. Kurz glitt eine weit entfernte Ruine durch mein Sichtfeld. Es waren die skelettartigen Überreste einer Templerburg, deren zerstörter Festungswall in Bruchstücken über das ganze Tal verstreut lag. Und wieder wurde ich in der Zeit zurückkatapultiert.

Ich war gefangen zwischen zwei Welten, die beide an mir zerrten. Meine innere Realität wurde von Erinnerungen an die Inquisition gestürmt, während meine äußere Realität eigentlich meine ganze

Konzentration erfordert hätte. Immerhin leiteten Judi und ich nach wie vor ein Seminar, und die Teilnehmer fuhren gerade in einem Bus zu einer kleinen Kirche für Ketzer. Und zu allem Überfluss erkannte ich auch noch die untrüglichen Zeichen: Judi und ich waren gerade auf dem Weg in die Tiefen der sengenden Hitze der Gießerei.

Die Reifen des Peugeot quietschten, als er sich in eine Kurve legte.

Als ich eingestand, dass Judi recht hatte, änderte sie den Kurs, als würde sie allen Groll loswerden wollen, den sie tief in sich hegte. »Auf diese Weise führen wir unsere Beziehung nicht, und das weißt du auch.«

Sie hatte recht. Das war nicht unsere Art.

Aber um ehrlich zu sein, war ich in diesem Moment stinksauer. Stinksauer, weil sie recht hatte, und stinksauer, weil ich der Angst nachgegeben hatte. Ich konnte spüren, wie die Wut in mir brodelte, und stampfte mit dem Fuß auf den Boden auf, so als ob eine Zurschaustellung primitiver männlicher Angeberei irgendetwas an den Tatsachen hätte ändern können.

Die unausweichliche Wahrheit lautete, dass in dem Augenblick, in dem unsere Bekannte gekommen war, um uns zu warnen, etwas mit mir geschehen war, das mich in einen Zustand der Urangst versetzt hatte. Ich hatte Angst vor der Kirche – zweifellos eine Angst, die in der falschen Zeit beheimatet war, aber nichtsdestoweniger eine Angst.

Und ich hatte das Schiff einfach aufgegeben, das Schiff meines Selbst und das Schiff unserer Beziehung.

Judi und ich haben Jahre damit verbracht, uns durch all das Gestrüpp zu kämpfen, das unweigerlich aus dem Boden schießt, sobald sich ein Mann und eine Frau zusammentun. Dieses Dickicht von Denkweisen und Überzeugungen zum Thema Beziehungen, die Vorstellungen darüber, wie ein Mann und eine Frau *sein sollten*, die Dornenranken der Scham, die unsere Herzen und Seelen umgeben, all das muss weggeschnitten werden, damit eine echte Beziehung Wurzeln schlagen und ihren Platz an der Sonne finden kann.

Die Aufgabe alchemistischer Beziehungen ist es, das Gold aufrichtiger Wahrheit zu finden – im Partner, aber auch in der gemeinsamen Verbindung. Wir hatten nun schon so viele Jahre über an einem Weg gearbeitet, mit der Welt zurechtzukommen. Wir erlaubten niemandem, sich zwischen uns zu stellen.

Doch da oben auf der Burg hatte ich genau das zugelassen. Ich war der Angst erlegen (ob sie real war oder nur Einbildung, spielt keine Rolle). In diesem Augenblick zählte nur, dass ich mich selbst und unsere Beziehung im Stich gelassen hatte.

Ich drehte mich zu Judi, sie drehte sich zu mir. Unsere Blicke begegneten sich.

»Es tut mir leid. Du hast recht. So führen wir unsere Beziehung nicht.« Uns beiden standen die Tränen in den Augen. Und genauso schnell, wie wir in die Gießerei hineingeraten waren, waren wir auch wieder draußen. Unsere Wahrheiten auszusprechen hatte uns befreit.

Judi sah in den Rückspiegel.

»Ist das ...?«

Ich drehte mich um, um herauszufinden, was sie meinte. »Allerdings.«

Wir trauten beide unseren Augen kaum: Die Bekannte, diejenige, die mich vor dem Singen gewarnt hatte, diejenige, die gesagt hatte, dass sie unsere Gruppe zu der Ketzerkirche führen würde, folgte uns in ihrem Wagen zur Magdalena-Kirche.

Als wir den Gipfel erreicht hatten und parkten, kam sie zu uns und sagte etwas, woran ich mich nicht mehr erinnern kann. Judi und ich waren hoch konzentriert, wir verfolgten ein Ziel, und nichts konnte uns mehr davon abhalten.

Wir gingen zu einem öffentlichen Platz nahe der Kirche, wo wir ein paar Freundinnen über den Weg liefen, die in dem Dorf lebten. Wir sprachen darüber, wie es weitergehen sollte.

Niemals in meinem Leben war für mich so viel in so kurzer Zeit geschehen. Meine Welten prallten aufeinander. In der äußeren Welt wehte eine starke Brise. Aber in meiner inneren Welt toste ein dunkler Sturm. Obwohl ich aufgrund unserer Reise durch die Gießerei wieder bei Sinnen war, waberte die Angst noch immer um mich.

Ich fand es seltsam, dass meine Gefühle so intuitiv und so stark waren, obwohl ich mich doch definitiv in der Gegenwart befand.

Eine der Dorfbewohnerinnen hielt ihr Handy hoch. »Es ist der Busfahrer. Er will wissen, was er machen soll.«

Es war ein Augenblick der Wahrheit. Als ich zu ihr ging und nach dem Handy griff, empfand ich eine tiefe innere Entschlossenheit, eine Stärke, die zuvor nicht dagewesen war. Die giftigen Ranken in mir waren entwurzelt worden. Die Angst war fort.

Ich nahm das Handy und sagte: »Bringen Sie sie zurück zur Magdalena-Kirche. Ich werde singen.«

Als unsere Leute ankamen, gingen wir in die Kirche. Was dort geschah, hat Judi schon erzählt, deshalb werde ich es nicht erneut beschreiben. Aber ich möchte über etwas berichten, das mir beim Singen widerfahren ist.

Zunächst einmal muss gesagt werden, dass ich beim Channeln von Klängen aus *anderen Welten* mein Gehirn und meine Seele in einen hochempfänglichen Zustand versetze, was vermutlich einen Anstieg sowohl der Alpha- als auch der Thetaaktivität mit sich bringt (ich folgere das aus persönlichen Beobachtungen).

Ich werde zu einem *hohlen Schilfrohr* (was bedeutet, dass mir mein Ego nicht mehr im Weg steht), und meiner subjektiven Erfahrung nach treten in diesen Augenblicken feinstoffliche Energien aus den Spirit-Reichen in mein Energiefeld ein. Und diese Energien und Intelligenzen drücken sich dann durch meine Stimme aus.

Die Klänge, die aus mir strömen, sind für mich genauso überraschend wie für alle anderen. Ich plane sie nicht; sie entstehen spontan und haben ein Eigenleben.

Ich habe außerdem den Eindruck gewonnen, dass mein Energiekörper, wenn die Energien und Intelligenzen, die in mein Energiefeld eintreten, sehr stark sind, zeitweise seine Gestalt wandelt beziehungsweise Eigenschaften der Wesenheiten annimmt, die sich durch meine Stimme ausdrücken.

Sobald ich in der Kirche nach vorn trat, um zu singen, begannen die Energien von Magdalena und einer Schar von Geschöpfen, die meines Erachtens engelhafter Natur waren, in mich zu fließen.

Als die ersten Klänge durchkamen, hatte ich das Gefühl, ich würde aufsteigen, ganz so, als hätte ich Flügel. Und ich empfand ganz deutlich, dass ich gleichzeitig über der Kirche schwebte und vor dem Altar stand. Diese Art dualer Wahrnehmung (also an zwei Orten gleichzeitig zu sein, wobei in einem Fall die Gesetze der Schwerkraft aufgehoben wurden) weist darauf hin, wie tief entspannt mein Zustand war.

So wie Träume können auch veränderte Bewusstseinszustände höchst ungewöhnliche Phänomene auslösen. Und was mir als Nächstes widerfuhr, *war* höchst ungewöhnlich. Ab einem gewissen Punkt der Klangerzeugung begann meine Stimme, eine höhere Tonlage zu erklimmen. Und währenddessen begann *mein anderer Körper*, der vergängliche, der über der Kirche schwebte, noch weiter aufzusteigen, bis er mehrere tausend Meter über der Kirche und dem Berg zur Ruhe kam. Ich kann nicht genau sagen, in welcher Höhe dieser zweite Körper schwebte, aber ich hatte den eindeutigen geistigen beziehungsweise übersinnlichen Eindruck, dass ich die gesamten Pyrenäen überblicken konnte. Durch die Augen dieses anderen Körpers konnte ich bis nach Spanien *sehen*, das Hunderte von Kilometern von der Kirche entfernt lag, in der mein physischer Körper gerade stand.

In diesem Augenblick erlebte ich subjektiv, wie Magdalena einen *Samen des Lichts* aus den *Reichen des Lichts* herabbrachte und ihn tief in die Erde unter der Kirche, die ihren Namen trug, bettete. Ich beobachtete diesen Vorgang, als würde ich einen Film ansehen (was ebenfalls darauf hinweist, wie stark sich mein Gewahrsein verändert hatte). Und ich bemerkte, dass meine Stimme nun wieder eine tiefere Tonlage annahm. Dieser Prozess schien parallel dazu zu verlaufen, wie Magdalena den Samen des Lichts in die Erde bettete.

Und dann *sah* ich eine intensive Lichtexplosion aus dem Samen dringen, die sich schnell in alle Richtungen ausbreitete.

Direkt nach der Lichtexplosion spürte ich, wie mein zweiter Körper wieder in meinen physischen Körper herabstieg und die Energien, die zu mir gekommen waren, mich wieder verließen. Plötzlich war ich wieder vollkommen präsent in der »realen Welt« und setzte mich neben Judi auf eine der vorderen Kirchenbänke.

Es gibt vieles, wozu ich noch mehr sagen könnte – beispielsweise über die verschiedenen Phänomene, von denen mein veränderter Seinszustand nur eines war. Aber beenden möchte ich diese Erzählung mit der Dynamik zwischen Judi und mir, die dazu geführt hat, dass ich in der Kirche singen und der Samen des Lichts gepflanzt werden konnte.

Die Wahrheit lautet: Wenn Judi mich bei unserer Fahrt den Hügel hinauf nicht konfrontiert hätte, hätte ich nicht gesungen, und der Lichtsamen wäre nicht gepflanzt worden.

Ihre Heftigkeit und ihre unbeugsame Verpflichtung zur Wahrheit sind nur zwei der vielen Eigenschaften, die ich an ihr schätze. Aber – und das möchte ich ganz deutlich sagen – in dem Augenblick, in dem sie *ihre* Wahrheit aussprach (während wir den Hügel zur Kirche hochfuhren), war ich ganz und gar nicht glücklich darüber. Tatsächlich widersetzte ich mich sogar und war wütend.

Wir waren beide wütend – sie auf mich und ich auf sie.

Wut kann eine gewaltige Menge an Energie erzeugen, und manchmal macht sie den Menschen Angst, ganz gleich, ob sie sich in ihnen selbst oder in anderen zeigt.

Aber Judi und ich sind im Verlauf unserer alchemistischen Beziehung so oft in der Gießerei gewesen, dass ich erkennen konnte, was Wut wirklich ist: *ein Aufruf zur Gegenwärtigkeit.* Und wenn man die Wut aufrichtig, ganzheitlich und voller Gewahrsein annimmt, dann wird sie zu einer machtvollen Verbündeten.

Geschult durch unsere vielen Ausflüge in die *Feuer der Wahrheit* (also die Gießerei) wussten Judi und ich, was wir tun mussten, als unsere Gefühle zu brodeln begannen – wir gaben nicht klein bei. Wir fanden den Mut, unsere Wahrheiten auszusprechen, ganz gleich, wie schwer oder peinlich es auch sein mochte, unsere ungefilterten Gedanken und Gefühle offenzulegen.

Diese beiderseitige Verpflichtung dazu, *die Wahrheit auszusprechen,* hat uns aus der sengenden emotionalen Hitze in einen Zustand der Klarheit geführt.

Leider forderte unser Aufenthalt in der Gießerei ein vorübergehendes Opfer.

Über die Jahre hinweg habe ich beobachtet, dass intensive Gefühle wie Wut sich manchmal auf elektrische Schaltkreise auswirken können. Und Sie werden sich vielleicht erinnern, dass die intensivste Phase unserer … ähem … Diskussion auf der Fahrt zur Kirche in unserem gemieteten Peugeot stattfand, wo ich so wütend geworden war, dass ich sogar mit dem Fuß aufgestampft hatte.

Nachdem ich in der Kirche gesungen hatte, fuhren Judi und ich den Berg hinunter in das Tagungszentrum, in dem wir mit einem Großteil unserer Gruppe wohnten. Als wir den Wagen abstellten und in unser Zimmer gingen, drehte ich mich noch einmal um und sah, dass der Warnblinker von selbst ausgegangen war. Und dann fingen all die Lichter am Auto an, eigenständig an- und auszugehen. Der Schaltkreis unseres kleinen Peugeots machte einfach nicht mehr mit. Wir hatten ihn überbelastet. Ich sah ein oder zwei Minuten lang zu, wie das Auto durchdrehte.

Irgendwann endete das verrückte Lichtkonzert, und ich freue mich mitteilen zu können, dass der kleine Peugeot danach wieder ganz normal funktionierte und keine weiteren Probleme mehr verursachte.

DER HOHE
RAT VOM
SIRIUS

Nachwort des Hohen Rates vom Sirius

durchgegeben von Patricia Cori

Vieles ist geschehen, seit wir erstmals die Kanäle des Lichts und die zahlreichen Gedankenverbindungen geöffnet haben, deren sich unser Medium erfreut, und wie ihr seht, ist das, was den Anschein erweckt haben könnte, am Rand eurer Realität zu sitzen, nun voll ins Rampenlicht gerückt. Ihr könnt es nicht länger leugnen - falls ihr das jemals getan habt.

Dreizehn Erdenreisen um die zentrale Gottheit herum haben wir euch von vielen Dingen erzählt - Dingen, die sich ereignet haben und jetzt auch ins Bewusstsein der breiten Masse vordringen, über die Mauern dogmatischen Widerstands hinweg und hinein in die Herzen und Seelen der weitaus größeren Menschenmasse, die inzwischen auf dem Großen Blauen Planeten lebt. Wir haben euch vom Leben jenseits eures Reiches erzählt - nicht nur von Wesenheiten, die fremd auf der Erde sind, sondern auch von euren eigenen Wanderungen und Besiedelungen auf anderen himmlischen Stationen in eurem Sonnenreich. All das kommt nun durch unwiderlegbare Beweise ans Licht, die von jenen selbst ernannten Weltall-Autoritäten stammen, die euren eigenen extraterrestrischen Laden am Laufen halten: *Homo sapiens galacticus*. Man hat euch Bilder von Sphinxen, Statuen und unterirdischen Transportsystemen gezeigt, von Pyramiden, Basislagern, Flüssen und Wäldern auf dem Roten Planeten - ihr wisst, dass es dort eine Geschichte gibt, die eure eigene reflektiert und die Weisheit uralter Zivilisationen auf Erden spiegelt, während ihre Bewohner vornehmlich (aber nicht nur) im Untergrund dieser Planetenstation leben und gedeihen. Im Rahmen der euch aufgezwungenen Wissenseinschränkungen hat man euch Monde in eurem System, darunter eure Luna, gezeigt und euch über sie belehrt. Monde, auf denen es Wasser gibt, den Ursprung allen biologischen Lebens. Vor einiger Zeit haben wir euch erzählt, dass es Leben auf dem Mond und auf dem Mars gibt und dass eure eigene Spezies in Basislagern, die vor sehr vielen Mondumläufen dort errichtet wurden, mit den heimischen Geschöpfen interagiert.

All das wird euch jetzt enthüllt – es wird alles in dieser Zeit der *Großen Veränderung* enthüllt.

Wir haben euch vor den Technologien, die aus vergangenen Welten, von fremden Zivilisationen und euren eigenen zukünftigen Inkarnationen stammen, gewarnt und euch auf sie vorbereitet, und auch sie werden jetzt enthüllt: die riesigen HAARP-Türme des Walk-In Akkaeneset, die Manipulierung des genetischen Codes allen in eurer Welt existierenden Lebens, die absichtliche Verdunkelung der Sonne durch den Missbrauch von chemischen und metallischen Sprühmitteln ... All das sind Formen technologischen Eingriffs in euer Leben. Und was die Geheimnisse betrifft, die keine Geheimnisse mehr sind – wir haben versucht, euch sanft aus dem Ruhezustand passiven Gewahrseins hin zu vollständiger Zurechnungsfähigkeit, vollem Verständnis und Anerkennung der Mächte zu stupsen, die euch beherrschten und (zumindest früher) glaubten, dass sie euch durch und durch besitzen könnten. Die Macht entgleitet ihnen. Obwohl sie alle denkbaren Register ziehen und mit jedem Hilfsmittel aus ihrem Werkzeuggürtel daran festhalten ... funktioniert es einfach nicht. Wie die Mauern Jerichos stürzen ihre Bollwerke ... Wir dürfen wohl sagen, dass sie in sich zusammenbrechen.

Wir bleiben bei unserer Verkündigung: »Lasst es keine Geheimnisse, keine Lügen mehr geben.« Und die Erwachten unter euch nehmen diese Verpflichtung aufrecht stehend, glorreich und mächtig an, und wir bezeigen euch Ehre.

Wir haben euch von den *wüsten Tagen* erzählt, davon, wie ihr sie durchstehen werdet. Und hier seid ihr nun, genau im Zeitplan, und erkennt, dass der Sand der Illusion in Wahrheit ein Kristallfenster ist, das die Neue Dämmerung, die direkt vor euch liegt, in die Matrix reflektiert, und dass der Sand durch das Stundenglas rinnt, das ihr zur Dokumentierung eurer gemeinsamen Reise nutzt. Ihr späht hindurch, wissbegierig und mit strahlenden Herzen und Seelen, und ihr wisst, wie nahe ihr jetzt dem Ziel seid. Euer Puls steigt, die Zeit gleitet in unmessbare Quanten ab, das Universum öffnet und schließt sich, atmet ein ... atmet aus, in einem göttlichen Rhythmus. Wir haben euch erzählt, dass euer isoliertes Waisendasein enden wird, und so ist es auch.

Ihr wisst, dass ihr darauf vorbereitet werdet, mit offenen Armen das Wunder zu begrüßen, das eure Fantasie schon so lange anregt, wie ihr denken könnt – die Zeit der Wiedervereinigung, in der ihr endlich in den Himmel blickt und euren galaktischen Spiegelbildern zuruft: »Wir sind nicht allein!« Woher komme ich wirklich? Was sind die Sterne wirklich? Wo ist mein wahres Zuhause? Wann werde ich dorthin zurückkehren? Das sind die Fragen, die eure Neugier und euer Staunen wecken, die euch auf eurer evolutionären Aufstiegsreise die Treppe hinaufspringen lassen.

Die Sonneneruptionen Ras verdrahten im Augenblick Gaias Energienetzwerke neu. Sie regen eure Nervenpfade an, erleuchten den bewussten Verstand wie Blitze den Nachthimmel. Vergesst nicht, was wir euch schon zuvor verraten haben: Vertraut auf die Sonne. Vertraut auf Ra. Er weiß, was er tut. Vertraut dem Universum ... vertraut euch selbst. Vertraut auch einander, nutzt aber trotzdem euer Urteilsvermögen, um falsches Spiel, Lügen und das Geschwafel von Entitäten – ob körperlich oder in Astralschatten verborgen – zu durchschauen, die Fantasievorstellungen für Schwache und Willfährige verbreiten, die als »Weisheit« angenommen werden sollen ... obwohl sie es nicht sind.

Die Großen Wale und die Delfinwesen werden bald eine wichtige Rolle spielen und die Frequenzen von Gaias Gewässern halten und euch mit den höheren Dimensionen vernetzen.

Auch sie verändern sich. Sie rufen euch zu, dass ihr die hohen Noten des menschlichen Herzens halten sollt, während sie das kosmische Licht durch die Zellen der Meereslebewesen fädeln und den kristallenen Gewässern die Harmonien der Sphärenmusik einprägen, um sie in euch zum Klingen zu bringen..

Euer wahres Zuhause ist überall und nirgends. In der Ewigkeit eurer Existenz habt ihr so viele Formen, so viele verschiedene Dichtegrade, so viele Sterne gewählt. Im Augenblick, in diesem Moment herrlichen Übergangs, seid ihr ausgewählt worden, zu Spirits Kriegern der Erde zu zählen – und ihr seid mit dem Recht geehrt worden, dort zu sein. Auch wenn ihr, wie wir es nennen, die Laterne des Spirituellen Schwerts der Wahrheit durch die Wüste tragt: Ihr seid alle ein Teil davon, alle gleich in eurer Hingabe, vorausgesetzt, ihr seid reinen Herzens, frei von den Schatten, die das Ego auf die Seele wirft, und in der Wahrheit verankert – so wie ihr sie versteht.

Wir sind hier bei euch, nur einen Atemhauch entfernt.
Wir werden nicht von eurer Seite weichen.
Das haben wir niemals getan, seit eurem Anbeginn.
Also atmet tief durch ...
Bleibt auf eurem Kurs.
Nutzt euer Urteilsvermögen, um die verzerrten Bilder
der überfüllten und trüben Linse herauszufiltern.
Und schreitet, erhaben und furchtlos, wie nur ihr es könnt,
in die Neue Dämmerung.

Gesegnet seien die Kinder Gaias.
Seid gesegnet.

Über die Channelmedien

LEE CARROLL

Channel-Medium von Kryon

Nach seinem Abschluss in Wirtschaftswissenschaften an der California Western University gründete Lee Carroll eine Firma für Audiotechnik in San Diego, die dreißig Jahre lang erfolgreich im Geschäft war. Die ersten Kryon-Äußerungen präsentierte er noch recht zaghaft in metaphysischen Kreisen im kalifornischen Del Mar. Der Rest ist mittlerweile Geschichte, nachdem er innerhalb von zehn Jahren zwölf esoterische Bücher herausbrachte. Weltweit wurden bereits mehr als eine Million Kryon-Bücher in 23 Sprachen gedruckt, darunter auf Chinesisch, Estnisch, Finnisch, Griechisch, Hebräisch, Indonesisch, Japanisch, Litauisch, Lettisch, Russisch, Türkisch und Ungarisch. Carroll ist Co-Autor dreier Indigo-Bücher und der Amra-Veröffentlichungen *Die Große Veränderung*, *Das Bewusstsein der Neuen Zeit* und *Spirituelles Erwachen*.

Im Jahre 1995 wurde die Bitte an ihn herangetragen, Kryon vor den Vereinten Nationen in New York City einer UN-Gruppe vorzustellen, die den Namen Society for Enlightenment and Transformation (SEAT) trägt. Die Veranstaltung fand solchen Anklang, dass Carroll und Kryon gleich fünf weitere Male eingeladen wurden – 1996, 1998, 2005, 2006 und 2007! Meetings dieser Art finden direkt im Arbeitsbereich in den oberen Etagen des UN-Gebäudes statt, unweit der Räumlichkeiten, in denen die UN-Vollversammlung zusammenkommt. Teilnahmeberechtigt sind nur UN-Abgeordnete sowie Gäste der SEAT.

Carroll lebt mit seiner Ehefrau Patricia in San Diego. Weitere Informationen finden Sie auf seiner Website: *www.kryon.com*.

JAMES TYBERONN
Channel-Medium für Metatron

Der in Arkansas geborene James Tyberonn, genannt Tyb, hat indigene Wurzeln und lebt heute in Texas. Er bereiste dreißig Jahre lang als Ingenieur und Geologe die ganze Welt, insgesamt mehr als 75 Länder, arbeitete in Bolivien, Brasilien, Indien, Venezuela, Gabon, im Kongo, in Russland, den Vereinigten Emiraten und Schottland, lernte Spanisch, Portugiesisch und Französisch, bevor er 2007 zum Medium von Metatron wurde.

Seine große Liebe zu unserem Planeten ging schon immer damit einher, dass er sich sehr für spirituelle und metaphysische Themen interessierte. Vor allem wollte er die Energie der lebendigen Erde, die er als Bewusstseinskörper Gaias betrachtet, aus wissenschaftlicher und metaphysischer Sicht verstehen lernen. Tyb ist Mitglied des Sierra Clubs, der ältesten und größten Naturschutzorganisation der USA. Er hat in den letzten vierzig Jahren mehr als 300 heilige Stätten überall auf der Welt besucht, war Gastredner bei einer Ältesten-Konferenz in Sedona und einer Adler & Kondor-Begegnung in Peru mit 100 Vertretern indigener Völker, darunter dem Maya Don Alejandro Olax. Er moderierte zahlreiche Konferenzen mit Ronna Herman, einem Medium für Erzengel Michael, schrieb bisher vier Bücher und ist ein häufiger Gast in spirituellen Radiosendungen. Die Erlöse aus einer von ihm eingespielten und produzierten CD mit Blues und Jazz geht an eine Stiftung für Mukoviszidose. Erreichbar ist er über seine Website *www.earth-keeper.com.*

TOM KENYON & JUDI SION
*Channel-Medien für die Hathoren
und Maria Magdalena*

Der Autor, Forscher, Therapeut, Musiker und Klangheiler Tom Kenyon ist Lehrer jedes größeren Transformationssystems, des tibetischen Buddhismus, Taoismus, Hinduismus, esoterischen Christentums und der Hohen Alchemie Ägyptens. Er hat einen Magister in psychologischer Beratung und mehr als zwanzig Jahre praktische Berufserfahrung. Den Durchbruch als Autor hatte er mit *Die Hathor-Zivilisation*, in denen er die Hathoren channelte. Weltweiten Anklang fand auch sein Buch *Die Große Veränderung*, das außerdem noch Beiträge von Lee Carroll und Patricia Cori enthält. Er hat über fünfzig CDs und den *Hathoren Zeitenwende Kalender 2012-2013* herausgebracht.

Auch Judi Sion ist spirituelle Lehrerin. Sie verbrachte sieben Jahre in einer Mysterienschule und schrieb die Bücher *Der Letzte Walzer der Tyrannen, Finanzielle Freiheit* und *Ufos und die Beschaffenheit von Wirklichkeit*. Aus Interesse an den Traditionen der Indianer lernte sie fünf Jahre lang bei den Großvätern und Großmüttern verschiedener nordamerikanischer Stämme, darunter den Hopi. Sie war auf den Gebieten Kommunikation, Werbung und politische Beratung tätig, arbeitete als Journalistin, war einer der ersten weiblichen Radio-DJs in den USA und moderierte eine eigene Talk-Show. Gemeinsam mit ihrem Ehemann Tom Kenyon schrieb sie *Das Manuskript der Magdalena*, deren Botschaft sie auf ihren Seminaren und Workshops verbreiten.

Tom und Judi leiten überall auf der Welt spirituelle Reisegruppen. Sie sind zu erreichen über *www.TomKenyon.com*.

PATRICIA CORI

Channel-Medium für den Hohen Rat vom Sirius

Patricia Cori, die an der Küste der Bucht von San Francisco geboren wurde, engagiert sich seit den frühen Siebzigerjahren in der New-Age-Bewegung. Ihr ganzes Leben lang nutzt sie ihre hellsichtigen Fähigkeiten bereits zur Heilung und Unterstützung anderer. Als Kanal für die Sprecher des Hohen Rats vom Sirius, aufgestiegenen außerirdischen Wesen, die auf der Resonanzebene der sechsten Dimension schwingen, hat sie *Die Sirianischen Offenbarungen* niedergeschrieben, eine Trilogie von Lehren, die darauf abzielen, das Erwachen der Menschheit an diesem Dreh- und Angelpunkt der Erdentwicklung anzustoßen. Davon sind zwei Bände – *Keine Lügen, keine Geheimnisse mehr* und *Kosmos der Seele* – auch auf Deutsch erschienen. Außerdem hat sie Beiträge für die Amra-Veröffentlichungen *Die Große Veränderung* und *Das Bewusstsein der Neuen Zeit* verfasst. Ihr neues Buch *Bevor wir euch verlassen* mit Botschaften von Delfinen und Walen ist bei Amra in Vorbereitung.

Die Autorin veranstaltet Kurse, Seminare und Workshops in den Vereinigten Staaten, Kanada und auch im Ausland. Die Themenpalette ist breit gestreut und spiegelt ihr umfassendes Wissen über alternative Heilverfahren sowie ihr bewusstes Gewahrsein des höheren Wissens. Sie bietet Trainings in DNS-Aktivierung an sowie ein Zertifizierungsprogramm für Menschen, die diesen Prozess unterstützen möchten und dabei so vorgehen, wie von den Heilungsteams des Hohen Rates vom Sirius aufgezeigt.

Patricia Cori lebt in Rom und ist über ihre Website erreichbar: *www.sirianrevelations.net.*

Über die Herausgeberin

MARTINE VALLÉE

Co-Autorin und Herausgeberin dieses Buches

Das Interesse an allem Spirituellen begann in Martines Leben schon sehr früh. Mit achtzehn Jahren begegneten ihr zwei Bücher, die ihr Leben veränderten: *Leben und Lehren der Meister im Fernen Osten* von Baird Thomas Spalding und *Leben nach dem Tod* von Raymond Moody. Seitdem glaubte sie immer daran, dass Worte die Kraft haben können, die Seele zu transformieren und zu heilen. Im Jahre 1994 gründete sie mit ihrem Bruder Marc den Verlag Ariane Éditions, der seitdem spirituelle Bücher für die französischsprachige Gemeinschaft in aller Welt veröffentlicht. Anfang 2011 gab sie ihn vertrauensvoll in seine Hände, um sich künftig verstärkt humanitären Projekten zu widmen. Eines der ersten besteht darin, Frauen im Kongo, die Opfer von sexuellem Terrorismus geworden sind, Hilfe und Unterstützung zukommen zu lassen. Sie ist überzeugt, dass sie mit ihrer Stiftung *Passion for Compassion* die Welt Herz für Herz verändern kann. Dabei geht sie davon aus, dass die Kombination aus Liebe, Mitgefühl und reiner Absicht eine ganz eigene Kraft hervorbringt – eine Kraft, die stark in der Wiederkehr des göttlichen weiblichen Prinzips zum Ausdruck kommt. Diese Energie findet sich in jedem Menschen, und wir tragen die Verantwortung dafür, sie einzubringen.

Martine lebt in Montreal und teilt ihre Zeit zwischen Familie, Freundeskreis und Arbeit auf. Bei Fragen wenden Sie sich bitte auf Englisch oder Französisch an *martine@passioncompassion.org* oder *martinevallee@qc.aira.com*. Bitte besuchen Sie auch Martines Website: *www.passioncompassion.org*.

Satsanga Sabine Korte
UMA LERNT FLIEGEN

Grenzenloser Mut zum Glücklichsein

320 Seiten, Hardcover, weißes Leseband
Amra Verlag, € 19,95

ISBN 978-3-939373-94-0

Eine junge Frau geht auf eine Reise, auf der man nichts
behalten kann. Es verschlägt sie nach Indien und zu einem
legendären Mystiker. Das Zeugnis einer Wahrheitssuche.

LD Thompson
WAS DIE SEELE SIEHT

Wege zum inneren Frieden

256 Seiten, Hardcover, oranges Leseband
Amra Verlag, € 19,95

ISBN 978-3-939373-98-8

Dein Leben wird von deiner Seele gestaltet, und je mehr du
auf sie hörst und nach ihren Werten und Wünschen handelst,
desto freudvoller wird dein Leben. Vorwort von Sabrina Fox.

Lisa Biritz
SPIRIT IM GEPÄCK

Delfine, Wale und Sternenwesen – Leben in der Neuen Zeit

200 Seiten, Hardcover, gelbes Leseband
Amra Verlag, € 16,95

ISBN 978-3-939373-91-9

Eine Journalistin überlässt sich ihrer inneren Führung und
reist um die ganze Welt – auf der Suche nach Antworten in
einer sich verändernden Zeit. Mit Fototeil Delfine & Wale!

Textauszüge und Hörproben auf www.AmraVerlag.de